RAUSCH

PROBLEMBELASTETE SCHÜLERINNEN UND SCHÜLER

PROBLEMBELASTETE SCHÜLERINNEN UND SCHÜLER

Begriffe – Umfeld – Handlungsmöglichkeiten

von
Adly Rausch

VERLAG
JULIUS KLINKHARDT
BAD HEILBRUNN • 2006

KLINKHARDT

Die Deutsche Bibliothek – Cip-Einheitsaufnahme
Ein Titelsatz für diese Publikation ist bei Der Deutschen Bibliothek erhältlich.

Druck und Bindung: AZ Druck- und Datentechnik.
Printed in Germany 2006.
Gedruckt auf chlorfrei gebleichtem alterungsbeständigem Papier.

ISBN 3-7815-1465-X

Inhaltsverzeichnis

Einleitung

Die vorliegenden Ausführungen haben die Aufgaben, Informationsdefizite zu beseitigen, Sensibilität für Problembelastungen zu entwickeln und Unsicherheiten im Handeln zu reduzieren. Diese Vorgaben gelten ausdrücklich für Lehramtsstudierende, die sich während ihres Psychologiestudiums mit dem Bereich der Verhaltensauffälligkeiten/Verhaltensstörungen auseinandersetzen müssen. Sie betreffen aber ebenso Studierende des Diplomstudienganges Psychologie und bereits im Berufsalltag stehende Lehrer bzw. Schulpsychologen – also alle, die problembelastete Kinder und Jugendliche wahrnehmen und ihnen helfen wollen. Folgende Überlegungen begleiten deshalb den hierzu eingeschlagenen Weg:

1. Zur Entwicklung des Buches: Die Idee beruht auf Erfahrungen aus meiner jahrelangen Lehrtätigkeit. Sie entspringt der praktischen Arbeit mit Studierenden der Psychologie, der Schulpsychologie und aller Lehrämter.
Besonders für Lehramtsstudentinnen und -studenten ist es notwendig, ein Basiswissen über Auffälligkeiten im Kindes- und Jugendalter zu erwerben. Diese im Studium verankerte Forderung ist mit der Absicht verbunden, die Studierenden auf den Umgang mit problembelasteten Schülerinnen und Schülern vorzubereiten.
Alle Reformen der Lehramtsstudiengänge wurden von dem Bekenntnis zu einer fundierten psychologischen Ausbildung begleitet. Inwieweit dieses eingelöst wurde/werden konnte, lasse ich unbeantwortet. Es steht jedoch fest: Auch die gegenwärtig stattfindenden Bestrebungen, die Lehrerausbildung zu verbessern, werden nicht erfolgreich sein, wenn die zukünftigen Lehrerinnen und Lehrer aus psychologischer Sicht nicht angemessen auf ihre Berufsaufgaben vorbereitet werden. Ein Einblick: Lehrkräfte sollen die psychologischen Prinzipien der Wissensvermittlung und -aneignung anwenden, die entwicklungsbedingten Möglichkeiten bei der Unterrichtsgestaltung berücksichtigen, gruppendynamische Prozesse erfassen und mit ihnen umgehen. Sie müssen aber auch die Möglichkeiten und Grenzen im Umgang mit auffälligem Schülerverhalten kennen und erkennen. Gerade dieser Teil, das bestätigen alle in der Praxis Tätigen, beansprucht und bindet das psychische und physische Potential. So wird auffälliges Verhalten in

unterschiedlicher Weise wahrgenommen und analysiert. Geeignete Umgangsformen werden gesucht. Da Lehrerinnen und Lehrer den Anspruch haben, ihren Schülern einfühlsam und mit sozialem Engagement zu begegnen, stehen sie auffälligem Verhalten häufig ratlos gegenüber.
Aus dieser Haltung heraus erklärt sich das lebhafte Interesse, das Seminare im Hochschulbereich zu Auffälligkeiten im Kindes- und Jugendalter finden. Die Studierenden haben einen hohen Informationsbedarf und setzen sich mit den einzelnen Themen intensiv auseinander. Sie werfen im Vorfeld Fragestellungen – wie z. B. die folgenden – auf:

„In der Presse und auch im Lehramtsstudium wird immer wieder von aufmerksamkeitsgestörten Kindern gesprochen. Wann gelten Schüler als aufmerksamkeitsgestört? Wie gehe ich später in der Klasse mit ihnen um?"
„Den Begriff Zwang verwende ich häufig im Alltag. Spaßhaft bezeichne ich mich selbst manchmal so. Was ist der Unterschied, wenn ich erfahre, dass ein Schüler zwangserkrankt sei?"
„Eine Schülerin meiner Klasse zieht sich immer mehr zurück. Sie bricht auch die Kontakte zum Freundeskreis ab. Wie reagiere ich?"
„Essstörungen nehmen zu. Wo liegen die Ursachen? Welche Möglichkeiten hat die Schule, präventiv zu wirken?"
„Ein Schüler meiner Klasse hat einen epileptischen Anfall. Wie reagiere ich als Lehrkraft darauf?"

Beim Beheben solcher Informationsdefizite machen die Studierenden nach meiner Einschätzung Erfahrungen wie z. B.:
Es liegt eine Fülle an kaum zu übersehender Literatur vor. Diese teilt sich folgendermaßen auf: Eine umfangreiche Anzahl an Veröffentlichungen erfüllt den Anspruch, in recht allgemeiner Weise – also gewissermaßen überblicksartig – zu informieren. Sie erfasst häufig entweder theoretische Beiträge pauschaler Art oder anwendungsbezogene (im Sinne von Ratgebern). Diese Ausrichtung bietet zwar einen ersten Einblick. Sie lässt aber den für angehende Lehrerinnen und Lehrer erforderlichen Differenzierungsgrad vermissen, der Zusammenhänge aufzuzeigen hilft und dadurch die Chance bietet, verschiedene theoretische Positionen kennen zu lernen, um zu eigenständigen Reflexionen zu gelangen.
Im Gegensatz zu diesen Veröffentlichungen weist der andere Teil einen hohen Spezialisierungsgrad auf. Dieser ist an die jeweilige Wissenschaft wie z. B. Medizin, Psychologie, Pädagogik und Soziologie gebunden. Eine Fülle von Studien begleitet diesen Auseinandersetzungsprozess. Hinzu kommt eine Anhäufung von Erkenntnissen, die vom wissenschaftlichen Fortschritt zeugt: Ältere (überholte oder beibehaltene) und neuere Auffassungen, die zu immer neuen Hypothesen-

bildungen anregen, erschweren dem sich zu Informierenden, sich über Aussagekraft und Aktualität des veröffentlichten Wissens stets im Klaren zu sein. Deshalb engt sich der Blick häufig auf die gerade getroffene Auswahl aus dem zur Verfügung stehenden Veröffentlichungsangebot ein; Irritationen können die Folge sein (z. B. Kapitel 2: hyperkinetische Störung, Hyperaktivität, minimale cerebrale Dysfunktion – MCD).
Dieser angedeutete Literaturbestand ist der „Nährboden" für das vorliegende Buch.

2. Zum Anliegen: Mit Hilfe der Ausführungen wird versucht, das für die Bedürfnisse der speziellen Adressatengruppe erforderliche psychologische Grundlagenwissen didaktisch aufbereitet (Lehrbuchcharakter) so zu vermitteln, dass der Blick für die Legitimität unterschiedlicher Auffassungen offen ist. Es gilt sich bewusst zu machen, dass einfache Kausalbezüge angesichts der Komplexität der entsprechenden Sachverhalte unrealistisch sind. Die anzueignenden Informationen sollen die Reflexion eigener Positionen unterstützen und zu einer weiteren selbständigen Wissenserarbeitung (z. B. mit Hilfe der empfohlenen Literatur) anregen.
Auswahl und Anordnung der Inhalte erübrigen es der angesprochenen Leserschaft, sich diese aus unterschiedlichen Veröffentlichungen für den eigenen Handlungsbedarf (z.B. zur Prüfungsvorbereitung) „ausschneiden" zu müssen. Sie bilden zugleich die Basis – so ein weiteres Anliegen -, um ein angemessenes pädagogisch-psychologisches Handeln für angehende bzw. bereits tätige Lehrerinnen und Lehrer ableiten zu können. Bei diesem Brückenschlag zur Praxis ist es mir wichtig, dass die Sensibilität für das Wahrnehmen bestimmter Auffälligkeiten geweckt bzw. gestärkt wird. Erst auf dieser Grundlage wird es möglich, die Möglichkeiten und Grenzen eigenen Handelns zu erkennen. Lehrer sind keine Diagnostiker und Therapeuten für auffälliges Verhalten. Ihre Aufgabe besteht vielmehr darin, Anregungen aus einem fundierten psychologischen Wissensbestand aufzunehmen und auf den Einzelfall zu übertragen. Dieses „Zuschneiden" auf die individuellen Belange hat in enger Zusammenarbeit mit den am Erziehungsprozess Beteiligten (Eltern, einbezogene Schulpsychologen, Beratungslehrer, therapeutische Einrichtungen) zu erfolgen. Es beruht zu einem großen Teil – das bleibt meiner Auffassung nach häufig unerwähnt – auf dem persönlich reflektierten Informationsstand. Zu diesem gehören auch ein Bewusstmachen, z. B. der eigenen favorisierten Erklärungsansätze für bestimmte Phänomene, und die Einsicht, dass anzustrebende Veränderungsprozesse sich häufig aus dem Wirken kleiner Schritte ergeben. Es wäre mir ein Anliegen, wenn die vorliegenden Ausführungen hierfür Anstöße liefern könnten.

Mein Wunsch wäre es, wenn aus Interesse – Informiertheit – Betroffenheit und schließlich Sensibilität für bestimmte Ereignisse und für interventives Handeln erwächst; so wie ich es häufig in Seminaren mit Studierenden erlebt habe.

3. Zur inhaltlichen Auswahl: Bei der Auswahl und Anordnung von Auffälligkeiten habe ich mich von eigenen Umfrageergebnissen bei Studierenden (N = 8114) und Lehrern (N = 1167) leiten lassen. Dieser Personenkreis wählte aus vorgegebenen Möglichkeiten diejenigen aus, über die er näher informiert werden möchte. Die von ihm erstellte Rangordnung diente als Vorlage für die in den vorliegenden Ausführungen vorgenommene Anordnung (interessanterweise unterscheiden sich Studierende und Praktiker in ihren Wünschen nur geringfügig). Als Begründungen für diese Auswahl wurden u.a. gegeben: *„ist für meine berufliche Arbeit von Interesse", „wird in den Medien/von den Eltern/von bekannten Lehrerkollegen häufig berichtet", „habe schon öfter etwas darüber gehört, weiß aber nicht viel darüber".*

Die unten erfasste Übersicht enthält zehn der am häufigsten genannten Auffälligkeiten. Diese Beschränkung muss vorgenommen werden, weil der von mir verfolgte Anspruch mit dem jeweils ausgewiesenen Umfang korrespondiert. Das Umfrageergebnis bestätigt jedoch weiteren Informationsbedarf bei: sozial unsicheren Kindern, Ticstörungen, Schlafstörungen, Kopfschmerzen, Enuresis, Neurodermitis, Asthma bronchiale – Bereiche, für die eine gesonderte Behandlung angezeigt ist. Die aufgenommenen Inhalte stoßen auf lebhaftes Interesse bei unterschiedlichen Gruppen.

So haben meine Studentinnen und Studenten bei ihren Seminarvorbereitungsarbeiten eine engagierte Hilfe erfahren von z.B. Stotterer-Selbsthilfegruppen, der Deutschen Gesellschaft Zwangserkrankungen, dem Epilepsiezentrum Kork, Elternvereinigungen „hyperaktives Kind", Schulsozialarbeitern, Beratungsstellen für Suizidprophylaxe. Mitglieder dieser und anderer Initiativen unterstützen die Studierenden mit sehr viel zeitlichem Aufwand und persönlichem Einsatz, um – so ein wesentliches Anliegen - zukünftigen Lehrkräften Anregungen zu vermitteln, problembelasteten Kindern und Jugendlichen zu helfen (ihnen möglicherweise „das eigene Schicksal zu ersparen"). Diese Form der Mitarbeit ist mittlerweile ein unverzichtbarer Bestandteil der Lehrveranstaltungen geworden. Es würde mich persönlich freuen, wenn sich kleine Anteile davon gerade in den Ausführungen zum praktischen Bezug wiederfinden.

Auswahl- und Anordnungsprinzip in diesem Buch entsprechen somit den Aussagen von Studierenden und Praktikern. Dieses praxisverbundene Vorgehen habe ich einer willkürlichen Auswahl, einer alphabetischen Auflistung oder einer Entscheidung für die Inanspruchnahme eines Klassifikationssystems vorgezogen. In den Inhaltsverzeichnissen einschlägiger Veröffentlichungen findet sich eine Vielzahl an – mit mehr oder weniger nachvollziehbaren Begründungen – vorgenommenen Klassifikationen. So werden je nach ausgewählter Schwerpunktsetzung Einzelsymptome in den Vordergrund gerückt, das Antriebsgeschehen wird im Hinblick auf mögliche Störungsformen differenziert oder Gruppen von psychogenen Störungen mit vorwiegend psychischer oder somatischer Symptomatik werden gebildet – um nur einige Beispiele zu nennen. Solche Separierungen erfüllen eine notwendige Ordnungsfunktion sowohl für die wissenschaftliche Diskussion als auch für die „Bündelung" diagnostischer und ausgewiesener therapeutischer Maßnahmen. Dennoch treten Irritationen auf, die sich z. B. ergeben, wenn einzelne Phänomene bei verschiedenen Autoren unterschiedlich zugeordnet werden.

Mein Vorgehen findet sich zum Teil in den Ergebnissen eines von Palentien & Hurrelmann in der Zeitschrift „Das Gesundheitswesen" (1994, 56,4) veröffentlichten Beitrages wieder. Nach diesen erfasst eine von Pädagoginnen/Pädagogen und Psychologinnen/Psychologen erstellte Rangordnung von beobachteten Krankheiten und Auffälligkeiten im Jugendalter unter den ersten fünf am häufigsten genannten Problemen u.a. Leistungsschwierigkeiten/Konzentrationsschwächen (in den vorliegenden Ausführungen: hyperkinetische Störungen), dissoziales Verhalten (in den vorliegenden Ausführungen: Störungen des Sozialverhaltens). Rang 8 belegen die Lese/Rechtschreibschwächen, Rang 10 die Sprach- und Sprechstörungen. Es schließen sich mit Auslassungen Ängste, Depressionen, Schlafstörungen, chronische Krankheiten der Atmungsorgane, Alkoholmissbrauch, Allergien, Medikamenten- und Drogenmissbrauch und Suizidversuche an. Da in dieser Untersuchung auch ausdrücklich nach Erkrankungen gefragt wurde (also ein weitaus größeres Spektrum angesprochen wurde und tatsächliche Beobachtungen gegenüber Wünschen nach Information berücksichtigt wurden), beeindruckte mich die tendenzielle Annäherung an den inhaltlichen Kern meiner Befragung. Überrascht war ich jedoch, dass der große Bereich der Essstörungen, der von Lehramtsstudierenden und Lehrern an erste Stelle gesetzt wurde (entspricht auch der zunehmenden Bedeutung in der Bevölkerung), bei Palentien & Hurrelmann keine Erwähnung fand.

4. Zur formalen Gestaltung: Die einzelnen Kapitel, die jeweils eine Auffälligkeit einschließlich der empfohlenen und verwendeten Literatur erfassen, sind als abgeschlossene Einheiten zu betrachten, die zu einer vertiefenden Auseinandersetzung anregen sollen (Ausnahme: Kapitel 11 mit Beratungsinhalten). Für jede Einheit wird eine gleiche Strukturierung (ein einheitliches Raster) - bis auf geringfügige, aus dem Inhalt erklärbare und somit notwendige Modifikationen -

eingehalten. Die aufgenommenen Schwerpunkte finden sich somit in jedem Kapitel wieder. Sie erstrecken sich auf das wesentliche psychologische Grundlagenwissen und die in der Praxis als Konsens vertretenen Empfehlungen zum pädagogisch-psychologischen Umgang mit Auffälligkeiten. Im vorliegenden werden die einzelnen Inhalte in einer Übersicht kurz vorgestellt.

Der jedes Thema einleitende Praxisbezug – authentische Situationen, Erlebnisse in Form von Fallberichten, Einblick in Beratungssituationen etc. – geht über die Aufgabe, die Problematik zu veranschaulichen, hinaus. Auf ihn wird – nach Möglichkeit – in den Ausführungen Bezug genommen, um einzelne Aspekte zu verdeutlichen. Außerdem wird er zu einem wesentlichen Element der Aufgabenstellung im Arbeitsteil. Dieser wird angefügt, um eine eingehendere Beschäftigung mit den einzelnen Themen zu erreichen. Die Ergebnisse der Auseinandersetzung werden im abschließenden Lösungsschlüssel erfasst.

In den vorliegenden Ausführungen werden die weibliche und die männliche Form zur Geschlechterbezeichnung verwendet. Wird aus Gründen der Vereinfachung nur die männliche Form eingesetzt, gilt sie für beide Formen.

Kapitel	erwähnenswerte Besonderheiten in der inhaltlichen und formalen Gestaltung	Praxisbezug
1. Essstörungen	besondere Aktualität, hohe Verbreitung bei immer jüngeren Altersgruppen, Formen: Anorexia nervosa, Bulimia nervosa, Adipositas, Komplexität und Diskussionsaspekte werden aufgezeigt	Erkennen von Anzeichen, Möglichkeiten und Grenzen der Einflussnahme, Einbezug von professioneller Hilfe, Betroffene geben Empfehlungen
2. Hyperkinetische Störungen	Einblick in gegenwärtigen Forschungsstand (Erklärungsversuche und Therapiemöglichkeiten), Bezeichnungsvielfalt als Ausdruck unterschiedlicher Auffassungen (symptom- oder ursachenorientiert)	Beeinflussung des Sozial- und Lernverhaltens auf der Grundlage eines konsequenten Erziehungsstiles (durchgängig klare Strukturierung, Arbeit mit Vorgaben, Rückmeldungen etc.)
3. Störungen des Sozialverhaltens	Kapitelbezeichnung beruht auf der Internationalen Klassifikation psychischer Störungen - ICD-10 (WHO): Kategorie erfasst dissoziale, aufsässige und aggressive Verhaltensweisen, Bezugspunkte sind Vielfalt der Erscheinungsformen, der Erklärungsansätze und Interventionsmöglichkeiten	Bedeutung der Prävention, umfangreicher Maßnahmenkatalog, Erkenntnis, dass die interventiven Möglichkeiten einer individuellen Schritt-für-Schritt-Abfolge entsprechen, soll Handlungsbestandteil werden
4. Zwangsstörungen	Vertraut machen mit den unterschiedlichen Forschungsperspektiven, die sich mit der Entstehung und Aufrechterhaltung von Zwängen beschäftigen, Differenzierung von Zwangsgedanken und -handlungen	Vernetzung des sozialen Bezugsumfeldes, häufiger Beginn in der Kindheit, Anzeichen und angemessene Reaktionen
5. Lese- und Rechtschreibstörung	Leitfaden zur grundsätzlichen Orientierung, die (zielgerichtet) Ansatzpunkte für eine speziellere Auseinandersetzung aufzeigt (Auswahl aus Literaturvielfalt), Einblick in die wechselvolle Geschichte der Forschung zur Legasthenie / Lese-Rechtschreibstörung, -schwäche, -schwierigkeit	Hinweise auf reichhaltiges Handlungsspektrum (Gegenstand eines umfangreichen Literaturangebotes), Empfehlungen sollen individuelle Möglichkeiten verdeutlichen

6. **Stottern**	Kommunikationsstörung in sozialen Situationen, Auswirkungen der interindividuellen Variabilität des Stotterns auf die Vielschichtigkeit des Erklärungsbereiches und der Interventionsmöglichkeiten	Umgang mit Redestörungen: Empfehlungen von stotternden Gesprächspartnern (z. B. Bundesvereinigung Stotterer-Selbsthilfe e.V.)
7. **Emotionale Störungen ... Angst**	Kapitelbezeichnung beruht auf der Internationalen Klassifikation psychischer Störungen – ICD-10 (WHO): in der Kategorie „Emotionale Störungen des Kindesalters" werden spezifische Angstformen erfasst, die ausgewählten Schwerpunkte unterstreichen die Komplexität des Phänomens	Möglichkeiten zur Angstbewältigung
8. **Epilepsien**	Informationen über die Vielfalt an Anfallsformen (generalisierte und fokale) und die Eckpfeiler der Therapie: medikamentöse und psychologische Behandlung	Beitrag zur Enttabuisierung, Aufklärung, Verhaltensmaßnahmen bei Anfällen
9. **Suizidalität**	suizidale Handlungen beruhen auf einer multifaktoriellen Verursachung, dementsprechend vielfältig sind die möglichen Erklärungsversuche, die unterschiedlichen Betrachtungsweisen sensibilisieren die individuelle Position	Alarmsignale nicht übergehen, Appellfunktion von Suizidversuchen ernst nehmen, eine umsichtige Handlungsweise einleiten
10. **Suchtverhalten**	Differenzierung in stoffgebundene und nichtstoffgebundene Süchte, beispielgeleitetes Vorgehen, Beziehung zum Begriff Abhängigkeitssyndrom (ICD-10, WHO)	grundlegende und spezifische Präventions- und Interventionsmöglichkeiten
11. **Beratungsschwerpunkte: Lehrkräfte und Eltern**	Überblick über die wechselseitigen Erwartungen, bezogen auf die zehn dargestellten Auffälligkeiten	Informationen aus und für die alltägliche Beratungspraxis

1 Essstörungen

1. Zur Einführung: Variabilität im Essverhalten – Abweichung vom Alltäglichen

Fallberichte

In den Zeitungen häufen sich Berichte wie der folgende:
„Anna war ein Kind, wie es sich alle Eltern wünschen: bildhübsch, sportlich, eine Schülerin, die nur Einsen nach Hause brachte. Im Alter von elf Jahren begann Anna, beim Essen Macken zu entwickeln. Das Frühstücksbrot zerschnitt sie in winzige Stükke, die sie im Zeitlupentempo verspeiste. Überhaupt zog sie die Mahlzeiten endlos in die Länge, stocherte lustlos im Essen herum und pickte nur Minihäppchen heraus. ‚Am meisten Sorgen machte mir ihre Stimmungsveränderung', erinnert sich die Mutter. ‚Sie verhielt sich asketisch, brach alle Kontakte ab.' Sie begann, ihre Sachen zu verschenken und begnügte sich mit ein paar unscheinbaren, schlabberigen Klamotten. Es war, als wollte sie sich vor der Welt verstecken. Nur am Hockeytraining hielt das Mädchen eisern fest. Und weil ihr das nicht reichte, joggte sie täglich noch ein paar Runden um den Block. Nach einem halben Jahr waren bei Anna die klassischen Anzeichen einer Magersucht nicht mehr zu übersehen: Ein Meter 60 groß, brachte sie nur noch 32 Kilo auf die Waage. Die Eltern waren ratlos" (Haas, 2001, S.60).

Mit 17 Jahren entwickelte Gloria ein Essverhalten, das ihre Eltern 5 Jahre später dazu veranlasste, sie zu einer therapeutischen Behandlung zu bewegen. Auszüge aus dem Vorgespräch:
Gloria „hatte meist mehrmals täglich Heißhungeranfälle und vertilgte dann große Mengen von Essen innerhalb von 10 bis 30 Minuten. In einem typischen Heißhungeranfall stopfte sie fünf Stück Kuchen, ein halbes Pfund Käse, große Mengen Eiskrem, Würstchen sowie Schokolade in sich hinein. ... Die Eltern fragten den Therapeuten, ob sie in der Erziehung vielleicht etwas falsch gemacht hatten. Sie fuhren – ohne eine Antwort abzuwarten – fort, dass ihr Familienleben doch immer so harmonisch gewesen sei und dass sie Glorias Essstörung gar nicht verstehen könnten. ... Gloria hatte große Ängste davor, dick zu werden, und erbrach deshalb nach jedem Heißhungeranfall, indem sie ihren Finger in den Hals steckte" (Fichter & Liberman, 1997, S.302 f.).

Aus der Beobachtung eines 7jährigen Schülers:
Bernd unterscheidet sich von seinen Mitschülern durch eine äußerst korpulente Gestalt. Der Klassenlehrer bemerkt, dass Bernd sehr häufig unter seinen Tisch langt, um sich immer wieder mit Essbarem zu versorgen. Bernd richtet sich so ein, dass er die Momente ausnutzt, in denen er sich unbeobachtet fühlt.
Der Lehrer achtet daraufhin in der Pause besonders auf sein Essverhalten. Hier fällt ihm auf, dass Bernd häufig in jeder Hand ein Brötchen hat, in das er abwechselnd hineinbeißt. Es entsteht der Eindruck, dass Bernd sein Essen regelrecht verschlinge.
In einem Gespräch mit den Eltern erfährt der Klassenlehrer, dass Bernd für eine längere Zeit in eine Therapie komme (es ist von ca. einem Jahr die Rede, das der Junge in einer Spezialeinrichtung - also von zu Hause weg - verbringen solle).

Einordnung

Die Beispiele beschreiben unterschiedliche Formen des Essverhaltens. Sie lassen keinen Zweifel daran, dass es sich um gestörte Abläufe handelt. Zusätzlich deuten die erfassten Begleitumstände an, dass das einzelne Essverhalten eine sehr komplexe Problematik ausdrücken kann. Während im Fall von Anna in anschaulicher Weise ein Einblick in ein verändertes Gesamtverhalten gegeben wird, fließen in das Gespräch über Gloria Informationen von den Eltern ein, die auf der Suche nach den Gründen sind. Diese Ursachenforschung drängt sich auch dem Lehrer von Bernd auf, der Wert auf die Weitergabe der Information legt, dass Bernd aus seinem gewohnten Umfeld herausgenommen werden soll.
Anorexia nervosa, Bulimia nervosa und Adipositas – um diese Essstörungen handelt es sich – werden gerade in der jüngsten Zeit von den Medien verstärkt aufgegriffen. Mittlerweile kann man davon ausgehen, dass keine Woche vergeht, in der die Öffentlichkeit nicht mit Filmberichten über Einzelschicksale, Gesprächsrunden oder Zeitungsberichten konfrontiert wird. Prominente Persönlichkeiten bekennen sich zu Essproblemen und legen dar, in welcher Weise sie in ihrer Lebensqualität beeinträchtigt wurden. Solche Berichte werden von den Ergebnissen aktueller Umfragen über das Essverhalten von Kindern und Jugendlichen gestützt, die in erschreckender Weise offenbaren, dass der Diättrend immer jüngere Altersgruppen in hoher Anzahl erfasst.
In Gesprächen mit professionellen Begleitern von z.B. magersüchtigen Mädchen in Kliniken erfährt man, dass es keine Seltenheit mehr ist, soziale „Netzwerke" (sprich: Freundinnengruppen, Schülerinnen aus einer Klasse) als Patientinnen in den Aufnahmelisten zu finden. Nachfragen ergeben, dass regelrechte Wettbewerbe um die „Idealfigur" ausgetragen werden. Absprachen über Diätprogramme und damit verbundene gegenseitige Kontrollen bestimmen den Alltag.

2. Begriffsklärung

Die Bezeichnung Essstörungen erfasst unterschiedliche Formen. Die folgenden Ausführungen beziehen sich auf die bekannten Störungen Anorexia nervosa (Pubertätsmagersucht), die Bulimia nervosa (Ess-Brechsucht) und die Adipositas (Esssucht).
Andere Differenzierungen wie z.B. die in der ICD-10 (Dilling et al. 2005, S.203 ff.) aufgenommene – Erbrechen bei anderen psychischen Störungen (z.B. bei hypochondrischen Störungen), sonstige Essstörungen (z.B. psychogener Appetitverlust, nicht organische Pica (Essen von Sand, Papier)) – oder die von Benesch (1995) angeführte Foodfaddism oder Essideologie (die Verwendung oder Meidung bestimmter Nahrungsmittel, die eine Begründung z.B. in weltanschaulichen Anschauungen findet) werden im vorliegenden nicht näher ausgeführt.

Anorexia nervosa: ein absichtlich herbeigeführter Gewichtsverlust, ein Prozess der „Selbstaushungerung“ (Vandereycken & Meermann, 2000)
Mit der wörtlichen Übersetzung „psychisch bedingter Appetitverlust“ setzt sich z.B. Habermas (1994) auseinander. Er zeigt auf, dass die Bezeichnung „Anorexia“ irreführend ist, weil die Betroffenen sich intensiv mit dem Thema Nahrung beschäftigen.
Bulimia nervosa: Auftreten von Heißhungerattacken („Binge Eating“) mit extrem großer Nahrungszufuhr und Einsatz gegenregulierender Maßnahmen (Erbrechen, Abführmittel etc.)
Als eigenständiges Störungsbild führte Russell (1979) den Begriff der Bulimia nervosa zur Abgrenzung von der Anorexia nervosa ein; seit Jahren wird erneut der mögliche wechselseitige Übergang zwischen den beiden Formen verstärkt diskutiert.
Adipositas: übermäßige Vermehrung von Fettgewebe
Fichter und Warschburger (2002) stellen das in den zahlreichen Definitionen von Adipositas enthaltene zentrale Element heraus: der direkt (zeit- und kostenintensives Vorgehen) oder indirekt (durch anthropometrische Messungen erfasst, z.B. Hautfaltendicke) erfasste prozentuale Fettanteil an der Körpermasse. Der Begriff des Übergewichts sollte zur Bezeichnung eines übermäßigen Gewichtes benutzt werden. Er enthält keine näheren Angaben zur „konkreten Körperzusammensetzung“ (vgl. z.B. Warschburger & Petermann, 2000).

Anorexia nervosa und Bulimia nervosa werden aufgrund ihrer engen Verbundenheit (auch Übereinstimmung in psychologischen Grundfragen) im folgenden gemeinsam dargestellt; die Adipositas wird in einem eigenen Teil ausgeführt.

3. Anorexia nervosa und Bulimia nervosa

3.1 Zur Phänomenologie

Die Anorexie kann sich in folgenden Merkmalen ausdrücken (vgl. z.B. Comer, 1995, Fichter & Warschburger, 2002):

- Streben nach einem Schlankheitsideal und krankhafte Angst vor einer Gewichtszunahme: verminderte Kalorienzufuhr, Diäten, Kauvorgang wird zum Ritual entwickelt, Missbrauch von Laxantien, Diuretika
- Einsatz von Kontrolltechniken: ständiges Kontrollieren des Gewichtes (Waage) und der Figur (Maßband), Leben nach der Kalorientabelle
- besondere Einstellung zum Essen und den Begleitumständen: Anwendung von Tricks gegen eine geregelte Nahrungsaufnahme mit der Familie, Gedanken kreisen um das Essen, begehrte Speisen werden gedanklich „zelebriert", für Freunde und die Familie wird viel und gern gekocht, eigenes Essen wird dabei vorgetäuscht, Kochbücher werden interessiert gelesen
- kognitive Störungen: empfinden sich stets als zu dick und unattraktiv (Störung der Körperwahrnehmung), entwickeln dysfunktionale Einstellungen: „Ich muss perfekt sein!", „Mein Gewicht ist entscheidend für meine Tagesstimmung!" (jede Gewichtsreduzierung löst ein Hochgefühl aus)
- besondere Einstellung zu körperlichen Aktivitäten: übertriebene sportliche Betätigung, um abzunehmen
- Veränderungen im Persönlichkeitsbild: niedriges Selbstwertgefühl, aber Stolz auf die Kontrolle des Körpers, zwanghafte Züge (exakte Planung bestimmter Tagesabläufe)
- affektive Störungen: Verstimmungen bis zu depressivem Verhalten, Schwarz-Weiß-Denken, Angstzustände, Leugnen von Gefühlen, z.B. aggressiver Art
- Veränderung des sozialen Verhaltens: Rückzug auf sich selbst, vermindertes Interesse an sozialen Kontakten, Ablehnung von Gesprächen, die sich auf das Essverhalten beziehen könnten, Hilfsangebote werden nicht akzeptiert, weil kein Anlass dafür gesehen wird (keine Krankheitseinsicht)
- verändertes Erscheinungsbild: Bevorzugung lose fallender Kleidungsstücke (Kaschierung der Figur, „zwiebelartige Kleidung")
- medizinische Folgen: Amenorrhoe (Ausbleiben der Menstruation), Störungen des Stoffwechsels und des Elektrolythaushaltes, Absinken des Pulses, des Blutdrucks, der Körpertemperatur etc. (Kreislaufkollaps und Herzstillstand können die Folgen sein),
  weitere mögliche Auswirkungen: rauhe, trockene und rissige Haut, brüchige Nägel, kalte Hände

Zusätzliche Information: Bei Kindern, die von dieser Essstörung betroffen sind, steht an erster Stelle nicht die dramatische Gewichtsreduktion, sondern eine ausbleibende Gewichtszunahme.

Die Bulimie kann sich in folgenden Merkmalen ausdrücken (vgl. z.B. Comer, 1995, Fichter & Warschburger, 2002):

- übermäßige Beschäftigung mit dem Körpergewicht: meist liegt ein normalgewichtiges Erscheinungsbild vor, das in einem angemessenen Verhältnis zu Alter und Größe steht, Betroffene entwickeln eine krankhafte Angst vor einer Gewichtszunahme, das Gefühl, zu dick zu sein, herrscht vor
- Einstellung zum Essen und zu den Begleitumständen: Betroffene fühlen den unwiderstehlichen Drang, große Mengen an Nahrungsmitteln zu sich zu nehmen (Diskrepanz zur selbst auferlegten Forderung, nicht zuzunehmen), wiederholtes Auftreten solcher Heißhungerattacken, die allmählich nach einem bestimmten Ritual ablaufen können (eine bewährte Zusammensetzung und Reihenfolge der Speisen, um anschließendes Erbrechen zu erleichtern; die Bundeszentrale für gesundheitliche Aufklärung (BZgA, 1999, S.17) gibt an: 1-2 mal täglich erbrechen 60 % der Betroffenen, bis zu 6 mal täglich 30 %, noch häufiger 10 %), die Nahrungsmittel (bis zu ca. 15000 kcal) werden regelrecht verschlungen, der Essvorgang spielt sich im Verborgenen ab – „die verheimlichte Krankheit" -, er wird nicht unterbrochen)
- Kompensation des Essvorganges: gegenregulierende Maßnahmen werden eingesetzt (Erbrechen mit /ohne Hilfsmittel, Missbrauch von Laxantien, Diuretika und Appetitzüglern)
- Ausmaß der Kontrollfähigkeit: während der Anfälle wird jede Kontrolle über das Essverhalten verloren; das anschließende Erbrechen vermittelt kurzfristig das Gefühl der Kontrollierbarkeit
- affektive Störungen: der Teufelskreis zwischen Essanfällen und Erbrechen bewirkt, dass Betroffene sich hilflos fühlen; Scham und Schuld können zu Minderwertigkeitsgefühlen und Depressionen führen.
- kognitive Störungen: „Ich muss perfekt sein!"
- Veränderungen im Persönlichkeitsbild: niedrige Selbstachtung, extreme Abhängigkeit von sozialen Normen und der Meinung anderer
- Veränderung des sozialen Verhaltens: die Verheimlichung des Essverhaltens wird in alle sozialen Beziehungen eingebettet; verstärkte Tendenz, anderen zu gefallen und auf sie attraktiv zu wirken
- medizinische Folgen: z.B. Zahnfleisch und Zähne werden durch das Erbrechen geschädigt, Hypokaliämie (Kaliummangel) kann Magen-Darm-

Störungen, Nierenversagen, Herzstörungen etc. mit hervorrufen, eventuelle Schädigung der Speiseröhrenwand

Obwohl der Kreislauf von Essen und Erbrechen jahrelang aufrechterhalten werden kann, ohne dass eine Behandlung begonnen wird, erkennen Betroffene den Krankheitswert ihres Verhaltens.

3.2 Epidemiologie

Die Angaben über die Häufigkeit sind unterschiedlich, weil Bestandsaufnahmen äußerst schwierig sind. Bezüglich der Anorexie scheint allerdings festzustehen, dass sich der Erkrankungsbeginn seit einigen Jahren in ein frühes Lebensstadium (ca. ab 11 Jahren) verlagert hat (vgl. Haas, 2001; im Gegensatz dazu enthalten Veröffentlichungen z.B. aus den Jahren 1994 (Habermas) und 1995 (Comer) noch die Altersspanne zwischen 14 und 18 Jahren). Für die besonders gefährdete Gruppe der Mädchen zwischen 15 und 19 Jahren liegen Schätzungen von 1 – 3 % vor. Geschlechterspezifische Studien gehen davon aus, dass ca. 90-95 % der an Anorexie Erkrankten weiblich sind; der Rest ist männlich. Jedoch sprechen vor allem Praktiker gegenwärtig von einer Zunahme bei Jungen und Männern. Dabei wird auf besonders gefährdete Gruppen wie z.B. Sportler, Tänzer und Männer, die ebenfalls dem diktierten Modeideal des Schlankseins verfallen, hingewiesen. (Anmerkung: Informationen zum Zusammenhang Essstörungen bei Männern finden sich bei Stahr, 1995.)

Auch für die Bulimie kann in analoger Weise formuliert werden: „Es gibt derzeit keine gänzlich zufriedenstellenden Studien über die Epidemiologie von *Bulimia (nervosa)* in der Allgemeinbevölkerung“ (Fichter & Warschburger, 2002, S.564). Diese Aussage bestätigen auch die folgenden Angaben:

Während die eben genannten Autoren sich auf eine Schätzung berufen, dass ca. 1-3 % der Frauen im Lebensalter zwischen 15 und 35 betroffen seien, verweist die BZgA (1999) auf einen Ernährungsbericht aus dem Jahre 1988, der aussagt, dass mindestens 3,5 % dieser Altersgruppe betroffen sind. Die Tendenz sei dabei stark steigend. Diese Aussage lässt sich am ehesten z.B. mit Untersuchungsergebnissen (Schweiz: Altersgruppe: Mädchen und Frauen zwischen 15 und 35 Jahren) von Isenschmid-Gerster (1999) in Einklang bringen, die von 5 – 8 % Betroffenen ausgehen.

Einigkeit besteht weitgehend über die Angaben, dass die Geschlechterverteilung ähnlich wie bei der Anorexie ist und dass der Zeitpunkt der Erkrankung altersmäßig höher anzusetzen ist (die BZgA, 1999, führt folgende Fakten an: Beginn meist in der Adoleszenz; 60 % der Magersüchtigen werden bulimisch; Durchschnittsalter der Betroffenen zwischen 20 und 30 Jahren).

3.3 Kriterien zur Diagnostik

Die ICD-10 Leitlinien legen für die Erfassung der Anorexia nervosa grundsätzlich fest (in vereinfachter Form und ohne Berücksichtigung der Untergruppen wiedergegeben):
(Zur Beachtung: An den Klassifikationskriterien für Essstörungen ist wiederholt Kritik geübt worden; vgl. hierzu Remschmidt, Gastpar & Senf, 2000)

- tatsächliches Körpergewicht mindestens 15 % unter dem erwarteten oder Quetelets-Index von 17,5 oder weniger (Quetelets-Index: Körpergewicht in Kilogramm dividiert durch Quadrat der Körpergröße in Metern, ab dem 16. Lebensjahr)
- Gewichtsverlust wird herbeigeführt durch Vermeidung hochkalorienreicher Nahrung und einen oder mehreren der folgenden Aspekte: Erbrechen, Abführen, übermäßige körperliche Aktivitäten, Missbrauch von Appetitzüglern und Diuretika
- Körperschema-Störung
- Amenorrhoe bei Frauen, Libido- und Potenzverlust bei Männern
- bei Erkrankung vor der Pubertät: während der Wachstumsperiode kann die zu erfolgende Gewichtszunahme ausbleiben, Verzögerung oder Hemmung der pubertären Entwicklungsschritte (Dilling et al., 2005, S. 200).

Die ICD-10 Leitlinien legen für die Erfassung der Bulimia nervosa grundsätzlich fest (in vereinfachter Form und ohne Berücksichtigung der Untergruppen wiedergegeben):

- andauernde Beschäftigung mit dem Essen, Essattacken mit sehr umfangreicher Nahrungszufuhr in kurzer Zeit
- Einsatz gegensteuernder Maßnahmen: Erbrechen, Missbrauch von Appetitzüglern, Schilddrüsenpräparaten, Diuretika, zeitweiliges Hungern
- krankhafte Furcht, dick zu werden, in Anamnese findet sich häufig eine Episode einer Anorexia nervosa (Dilling et al., 2005, S.202).

3.4 Theoretische Erklärungsansätze

Für die Anorexia nervosa steht zur Diskussion: „Obwohl die Ursachen der Anorexia nervosa noch wenig fassbar sind, wächst die Überzeugung, dass vor allem eine Interaktion soziokultureller und biologischer Faktoren, sowie auch unspezifische psychologische Mechanismen und die Vulnerabilität der Persönlichkeit eine Rolle spielen" (ICD-10, Dilling et al., 2005, S.199).

Für die Bulimia nervosa steht zur Diskussion: Die Entwicklung bulimischer Syndrome basiert auf einer multifaktoriellen Bedingtheit mit einer im Einzelfall unterschiedlichen Gewichtung. Fichter und Liberman (1997, S.294) führen in dezidierter Weise an: genetische Vulnerabilitätsfaktoren, biologische Faktoren, psychologische Faktoren (Leistungsorientierung, niedriges Selbstwertgefühl, Mangel an sozialen Fähigkeiten, kognitive Verzerrungen, Figurbewusstsein), umweltbedingte Stressoren (ungünstige Ereignisse und chronische Belastungen, Familienkonflikte, soziokulturelles Schlankheitsideal).
Integration der beiden Diskussionsbereiche: Für beide Störungsarten zeichnen sich gemeinsame mögliche Ursachenfelder ab. Eine genaue Ätiologie der Essstörungen ist nach wie vor unbekannt und – so resümieren Schweiger und Fichter (2000) – auch kurzfristig nicht zu erwarten. Beide Autoren betonen nachdrücklich: „Hypothesen zur Ätiologie postulieren eine wesentliche Rolle biologischer, kognitiver, interpersoneller oder sozialer Faktoren. Dieses ‚biopsychosoziale' Krankheitsmodell gilt als üblicher Standard. Ein solches Modell ist hoch plausibel, leider aber (zum jetzigen Zeitpunkt) auch wieder trivial. ... Erst eine empirisch fundierte Abschätzung der relativen Bedeutung der jeweiligen Teilbeiträge ist von wirklichem Nutzen für die Behandlungsplanung" (S.157).
Im Rahmen der bisherigen Forschungsarbeit wurden ehemals relevante ältere Erklärungsversuche von neueren Hypothesen abgelöst oder – gestützt durch neuere empirische Belege – nun allerdings in differenzierterer Form wieder in den Prozess der Meinungsbildung eingebracht. Auf diese Weise entstanden Trends, die z.T. in der Öffentlichkeit als vermeintliches Endresultat eines wissenschaftlichen Erkenntnisstandes festgeschrieben wurden.

Exkurs: Diese Entwicklung wird z.B. sehr gut in einem Beitrag in „Die Zeit" (1993, S.33) deutlich. Der Autor R. Degen führt unter der Überschrift „Engel aus Haut und Knochen" auf, dass die psychoanalytischen Deutungen (z.B. Angst vor dem eigenen Frausein) der Anorexie bis Mitte der 60er Jahre das Erklärungsfeld beherrschten. Er skizziert den Erklärungsbogen von Stationen einer familiendynamischen Betrachtungsweise (Magersüchtige als Blitzableiter für innerfamiliäre Spannungen), einer soziologischen Betrachtungsweise (weibliches Schönheitsideal) über Befunde, die von biologischen und genetischen Prädispositionen ausgehen, bis zur Thematisierung der Rolle des Hypothalamus als treibende Kraft für magersüchtiges Verhalten. Diesen Hypothesen setzt er hinzu: „Heute steigt ... das Bewusstsein dafür, dass die Wurzeln des Übels wohl kaum in einer vegetativen Fehlsteuerung zu suchen sind. Der Kern der Magersucht liegt vielmehr in schrägen Vorstellungen und fixen Ideen, und diese sind nach heutiger Sicht eher in der Großhirnrinde ... angesiedelt" (Erweiterung der kortikalen Furchen und eine Vergrößerung der Ventrikel, Zunahme der Nerventätigkeit im frontalen Stirnlappen – Sitz des planenden Denkens -, abnorme Erregungsmuster besonders auf der rechten Gehirnseite ausgeprägt). Degen beruft sich auf Thesen der kanadischen Psychologen Braun & Chouinard und führt weitere Indizien für den „Tatort rechte Gehirnhälfte" an (abnorme Einlagerungen im EEG etc.). Er stellt der Öffentlichkeit die von den beiden Psychologen gezogene Schlussfolgerung vor: „Insgesamt untermauern die vorhandenen Daten den Verdacht, dass die Bahnen zur Entwicklung einer Magersucht durch eine vererbte oder erworbene Schädigung in der rechten Hirnhälfte vorgezeichnet sind. Dieses Handikap schafft die Voraussetzung dafür, dass die Betroffenen unter Stress oder unter dem Druck eines gesellschaftlichen Leitbildes einem Komplex aus Wahn, Sucht und Zwangsvorstellungen erliegen. Die Abmagerung verschärft indes den ‚Knacks' im Gehirn, und so entsteht ein sich selbst verschlimmernder Teufelskreis". Der Ausschnitt verdeutlicht: Einzelne Befunde werden zum Anlass genommen, um Thesen über einen - jetzt allerdings - recht komplexen Sachverhalt zu formulieren. Auf diese Weise ergeben sich häufig spekulative Zusammenstellungen.

Dieses Fazit unterstreicht, dass einzelne Erklärungsbeiträge lediglich als Bausteine eines sich zum Mosaik ergänzenden Komplexes anzusehen sind.

Biologische Betrachtungsweise

Betrachtet man den biologischen Bereich (im weiten Sinne), dann lassen sich ihm – in willkürlicher Auswahl und Anordnung – u.a. folgende Thesen entnehmen:
Zusammenhang von Hypothalamus und Gewichtssättigungspunkt (set point): Während der laterale Hypothalamus (LH) bei Aktivierung Hungergefühle erzeugt, unterdrückt der ventromediale (VMH: Unter- und Mittelteil) diese. Beide Teile bilden im Körper ein „Gewichtsthermostat", der den set point reguliert. Bei Gewichtsverlust unter den set point wird durch die Aktivierung des LH Hunger erzeugt, um eine Gewichtszunahme zu erreichen. Bei einem Überschreiten des set points durch eine Gewichtszunahme tritt der gegenläufige Prozess ein. Dieses vereinfacht dargestellte Prinzip fasst Comer (1995) folgendermaßen zusammen: „Kurzum, der set point einer Person spiegelt die Spannbreite des Körpergewichts (oder Fettanteils) wider, die entsprechend dem genetischen Erbe, den frühen Essgewohnheiten und dem Bedürfnis des Körpers nach Bewahrung eines inneren Gleichgewichtes dieser Person normal ist. ... Wenn das Gewicht signifikant unter den set point einer Person sinkt, verändert der Hypothalamus das Denken, die

biologischen Funktionen und das Verhalten, um das Gewicht wieder dem set point anzunähern ..." (S.449). Das Einhalten einer strengen Diät wird also mit Gegenmaßnahmen wie z.B. die permanente Beschäftigung mit Essensvorstellungen beantwortet. Zu diesen Kompensationsmöglichkeiten gehört auch der vom Hypothalamus in Gang gesetzte Prozess der Hyperlipogenese; ein Prozess, bei dem die Fettzellen auf außergewöhnliche Weise Fett binden. Selbst bei Einhalten einer strengen Diät reduziert bzw. versiegt der Prozess des Abnehmens immer mehr und bei Nahrungsaufnahme ist eine schnelle Zunahme zu verzeichnen. Mit Hilfe dieser Kompensationen wird das innere Gleichgewicht des Körpers gesichert. Der Diäthaltende kämpft gegen diese Mechanismen an. Für ihn endet der Kampf siegreich, wenn er ihn völlig beherrschen kann (dann entwickelt er eine Anorexie). Andere geraten in den Kreislauf einer Ess-Brech-Sucht. Dieser Erklärungsversuch lässt unbeantwortet, warum Menschen für den einen Zustand prädisponiert zu sein scheinen und andere für den anderen.

Wurtman und Wurtman (1982) vertreten die These, dass bulimieanfällige Menschen ein erhöhtes physiologisches Verlangen nach Kohlehydraten verspüren, dem sie bei den Essattacken nachgeben. Es entsteht ein Kreislauf: Aufnahme von Kohlehydraten steigert das Verlangen danach und bewirkt eine erneut hohe Zufuhr.

Die Annahme, dass genetische Komponenten bei Essstörungen eine wesentliche Rolle spielen, wird immer wieder diskutiert. So berufen sich z.B. Vandereycken und Meermann (2000) auf Studien, nach denen bei eineiigen Zwillingen eine Wahrscheinlichkeit von ca. 50 % vorliegt (bei Bulimie etwas niedriger), dass beide eine Anorexie entwickeln.

Zusammenhang von Essstörungen und Depressionsanfälligkeit: Die bei Essstörungen, besonders der Bulimie häufig auftretenden Stimmungsschwankungen, also depressive Phasen, führten zur Annahme, es handele sich bei der Bulimie um eine Variante der Depression. Begründet wurde dies mit der Feststellung, dass verabreichte Antidepressiva zugleich auch das Essverhalten verbessern. Da die Verbindungen zwischen Essverhalten und Stimmung aber wesentlich komplexer sind, musste eine in dieser Form hergestellte kausale Beziehung aufgegeben werden (vgl. Vandereycken & Meermann, 2000).

Zusammenhang von Essstörungen und einer Suchtproblematik: Physische und psychische Abhängigkeit werden am Gegensatz „abnehmsüchtig" – „esssüchtig" diskutiert. Es werden Parallelen aufgezeigt zwischen dem unbeherrschbaren Drang zu essen, sich Nahrung zu beschaffen und diese zu erbrechen. Wenn diese Aktivitäten unterbrochen bzw. gestört werden, treten „Entzugssymptome" (Reizbarkeit, Aggressivität) auf (vgl. Vandereycken & Meermann, 2000).

Erinnerungshilfe:

Diskussionspunkte – Zusammenhang von Hypothalamus und set point, physiologisches Verlangen nach Kohlehydraten, genetische Komponenten, Depressionsanfälligkeit, suchtähnliche Problematik

Psychologische Betrachtungsweise

Die Komplexität von Essstörungen korrespondiert mit einer Vielzahl an psychologischen Erklärungsansätzen. Diese erfasst unterschiedliche Perspektiven. Diskutiert werden u.a. die folgenden Annahmen (in willkürlicher Auswahl und Anordnung):

Lerntheoretische Zusammenhänge: Entsprechend der zentralen Aussage, dass Verhalten erlernt ist, gilt gestörtes Essverhalten als erlernt. Die Modelle der klassischen und der operanten Konditionierung werden als Erklärungsgrundlage einbezogen, wenn postuliert wird: Bestimmte Reize, z.B. Gerüche, der Anblick ausgewählter Nahrungsmittel oder das Auftreten bestimmter Umstände wie Einsamkeit, Traurigkeit, lösen gewissermaßen „automatisch" Essattacken (Reiz-Reaktions-Verbindungen) aus. Der Prozess der Nahrungsaufnahme wird verstärkt durch Aufmerksamkeitszuwendung. Essverhalten kann durch positive Verstärkung (Belohnung für gewünschten Nahrungskonsum) oder negative Verstärkung (z.B. „Wenn du nicht aufisst, darfst du nicht vom Tisch aufstehen!") beeinflusst werden.
Sowohl für bulimische als auch für anorektische Erscheinungsformen wird die Bedeutung des Lernens am Modell thematisiert. Beobachtungs- und Nachahmungslernen sind wesentliche Erklärungselemente im lerntheoretischen Bereich. Dieser erfasst weiterhin die Ausbildung dysfunktionaler Einstellungen (z.B. „Ich muss perfekt sein, um Anerkennung zu finden!"), die im Zentrum kognitiver Modellvorstellungen stehen (gesellschaftliche Vorgaben wie Schlanksein richten sich auf das Einhalten von Diäten).

Familiendynamische Zusammenhänge: Die Essstörung eines Familienmitgliedes spiegelt nach Ansicht der systemischen Familientherapie „nur die umfassendere Familienpathologie wider" (Comer, 1995, S.446). Folgende familiäre Umstände können u.a. das Entstehen von Essstörungen auslösen/begünstigen:

- die Übernahme einer Familientradition, in der übermäßig Wert auf ein Figurbewusstsein gelegt wird: „Diktat" von Wertmaßstäben
- bereits „vorgelebte" Essstörung, Suchtproblematik eines Elternteils
- verstrickte Familienmuster: ein enges Abhängigkeitssystem zwischen den Familienmitgliedern engt das entwicklungsbedingte Autonomiestreben der Her-

anwachsenden ein; Reaktionen wie z.B. Essstörungen legitimieren ein erneutes Zusammenrücken des Familienverbundes, um das kranke Mitglied zu umsorgen.

Psychodynamische Zusammenhänge: In diesem Bereich finden sich zahlreiche Überlegungen, die das Ergebnis fortwährender Weiterentwicklungen psychodynamischer Vorstellungen sind. Ältere Modelle verstehen z.B. anorektisches Verhalten als Ausdruck oraler oder ödipaler Konflikte.
Eine interessante Variante greift in diesem Zusammenhang von Wyl, 2000, auf, die die bei anorektischen Zuständen leitende ödipale Konfliktsituation parallel sieht „zu jenen neueren Theorien, welche die Beziehung zum Vater in den Mittelpunkt ihrer Überlegungen stellen: Entlang der Theorie von Buchholz (1991) ... wendet sich das später anorektische Mädchen aus Enttäuschung über die frühe dyadische Beziehung zur Mutter forciert dem Vater zu“ (S.158). Diese sehr frühe Zuwendung – so vermutet von Wyl - könnte die später so zentrale Stellung der ödipalen Problematik bewirken.
Andere Ansätze, so die Psychologie des Selbst (vgl. Kohut, 1971), thematisieren die Ich-Schwäche als Störung der Selbst-Organisation von anorektischen Patientinnen. Ein stabiles Selbst, das sich von bestimmender externaler Unterstützung sukzessive frei entwickeln kann, bedarf der emotionalen Sicherheit eines gewährenden familiären Umfeldes. Fehlt diese sich gestaltende Selbststärke, rücken Spannungszustände und Unbehagen in den Vordergrund. Um dieser problematischen Gefühlslage zu entgehen, können gegenregulierende Maßnahmen in Gang gesetzt werden. Eine immer stärkere Kontrolle der Nahrungsaufnahme bzw. das Bekämpfen von Heißhungerattacken mit kontrolliertem Erbrechen werden als Möglichkeiten empfunden, in einer „Nische“ innere Identität aufzubauen (vgl. Goodsitt, 1985).
Ein besonderer Stellenwert muss der Theorie von Bruch (1994) eingeräumt werden, die ihre Arbeit jahrzehntelang der Erforschung von Essstörungen gewidmet hat. Sie verbindet in ihrem Ansatz psychodynamische (Psychologie des Selbst) und kognitive Betrachtungen. Demnach führen gestörte Mutter-Kind-Interaktionen zu Ich-Schwäche (schwaches Autonomie- und Kontrollbewusstsein) und zu Wahrnehmungsstörungen, die der Ursprung eines gestörten Essverhaltens sein können.

Erfahrungen mit traumatischen Zuständen: Vandereycken und Meermann (2000) ziehen bezüglich der Essstörungen Parallelen zu traumatischen Erlebnissen. So erleben Patientinnen mit Bulimie Essattacken häufig als von ihrem Bewusstsein abgespalten, als würden sie „extern gesteuert“. „Solche dissoziativen Erfahrungen – Selbstentfremdung (Depersonalisation), traumähnliche Zustände

(Trance) oder partielle Gedächtnisausfälle (psychogene Amnesie) – treten häufig bei Menschen auf, die in frühem Alter schwere psychische oder emotionale Traumata erlitten haben, insbesondere Misshandlung oder sexuellen Missbrauch. Die dissoziativen Zustände können dann als inneres Vermeidungs- oder Fluchtverhalten betrachtet werden" (S.43).

Erinnerungshilfe:

Essverhalten = gelerntes Verhalten (klassische, operante Konditionierung, Lernen am Modell, kognitives Lernen), Familie als System, psychodynamische Zusammenhänge (Konflikte, Ich-Schwäche, Wahrnehmungs- und kognitive Störungen), Diskussionsanstoß: traumatische Erfahrungen

Feministische Betrachtungsweise

Diese Sichtweise verbindet das Problem der Essstörungen, von dem vorwiegend Frauen betroffen sind, mit dem Lebensbezug. Da dieser entscheidend von der den Mädchen und Frauen zugewiesenen Rolle in der Gesellschaft geprägt wird, sind es spezielle Rahmenbedingungen, die für die weibliche Sozialisation stehen. In diesem Bedingungsgeflecht wird essgestörtes Verhalten als „Antwort auf strukturelle Konflikte eines weiblichen Lebenszusammenhanges" (Weissgram, 2000, S.115) betrachtet. Zu diesen gehören die „widersprüchlichen und wechselnden Bilder(-) des Frauseins von seiten der Medien, der Gleichaltrigen, der Lehrerinnen, der Schule usw." (Bilden, 1994, S.168), mit denen junge Frauen aufwachsen (Widersprüche zwischen Berufs- und Familienwelt). Als Ergebnis entwickeln viele Frauen „ein Superfrauen-Anforderungsprofil, eine absurde Vorstellung, wie sie eigentlich sein sollten" (a.a.O., S.171): Aussehen, Figur, beruflich erfolgreich, familiär perfekt als Mutter und Ehefrau, Kommunikations- und Beziehungsgestalterin.

Vor diesem Hintergrund verbietet sich eine individualisierte Betrachtung essgestörter Verhaltensweisen. Sie sind vielmehr als Reaktionen auf einen gesellschaftlichen Lebenszusammenhang zu sehen und beziehen sich nur vordergründig auf das gesellschaftlich propagierte Schönheitsideal. „Tatsächlich" – so fasst Bilden (1994, S.178) zusammen – „geht es der Anorektikerin um die totale Verleugnung der eigenen Bedürfnisse. Sie symbolisiert die Unterdrückung der Bedürfnisse der Frauen zugunsten der Sorge für die Bedürfnisse anderer – und drückt gleichzeitig in der aktiven Selbstunterdrückung beharrlich ihr Streben nach Unabhängigkeit und Beachtung aus. In der Dialektik der Magersucht sind die Widersprüche des Weiblichkeitsdiktats unserer Gesellschaft auf die Spitze getrieben,...". Im Gegensatz dazu hält die Bulimikerin nach außen die Weiblichkeit aufrecht (attraktiv, perfekt, funktionstüchtig). Sie stellt keine Forderungen an andere, sondern fühlt sich für die Lösung von Problemen selbst verantwortlich. In der Erbrechenssymptomatik ist ein Ventil vorhanden, um sich auf eine eigene Weise wehren zu können; symbolisch steht diese – so Bilden (a.a.O., sie bezieht sich auf Focks & Trück, 1987) – für das „Auskotzen des Weiblichkeitsdiktats".

Erinnerungshilfe:
Rahmenbedingungen für die weibliche Sozialisation

Soziokulturelle Betrachtungsweise

Das von der Gesellschaft jeweils vertretene Schönheitsideal wird zum prägenden Element, dem sich breite Teile der Bevölkerung unterwerfen. Mit Hilfe der Medien infiltriert diese Idealvorstellung den einzelnen, so dass die Chance, sich ihr zu entziehen, nur gering ist. Ob diese Richtlinie – in der heutigen Zeit das Schlanksein – zum eigenen Maßstab genommen wird, hängt letztlich wiederum von vielfältigen Faktoren ab. Allerdings ist gerade bei Heranwachsenden der Druck nicht zu unterschätzen, der z.B. vom Freundeskreis ausgeht. Auch das Nacheifern/Imitieren von Idolen zählt zu diesen Faktoren. Erschwerend kommt hinzu, dass der Gegenpol des Schlankseins - das Übergewicht - mit einer gesellschaftlichen Wertung verbunden ist, die in höchstem Maße stigmatisierend ist. Übergewicht wird mit Vorurteilen und praktizierter Ablehnung verbunden. Um davon nicht betroffen zu werden, unterwerfen sich viele den propagierten Diätprogrammen, die ein Anstoß für ein gestörtes Essverhalten sein können. Bezeichnenderweise zeigt sich gerade in den letzten Jahren mit der Proklamierung eines Schlankheitsideals auch für Männer („Waschbrettbauch") ein Anstieg von Essstörungen.

Erinnerungshilfe:
gesellschaftliche Vorgaben, Beeinflussung durch Medien

3.5 Interventionsmöglichkeiten

Allgemeiner Bezugsrahmen

Die Ausführungen zu den Erklärungsansätzen schaffen die Voraussetzung, um grundsätzlich zu formulieren:

- Eine multifaktorielle Bedingtheit erfordert ein multimodales interventives Vorgehen.
- Es gilt sowohl die mögliche Ursachenkonstellation als auch das Bedingungsgefüge zur Aufrechterhaltung der Störung zu beachten.

- Eine Korrektur des sichtbaren Essverhaltens kann relativ kurzfristig erfolgen (Rückschläge sind häufig); eine Behandlung des möglichen Ursachenkomplexes ist ein langwieriger Prozess.
- Im Einzelfall kann eine sehr unterschiedliche Gewichtung der möglichen prädisponierenden Faktoren, der Ursachen und Auslöser vorliegen. Jede individuelle Therapieplanung muss dementsprechend Prioritäten setzen.
- Einzeltherapeutische Verfahren sollten mit gruppentherapeutischen bzw. Familientherapien kombiniert werden; Selbsthilfegruppen können eine wesentliche Rolle übernehmen.
- Die von Betroffenen ausgewählten therapeutischen Institutionen bzw. Therapeuten repräsentieren meist eine bestimmte theoretische Richtung. Dennoch sollte der Anspruch erhoben werden, möglichst viele Aspekte des komplexen Phänomens Essstörungen in die Behandlung einzubeziehen.
- Je nach Schweregrad der Essstörung stehen psychosoziale Beratung und Behandlung, ambulante Behandlung in speziellen Beratungsstellen und stationäre Aufnahme (psychosomatische Kliniken, Kinder- und Jugendpsychiatrie) zur Wahl.
- Leidensdruck und Krankheitseinsicht der Betroffenen sind die entscheidenden Variablen für einen Behandlungserfolg.

Ausgewählte spezielle Möglichkeiten

Abbildung 1 gibt einen Einblick in Interventionsmöglichkeiten (Nähere Informationen finden sich z.B. bei: BZgA, 2001, Fichter & Warschburger, 2002, Steinhausen, 2000, Vandereycken & Meermann, 2000.).

3.6 Prävention

Ansatzpunkte für präventives Arbeiten finden sich – je nach der aufgenommenen Betrachtungsweise – in unterschiedlichen Bereichen (individuelle Position, interpersonelle Beziehungen, familiäre, gesellschaftliche Zusammenhänge). Garfinkel und Dorian (1997) sehen eine mögliche primäre Prävention im Spannungsfeld zwischen der Propagierung eines Schlankheitsideals mit Hilfe von Diäten und dem Aufzeigen von Gefahren abnormer Ernährung. Obwohl große Teile der Bevölkerung über eine gesunde Ernährung aufgeklärt sind, ist diese Kenntnis – das zeigt das zahlenmäßige Ansteigen essgestörten Verhaltens – nicht emotional verankert. Hierfür wäre nach Selvini Palazzoli, Cirillo, Selvini und Sorrentino (1999) eine intensive Auseinandersetzung erforderlich „mit einer authentischen Veränderung der gesellschaftlichen Rollen der Frau in der westlichen Kultur, mit bestimmten Aspekten der (männlichen und weiblichen Macht), die die Geschlechterrollen bestimmen und die für eine Neudefinition der weiblichen At-

Richtung	Indikation	Ziel	Bemerkungen
Biologische/medizinische Betrachtungsweise			
Ernährungsaufklärung und Ernährungserziehung	Informationsdefizit über gesunde Ernährung	Antidiätplan (Erweiterung der Nahrungsmittelvielfalt)	Betroffene besitzen sehr differenzierte Kenntnisse über „ihre“ Ernährung
Medikamentöse Behandlung	zur Beseitigung von sekundären Symptomen: Angst, Zwang, Depression	Leitlinie: kurzfristige Behandlungsmöglichkeit, nur zur Unterstützung eines Gesamtbehandlungsplanes Spannungsminderung Stimmungsaufhellung	Vorsicht bei der Gabe von Neuroleptika (vorwiegend bis in die 80er Jahre eingesetzt), von Tranquilizern (angstlösend), von Appetitzüglern (Appetit unterdrükkend), von Antidepressiva Gefahr der Nebenwirkungen unterschiedliche Aussagen über die Effektivität
stationäre Aufnahme	lebensbedrohlicher Zustand (bei Anorexie)	Gewichtszunahme Zwangsernährung	problematisch: Widerstand der Betroffenen, häufig Machtkampf

Psychologische Betrachtungsweise			
Verhaltenstherapie: operante Konditionierung: positive / negative Verstärkung	bei Anorexie	Gewichtszunahme Aufbau eines normalen Essverhaltens	Vorsicht geboten: wird als Zwangsmaßnahme verstanden, deshalb z.B. in Klinik Unterstützung durch psychologische Begleitung (Steinhausen, 2000, individuelle Betreuung durch gleichgeschlechtliche Bezugsperson)
Konfrontation mit Reaktionsverhinderung	bei Bulimie	Aufbau eines normalen Essverhaltens	Patienten nehmen kalorienreiche Nahrung zu sich (Konfrontation), dürfen nicht erbrechen und keine Abführmittel nehmen (Reaktionsverhinderung)
Erwerb von Selbstkontrolltechniken	Stärkung der Selbstverantwortlichkeit in einzuübenden Schritten	Aufbau eines gesunden Essverhaltens	mögliche Abfolge: Tagebuch über Essverhalten führen Absprache von festen Essenszeiten bei Bulimie: Vermeidung von auslösenden Faktoren für einen Essanfall

Kognitive Verhaltenstherapie: Erkennen dysfunktionaler Einstellungen	Leitideen bestimmen Denken und Handeln Anorexie: „Um perfekt zu sein, muss ich schlank sein!“ Bulimie: „ Ich habe keine Selbstkontrolle. Ich bin dick!“	Auflösen und Entwicklung alternativer Einstellungen „Es ist nicht wichtig, dass ich in allen Aspekten perfekt sein muss!“ „Ich bin perfekt im Hinblick auf…!“	Prozess der Einstellungsänderung muss im Handeln sichtbar werden
Erfassen und Training des affektiven Ausdruckverhaltens:	Unterdrückung von Emotionen (Anorexie), Hilflosigkeit und Scham (Bulimie)	Zugang zu eigenen Gefühlen finden (z.B. Aggressionen ausdrücken, Enttabuisierung der Erkrankung)	Sensibilisierung für emotionale Zustände und das Bekennen zu den jeweiligen Gefühlen
Wahrnehmungstraining:	Körperschemastörung Wahrnehmungsstörung der viszeralen Reize	realistisches Körperbild und -erleben	Unterstützung durch: Bewegungs-, Tanz- und Musiktherapie, Meditation
Familientherapie:	soziales Umfeld trägt zu Störungen bei	offene wechselseitige Beziehungen	„Sündenbockrolle!“ soll aufgelöst werden
Erwerb von sozialer Kompetenz: Selbstsicherheitstraining Gruppentherapie	Defizite in der sozialen Kompetenz	Fragen der Autonomiegewinnung Erwerb von Unabhängigkeit	Rollenspiele

Abb. 1.: Interventionsmöglichkeiten

traktivität wesentlich sind“ (S.242). In diesem Prozess ist die Mediendarstellung besonders gefordert: Die Verbindung zwischen Selbstwertgefühl und Körpergewicht bzw. äußerem Erscheinungsbild (siehe auch die gegenwärtig zu registrierende Welle an Schönheitsoperationen bei immer jüngeren Menschen) bereits bei sehr jungen Mädchen (ca. ab 8 Jahren) sollte aufgelöst und mit Gegengewichten besetzt werden. In diesem Zusammenhang sind – so betonen Garfinkel und Dorian – besonders die Familien aufgerufen, Äußerlichkeiten nicht zum Familienleitthema zu machen. Selvini Palazzoli, Cirillo, Selvini und Sorrentino (1999) schätzen die Vorschläge von Garfinkel und Dorian als vernünftig ein. Dennoch erscheint ihnen „... die Gleichsetzung der Selbstwertschätzung mit dem eigenen Aussehen bei jungen Mädchen und jungen Frauen ... (als) Oberflächenerscheinung einer schweren und verbreiteten soziokulturellen, familialen, affektiven und vor allem ethischen Krise“ (S. 243).

3.7 Pädagogisch-psychologische Hilfestellungen

Erkennen von Anzeichen essgestörten Verhaltens

Es entspricht dem komplexen Erscheinungsbild, dass Indizien auf der kognitiven, der emotionalen und der aktionalen Ebene zu finden sind. In ihrer Bedeutung werden sie meist erst retrospektiv erfasst. Dennoch sollte man mit der gebotenen Sorgfalt aufmerksam sein, wenn Kinder und Jugendliche z.B.

- Nahrungseinnahme bzw. -verweigerung als Problembewältigungsstrategien einsetzen
- eine plötzliche Ernährungsumstellung mit der Begründung fordern oder vornehmen, dass nunmehr besonderer Wert auf eine gesunde Ernährung gelegt wird (besonders, wenn parallel dazu eine erkennbare Reduzierung der Nahrungsmenge erfolgt)
- Nahrungsmittel „horten“, der Kühlschrank häufig heimlich ausgeräumt wird, das Taschengeld (wegen Nahrungsmittelbeschaffung) plötzlich nicht mehr ausreicht
- das Denken ausschließlich auf Aussehen und Körpergewicht richten (das Wiegen wird zum täglichen Muss, das Ergebnis bestimmt weitgehend die Tagesstimmung)
- das eigene Aussehen ständig kritisieren
- Hungergefühle „unüberhörbar“ übergehen
- unter Müdigkeit leiden, aber dennoch übertriebene körperliche Aktivitäten (Sport) ausüben
- über somatische Beschwerden klagen (Verstopfung, Schlafstörungen etc.)
- ihre sozialen Kontakte in auffälliger Weise verändern
- auffälligen Stimmungsschwankungen unterliegen.

Während die angeführten Auffälligkeiten je nach Intensität und im Rahmen des individuellen Persönlichkeitsbildes zu beurteilen sind, kann im Hinblick auf den zuletzt angesprochenen Aspekt differenzierter argumentiert werden:
Essstörungen bei Angehörigen bestimmter Risikogruppen: Eine Langzeitstudie (Herpertz-Dahlmann, 1988) zum Verlauf der adoleszenten Anorexia nervosa stellt als Ergebnis fest, dass die Hälfte der Patienten (Kinder und Jugendliche) bereits vor Ausbruch der Essstörung aufgrund einer psychischen Störung in ärztlicher Behandlung war (vor allem wegen Angststörungen, besonders Trennungsangst, die die Bewältigung neuer sozialer Situationen im Vergleich zu gesunden Kindern erschwerte). Interessanterweise zeigt sich ein ähnliches Ergebnis auch bei Betroffenen mit Bulimie (Fairburn et al., 1997). So blieben diese aufgrund von Angstsymptomen häufiger der Schule fern als gesunde Personen.
Diese Ergebnisse lassen – vorsichtig formuliert – den Schluss zu, dass prämorbide Störungen (vor Ausbruch der Essstörungen aufgetreten) ein Anzeichen für eine erhöhte Aufmerksamkeit von Eltern und Lehrern sein sollten.

Bezugssystem Familie

Betroffene verheimlichen ihre Essstörung vor ihrem sozialen Umfeld. Sind Anzeichen nicht mehr zu übersehen, dann lässt sich die familiäre Situation häufig folgendermaßen charakterisieren:

- eine übergroße Besorgnis oder auch Bagatellisierung („Das renkt sich wieder ein!")
- die Schuldfrage wird zwischen den Eltern thematisiert
- anorektisches Verhalten wird mit Sturheit gleichgesetzt („Sie will nur nichts essen, um uns zu ärgern. Sie will uns ihren Willen aufzwingen!")
- bulimisches Verhalten wird mit fehlender Willenskraft gleichgesetzt („Wie kann man sich nur so gehen lassen!")
- ein familiärer Kampf um die Nahrungsaufnahme bzw. -verweigerung entbrennt (Betroffene setzen zahlreiche Tricks und offenen Widerstand ein.).

Grundsätzlich gilt: Die Familie darf sich nicht zum Verbündeten oder Gegner der Betroffenen machen. Alle Appelle an die Einsichtsfähigkeit und Ermahnungen bzw. Ratschläge sind nicht wirkungsvoll. Gestörtes Essverhalten muss im Familienkreis angesprochen werden; Informationen durch professionelle Beratung sollten einbezogen werden.

Bezugssystem Schule

Welche Anzeichen essgestörten Verhaltens sind für Lehrkräfte erkennbar? Es handelt sich um Hinweise, die nicht überinterpretiert, aber wahrgenommen werden sollten.

Bei Anorexie: Diätabsprachen unter Schülern, „Wettbewerbe" (wer nimmt am schnellsten, am meisten ab), extremer Gewichtsverlust, Verhüllen der Figur mit weitfallender Kleidung, Hänseleien über Aussehen/Figur von Mitschülern, plötzliches Ergreifen vielfältiger sportlicher Aktivitäten, Leistungsabfall bei gehäuften Müdigkeitsanfällen, sonst sehr ehrgeiziges Verhalten, Orientierung am Perfektionismus, Verringerung der sozialen Kontakte, starke Stimmungsschwankungen.
Bei Bulimie: Im Unterschied zur Anorexie fehlt das charakteristische Erscheinungsbild, Verhalten kann eher extravertiert erscheinen, da sich Essverhalten im Verborgenen abspielt, Anhaltspunkte können Gespräche unter Mitschülern sein oder von ihnen eventuell erhaltene Hinweise.

Lehrkräfte sind keine Diagnostiker und Therapeuten. Sind sie jedoch über psychische Erkrankungen informiert, können ihnen bestimmte auffällige Verhaltensweisen verständlicher erscheinen. Sie haben die Möglichkeit, das Gespräch mit ihren Schülern zu suchen und ihnen die Bereitschaft zu signalisieren, jederzeit über bestimmte Probleme mit ihnen zu sprechen. Äußerst aufschlussreich – und eigentlich für jede Lehrerin, jeden Lehrer eine „Handreichung" über Hilfsmöglichkeiten - sind Erfahrungen/Einschätzungen/Wünsche, die von Betroffenen selbst formuliert werden. Gerlinghoff und Backmund haben diese zusammengestellt:

„Sprechen Sie mich nicht auf Essen, Figur oder Gewicht an, sondern fragen Sie mich lieber, wie es mir geht, und sagen Sie mir, dass Sie sich sorgen. Da habe ich das Gefühl, Sie haben wirklich Interesse an mir.
Bleiben Sie in der Ich-Form (‚Ich habe den Eindruck, es geht dir nicht gut.')! Da fühle ich mich nicht gleich in die Enge getrieben und kann leichter zugeben, dass wirklich etwas nicht stimmt.
Ich würde mir wünschen, dass Sie mich nicht ignorieren, sondern mich ansprechen! Schlimmer können Sie die Essstörungen dadurch nicht machen, am schlimmsten ist es für mich, ignoriert zu werden! Ich habe mir die Essstörung als mein ‚Sprachrohr' genommen, damit ich endlich wahrgenommen werde!
Reden Sie nicht mit meinen Eltern hinter meinem Rücken. Die Heimlichtuerei verletzt mich.
Sprechen Sie mich nicht vor der Klasse, vor anderen Mitschülern, anderen Lehrern etc. an. Das ist mir peinlich und gerade vor anderen habe ich gar nicht die Chance zuzugeben, dass etwas nicht stimmt.
Geben Sie Adressen von Therapiemöglichkeiten weiter. So habe ich die Möglichkeit, zu einem Zeitpunkt, an dem ich zu einer Therapie motiviert bin, mir Hilfe zu suchen.
Reden Sie nicht mit der Klasse in meiner Abwesenheit! Das ist mir unangenehm und ich fühle mich ausgeschlossen und hintergangen.

Machen Sie mir ein Angebot zum Reden (‚Wenn irgendwas ist, kannst du immer kommen'), denn es fällt mir sehr schwer, selbst um Hilfe zu bitten; und es tut mir gut zu wissen, dass da jemand ist, an den ich mich wenden kann.
Behandeln Sie das Thema Essstörungen in der Schule nicht als Tabu! Da habe ich noch eher das Gefühl, nicht normal zu sein und meine Krankheit verheimlichen zu müssen. Außerdem schützt Aufklärung in der Schule mich und andere Betroffene vor blöden Kommentaren und Vorurteilen.
Informieren Sie sich selbst über Essstörungen! Je mehr Sie wissen, desto besser können Sie mir/anderen Betroffenen helfen!
Führen Sie Informationsveranstaltungen an der Schule durch. So sind alle für das Thema Essstörungen sensibilisiert und ich kann eher auf Verständnis und Hilfe hoffen!
Kontrollieren Sie in der Pause nicht mein Essverhalten! Das ist furchtbar erniedrigend für mich und bringt nichts, weil ich nicht mehr normal essen kann und so nur gezwungen werde, Essen verschwinden zu lassen und zu lügen.
Machen Sie keine abfälligen Bemerkungen über Essgestörte, Figur oder Essverhalten. Das verletzt mich und außerdem fühle ich mich so nicht ernst genommen!
Ich würde mir wünschen, dass Sie versuchen, mich in die Klasse zu integrieren! Ich will dazugehören und mitmachen, traue mich aber oft nicht, selbst zu fragen oder etwas zu organisieren!
Seien Sie aufmerksam gegenüber Mobbing der Schüler untereinander und reagieren Sie vor allem darauf! Das macht eine bessere Atmosphäre und vermittelt das Gefühl, im Notfall nicht allein gelassen zu werden. Zudem können Sie schon im Ansatz auf viele Ursachen für die Entstehung einer Essstörung reagieren.
Behandeln Sie mich nicht wie ein rohes Ei, sondern wie einen normalen Menschen!
Unterstützen Sie Schüler, die sich unter einen enormen Leistungsdruck stellen, nicht noch dabei! Sonst entsteht der Eindruck, dass Anerkennung und Aufmerksamkeit nur von Leistung abhängen.
Lassen Sie mich nicht fallen und versuchen Sie es weiter, auch wenn ich zunächst sehr abweisend reagiere. Mir fällt es schwer zuzugeben, dass es mir schlecht geht; außerdem ist es mir peinlich, angesprochen zu werden. Insgeheim freue ich mich aber, dass Sie sich für mich interessieren!" (www.isb.bayern.de/bf/chronischkrank/essstörungen.html., 29.8.2002)

Diese Aussagen sind an Klarheit nicht zu übertreffen. Sie vermitteln Anregungen, die – wenn sie umgesetzt werden – Möglichkeiten und Grenzen der unterstützenden und begleitenden Hilfe durch Lehrkräfte aufzeigen. Ihre besondere Bedeutung liegt darin, dass sie durch die authentische Wirkung gegenüber allgemeinen Empfehlungen (wie z.B. Schröder, 2001, Willmann, 1999) differenziertere Signale für mögliche Angebote setzen können.

4. Adipositas

4.1 Zur Charakteristik

Der im Kapitel 1.1 erwähnte 7jährige Schüler Bernd weist die folgende Essstörung auf:

Adipositas als eine Form essgestörten Verhaltens fristete in der Forschungsarbeit eher ein Schattendasein. Das geringe Interesse drückt sich sowohl in der Anzahl an wissenschaftlichen Veröffentlichungen und als auch in einer pauschalen Mediendarstellung aus. Schwierigkeiten zeigen sich bereits bei der Benennung dieser Form als Übergewicht, mit dem stigmatisierenden Begriff Fresssucht oder mit den seit kürzerer Zeit eingeführten Begriffen „Binge-Eating-Disorder" (BED) oder „Recurrent Overeating". Zusätzliche Probleme ergeben sich, weil zahlreiche Definitionen vorliegen und eine einheitliche Klassifikation fehlt.
Deshalb kann es hilfreich sein, dass anhand des Body Mass Index (BMI) zwischen verschiedenen Gewichtskategorien unterschieden wird (vgl. Wechsler et al., 1996):

Untergewicht (BMI < 20), Normalgewicht (BMI 20–24,9), Adipositas ersten Grades (= Übergewicht) (BMI 25–29,9), Adipositas zweiten Grades (BMI 30–39,9), Adipositas dritten Grades (= extreme Adipositas) (BMI > 40).
Zur Verdeutlichung: Von einer Adipositas wird bei einem BMI von 30 und mehr gesprochen.

Dagegen wird die Frage, in welcher Form Adipositas als diagnostische Kategorie aufzunehmen ist, unterschiedlich beantwortet:
In der Internationalen Klassifikation psychischer Störungen (ICD-10, WHO) werden Essattacken mit anderen psychischen Störungen verbunden, z.B. als Reaktion auf belastende Ereignisse, als Ursache psychischer Störungen oder als ein unerwünschter Nebeneffekt einer Langzeitmedikation (Dilling et al., 2005, S.203 f.).
In der letzten Version des Diagnostischen und Statistischen Manuals Psychischer Störungen, DSM-IV (Saß, Wittchen, Zaudig et al., 1998) wird nicht die Kategorie Adipositas angeführt, sondern die Binge-Eating-Störung. Diese ist durch wiederholte Essattacken charakterisiert und das Gefühl, die Kontrolle über das Essen zu verlieren, – ohne die für Bulimie kennzeichnenden gegenregulierenden Maßnahmen einzusetzen. Vahabzadeh (2000) weist allerdings darauf hin, dass „die Gruppe der Binge Eater nur einen geringen Prozentsatz aller Fettleibigen aus(macht)" (S.250).

Diese noch weitgehend undifferenzierte Forschungssituation (z.B. Mangel an empirischen Untersuchungen und speziellen Therapieformen) wird von Vahabzadeh (2000) bemängelt. Sie führt zutreffend aus: „Dies ist um so erstaunlicher, als sowohl bei Erwachsenen als auch bei Kindern und Jugendlichen in den letzten Jahren ein allgemeiner Anstieg diagnostizierter Fettleibigkeit zu verzeichnen ist" (S.247).

4.2 Konsequenzen

Im Gegensatz zu dem heute propagierten Schönheitsideal des Schlankseins bedarf das genaue Gegenteil davon kaum einer näheren Ausführung. Bereits adipöse Kinder leiden unter Hänseleien, Spott und Verachtung. Sie werden ausgegrenzt und mit Etikettierungen versehen, die oft lebenslang nachwirken. Diese frühen Erfahrungen, nämlich aufgrund des Gewichtes von der sozialen Umgebung als Persönlichkeit bewertet zu werden, setzen sich im Erwachsenenalter fort. Die BZgA (2001) geht davon aus, dass ca. 33 % aller Fälle einer Adipositas im Kindesalter in das Erwachsenenalter übergehen. In diesen Fällen durchläuft das einzelne Individuum eine „Karriere" durch die fortwährende Konfrontation mit gesellschaftlichen Wertvorstellungen („Dicke seien unbeweglich, faul, äußerlich unansehlich"; ein sichtbares Zeichen solcher Auffassungen: selbst große Teile der Konfektionsindustrie grenzen diese Gruppe weitgehend aus bzw. bedienen sie mit unattraktiven Angeboten; gerade diese fehlende Wahlmöglichkeit stellt für Jugendliche häufig ein Problem dar). Bereits bei Kindern findet sich die Einstellung, aus vorgelegten Bildern übergewichtige Kinder als diejenigen herauszusuchen, mit denen sie am wenigsten gerne befreundet wären (vgl. Dietz, 1995). Der Teufelskreis ist bekannt: niedriges Selbstwertgefühl, Ängstlichkeit, soziale Hemmungen, Depressivität und Isolation können (müssen aber nicht!) die Folgen sein.

In diesem Zusammenhang sollten auch die medizinischen Konsequenzen der Adipositas im Kindes- und Jugendalter nicht unbeachtet bleiben (vgl. z.B. Laessle, Lehrke, Wurmser & Pirke, 2001, Vahabzadeh, 2000).

4.3 Epidemiologie

Nach Vogelbach-Woerner (2000) wird bei Frauen die Häufigkeit mit 11,6 % und bei Männern mit 10,6 % angegeben. Aus den Daten einzelner regionaler Studien (in Ermangelung umfassender Untersuchungen zur Häufigkeit von Adipositas in Deutschland) „lässt sich der Prozentsatz der adipösen Kinder und Jugendlichen auf rund 10% beziffern" (Warschburger & Petermann, 2000, S.71, sie berufen sich auf Kromeyer-Hauschild & Jaeger). In vielen Veröffentlichungen finden sich

neben dem allgemeinen Hinweis, dass die Tendenz stark steigend ist, höhere Angaben: So zeigen z. B. nach Schulte Strathaus (1999) Ergebnisse von einzelnen Reihenuntersuchungen an Schülerinnen und Schülern, dass jedes sechste 14jährige Kind übergewichtig ist.
Grundsätzlich steht fest: In den letzten Jahren mehren sich sowohl auf nationaler als auch internationaler Ebene die Anzeichen, dass Adipositas bei Kindern und Jugendlichen zunehmend häufiger anzutreffen ist.

4.4 Theoretische Erklärungsansätze

Allgemeiner Bezugsrahmen

Auf dem Hintergrund evolutionsbiologischer Rahmenbedingungen (Schaffung von Reserven für Notzeiten durch erhöhte Nahrungszufuhr bei Verfügbarkeit) wirkt sich ein ehemals überlebensnotwendiger Faktor in einer Überflussgesellschaft eher negativ aus. Die Basis für das individuelle Essverhalten, das multifaktoriell bedingt ist, wird von dem jederzeit möglichen Zugriff auf Nahrungsmittel gebildet.
Nach Ellrott und Pudel (1999, S.439) bestimmen folgende Faktoren (Abb. 2) das Essverhalten (bei anderen Autoren wie z.B. Zipfel, Löwe & Herzog, 2000, finden sich lediglich geringfügige Modifikationen):

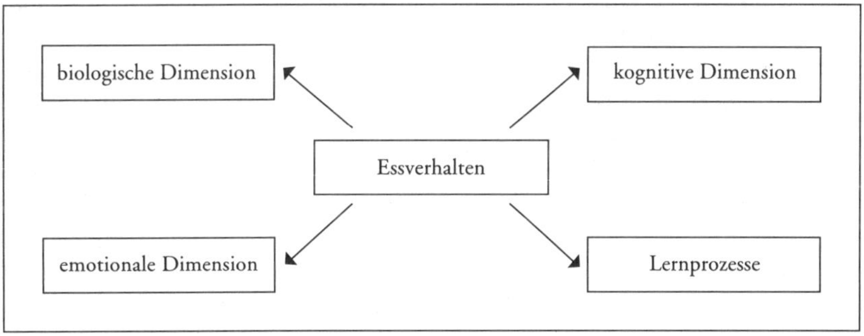

Abb. 2.: Essverhalten

Normales Essverhalten in Kurzform erfasst: Dem individuellen Essverhalten liegt eine genetische Prädisposition zugrunde, es ist geprägt von sozio-kulturellen Rahmenbedingungen in verschiedenen Bereichen, von Sozialisations- und Lernprozessen (tradiertes Erziehungs- und somit Essverhalten, Modell-Lernen, Konditionierungslernen), von emotionalen Faktoren wie z.B. Umgang mit Stresssituationen und von kognitiven Prozessen (Einstellungen zur Ernährungsweise).

Gestörtes Essverhalten in Kurzform erfasst: Eine genetische Disposition bewirkt eine effektivere Körperfettspeicherung, energie- und fettreiche Speisen werden in größeren Mengen verzehrt, Reduzierung bzw. weitgehender Verzicht auf körperliche Aktivitäten; diese Faktoren führen „nach dem Prinzip der Energiebilanz zu einer Gewichtszunahme“ (Ellrott & Pudel, 1999, S.439). Die Forschungsbestrebungen richten sich auf eine Analyse der genetisch-metabolischen, psychosozialen und psychologischen Grundlagen. Auf diese Weise wird ein „Bündel“ an speziellen Annahmen von unterschiedlicher Plausibilität und empirischer Belegbarkeit erstellt:

Ansatzpunkte aus dem genetisch-metabolischen Bereich

- Zwillings-, Adoptions- und Familienstudien weisen der Vererbung, genauer: der Disposition, adipös zu werden, eine wesentliche Rolle bei der Entwicklung von Adipositas zu (So liegt z.B. das Risiko eines Kindes, bei übergewichtigen Eltern ebenfalls adipös zu werden, bei 80 %; vgl. Laessle, Lehrke, Wurmser & Pirke, 2001.).
- Für die familiäre Häufung wird als Erklärungsmöglichkeit der interindividuell unterschiedliche Energiebedarf diskutiert:
  Zur Erläuterung: Der Energiebedarf eines Menschen setzt sich zusammen: aus dem Grundumsatz (für alle lebenswichtigen Funktionen, ca. 60 % des Gesamtenergiebedarfs), dem thermogenetischen Effekt (Wärmebildung) und physischen Aktivitäten.
  Es wird angenommen, dass Übergewichtige einen geringeren Energiebedarf, insbesondere einen verringerten Grundumsatz (Ursache unbekannt), haben und deshalb auch weniger Nahrung benötigen. Übermäßiges Essen wird als überschüssige Energie in Fettdepots angelegt. Demnach würde also die Disposition für einen niedrigen Energieverbrauch die Entwicklung einer Adipositas begünstigen. Die empirischen Befunde für diese These sind nicht einheitlich. So zeigten einige Vergleichsstudien keine Unterschiede von über- und normalgewichtigen Kindern im Energiebedarf (vgl. Fichter & Warschburger, 2002).
- Die enormen Fortschritte der modernen Genforschung haben bislang zu wesentlichen Ergebnissen geführt: Die Ermittlung monogenetischer Adipositasformen lässt den Schluss zu, dass der Komplex „Übergewicht“ von unterschiedlichen genetischen Faktoren getragen wird. Laessle, Lehrke, Wurmser und Pirke (2001) bilanzieren: „Die neueste Zusammenfassung aller Studien zu genetischen Faktoren (Bouchard et al., 2000) listet n Mutationen auf, die einen signifikanten Zusammenhang mit Adipositas gezeigt haben“ (S.11). Neben diesen vielfältigen Möglichkeiten ist aber zugleich die Annahme polygenetischer Modelle äußerst plausibel.

Ansatzpunkte aus dem psychosozialen und psychologischen Bereich

Da klare theoretische Erklärungsmodelle fehlen, werden Aspekte wie die Rolle der Nahrungsaufnahme, die physische Aktivität und das Essverhalten in der Literatur diskutiert. Während z.B. Fichter und Warschburger (2002) diese Fragmente als „Umweltfaktoren“ sehen, von denen abhängt, ob und in welchem Ausmaß sich letztlich Adipositas entwickelt, ordnen Laessle, Lehrke, Wurmser und Pirke (2001) diese Aspekte den „psychologischen und psychosozialen Einflüssen“ zu. Im einzelnen werden thematisiert:

- Nehmen adipöse Kinder größere (fettreichere) Nahrungsmengen zu sich als normalgewichtige? Je nach Anlage der Studie unterscheiden sich die Ergebnisse (bei Selbstauskunft sind keine Unterschiede zu finden, Beobachtungsergebnisse zeigen Unterschiede).
- Wird das Essverhalten von Adipösen vorwiegend von äußeren Reizen (z.B. Uhrzeit, Anblick des Nahrungsangebotes) gesteuert und ist somit weitgehend unabhängig von internalen physiologischen Reizen? Dieser Externalitätshypothese von Schachter (1968, vgl. dazu Hammerl, Grabitz & Gniech, 1993) setzt z.B. Pudel (1982) die Diskussion entgegen, dass die hohe Außenreizabhängigkeit eine Folge und nicht die Ursache von Adipositas ist.
- Inwieweit beeinflussen emotionale Faktoren und Lernprozesse das Essverhalten? Eine Auswahl: Stresssituationen, Angst etc. führen zu Frust-Essen. Die Eltern stellen Modellpersonen für das kindliche Essverhalten dar. Auf jegliche Bedürfnisäußerung der Kinder (z.B. nach Aufmerksamkeit) wird mit dem Verabreichen von Nahrung reagiert. Kindliche Äußerungen wie z.B. Schreien werden als Hungergefühl fehlinterpretiert.
- In welchem Maße sind adipöse Kinder zu motorischen Aktivitäten bereit? Es werden mangelnde körperliche Beweglichkeit, erhöhter Fernsehkonsum etc. diskutiert.

Diese Hinweise zeigen Möglichkeiten auf, die in das angenommene multifaktorielle System, das Adipositas bedingt, eingreifen können. Eine weitere Variante wird von Jacobi (2000) erwähnt, die dem „Escape-Modell“ von Heatherton und Baumeister (1991) entnommen ist („Escape from Self-Awareness“). Demnach ist „Binge eating“ das Ergebnis „einer verringerten Form von Selbstaufmerksamkeit im Zusammenhang mit bedrohlichen Selbstwahrnehmungen“ (Jacobi, 2000, S.79). Solche Bestandsaufnahmen – auch in dieser reduzierten Form – geben einen Einblick in Forschungsaktivitäten und greifen deren Tendenz auf.

Erinnerungshilfe:

Diskussion von genetisch-metabolischen, psychosozialen und psychologischen Grundlagen

4.5 Interventionsmöglichkeiten

Allgemeine Betrachtungsweise

Beruft man sich auf Vahabzadeh (2000), dann ist zur Zeit wenig Optimismus angesagt. So betont sie, dass sich selbst die Erkenntnis, dass es sich bei Adipositas um eine multifaktorielle Erkrankung handelt, in der praktischen Arbeit nur wenig niederschlägt. Bei der Behandlung wird vorwiegend medizinisch-verhaltenstherapeutischen Programmen Aufmerksamkeit zuteil. „Der Schwerpunkt liegt hier auf einem schnellen Gewichtsverlust, der mit Hilfe von Diäten, Ernährungsberatung, Bewegung und Verhaltenstraining zur Stärkung des Kontrollverhaltens erzielt werden soll" (a.a.O., S.248).

Mit klarer Sprache spricht Vahabzadeh einen weiteren Aspekt an: Obwohl in jüngster Zeit die Eltern von adipösen Kindern und Jugendlichen durch eine Ernährungsberatung in die Behandlung einbezogen werden (allerdings ist der anhaltende Erfolg aus unterschiedlichen Gründen sehr zweifelhaft), sind „in der Fachliteratur ... wenig differenzierte Hinweise zu finden, wie die Eltern mit der Essstörung ihres Kindes und mit den damit verbundenen sozialen Schwierigkeiten umgehen" (S.249). Sehr ernüchternd fügt die Autorin hinzu, dass betroffene Eltern von professionellen Helfern (Ernährungsberatern, Psychologen und Ärzten) „häufig als passiv und unmotiviert beschrieben (werden), was eine erfolgreiche Zusammenarbeit schon im Ansatz erschwert". (Anmerkung: Allerdings sollte in diesem Zusammenhang auch in Betracht gezogen werden, dass Eltern sich häufig als „mitschuldig" fühlen und eine Abwehrhaltung nach außen aufbauen.)

Die in der Literatur proklamierten Ansätze zeigen, dass Vahabzadeh mit ihrer Einschätzung richtig liegt. Während sie für eine ganzheitliche Behandlungsweise plädiert, finden sich in der Literatur im wesentlichen die von ihr genannten Schwerpunkte. Selbst wenn diese als multimodale Therapien bezeichnet werden, erfassen sie lediglich die genannten Eckpfeiler. Auch in der ausdrücklich auf Kinder und Jugendliche ausgerichteten Veröffentlichung von Laessle, Lehrke, Wurmser und Pirke (2001, S.19) werden die folgenden Punkte als kennzeichnend für *alle* multimodalen Behandlungsprogramme hervorgehoben:

- Sport
- Diät
- Gesundheitspolitische Interventionen (Unterstützung und Stabilisierung der Sport- und Diät-Komponente).

Diese Reduktion überrascht angesichts der vermuteten Ursachenvielfalt. Deshalb ist es aufschlußreich, dass die von der Deutschen Adipositas Gesellschaft vorgeschlagenen Therapieformen (Wechsler et al., 1996) über sie hinausreichen:

- Einsatz von Medikamenten
- Konservative interventionelle Therapie (Magenimplantate)
- Chirurgische interventionelle Therapie (z.B. Silikon-Band-Magenplastik)
- Verhaltens- und Psychotherapie (Motivationssteigerung, Misserfolgsprophylaxe, Dosierung der Therapieziele, flexible Verhaltensvorgaben, kohlenhydratreiche Kost zur Vermeidung von Hungergefühlen)

Diese Empfehlungen sprechen ausdrücklich die Psychotherapie an. Allerdings kommt dieser aufgrund der vorhandenen Spannbreite (Einsatzmöglichkeiten, Methodenvielfalt) eine erheblich zentralere Bedeutung als eine nur „randständige" Nennung zu. Gerade diesen Umstand mahnt Vahabzadeh mit den oben angeführten Aussagen an. Da über zahlreiche Rückschläge von stationär erfolgreichen Gewichtsreduzierungen nach Rückkehr in die gewohnte Umgebung berichtet wird, zeigt sich, dass die professionelle Begleitung und Unterstützung von adipösen Kindern und Jugendlichen und ihren Familien defizitär ist. Ein Handlungsbedarf in diese Richtung ist angezeigt. Zipfel, Löwe und Herzog (2000) fordern deshalb für die Zukunft, dass „neue, längerfristige Therapiemodelle entworfen und erprobt werden, die Elemente einer niederfrequenten Erhaltungstherapie oder die Überleitung in Selbsthilfegruppen beinhalten" (S.509).

4.6 Pädagogisch-psychologische Hilfestellungen

Das im familiären Bereich herrschende Erziehungsklima prägt in entscheidender Weise das Essverhalten von Kindern und Jugendlichen. Eltern und nahe Bezugspersonen (z.B. Großeltern) sollten sich bewusst sein, dass sie die Voraussetzungen für ein normales Essverhalten, aber auch für ein gestörtes, legen können:

(a) Sie leben ihren Kindern Ernährungsweisen vor und sind somit Modellpersonen bezüglich z.B.:
   - der Aufnahme und dem Umgang mit Werbestrategien (Dazu ein Experiment der ernährungspsychologischen Forschungsstelle in Göttingen (Schulte Strathaus, 1999): normale Milch in einer peppigen Verpackung und mit dem Etikett „Power-Milch" versehen, fand bei Jugendlichen gegenüber „normaler" Milch begeisterten Zuspruch. Konsequenzen daraus können sein: zum einen – wie der Leiter der Forschungsstelle folgert – eine Professionalisierung der Werbung für normale Lebensmittel, um mit den umworbenen Kinderprodukten Schritt halten zu können, oder zum ande-

ren – als echte Alternative verstanden – eine Sensibilisierung der Kinder und Jugendlichen gegenüber diesen Strategien)
- der Begleitumstände des Essvorganges (keine festen Zeiten, unkontrollierter Gang zum Kühlschrank, sprichwörtlicher Fernseh"konsum")
- der Funktion der Nahrungsaufnahme (Sättigung des Hungergefühls oder als Strategie zur Problemlösung, als Ersatz für Nähe, Geborgenheit, Kommunikationslosigkeit, als Belohnung)
- der Umsetzung überlieferter Auffassungen („Dicksein" signalisiert Gesundheit und Gemütlichkeit) und Volksweisheiten („Liebe geht durch den Magen!", „Wer schwer arbeitet, muss auch viel essen!")

(b) Sie sind von eigenen Einstellungen zu Körperformen und –gewicht geprägt, die es zu reflektieren gilt. Wie wird z.B. ein eigenes üppigeres Erscheinungsbild oder das anderer bewertet? Verbinden sich mit dieser Beurteilung Vorurteile (dick - unansehlich, bequem, nicht leistungsfähig)? Werden Diäten als sinnvoll und notwendig erachtet? Erst wenn diese Fragen von den Eltern aufrichtig beantwortet werden, können sie mit Empfehlungen umgehen, die von der BZgA (2001) zum Umgang mit adipösen Kindern und Jugendlichen gegeben werden:
- Keine Diäten oder ein Verbot von bestimmten Nahrungsmitteln
- Informationen von einer Ernährungsberatung gemeinsam mit dem betroffenen Kind einholen; Angebote von gemeinsamen Kochkursen nutzen
- Art und Weise der Nahrungsaufnahme überprüfen (Raum und Zeit für Genuss der Nahrung und Wahrnehmung des eigenen Hunger- bzw. Sättigungsgefühles geben; konkret: z.B. Sinnesempfindungen auf Anblick, Geruch des Essens richten – ohne begleitenden Fernsehkonsum; Größe der Portionen gemeinsam zubereiten, keinen Nachschub auf den Tisch stellen, keine generellen Verbote aussprechen (Heimlichkeiten, Gier etc. können die Folge sein))
- Kinder zum Einkauf mitnehmen und die Nahrung frei wählen lassen, sich dabei selbst auf die begleitende und beratende Rolle beschränken. Das Ziel sollte sein, den Kindern Selbstvertrauen in die Wahrnehmung der eigenen Bedürfnisse zu vermitteln und sie in ihrer Selbstverantwortlichkeit zu stärken. Die BZgA schlägt z.B. das folgende Experiment mit Mengen vor: Die Kinder erhalten eine altersangemessene Portion und sollen nach ca. 15 Minuten durch In-sich-Hineinhorchen überprüfen (Grundlage: das Sättigungsgefühl setzt nach ca. einer Viertelstunde ein), ob sie noch hungrig sind. Sollte dies der Fall sein, können sie selbständig nachnehmen.

(c) Sie vermitteln den Erwerb sozialer Kompetenz und legen die Basis für Selbstachtung und Selbstwertgefühl. Gelingt diese Einflussnahme nur defizitär, dann entwickeln verunsicherte Kinder nur unzureichend Vertrauen in ihre eigenen Fähigkeiten. Unkontrolliertes Essen kann eine Folge sein; es wird als verfügbarer stabiler Faktor eingesetzt, der als Kompensationsmechanismus dienen kann.

(d) Hilfreich für eine Korrektur des Essverhaltens ist eine Registrierung der Situationen, in denen das Kind vermehrt isst (z.B. Frust, Isolation, Langeweile, Belastung oder Traurigkeit). Die Gründe, warum Kinder und Jugendliche ständig über das eigene Sättigungsgefühl hinaus essen, können nur von ihnen selbst mitgeteilt werden. Deshalb sollten die Eltern als aufmerksame Zuhörer und Gesprächspartner für die Betroffenen zur Verfügung stehen.

(e) Liebevoll gemeinte Einschätzungen (z.B. „Mein Dickerchen!"), Ratschläge (z.B. „Du könntest mal etwas abnehmen!"), Vergleiche („Deine Freundinnen halten ja auch Diät!"), Bagatellisierungen („Als Kind war ich auch so stämmig; das wächst sich aus!") oder ständige Kontrollen („Wie viel wiegst Du heute!") sind zu unterlassen. Die Betroffenen fühlen sich stigmatisiert, abgewertet und nicht ernst genommen.

(f) Die Suche nach dem/der Schuldigen an dem gestörten Essverhalten ist zu unterlassen. Sie hilft nicht weiter. Mögliche Erziehungsfehler sind am ehesten zu revidieren, wenn man bereit ist, eigene Anschauungen zu überdenken und „gesündere" Kommunikationsmuster aufzubauen. Bestandteil der neuen Kommunikationsmuster sollten deshalb u.a. auch gemeinsame Aktivitäten im familiären Verbund sein.

Welche Möglichkeiten zur Prävention bzw. Intervention haben Lehrerinnen und Lehrer, wenn sie an ihren Schülern Essstörungen, speziell adipöse Erkrankungen, wahrnehmen?

Diese Frage beinhaltet bereits einen Aspekt, der für präventives und interventives Arbeiten im Bereich der Schule wesentlich ist. Im Wahrnehmen, im Erkennen, in der Sensibilität für essgestörtes Verhalten und der daraus resultierenden Probleme liegt ein erster Schritt, um den Betroffenen Unterstützung geben zu können. Wie diese aussehen kann, lässt sich aus Sicht der betroffenen Kinder und Jugendlichen analog zu den ermittelten Wünschen von anorektischen und bulimischen Betroffenen formulieren:

Informieren Sie sich über die Hintergründe und Zusammenhänge, die zu einem adipösen Erscheinungsbild führen.

Überprüfen Sie Ihre eigene Einstellung, die Sie hegen, wenn Sie mit übergewichtigen Menschen zusammentreffen (vgl. dazu z.B. Schmidt & Steins, 2000). Haben Sie selbst Assoziationen, wie z.B. Dicksein verbindet sich mit Leistungsverweigerung bzw. Inaktivität bzw. geistiger Unbeweglichkeit? Verzichten Sie auf Leistungsanforderungen bei Adipösen, weil die diese sowieso nicht erbringen können?

Welches Modellverhalten zeigen Sie den Schülern? Sprechen Sie selbst sehr stark auf Äußerlichkeiten bei anderen an? Spielen diese dann eine entscheidende Rolle bei Ihrer Bewertung auf einer Sympathieskala? Leben Sie den Schülerinnen und Schülern Diäten vor?
Thematisieren Sie das Thema „Dicksein" in Absprache mit mir in der Klasse, wenn Sie merken, dass ich unter Hänseleien und Ausgrenzungen leide!
Stellen Sie mich nicht vor der Klasse wegen meines Gewichtes oder Essverhaltens bloß; auch anscheinend gut gemeinte kleine Sticheleien verletzen mich. Kritisieren Sie nicht mein vermeintlich ungezügeltes Essverhalten und appellieren Sie nicht an meinen Willen, z.B. auf bestimmte Nahrungsmittel („Dickmacher") zu verzichten.
Sehen Sie mich als Person. Mein Erscheinungsbild ist nur ein Teil. Bemerken und sprechen Sie auch meine anderen Stärken und Schwächen an!
Unterbreiten Sie mir ein Gesprächsangebot, wenn Sie bemerken, dass ich z.B. aus Frustration über die Ablehnung durch meine Mitschüler Nahrung in mich hinein stopfe. Hören Sie mir zu, welche Probleme ich habe. Ablehnende Bemerkungen und Einschätzungen reduzieren meinen Wert als Mensch auf mein Gewicht.
Nutzen Sie alle Möglichkeiten, um uns über gesunde Ernährung aufzuklären. Informieren Sie auch unsere Eltern in Elternabenden über dieses Thema.
Nehmen Sie mit meinem Einverständnis Kontakt zu meinen Eltern auf, um meine Probleme mit ihnen zu besprechen. Häufig sage ich ihnen aus Scham nicht, in welcher Weise mich andere Kinder und Jugendliche behandeln. Resignieren Sie aber nicht, wenn Sie merken, dass meine Eltern anfangs mein Problem selbst nicht sehen wollen (z.B. weil sie selbst übergewichtig sind). Anmerkung: Auf die Schwierigkeit dieser Gesprächsaufnahme weist auch die BZgA hin, die auf Grund von Erfahrungswerten resümiert, dass Eltern sich schnell angegriffen und schuldig fühlen und deshalb das Thema vermeiden möchten.
Geben Sie uns Betroffenen Hinweise auf entsprechende Beratungsstellen und ermutigen Sie uns, dieses Angebot in Anspruch zu nehmen.

Während einerseits konstatiert werden muss, dass adipöse Kinder und Jugendliche vielfältiger Unterstützung bedürfen, sollte andererseits nicht übersehen werden, dass nicht alle Adipösen derartig psychosozial belastet sind, dass sie Hilfestellung benötigen. So haben z.B. Warschburger und Petermann (2000) in Untersuchungen festgestellt, dass ein großer Teil der Kinder und Jugendlichen „relativ gut mit ihrer Situation zurecht zu kommen (scheint)" (S.74). Diese Ergebnisse nehmen die Autoren zum Anlass, um dafür zu plädieren, dass Subgruppen von besonders belasteten Kindern zu ermitteln sind, für die dann sehr spezielle Behandlungsstrategien entwickelt werden sollten.

5. Arbeitsteil

Zusammenfassung:

Dem Begriff Essstörungen werden die Anorexia nervosa, die Bulimia nervosa und die Adipositas zugeordnet. Während es sich bei der Anorexie um einen absichtlich herbeigeführten Gewichtsverlust handelt, treten bei der Bulimie Heißhungerattacken auf, die mit gegenregulierenden Maßnahmen (Erbrechen, Abführmitteln) beantwortet werden. Einem multifaktoriellen Bedingungsmodell (genetisch-biologische, psychologische, gesellschaftsanalytisch orientierte Hypothesen) steht ein ebenfalls multifaktoriell ausgerichtetes Interventionsangebot gegenüber. Beide Essstörungen können sowohl auf differenzierte wissenschaftliche Erkenntnisse als auch auf eine Vielzahl an praktischen Hinweisen aus der alltäglichen Behandlung verweisen. Im Gegensatz dazu erweist sich die Adipositas (Esssucht) als ein Bereich, in dem die Forschungsarbeit intensiviert werden sollte. Ein dringender Handlungsbedarf ist in Anbetracht der starken Zunahme an adipösen Kindern und Jugendlichen angesagt.

Anwendungsorientiertes Wissen

(a) Lesen Sie den Fallbericht „Anna" (Kapitel 1.1)! Schreiben Sie die Symptome der Anorexie, von denen Anna betroffen ist, heraus! Ergänzen Sie die Liste mit möglichen anderen Symptomen!

(b) Diskutieren Sie die im Fall „Gloria" in Erwägung zu ziehenden Hypothesen über die Entwicklung der Essstörung!

(c) In welcher Weise könnte der Klassenlehrer „Bernd" helfen?

Zur Wissensüberprüfung

(a) Nennen Sie Aspekte, die aus psychologischer Sicht zur Erklärung der Anorexie und Bulimie beitragen!

(b) Welche Anzeichen können für ein essgestörtes Verhalten sprechen?

(c) Welche Folgen hat eine Adipositas?

6. Literatur

Empfohlene Literatur:

Alle Materialien der Bundeszentrale für gesundheitliche Aufklärung (BZgA), Köln.

Verwendete Literatur

Benesch, H. (1995). Enzyklopädisches Wörterbuch Klinische Psychologie und Psychotherapie. Weinheim: Psychologie Verlags Union.

Bilden, H. (1994). Feministische Perspektiven in der Sozialpsychologie am Beispiel der Bulimie. In H. Keupp (Hrsg.), Zugänge zum Subjekt. Perspektiven einer reflexiven Sozialpsychologie (S. 147-185). Frankfurt a. M.: Suhrkamp.

Bruch, H. (1994). Essstörungen. Zur Psychologie und Therapie von Übergewicht und Magersucht. Frankfurt am Main: Fischer.

Buchholz, M. B. (1991). Die Regression der Triade. Über die Bedeutung des Vaters bei der Magersucht. Erfahrungen mit dem perspektivisch-hermeneutischen Ansatz. Forum der Psychoanalyse, 7, 47–61.

Bundeszentrale für gesundheitliche Aufklärung (BZgA) (1999). Essstörungen. Bulimie – Magersucht – Esssucht. Köln.

Bundeszentrale für gesundheitliche Aufklärung (BZgA) (2001). Essstörungen. Leitfaden für Eltern, Angehörige, Partner, Freunde, Lehrer und Kollegen. Köln.

Comer, R. J. (1995). Klinische Psychologie. Heidelberg: Spektrum Verlag.

Degen, R. (1993). Engel aus Haut und Knochen. In „Die Zeit", Nr. 51, S. 33.

Dietz, W. H. (1995). Childhood obesity. In W.Y. Cheung & J. B. Richmond (Eds.), Child health, nutrition and physical activity (pp. 155–169). Champain: Human Kinetics.

Dilling, H., Mombour, W. & Schmidt, M. H. (Hrsg.). (2005). Internationale Klassifikation psychischer Störungen. ICD-10. Kapitel V (F). WHO. Bern: Huber.

Ellrott, Th. & Pudel, V. (1999). Übergewicht. In H. Flor, N. Birbaumer & K. Hahlweg (Hrsg.), Grundlagen der Verhaltensmedizin (S. 431–485). Göttingen: Hogrefe.

Fairburn, C. G., Welch, S. L., Doll, H. A. et al. (1997). Risk factors for bulimia nervosa: a community-based case-control study. Archives of General Psychiatry, 54, 509–517.

Fichter, M. & Liberman, R. P. (1997). Anorektische und bulimische Essstörungen. In F. Petermann (Hrsg.), Fallbuch der Klinischen Kinderpsychologie (S. 291–316). Göttingen: Hogrefe.

Fichter, M. & Warschburger, P. (2002). Essstörungen. In F. Petermann (Hrsg.), Lehrbuch der Klinischen Kinderpsychologie und -psychotherapie (S. 561–585). Göttingen: Hogrefe.

Focks, P. & Trück, G. (1987). Maskerade der Weiblichkeit. Ess-Brech-Sucht. Gratwanderung zwischen Anpassung und Verweigerung. Pfaffenweiler: Centaurus.

Garfinkel, P. E. & Dorian, B. J. (1997). Eating and Weight Disorders, 2, 1-16.

Gerlinghoff, M. & Backmund, H. (2002). Essstörungen. www.isb.bayern.de/bf/chronischkrank/essstörungen.html. 29.08.2002.

Goodsitt, A. (1985). Self psychology and the treatment of anorexia nervosa. In D. M. Garner & P. E. Garfinkel (Eds.), Handbook of psychotherapy for anorexia nervosa and bulimia (pp.55–82). New York: Guilford Press.

Haas, G. (2001). Essstörungen. Zum Kotzen. Öko-Test, 12, 60–61.

Habermas, T. (1994). Zur Geschichte der Magersucht. Eine medizinpsychologische Rekonstruktion. Frankfurt am Main: Fischer.

Hammerl, M., Grabitz, H. - J. & Gniech, G. (1993). Die kognitiv-physiologische Theorie der Emotion von Schachter. In D. Frey & M. Irle (Hrsg.), Kognitive Theorien. Band I (S. 123–153). Bern: Huber.

Heatherton, T. F. & Baumeister, R. F. (1991). Binge eating as escape from self-awareness. Psychological Bulletin, 110, 86–108.

Herpertz-Dahlmann, B. (1988). Psychiatrische Erkrankungen im Vorfeld der Anorexia nervosa. Klinische Pädiatrie, 200, 108–112.

Isenschmid - Gerster, B. (1999). Beiträge zum Symposium über Essstörungen „nie genug und immer zuviel – Essen zwischen Genuss und Sucht“. Abhängigkeiten, 5(1), 60–68.

Jacobi, C. (2000). Beeinträchtigungen des Selbstkonzepts bei Essstörungen. Zeitschrift für Klinische Psychologie und Psychotherapie, 29 (2), 75–96.

Kohut, H. (1971). Narzissmus. Frankfurt/Main: Suhrkamp.

Laessle, R., Lehrke, S., Wurmser, H. & Pirke, K. M. (2001). Adipositas im Kindes- und Jugendalter. Berlin: Springer.

Pudel, V. (1982). Zur Psychogenese und Therapie der Adipositas. Berlin: Springer.

Remschmidt, H., Gastpar, M. & Senf, W. (2000). Forschungsperspektiven bei Essstörungen. Schlussfolgerungen und Empfehlungen. In M. Gastpar, H. Remschmidt & W. Senf (Hrsg.), Essstörungen. Neue Erkenntnisse und Forschungsperspektiven (S. 193–204). Sternenfels: Verlag Wissenschaft & Praxis.

Russell, G. (1979). Bulimia nervosa: an ominous variant of anorexia nervosa. Psychological Medicine, 9, 429–448.

Saß, H., Wittchen, H. – U., Zaudig, M. & Houben, I. (1998). Diagnostische Kriterien des Diagnostischen und Statistischen Manuals Psychischer Störungen, DSM-IV. Göttingen: Hogrefe.

Schmidt, C. & Steins, G. (2000). Zusammenhänge zwischen Selbstkonzept und Adipositas bei Kindern und Jugendlichen in unterschiedlichen Lebensbereichen. Praxis der Kinderpsychologie und Kinderpsychiatrie, 49, 251–260.

Schröder, E.- M. (2001). Essstörungen im Kindes- und Jugendalter – wenn Essen zur Sucht wird. Schulverwaltung – Ausgabe Niedersachsen. (11) Kronach, 68–71.

Schulte Strathaus, R. (1999). Die essgestörte Gesellschaft entlässt ihre Kinder. Die Zahl der Kinder, die zu dick sind, steigt ebenso wie die Zahl der essgestörten Jugendlichen. Psychologie heute, 8, 26–27.

Schweiger, U. & Fichter, M. M. (2000). Psychobiologie der Essstörungen. In M. Gastpar, H. Remschmidt & W. Senf (Hrsg.), Essstörungen. Neue Erkenntnisse und Forschungsperspektiven (S. 157–172). Sternenfels: Verlag Wissenschaft & Praxis.

Selvini Palazzoli, M., Cirillo, S., Selvini, M. & Sorrentino, A. M. (1999). Anorexie und Bulimie. Neue familientherapeutische Perspektiven. Stuttgart: Klett-Cotta.

Stahr, J. (1995). Essstörungen und die Suche nach Identität. Weinheim: Juventa.

Steinhausen, H.-C. (2000). Multimodale Verhaltenstherapie der Anorexia nervosa im Kindes- und Jugendalter. Verhaltenstherapie, 10, 110–116.

Vahabzadeh, Z. (2000). Familien übergewichtiger Kinder: Probleme und Bedürfnisse. In A. Hermann, I. Schürmann & M. Zaumseil (Hrsg.), Chronische Krankheit als Aufgabe. Betroffene, Angehörige und Behandler zwischen Resignation und Aufbruch (S. 247–270). Tübingen: dgvt-Verlag.

Vandereycken, W. & Meermann, R. (2000). Magersucht und Bulimie. Ein Ratgeber für Betroffene und ihre Angehörigen. Bern: Huber.

Vogelbach-Woerner, V. (2000).<F5> Verhaltensauffälligkeiten mit körperlichen Störungen und Faktoren. In W. Beiglböck, S. Feselmayer, E. Honemann (Hrsg.), Handbuch der klinisch-psychologischen Behandlung (S.281–300). Wien: Springer.

Warschburger, P. & Petermann, F. (2000). Adipositas – Einführung in den Themenschwerpunkt. Kindheit und Entwicklung, 9 (2), 71–77.

Wechsler, J. G., Schusdziarra, V., Hauner, H. & Gries, F. A. (1996). Deutsche Adipositas Gesellschaft. Richtlinien zur Therapie der Adipositas. Deutsches Ärzteblatt, 36, B1751–B1753.

Weissgram, S. (2000). Gewichtsprobleme oder die Sehnsucht nach einem anderen Raum. In C. Höfner, E. Kaufmann, K. Moser, B. Toth & G. Weger (Hrsg.), Ihr-Land. Feministische Beiträge zur Sozialpsychologie (S.115–124). Wien: Promedia.

Willmann, H. (1999). Früherkennung von Essstörungen in Schule und Familie. Abhängigkeiten, 5(1), 69–73.

Wurtman, J. J. & Wurtman, R. J. (1982). Studies on the appetite for carbohydrates in rats and humans. Journal of Psychiatric Research, 17 (2), 213–221.

Wyl von, A. (2000). Was magersüchtige und bulimische Patientinnen erzählen ... Psychotherapie und Sozialwissenschaft, 2 (2), 142–161.

Zipfel, S., Löwe, B. & Herzog, W. (2000). Essverhalten, Essstörungen und Adipositas. Therapeutische Umschau, 57 (8), 504–510.

2 Hyperkinetische Störungen

1. Zur Einführung: Unkonzentriert, aufsässig, erziehungsschwierig – was trifft (noch) zu?

Aus einer schulpsychologischen Beratung

Der achtjährige Andreas bereitet seinen Eltern zunehmend Sorgen: So berichten sie, dass er bereits als Kleinkind im Gegensatz zu seiner ein Jahr älteren Schwester äußerst unruhig und ständig in Bewegung war. Wenn von ihm verlangt wurde, dass er einmal ruhig sein sollte, reagierte er ausgesprochen heftig und war kaum zu bändigen. Er erforderte viel Beachtung und hielt mit seinen unkontrollierten Ausbrüchen die ganze Familie in Bewegung. Spiele führte Andreas selten zu Ende, sondern, kaum angefangen, wandte er sich planlos anderen Tätigkeiten zu. Die ständige Betriebsamkeit wurde oft von unvermittelten Wutausbrüchen begleitet, die sich auf die Eltern, die Schwester und die Spielkameraden richteten. Diese Schwierigkeiten wurden mit dem Schuleintritt von Andreas für die Eltern besorgniserregend: Die Klagen der Klassenlehrerin über Andreas, der durch sein impulsives und unkonzentriertes Verhalten die Unterrichtsstunden stört, häufen sich. Sie bezeichnet Andreas vor den anderen Kindern nur noch als „Zappelphilipp" und „Hans-guck-in-die-Luft". Eltern von Mitschülern, mit denen Andreas ständig wegen geringster Anlässe in Streit gerät und die ihn deswegen zunehmend ablehnen, beschweren sich. Gutes Zureden, Appelle an die Vernunft, aber auch Bestrafungen bewirken keine Besserung. Die Eltern von Andreas sind ratlos. Sie können sich sein Verhalten nicht erklären und fühlen sich mit der Erziehung überfordert.

Auszug aus einem Unterrichtsprotokoll

Eine Lehramtsstudentin beobachtet Andreas (A.) und hält u.a. fest:

9.25 Uhr: *Beginn der Stunde – A. schwenkt seine Jacke über dem Kopf*
9.30 Uhr: *A. sitzt auf der Jacke, nicht auf dem Stuhl*
9.35 Uhr: *A. kaut an seinem Heft, zerbeißt einige Seiten und rudert mit den Beinen*
9.40 Uhr: *A. meldet sich freudig und aufgeregt auf eine Frage der Lehrerin, er gibt eine richtige Antwort*
9.45 Uhr: *A. hat stolz seinen Platz verlassen, sitzt auf dem Schoß der Studentin und umarmt sie*

Informationen von der Klassenlehrerin

In der Beratung berichtet die Lehrerin u.a.:
A. sei eigentlich sehr lieb. Aber sie halte sein störendes Verhalten nicht mehr aus. Sie habe den Eltern dringend geraten, die Beratung aufzusuchen. Sie selbst habe in ihrer Tätigkeit schon ähnliche Kinder häufiger erlebt, die aber Tabletten erhalten hätten. Sie wären dann wesentlich ansprechbarer gewesen. Auch die Eltern hätten sich positiv geäußert. Einige sagten ihr, dass sie erst Vorbehalte gegen Tabletten gehabt hätten, aber jetzt sei es in der Familie wesentlich friedlicher.

Einordnung in ein Verhaltensspektrum

Das Verhalten von Andreas ist kein Einzelfall. In den Medien häufen sich die Berichte über „solche" Kinder und es wird von einer dramatischen Zunahme gesprochen. Während man sich in der Öffentlichkeit über eine Bewertung der gezeigten Verhaltensweisen weitgehend einig ist – nämlich: inakzeptabel und störend für das Umfeld im Vergleich zu Gleichaltrigen –, wirft diese aus wissenschaftlicher Sicht Fragen auf wie z.B.:
Sind einige der beschriebenen Verhaltensweisen noch als angemessen bzw. als entwicklungsbedingt zu bezeichnen? Gibt es für die Vielzahl an Symptomen eine einheitliche Benennung? Welche Kriterien führen zu einer Diagnose?
Fragen wie diese legen nahe, dass ein Thema, das von dem Frankfurter Nervenarzt Heinrich Hoffmann in der Mitte des 19. Jahrhunderts in seinem „Struwwelpeter" in Gestalt des Zappelphilipp festgehalten wurde, aktueller denn je zu sein scheint. Ging man bislang davon aus, dass Hoffmann aufgrund der Klagen von Eltern und Erzieher ein „hyperaktives" Kind charakterisierte, formulieren Krause und Krause (2004) vorsichtig die Vermutung, dass Hoffmann auch selbst ein Betroffener gewesen sein könnte. Eigenes Erleben – so deuten sie Hinweise aus seinem Lebenslauf – könnte ihm das hyperkinetische Erscheinungsbild zusätzlich vertraut gemacht haben und somit als letzter Anstoß für die literarische Vorlage zu betrachten sein.

2. Begriffsklärung

Die Schwierigkeit, eine allgemein akzeptierte Bezeichnung zu finden, wird bereits bei der Wahl der Kapitelüberschrift deutlich. Orientiert man sich diesbezüglich an den aktuellen Veröffentlichungen, dann finden sich neben dem „älteren" Begriff Hyperaktivität (z.B. Heinemann & Hopf, 2004) die Bezeichnungen „Aufmerksamkeitsdefizitsyndrom" (z.B. Holowenko, 1999), „Aufmerksamkeitsdefizit-Hyperaktivitätsstörung; Abk. ADHS" (z.B. Wender, 2002) und „hyperkinetische Störungen" (z.B. Döpfner, Frölich & Lehmkuhl, 2000).
Mit diesen Benennungen verbinden sich unterschiedliche Auffassungen über die dominierenden Merkmale. Diese Vielfalt wird noch erweitert, wenn man sich auf den vermuteten verursachenden Bereich konzentriert. In Abhängigkeit von dem jeweils angesprochenen ätiologischen Faktor finden sich vor allem in älteren Publikationen Bezeichnungen wie z.B. „frühkindliches exogenes Psychosyndrom", „hirnorganisch-psychisches Achsensyndrom", „neurogene Lernstörung", „leichte frühkindliche Hirnschädigung", „minimale cerebrale Dysfunktion; Abk. MCD" (vgl. z.B. Bauer, 1986, Davison & Neale, 1988, Grissemann, 1991).
Dieser begriffliche Wandel korrespondiert mit der jeweiligen wissenschaftlichen Auseinandersetzung und belegt zugleich ein Stück „Entwicklungsgeschichte". Den aktuellen Forschungsstand enthalten die gegenwärtig zur Verfügung stehenden Klassifikationssysteme für psychische Störungen.
Sowohl das von der American Psychiatric Association herausgegebene DSM-IV (Saß et al., 1998) als auch die Internationale Klassifikation psychischer Störungen (ICD-10, Kapitel V (F), Dilling et al., 2005) von der WHO legen Kriterien fest, um die Zuverlässigkeit diagnostischer Urteile zu verbessern. Während das DSM-IV von einer „Aufmerksamkeitsdefizit-/Hyperaktivitätsstörung" spricht, stellt die ICD-10 die Bezeichnung „hyperkinetische Störungen" bereit. Diese wird von der WHO gewählt, weil der Begriff „Störung mit Aufmerksamkeitsdefizit" eine „Kenntnis psychologischer Prozesse impliziert, die noch nicht verfügbar ist, und den Einschluss verängstigter oder verträumter, unbeteiligter Kinder nahe legt, die wahrscheinlich andere Schwierigkeiten aufweisen. Gleichwohl ist unter Verhaltensgesichtspunkten klar, dass Aufmerksamkeitsprobleme ein zentrales Merkmal der hyperkinetischen Syndrome sind" (Dilling et al., 2005, S.293). Dieser Argumentation wird sich im vorliegenden angeschlossen. Entgegen der in der Fachliteratur z.T. vorhandenen Tendenz, eine umfassende Bezeichnung wie z.B. „Aufmerksamkeitsdefizitsyndrom mit/ohne Hyperaktivität" zu favorisieren, werden unkonzentrierte, zurückgezogene – also auch hypoaktive – Kinder aus dem oben genannten Grund hier ausdrücklich nicht berücksichtigt. Auf diese Weise soll einer sich anbahnenden begrifflichen „Verwässerung" (analog zu der Diskussion um das MCD-Konzept, vgl. z.B. Kutscher, 1993, Mattner, 1993) vorgebeugt werden.

3. Zur Phänomenologie

Hyperkinetische Störungen äußern sich in einem sehr heterogenen Erscheinungsbild. Vielfältige Einflussfaktoren aus dem familiären, dem schulischen und gesellschaftlichen Bereich ergeben im Zusammenwirken mit den individuellen Bedingungen ein jeweils spezifisch geprägtes Symptombild. Die Abbildung 1 zeigt, welche Bereiche betroffen sein können (vgl. z.B. Bauer, 1986, Berg, 1987, Davison & Neale, 1988, Rausch & Schlegel, 1995, Wender, 2002).

Neben diesen Beeinträchtigungen werden Kinder mit einer hyperkinetischen Störung häufig in folgender Weise (Abb. 2) erlebt.

Das Erscheinungsbild einer hyperkinetischen Störung kann in Abhängigkeit vom Lebensalter schwerpunktmäßig mit hervortretenden Themen beschrieben werden. Dieser Versuch erfasst *mögliche* dominierende Inhalte („Bündelungen", die – auch parallel oder teilweise überlappend – auftreten können). Mit diesen Informationen wird zugleich der Vermutung, dass sich „diese Schwierigkeiten mit der Zeit auswachsen" – in der vergangenen Zeit häufig von Experten gegenüber Eltern geäußert – eine Absage erteilt. Diese Einschätzung beruht auf Erkenntnissen der letzten Jahre (Verlaufsstudien, Informationen von bereits als Kinder diagnostizierten Erwachsenen). Wender (2002) resümiert diesbezüglich die Ergebnisse aktueller Studien, „dass 70 bis 80 % der betroffenen Kinder ihre Symptome nicht mit dem Älterwerden verlieren und ihre Schwierigkeiten in der Schule, Familie und bei den Altersgenossen bestehen bleiben" (S.53). Allerdings verändern sich diese (Abb. 3).

Mit zunehmendem Alter gleiten familiäre und schulische Schwierigkeiten – entwicklungsbedingt – über in die Lebensbereiche Freundeskreis/Partnerschaft/ Berufsausbildung und -tätigkeit.

Störungsart	**Charakterisierung der Symptomatik**
Aufmerksamkeitsstörung	Störungen der Reizaufnahme, -analyse und -synthese, Verhaltensbeschreibungen: „hört einfach nicht zu“ (mangelnde Reizselektion), „die Gedanken sind ständig bei anderen Dingen“, „beendet keine Arbeit, sondern springt hin und her“ (verkürzte Aufmerksamkeitsspanne), „reagiert auf jede Ablenkung sofort“ (überaufmerksam), aber: in besonderen Situationen (z.B. interessengeleitete Tätigkeit) kann auch konzentriertes Arbeiten beobachtet werden
Aktivitätsstörung	Hyperaktivität, motorische Unruhe, Verhaltensbeschreibungen: „ist ständig in Bewegung“, „alles an ihm/ihr ist unruhig“, „ist unfähig, still zu sitzen“
Antriebsstörung	mangelnde Impulskontrolle im kognitiven Bereich und im sozialen Verhalten, unterkontrolliertes Verhalten, Verhaltensbeschreibungen: „nennt häufig das erste Ergebnis, das ihm/ihr in den Kopf schießt“, „schlägt unvermittelt um sich“, „schreit unartikuliert dazwischen“, verminderte Fähigkeit zum reflektierten Arbeiten, hohe Risikobereitschaft, Handlungsalternativen und -folgen werden häufig nicht bedacht, unmittelbares „Reagieren“
Motorische Störungen	quantitative und qualitative Veränderungen, Koordinationsschwierigkeiten der Grob- und Feinmotorik, ein inneres „Getriebenwerden“ kann sich in hastigen, abrupten Bewegungen äußern, Schwierigkeiten bei Tätigkeiten wie z.B. malen, ausschneiden, schreiben, Hand-Augen-Koordinationsstörungen (z.B. im Sportunterricht: Ball werfen und fangen), Verhaltensbeschreibungen: „wirkt ungelenk“, „fahrige Bewegungen“, „ist extrem ungeschickt“
Organisch-funktionelle Beeinträchtigungen	verminderte körperliche Leistungsfähigkeit, beeinträchtigte Belastbarkeit und Ausdauer, schnelle Ermüdbarkeit, Verhaltensbeschreibungen: „hält wenig aus“, „stört häufig mit lautem Gähnen“, „wirkt schlapp“

Sprachstörungen	Sprachentwicklungsverzögerungen, beeinträchtigtes Verstehen, Behalten und Wiedergeben von Gehörtem (z.B. fehlerhafte Satzbildung, Begriffsverwechslungen, eingeschränkte Ausdrucksfähigkeit, gestörter Sprechrhythmus), Verhaltensbeschreibungen: „redet überstürzt, zu hastig, unangebracht laut, zu leise"
Emotionale Störungen	Stimmungsschwankungen, psychische Labilität, mangelhafte Selbst- und Verhaltenskontrolle, z.B. Albernheit, auch Wechsel zwischen Hemmungslosigkeit vs. Gehemmtheit, Euphorie vs. depressive Verstimmung, niedrige Frustrationstoleranz, überschießendes reaktives Verhalten: Wutausbrüche, Zerstörungstendenzen, Launenhaftigkeit, Überempfindlichkeit; Verhaltensbeschreibungen: „verliert sofort die Beherrschung", „rastet völlig aus"
Störungen in den sozialen Beziehungen	ständiges Ringen um besondere Beachtung, Rolle als Klassenkasper, unternimmt spektakuläre Aktionen, fehlende Einfühlbarkeit in andere Personen und fehlende Einstellbarkeit auf Situationen, hohe Konflikthaftigkeit, Aggressivität, Distanzlosigkeit, Unbeständigkeit im Beziehungsbereich, Widerstand gegenüber sozialen Geboten und Verboten; Verhaltensbeschreibungen: „ist störrisch", „ungehorsam", „geht mit dem Kopf durch die Wand", „Strafen berühren ihn nicht", „tyrannisiert andere Kinder"
Lern- und Leistungsstörungen	normal verteilte Intelligenz steht in Einklang mit einer ungleichmäßigen Entwicklung verschiedener kognitiver Aktivitäten, Schwierigkeiten bei der Nutzung der Lernfähigkeit und des vorhandenen Lernpotentials, Störungen bei der Informationsaufnahme, -verarbeitung und -abgabe, sprunghaftes Denken und Handeln (z.B. Ideenwechsel), mangelnde kognitive Umstellung (z.B. Fixierung auf bestimmte Inhalte), häufig begleitend auftretende Lernstörungen: Lese-, Rechtschreib- und Rechenstörung

Abb. 1.: Erscheinungsbild

Besonderheiten	**Charakterisierung**
emotionaler Bereich	besondere Anhänglichkeit, Gefühlsintensität
Verhaltensbereich	Zuwendungsverhalten (z.B. beruhigende Gesten) wird häufig mit großer Dankbarkeit beantwortet, hohe Selbständigkeit, Hilfsbereitschaft
kognitiver Bereich	außergewöhnliche Einfälle, kreative Problemlösungen, phantasiebegabt Hinweis: Ryffel-Rawak (2001, S.138) nennt die positiven Ressourcen aus der Arbeit mit betroffenen Erwachsenen (ADS): Offenheit, Begeisterungsfähigkeit, Fähigkeit, verzeihen zu können und nicht nachtragend zu sein, ausgeprägter Gerechtigkeitssinn.

Abb. 2: Positive Ressourcen

Lebensabschnitt	**vorherrschende Thematik**
Säuglingsalter	Störungen der physiologischen Funktionen, starke Reaktion auf Außenreize, Schlafstörungen, Ernährungsschwierigkeiten
Kleinkind	ausgeprägter Tatendrang bei der Eroberung der Umwelt, ist nicht fähig, auferlegte Grenzen zu akzeptieren, häufig erhöhtes Verletzungsrisiko
Vorschulkind	kurze Aufmerksamkeitsspanne, geringe Frustrationstoleranz, soziale Anpassungsschwierigkeiten
Schulkind	motorische Unruhe, extrem „zappelig“, Redseligkeit, mangelnde Konzentrationsfähigkeit, antisoziale Verhaltensweisen, Lernschwierigkeiten
Jugendalter	soziale Anpassungsschwierigkeiten, Suche nach Anerkennung durch Ausübung von Extremsportarten, erhöhte Neigung, sich randständigen Peer-groups anzuschließen (delinquente Handlungen, Alkohol- und Drogenmissbrauch), extremes Autonomiestreben gegenüber Eltern und Schule, Suche nach dem „Kick“

Abb. 3: Dominierende Inhalte

4. Epidemiologie

Die Heterogenität des Erscheinungsbildes und die urteilerabhängige Einschätzung der Störung führen dazu, dass die angegebenen Häufigkeiten nur unter Vorbehalt aufgenommen werden können. Sie erklären die in der Literatur erfasste Spannbreite des Vorkommens. Als Orientierungswerte finden sich Aussagen wie z.B.:

- 3–10% der Schulkinder haben Probleme mit dem hyperkinetischen Syndrom (Wender, 1991).
- Die Häufigkeit liegt wahrscheinlich bei bis zu 3% der Kinder (Oehler, 1990).
- Mindestprävalenz von 5% (Steinhausen, 1986).
- Im Grundschulalter sind 1–3% einer Altersstufe betroffen (Eisert, 1993).

Auch die Schätzungen über das Geschlechterverhältnis fallen sehr unterschiedlich aus. Beispiele hierfür:

- Jungen werden im Vergleich zu Mädchen bis zu neunmal häufiger als hyperkinetisch diagnostiziert (Oehler, 1990).
- Die hyperkinetische Störung ist bei Jungen etwa vier- bis fünfmal häufiger als bei Mädchen (Altherr, 1993).

Bezieht man sich auf eine Diagnostik mittels der führenden Klassifikationssysteme (DSM-IV, ICD-10; siehe Kapitel 2.2 und 2.5), dann ist zu beachten: Die gegenüber dem ICD-10 deutlich niedrigeren DSM-IV-Kriterien führen zu höheren Prävalenzen (z.B. wird in den USA anhand von strukturierten Interviews der Eltern bei 7–17% aller Jungen und bei 3,3–6% aller Mädchen eine Aufmerksamkeits-Hyperaktivitätsstörung diagnostiziert; vgl. dazu Döpfner, Frölich & Lehmkuhl, 2000, S.5). Dagegen ermittelten Brühl, Döpfner und Lehmkuhl (2000) bei sechs- bis zehnjährigen deutschen Kindern eine Diagnoseprävalenz nach ICD-10 für eine hyperkinetische Störung von 2,4 % (zum Vergleich: Diagnoseprävalenz nach DSM-IV von 6%). Diese Differenzierung gibt Aufschluss über die unterschiedlichen Schätzwerte und trägt wesentlich zum Verständnis der publizierten Häufigkeitsangaben bei.

5. Kriterien zur Diagnostik

Die ICD-10 (Internationale Klassifikation psychischer Störungen –WHO) schlägt die folgenden diagnostischen Leitlinien vor:
Die Hauptsymptome „beeinträchtigte Aufmerksamkeit" und „Überaktivität" sollen nebeneinander vorhanden, situationsunabhängig und zeitstabil (von längerer Dauer) sein. Die Verhaltensprobleme sollen vor dem 6. Lebensjahr einsetzen.

Beispiele beeinträchtigter Aufmerksamkeit sind: bricht Aufgaben vorzeitig ab, springt von einer Tätigkeit zur anderen.
Beispiele von Überaktivität sind: ist ausgeprägt ruhelos, strukturierte und organisierte Situationen werden durch Herumlaufen oder -springen unterbrochen, wackelt und zappelt, lärmt, ist extrem redselig.
Beide Symptome sind zu diagnostizieren, wenn sie nicht dem Alter und Intelligenzniveau des Kindes entsprechen. Als Begleitsymptome können auftreten: „Distanzlosigkeit in sozialen Beziehungen, Unbekümmertheit in gefährlichen Situationen und impulsive Missachtung sozialer Regeln“ (Dilling et al., 2005, S.294f.).

6. Theoretische Erklärungsansätze

Allgemeiner Bezugsrahmen

Die Vielfalt der Symptome im Erscheinungsbild findet sich in den anzusprechenden Ursachen wieder. Jede wissenschaftliche Diskussion muss dabei beachten, dass die Komplexität es erschwert, Ursache-Wirkungs-Zusammenhänge aufzuzeigen. Kennzeichnend für die Forschungsarbeit ist auch, dass im internationalen Meinungsaustausch von Zeit zu Zeit einzelne ätiologische Faktoren (siehe MCD-Konzept; vgl. Kapitel 2.2) favorisiert werden. Dieser Trend führt dazu, dass angesichts des unbefriedigenden Erklärungswertes einzelner Ursachenbereiche weiterhin nach Faktoren mit neuem Informationswert geforscht wird (vgl. z.B. Stegmann, 1991). Deshalb stehen neben den seit Jahrzehnten immer wieder diskutierten möglichen ätiologischen Aspekten solche, die erst in den letzten Jahren thematisiert wurden. Zu einer umfassenden Information gehört deshalb die breite Palette an Möglichkeiten.
Aus aktueller Sicht bilanziert die ICD-10 der WHO: „Nach verbreiteter Überzeugung spielen konstitutionelle Faktoren eine entscheidende Rolle in der Genese dieser Störungen, jedoch fehlt zum jetzigen Zeitpunkt Kenntnis über die spezifische Ätiologie“ (Dilling et al., 2005, S.293). Dezidiert wird von einigen Autoren z. B. formuliert: „Mit Sicherheit handelt es sich jedoch nicht um die Folge falscher Erziehung, sondern um eine angeborene, selten erworbene, meist genetisch bedingte Störung der Selbstkontrolle. Gegenwärtig werden mehrere Faktoren diskutiert, die zusammenwirken können“ (Imhof, Skrodzki & Urzinger, 2000, S.11). ... „Die Forschungsergebnisse der letzten 50 Jahre zeigen, dass es sich bei der Aufmerksamkeitsstörung/Hyperaktivität um eine Entwicklungsstörung der Selbstkontrolle handelt“ (a.a.O., S.61f.).

In ähnlich überzeugender Weise werden aber auch Positionen vertreten, die anderen Bereichen einen wesentlichen Erklärungswert zuschreiben. Betrachtet man dagegen den Komplex „Verursachung/Aufrechterhaltung/Ausprägungsgrad/heterogenes Erscheinungsbild" in seiner Gesamtheit, dann steht weitgehend übereinstimmend fest, dass von einer multifaktoriellen Verursachung auszugehen ist. In vereinfachter Form werden als Faktoren diskutiert (Abb. 4):

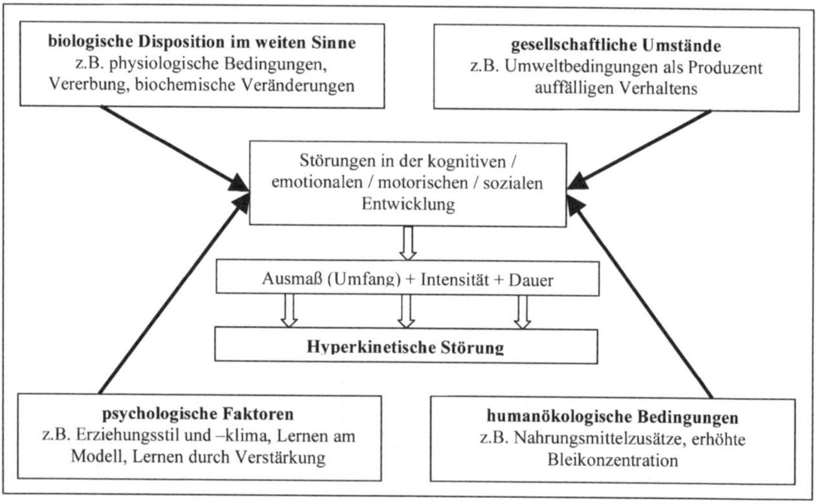

Abb. 4: Mögliche Einflussfaktoren

Wie im Folgenden dargelegt, erfassen die in der Abbildung 4 genannten Bereiche Annahmen mit unterschiedlicher Plausibilität.

Biologische Grundlagen im weiten Sinne

Obwohl grundsätzlich von einer Interaktion der verschiedenen Einflussgrößen ausgegangen wird, weisen neuere Veröffentlichungen der biologischen Seite eine besondere Rolle zu (vgl. z.B. Castellanos, 1997, Imhof, Skrodzki & Urzinger, 2000, Zametkin, 1998). Deshalb wird im folgenden dieser Bereich vorangestellt: Die von Döpfner, Frölich und Lehmkuhl (2000) erwähnte „erhöhte biologische Vulnerabilität ..., die sich in bestimmten Funktionsdefiziten äußert" (S.9), wird von immer differenzierteren medizinischen Untersuchungsmethoden aus unterschiedlichen Perspektiven erfasst. Es ergeben sich Argumentationsketten, die von den oben genannten Autoren wie folgt skizziert werden:

- Diskutierbar ist eine genetisch bedingte dysfunktionale Informationsverarbeitung zwischen Frontalhirn und Basalganglien, die aber möglicherweise auch durch Wechselwirkung mit prä-, peri- und postnatalen Risikofaktoren der Schwangerschaft, toxischen oder neurologischen Erkrankungen verursacht bzw. verstärkt werden kann.
- Genetische Faktoren werden im Zusammenhang mit einzelnen Studien postuliert, die ein familiär gehäuftes Auftreten von hyperkinetischen Störungen feststellen; ebenso weisen Adoptionsstudien höhere Raten der Übereinstimmung von hyperkinetischen Verhaltensweisen zwischen Adoptionskindern und ihren biologischen Eltern aus; auch die Zwillingsforschung bilanziert höhere Konkordanzraten bei eineiigen Zwillingen gegenüber zweieiigen Zwillingen. Zusätzlich liegen Erkenntnisse aus molekulargenetischen Analysen vor, die die Dopamin-Regulation im Hinblick auf die mit ihr verbundenen Gene diskutieren. Diese Hinweise sind Präzisierungen gegenüber den dem früheren Forschungsstand zu entnehmenden (pauschalen) Annahmen, dass ein Mangel der Neurotransmitterfunktionen zu Beeinträchtigungen der Wahrnehmungstätigkeit und Aufmerksamkeit führt.
- In jede Verursachungsdiskussion fließen Zeitpunkt und Ausmaß möglicher pränataler (z. B. Infektionen, toxische Schädigungen), perinataler (z. B. operative Entbindungen, Sauerstoffmangel) und postnataler (z. B. Infektionskrankheiten, Ernährungsstörungen) Risikofaktoren mit ein.
- Aus neuroanatomischer und neurophysiologischer Sicht werden u.a. morphologische Besonderheiten einzelner Hirnregionen (z.B. kleineres Corpus callosum) und Abweichungen im Cerebellum (Kleinhirn) sowie Elektroenzephalogramm (EEG)-Auffälligkeiten erwähnt.
- Zusätzlich finden sich Angaben über einen verminderten Glucoseumsatz in der vorderen Frontalregion (verminderte Durchblutung, reduzierte Leistungsfähigkeit).

Erinnerungshilfe:

multifaktorielle Verursachung, Bedeutung einer erhöhten biologischen Vulnerabilität mit entsprechenden Funktionsdefiziten

Neuropsychologische Ansätze

Für einen systematisch geordneten Ablauf von Handlungen ist ein den jeweiligen Reaktionen angepasstes Hemmungspotential die wesentliche Voraussetzung. Nach Döpfner, Frölich und Lehmkuhl (2000) sind bei Kindern mit hyperkinetischen Störungen die neuropsychologischen Funktionen der Selbstregulation, des flexiblen Denkens, der Reaktionshemmung sowie der Erarbeitung und

Durchführung eines planvollen Handelns beeinträchtigt. Ein geringeres Reaktionshemmungssystem – so die Annahme – bewirkt, dass Handlungen, die zu einer möglichen Bestrafung oder Nichtbeachtung führen, schlechter kontrolliert werden können (verantwortlich für die geringere Hemmung sind nach Tannock, 1998, der raschere Ablauf von Antwortreaktionen und deutlich verlangsamte Hemmungsprozesse). Im einzelnen kann es zu Störungen kommen:

- „im (nonverbalen) Arbeitsgedächtnis (z.B. bei der Antizipation von Verhaltenskonsequenzen und bei der zeitlichen Organisation von Verhalten),
- in der Selbstregulation von Affekten, der Motivation und der Aufmerksamkeit,
- in der Internalisierung und Automation von Sprache (z.B. durch Selbstinstruktionen oder bei der Problemlösung) sowie
- in der Analyse und Entwicklung von Handlungssequenzen" (Döpfner, Frölich & Lehmkuhl, 2000, S.14, in Anlehnung an Barkley, 1997).

Erinnerungshilfe:

Beeinträchtigung der neuropsychologischen Funktionen: Selbstregulation, flexibles Denken, Reaktionshemmung, planvolles Handeln; auslösend: ein gestörtes Reaktionshemmungssystem

Psychologische Grundlagen

Abbildung 5 enthält die aus psychologischer Sicht diskutierten Faktoren.

Zusammenfassung:

Eine Akzentuierung möglicher Einflussfaktoren – wie eben vorgenommen – trägt dazu bei, auf die Komplexität des Erscheinungsbildes mit einer „Spurensuche" zu reagieren. Ob diese im verursachenden Teil oder im aufrechterhaltenden Bereich der Störung zu beginnen hat, muss im Einzelfall verantwortungsvoll geklärt werden. Allerdings spricht viel dafür, dass ein inkonsequentes Erziehungsverhalten, das im wesentlichen aus Für und Wider besteht, und ein vorgelebtes Verhalten (ein Modellverhalten), das von der Umgebung mit Aufmerksamkeit bedacht wird (auch wenn es außerhalb der üblichen Umgangsregeln abläuft), bei der Ausformung und Aufrechterhaltung hyperkinetischer Symptome eine wesentliche Rolle spielen.

Erinnerungshilfe:

Familie als System, Erziehungsstil, psychodynamische Aspekte

Wirkfaktoren	Kennzeichnung
Auswirkungen des Familiensystems	fehlendes, widersprüchliches oder rigides innerfamiliäres Regelsystem, Selbständigkeitsbestrebungen der Kinder werden nicht beachtet (entweder eingeschränkt oder dem Selbstlauf überlassen), fortwährende Grenzüberschreitungen zwischen den Familienmitgliedern, fehlende (keine Orientierung) oder überreglementierte Strukturierung (Anpassung wird als Druck empfunden)
Erziehungsstil	Wechsel zwischen Akzeptanz- und Ablehnungsproblematik, inkonsequent
Lernen am Modell	Übernahme von Verhaltensmustern, besonders aus dem familiären Umfeld; Eltern, Geschwister mit ähnlicher Symptomatik
Lernen durch Verstärkung	Aufmerksamkeit und Beachtung sind wesentliche Ziele („Sonderrolle", die vom jeweiligen Umfeld als positiv oder als negativ beurteilt wird; wird um jeden Preis eingenommen)
Narzisstische Störung bei der Entwicklung des Selbst	psychodynamische Konflikte bestimmen das Familienklima, Trennungsängste (häufiges reales oder psychisches Fehlen des Vaters), kindliche Triebkonstellationen verschärfen sich, depressive Ängste werden durch hyperaktives Verhalten in manischer Form abgewehrt (ausführlicher zur psychoanalytischen Position: Heinemann & Hopf, 2004)

Abb. 5: Psychologische Wirkfaktoren

Humanökologische Bedingungen

Aus dem Bereich Mensch-Umwelt werden vor allem zwei Schwerpunkte in Verbindung mit hyperkinetischen Symptomen gebracht: Ein Aspekt thematisiert die Ernährungszufuhr des Menschen, der andere untersucht, wie sich Umweltfaktoren auf den Menschen auswirken. Im einzelnen:

Es wird angenommen, dass manche Kinder auf bestimmte Nahrungsmittel allergisch reagieren können und es dadurch zu Verhaltensauffälligkeiten kommen kann. Ebenso werden verschiedene Farbstoff- und Konservierungszusätze als symptomauslösend betrachtet (z.B. in Obst natürlich auftretende Salicylate, eine Phosphatempfindlichkeit, eine Zucker-Überempfindlichkeit, Vitaminmangelzustände, allergische Reaktionen auf Milcheiweiß, Pollen, Farb- und Aromastoffe, Lösungsmittel, Staub etc.; Zusammenstellungen finden sich bei Roth, Schlottke & Klepel, 1992, Wender, 2002). Die wissenschaftliche Bewertung derartiger Annahmen fällt unterschiedlich aus. So kann eine im Einzelfall durch ein entsprechendes Diätverhalten erfolgte Symptomreduktion auch psychologisch als Aufmerksamkeitsumverteilung diskutiert werden (Kapitel 2.8, Anmerkungen zur Diätbehandlung).

Zu den Umweltfaktoren, die besonders Heranwachsende betreffen, gehört eine erhöhte Bleikonzentration. Diese ist durch das Einatmen der belasteten Außenluft eher in den Städten als in den ländlichen Gebieten gegeben. Außerdem ist seit Jahrzehnten bekannt, dass Kinder durch das Lecken an Gegenständen, die mit bleihaltiger Farbe gestrichen wurden, erhöhte Bleikonzentrationen aufweisen. Ein möglicher Zusammenhang zu hyperkinetischen Symptomen findet sich in jeder Zusammenstellung der diskutierten Verursachungsbedingungen (vgl. z.B. Wender, 2002).

Erinnerungshilfe:

Ernährungsaufnahme, allergische Reaktionen auf Nahrungsmittel und Konservierungsstoffe, erhöhte Bleikonzentrationen

Gesellschaftliche Umstände

Seit einigen Jahren wird die ätiologische Diskussion erweitert. Die folgende Aussage führt zu dieser weiteren Betrachtung: „Das ‚störende' Kind spiegelt eine ‚gestörte' Lebenswelt wider" (Voß, 1993, S.87). Nicht das Kind mit seinen Symptomen steht im Mittelpunkt der Aufmerksamkeit, sondern die „Spurensuche" richtet sich auf das gesamtgesellschaftliche Umfeld und seine Veränderungen (vgl. z.B. Hurrelmann, 1990, von Lüpke, 2000). Die Frage lautet nunmehr: Welche Bedingungen liegen vor, wenn Kinder und Jugendliche als auffällig bezeichnet werden? Das heißt: Welche Charakteristika der Lebensumwelt von Heranwachsenden greifen in deren Entwicklung so gravierend ein, dass darauf spezifisch reagiert wird? Diese Reaktion schließt dann im Einzelfall auch Symptome wie z.B. hyperkinetische Verhaltensweisen ein.

Die Herausforderungen, vor denen der einzelne steht, unterscheiden sich gegenüber vergangenen Zeiten durch ihre Vielfältigkeit und Kurzlebigkeit. Charakteristisch sind sich stetig verändernde Strukturen und Inhalte im gesamtgesellschaftlichen und damit zugleich im privaten Bereich. Stellvertretend für solche Umbrüche stehen Aspekte wie z.B. eine Auseinandersetzung mit der zunehmenden Technisierung und eine flexible Mediennutzung als alltägliche Bewältigungsstrategie. Eine Umorientierung von staatlichen zu individuellen Aufgaben (z.B. Gesundheitsvorsorge und -versorgung, Altersabsicherung) bedingt einen Verantwortlichkeitswandel. Parallel dazu verändern sich familiäre Beziehungen. Das Gefühl der Geborgenheit verliert sich bzw. muss in anderen Bezugspunkten gefunden werden. Anonymität und Orientierungslosigkeit führen zu einem Werte- und Ethikwandel.

In diese Skizzierung einer gesellschaftlichen Entwicklung, die eine flexible Anpassungsleistung erfordert, fügt sich konsequenterweise die Schlussfolgerung von Voß (2000) ein: Auffällige Kinder symbolisieren immer auch eine problembeladene gesamtgesellschaftliche Lebenswelt.

Stegmann (1991) ergänzt diese ätiologische Spurensuche um eine weitere Variante: Sie betrachtet hyperaktives Verhalten als Ausdruck einer gestörten Identitätsbildung. Diese Annahme begründet sie mit der Tatsache, dass überwiegend Jungen betroffen sind, die nach ihrer klinischen Erfahrung ohne real anwesende männliche Bezugspersonen aufwachsen. Das von ihnen gezeigte Verhalten versteht sie „auch als Antwort auf einen gesamtgesellschaftlichen Veränderungsprozess" (S. 691). Therapeutische Konsequenzen sind demnach auf den Ebenen, Identitätsfindung und Einstellung des sozialen Umfeldes zur Männlichkeit, anzusiedeln.

Erinnerungshilfe:

Das Verhalten der Kinder und Jugendlichen spiegelt die gesellschaftlichen Verhältnisse wider. Voß (1993) vertritt die Auffassung: „Hyperaktivität ist ... eine ‚gesunde' Reaktion auf eine ‚krank machende' Lebenswelt. Sie ist eine aktive Ausdrucksform des Kindes, um sich handelnd mit einer problembeladenen, bedrückenden Lebenssituation auseinanderzusetzen" (S.85).

Zusammenfassung:

Die zentralen Annahmen über mögliche Entstehungs- und Aufrechterhaltungsbedingungen weisen auf einen multifaktoriell erfassbaren Erkenntnisstand hin. Dieser beruht u. a. auf folgender Einschätzung: Viele der dargelegten Positionen erheben einen uneingeschränkten Erklärungsanspruch, der z.T. auf einschlägigen empirischen Untersuchungen basiert. Abweichende Ergebnisse werden häufig nicht in gebührendem Maße berücksichtigt. Auf diese Weise werden Kausalitätsannahmen aufrechterhalten und verallgemeinert. Anderen möglichen Interpretationsketten wird gegebenenfalls eine Randposition eingeräumt. Dieses Vorgehen entspricht nicht der Komplexität des zu untersuchenden Erscheinungsbildes. Viele Wissenschaftler haben dies erkannt und sich von einem Denken in „Einbahnstraßen" verabschiedet. Statt dessen werden Kombinationen diskutiert wie z. B. eine biologische Prädisposition/ Vulnerabilität, die beim Mitwirken weiterer Faktoren angesprochen wird, bzw. bestimmte psychologische und gesellschaftliche Konstellationen als Schwellenwert.

Die vorgenommene Bilanzierung erleichtert es dem sich zu Informierenden, engagierte Beiträge einzuschätzen, die sich aus einer speziell favorisierten Sicht mit anderen Auffassungen auseinandersetzen. (z.B. Anregungen, die sich aus den Ausführungen von Barkley, 1999, v. Lüpke, 2004, Overmeyer & Taylor, 2001 ergeben).

7. Prävention

Präventive Handlungen werden in Abhängigkeit von der jeweils vertretenen Position zum einen als notwendig angesehen und zum anderen als gegenstandslos wie z.B. im biologischen Bereich im weiten Sinne. Präventives Arbeiten ist somit vor allem für folgende Einflussbereiche vorgesehen:

Gesellschaftliche Umstände: Alle Anforderungen an eine Lebensumwelt, die dem einzelnen optimale Entwicklungsbedingungen bieten, sind bekannt. Vertraut sind auch die Schwierigkeiten, die sich einer Umsetzung aktuell entgegenstellen. Deshalb gilt es, sich auf die zu realisierenden Möglichkeiten eines präventiven Arbeitens zu besinnen. Für den Bereich des hyperkinetischen Verhaltens werden Aspekte wie z.B. familien- und schulpolitische Maßnahmen, die Jugend- und die Schulsozialarbeit erwähnt (vgl. z.B. Voß, 1992).

Psychologische Faktoren: In analoger Weise wie im gesellschaftlichen Bereich sind die geeigneten Erziehungsbedingungen Allgemeingut. Es besteht Konsens, dass einem sich anbahnenden hyperkinetischen Verhalten am besten mit einem konsequenten Erziehungsverhalten im familiären und schulischen Bereich zu begegnen ist. Dieses gibt den Kindern eine einsichtige Orientierung und Regelhaftigkeit vor. Eine klare Einteilung und Strukturierung der Lebensgewohnheiten und Aufgabenbereiche sind gefordert (vgl. z. B. Flade, 1993).

Humanökologische Bedingungen: In diesem Bereich beziehen sich die präventiven Maßnahmen auf allgemeingültige Grundsätze einer gesunden Mensch-Umwelt-Beziehung. Im Vordergrund stehen Überlegungen für eine gesundheitsbewusste Lebensweise, die eine Kontamination mit Schadstoffen aller Art auf ein Minimum zu reduzieren versucht. Das betrifft sowohl Umweltbelastungen als auch die gewählte Ernährungsform. Da jede Diät eine Therapiemethode ist (Wender, 2002), sollte trotz individueller Überzeugungen immer auf eine ausgewogene Ernährung geachtet werden. Auch die Einstellung zum Medikamentenkonsum wird bei der Aneignung eines allgemeinen Gesundheitsbewusstseins geprägt (informative Angaben zum Arzneimittelumgang finden sich bei Voß, 1992).

8. Interventionsmöglichkeiten

Allgemeine Überlegungen

Ein zu favorisierendes mehrdimensionales Behandlungskonzept trifft auf eine heterogene Meinungsbildung. Der folgende Ausschnitt vermittelt einen Eindruck von diesbezüglich publizierten Stellungnahmen:

Der amerikanische Wissenschaftler Paul Wender, der seit Jahrzehnten das Phänomen der Aufmerksamkeits-Hyperaktivitätsstörung (ADHS) erforscht und in diesem Zeitraum Hunderte von Kindern (auch Erwachsene) behandelt hat, kann auf einen reichen Erfahrungsschatz zurückgreifen. Er selbst ist von der Effektivität der medikamentösen Behandlung überzeugt und formuliert 1991 (hier noch unter der Überschrift „Das hyperaktive Kind"), dass diese Form der Behandlung sich „als die beste und manchmal (als) die einzig wirksame erwiesen hat" (S.43). Ein Jahrzehnt später – inzwischen bekennt er sich zum Begriff ADHS – stellt er unmissverständlich fest: „Durch eine medikamentöse Behandlung kann einem Großteil der Kinder mit ADHS oft in erheblichem Ausmaß geholfen werden. Bei manchen Kindern ist dies die einzig notwendige Therapie, bei anderen können daneben noch psychotherapeutische oder pädagogische Interventionen erforderlich sein" (2002, S.62).
Flade (1993) spricht sich für eine Bevorzugung der diätetischen Behandlung aus. Sie begründet ihre Einstellung damit, dass „bei etwa 80 Prozent der Kinder ... allein durch eine allergen- und lebensmittelzusatzfreie Diät eine oft verblüffende Besserung ihrer Überaktivität erreicht werden (kann)" (S.23). Döpfner, Frölich & Lehmkuhl (2000) halten dieser Auffassung entgegen: „Die Wirksamkeit von Diäten hat sich in den meisten Studien nicht nachweisen lassen" (S.37).
Autoren wie z.B. Roth, Schlottke und Klepel (1992) wenden sich dem Gebiet der psychologischen Interventionen zu. Sie formulieren Bedenken gegenüber einer ausschließlich medikamentösen Behandlung und befürworten den Einsatz eines kognitiv-behavioralen Ansatzes. Dieser stützt sich auf eine Aktivierung der Selbstwahrnehmung und der Eigenverantwortlichkeit des hyperaktiven Kindes.
Die von Voß (2000) vertretene Sichtweise, dass Verhaltensauffälligkeiten in systemischer Weise mit den Umweltbedingungen verbunden sind, erfordert es, bei der Identifizierung und Bewertung „auffälligen Verhaltens" umzudenken.

Zusammenfassung:

Die erfasste Situation spiegelt unmissverständlich wider, dass unterschiedliche Auffassungen vorzufinden sind. Es wird von Erfolgen, also einer Reduzierung hyperkinetischen Verhaltens, auf verschiedenen Wegen berichtet.

Möglichkeiten der Einflussnahme – ein Überblick

Die wesentlichen Behandlungsmöglichkeiten werden in Abbildung 6 erfasst (vgl. z.B. Rausch & Schlegel, 1995).

Maßnahmen	**beschreibende Aspekte**
Medikamentöse Therapie	Stimulanzien: Amphetamin, Methylphenidat (Ritalin), Neuroleptika, Antidepressiva, Tranquilizer, Antiepileptika, Barbiturate, Neotropika, alternative Medikation: Mega-Vitamintherapie, Homöopathie
Psychotherapie (Individual- und Systemtherapie)	Kinderpsychotherapien, Spiel- und Aktivitätstherapien, Suggestivbehandlung, Entspannungstherapien (Autogenes Training, Progressive Muskelrelaxation, Yoga, körperzentrierte und bewegungsorientierte Verfahren, z.B. psychomotorische Behandlung), Biofeedback, Festhaltetherapie, Möglichkeiten der Verhaltensmodifikation durch z.B. soziale Verstärkung, Lernen am Erfolg, Lernen durch Einsicht, Veränderung von Selbstwahrnehmung und kognitiven Einstellungen, Selbstkontrolltechniken, Veränderung von Attribuierungen, Aufbau von unterschiedlichen Bewältigungsstrategien, Trainingsprogramme zur Verbesserung von Aufmerksamkeit und Konzentrationsleistungen, Elternberatung, -training und -therapie, Familientherapien
Aufstellen und Einhalten von Diätplänen	nahrungsmittelzusatzfreie Diät, phosphatreduzierte Diät, antigenarme Diät, Eliminationsdiät, Verabreichung von Kaffee (Koffein) als Stimulans
Gesellschafts- und umfeldbezogene Aktivitäten	Änderung der gesellschaftlichen Einstellung zu „auffälligen" Kindern, Grundsätze: individuelles Entwicklungstempo berücksichtigen, Akzeptanz und Geborgenheit vermitteln, individuelle Handlungsfreiräume und erforderliche Grenzziehungen aufzeigen; Voß (1993) plädiert für eine „systemische Konsultation" (gemeinsame Beratung), um durch neue Wahrnehmungs- und Handlungsmöglichkeiten in die als unbefriedigend erlebte Situation entwicklungsfördernd eingreifen zu können. Möglichkeiten zum Bewegungsausgleich schaffen (gelenkte Sport- und Freizeitaktivitäten), Einhalten einer angemessenen zeitlichen und räumlichen Strukturierung (Wochen- und Tagesplan, Übersichtlichkeit und feste Anordnung des umgebenden Bezugsfeldes, Einhalten konsistenter Verhaltensregeln)

Abb. 6: Behandlungsmöglichkeiten

Informationen zu ausgewählten Maßnahmen

Anmerkungen zur medikamentösen Behandlung: Wender (2002), der eine medizinische Behandlung favorisiert, stellt die positiven Auswirkungen zusammen. Kinder werden unter Medikamenten:
„1. ruhiger und weniger zappelig; 2. sie entwickeln eine größere Aufmerksamkeitsspanne; 3. sie erscheinen weniger stur und sind umgänglicher; 4. sie reagieren besser auf die Bedürfnisse und Wünsche anderer und sind leichter zu erziehen; 5. sie explodieren nicht so schnell und haben weniger oder gar keine Wutanfälle mehr; 6. es treten weniger Stimmungsschwankungen auf; 7. sie zeigen eine verminderte Impulsivität, können abwarten, bevor sie handeln und fangen an, im Voraus zu planen; 8. die Schulleistungen bessern sich (Zuhören, Anweisungen befolgen, Aufgaben zu Ende führen, bessere Zensuren); 9. ihre Handschrift wird leserlicher; 10. sie sind weniger desorganisiert“ (S.67).
Ergänzung zu Punkt 8.: Walter (2001) präzisiert diesen Aspekt auf der Grundlage eines Literaturüberblickes zur amerikanischen Forschung. Danach besteht der Haupteffekt der medikamentösen Behandlung in einer „kurzfristigen verhaltensmäßigen ‚Handhabbarkeit‘ von hyperkinetischen Kindern“ (S.106). Sie verbessert somit „relativ verlässlich die Kernsymptomatik ..., jedoch mittel- und langfristig kaum die Schulleistungen“ (a.a.O., S.119; in diesem Zusammenhang wird auf bereits bestehende Wissens- und Kompetenzdefizite hingewiesen).
Für die medikamentöse Behandlung ist u.a. charakteristisch: die Annahme, dass Kinder unter Stimulanzienwirkung „nachreifen“, sie können mit sich und der Umwelt besser zurechtkommen, die Wirkung der Medikamente setzt unmittelbar ein, in einigen Fällen erst nach ca. 2 Wochen, es handelt sich um eine begrenzte Wirkdauer (ca. 3 Stunden oder weniger), Probleme können entstehen, wenn die Einnahme in der Schule erfolgen muss (z.B. mittags), Eltern und Lehrern sollte die Wirkdauer der Medikamente bewusst sein, sie können die ärztliche Seite mit Informationen unterstützen, um den optimalen Zeitpunkt der Einnahme zu ermitteln, Kinder müssen vermittelt bekommen, warum sie Medikamente erhalten, z.B. als Hilfsmittel, um besser aufpassen zu können.
Gegen eine medikamentöse Behandlung werden u.a. folgende Argumente angebracht: Gefahr der Abhängigkeit, leichterer Einstieg zum Medikamentengebrauch/-missbrauch, ein isolierter Faktor wird zur Ursache erklärt, die Einstellung „Nur mit Pille bin ich ein braves Kind!“ kann entstehen, Nebenwirkungen: u.a. Einschlafstörungen, Appetitverminderung.
Anmerkungen zur psychologischen Behandlung: Eine psychologische Behandlung verfolgt nicht das Ziel, „einen Schuldigen“ für die Problematik zu finden. Sie befähigt den Betroffenen und sein Umfeld, geeignete Bewältigungsstrategien zu entwickeln. Faktoren, die ein unangemessenes Verhalten hervorrufen bzw.

verstärken, können analysiert und in angemessener Weise modifiziert werden. Den Kindern ist die Erkenntnis zu vermitteln, dass sie ein „anderes" Verhalten erlernen können (Vermittlung von Selbstkontrolltechniken etc.). Im Vordergrund steht ein Miteinander, in dem alle Möglichkeiten genutzt werden, um hyperkinetischen Verhaltensweisen angemessen begegnen zu können (z.B. Annahme und Stärkung des Kindes als Persönlichkeit, Erkenntnis, dass keine „böse" Absicht hinter seinem Verhalten steckt, Hilfestellung für das familiäre und schulische Umfeld).

Anmerkungen zur Diätbehandlung: Diese Methode stößt sowohl auf Befürworter als auch auf Gegner. Es liegen Berichte von Familien vor, die positive Erfahrungen z. B. mit einer Eliminationsdiät oder dem Ausschalten von Konservierungsstoffen übermitteln. Dieser Erfolg wird aus psychologischer Sicht mit Überlegungen in Verbindung gebracht, die von einer im familiären Bereich veränderten Situation ausgehen: So schließt eine Diätbehandlung immer auch ein verändertes Einkaufs- und Kochverhalten ein. Die Nahrungsaufnahme erhält in der Familie einen anderen Stellenwert als bisher. Die mit ihr veränderten Gewohnheiten führen zu einer Aufmerksamkeitsumverteilung; das betroffene Kind wird besonders beachtet. In diesem Zusammenhang wird auch diskutiert, dass der erhöhte Mehraufwand eine positive Erwartungshaltung nahe legt.

Die im Alltag erlebten positiven Erfahrungen werden auf Grundlage der wissenschaftlichen Forschungsergebnisse dahingehend bewertet, dass gegenwärtig nur wenig Hinweise für eine Effektivität vorliegen: Wender (2002) resümiert nach Sichtung der vorliegenden Studien, dass die „Rolle der Lebensmittelallergien ... umstritten (bleibt)" (S.79).

Anmerkungen zu gesellschafts- und umfeldbezogenen Aktivitäten: Neben den vorgegebenen gesellschaftlichen Umständen, die immer nur bedingt modifiziert werden können, sind es im individuellen Fall vor allem pädagogisch-psychologische Möglichkeiten, die in differenzierter Form als Empfehlungen bzw. Anregungen aufzunehmen sind.

9. Pädagogisch-psychologische Hilfestellungen

Im familiären Bereich

Kinder und Jugendliche mit einem hyperkinetischen Erscheinungsbild beeinflussen in besonderer Weise das Familienklima. Ein vielfältiges Konfliktpotential prägt die Interaktionen im Familienverbund und bestimmt im einzelnen:

- die Beziehungen zwischen den Eltern (z.B. gegenseitige Schuldzuweisungen am Erziehungsstil als Ursache)

- die Beziehung Eltern – Kind (z.B. Unverständnis für die gezeigten Verhaltensweisen bis zur Ablehnung) und
- die Beziehung betroffenes Kind – Geschwisterkinder (z.B. Aufmerksamkeit der Eltern wird als ungleich verteilt erlebt, Bevorzugung wird wahrgenommen: „gutes Kind", „böses Kind", Sonderrolle, Ausgrenzung).

Je nach Ausprägungsgrad des hyperkinetischen Verhaltens werden die Erziehungsberechtigten von Ratlosigkeit, Verzweiflung, anfänglichem Aufbegehren bis letztlich von Resignation befallen. Als Resultat der über Jahrzehnte gesammelten Erfahrungen häufen sich die Hinweise, wie die familiäre Situation zu gestalten ist. Auf diesem Wege ist ein Reservoir an Handlungsempfehlungen entstanden. In dieses fließen zusätzlich die Anregungen z. B. aus wissenschaftlichen Untersuchungen, aus Therapieverläufen und aus erprobten Trainingsprogrammen ein. Im folgenden wird darauf – ausschnittweise – zugegriffen:

- Aufklärung und Vermittlung entsprechender Informationen an die Eltern und die betroffenen Kinder und Jugendliche. Ziele: 1. Ein im Alltagsgeschehen als unverständlich und unbegreiflich auftretendes Verhalten ist von der Bewertung „aus voller Absicht" und „böser Wille" zu befreien. 2. Die hyperkinetische Störung ist im Familienverbund zu akzeptieren (also nicht zu bewerten!) und somit von der „Störenfried-Etikettierung" zu trennen.
- professionelle Anleitung der Eltern: Alltagssituationen werden mit beraterischer /therapeutischer Unterstützung analysiert, mögliche Handlungsalternativen aufgezeigt und eingeübt (Hilfsmittel: Videoaufzeichnungen, Audio-Kassetten).
- erfolgreich übernommene Einstellungen und eingesetzte Grundtechniken:
  - Arbeit mit Regeln, die auf eine konsequente und unmissverständliche Kommunikation ausgerichtet sind. Formulierung und Inhalt der aufgestellten Vorgaben sollen so eindeutig sein, dass bei allen Beteiligten keine Missverständnisse aufkommen können. Die gemeinsam erstellten Regeln sollen über einen längeren Zeitraum gelten, einzelne Anforderungen, Erwartungen und Verhaltensweisen präzise erfassen und zu den stets gleichen Konsequenzen führen. Hilfreich kann es sein, wenn die Regeln im familiären Bereich für alle gut sichtbar bildlich oder schriftlich festgehalten werden. Statt langer Erklärungen und Diskussionen genügt dann oft ein Hinweis auf die entsprechende Stelle, um die Einhaltung der Vereinbarungen anzumahnen.
  - In ebenso klarer Weise sind auch die ausgewählten Belohnungen und Bestrafungen einzusetzen. Jede dieser Maßnahmen muss den Betroffenen einsichtig sein (Abb. 7).

Abb. 7: Belohnungen / Bestrafungen

–Spezifische Situationen dienen als Modell, um Gefühle wahrnehmen zu lernen („Was hast du ... gefühlt?") und um Handlungen zu beschreiben und zu bewerten (z.B. „Was hast du im Gespräch mit X getan? Was hättest du tun können?"). Auf diesem Wege wird ein Lernprozess in Gang gesetzt, der Betroffene befähigt, zwischen Gefühlen (z.B. großer Ärger) und dadurch ausgelösten Handlungen (eigenen und möglichen Alternativen) zu unterscheiden; auch die wichtige Unterscheidung zwischen akzeptablen Gefühlen („es ist legitim, sehr ärgerlich zu sein") und inakzeptablen Handlungsweisen („es ist falsch, einen Streit mit Fäusten auszutragen") wird vermittelt. Dieser Lernprozess sollte auch einen Perspektivenwechsel einbeziehen: „Was meinst du, wie der andere sich fühlt, wenn er beleidigt wird/ angegriffen wird? Welche Möglichkeiten hat er zum Reagieren?"
- Einigung auf bestimmte Schlüsselbegriffe (z.B. „Du reagierst jetzt zu heftig!", „Vorsicht!"), die für das betroffene Kind als Signal für eine Selbstkontrolle verstanden werden. Auf diese Weise kann ein sich aufschaukelndes Verhalten als wahrgenommen und als änderbar unterbrochen werden.

- Auswahl aus einem Spektrum von Handlungsempfehlungen:
  - Um dem bei hyperkinetischen Störungen bekannten Widerstand gegenüber Veränderungen entgegenzuwirken, ist es vorteilhaft, wenn Eltern rechtzeitig ankündigen, dass Handlungen z. B. bald unterbrochen oder beendet werden müssen (eine schrittweise Annäherung ist hilfreich).
  - Eltern sollten sich nicht auf längere Dauer in Streitereien mit ihrem Kind einlassen, sondern - nach Möglichkeit – sich erst dann zu einer Diskussion bereit erklären, wenn es sich beruhigt hat.
  - Zur Beruhigung des hyperkinetischen Verhaltens trägt wesentlich der Körperkontakt bei. Ein sich steigerndes hyperkinetisches Verhalten lässt sich häufig unmittelbar durch Aufbau eines Körperkontaktes unterbrechen. So erweist sich allein das Hand-auf-die-Schulter-Legen als eine effektive Methode, um zu einer Entspannung beizutragen. Sanfte, ruhige Berührungen können einen sich entwickelnden Sturm unterbrechen. Die dadurch hergestellte Zuwendungsreaktion des Kindes ist häufig mit einer

gesteigerten Aufnahmebereitschaft verbunden. Deshalb kann sie mit der Übermittlung von Ich-Botschaften verbunden werden: z.B. „Ich freue mich, wenn du den Tisch abräumst. Wir haben dann mehr Zeit zum Spielen!"

Zusammenfassung:

Es ist ein Prozess der kleinen Schritte, der das familiäre Zusammenleben erleichtern kann. Da es nicht die Handreichung für den Umgang mit einem hyperkinetischen Verhalten gibt (angesichts der Vielfalt auch nicht geben kann), sind es die aufgezeigten Hilfen, die den Erziehungsprozess erleichtern. Über diesen in verschiedenen Variationen erprobten Umgangsmöglichkeiten steht das von den Bezugspersonen zu verinnerlichende Grundprinzip, den Tagesablauf der Kinder mit einer gebotenen Konsequenz zu gestalten und zu begleiten. Verlässlichkeit in der Erziehungsmethode vermittelt hyperkinetischen Kindern Vertrauen und Geborgenheit. Eindeutigkeit und Übereinstimmung in der verbalen und nonverbalen Kommunikation sind wesentliche Elemente im Erziehungsprozess.

Im schulischen Bereich

Die für den familiären Bereich erwähnten Hinweise sind auch ein unverzichtbarer Bestandteil der Erziehungsarbeit im schulischen Umfeld. Konsequentes Handeln verlangt von den Lehrkräften einen vermehrten Energieaufwand. Obwohl dieses grundsätzlich Bestandteil jedes Lehrerhandelns sein sollte, ist der Erziehungsalltag mit Zugeständnissen angereichert und eine gewisse Inkonsequenz ist in der Regel der Normalfall (z. B. als Ergebnis von Überlastung, Diskussionen oder aus Nachlässigkeit). Beim Umgang mit hyperkinetischen Kindern wird jedoch eine andere Qualität, also eine „konsequente" Konsequenz gefordert, die nicht jeden Tag neu verhandelbar ist.
Die in den Schulalltag einfließenden hyperkinetischen Symptome (Abb. 8) betreffen sowohl (1) das Sozial- als auch (2) das Lernverhalten. Diese beiden Bereiche werden schwerpunktmäßig erfasst:

(1) Zum Sozialverhalten

Die Beziehungen von Kindern und Jugendlichen mit einer hyperkinetischen Störung gestalten sich problematisch: Während der Beginn einer Kontaktaufnahme sehr unkonventionell und extravertiert erfolgen kann, von Interesse am Neuen geleitet und aufgrund der spontanen Lebendigkeit von anderen als charmant erlebt wird, ändert sich diese Einschätzung bei einer näheren Bekanntschaft. Nun-

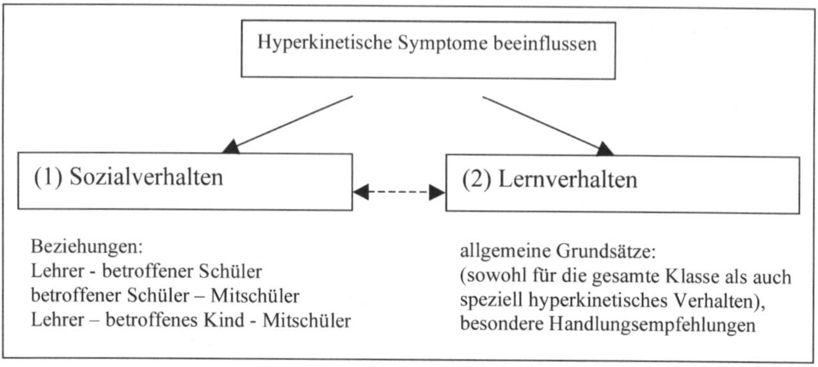

Abb. 8: Möglichkeiten der Einflussnahme

mehr werden sie als dominant und aggressiv wahrgenommen: *„Sie wollen im Vordergrund stehen", „nerven", „streben stets nach Aufmerksamkeit", „kennen keine Rücksicht", „streiten grundlos", „wirken störend", „sind nicht verlässlich", „wechseln ihre Stimmung", „rechthaberisch", „sind laut, lärmend"*. Diese allgemeine Beschreibung wird präzisiert durch Informationen aus den folgenden Beziehungen:

Lehrer - betroffener Schüler: Von den Lehrkräften werden Geduld und ein besonderes Engagement gefordert. Sie werden auf der Suche nach Aufmerksamkeit und Anerkennung als wesentliche Bezugspersonen vereinnahmt. Kann diese uneingeschränkte Aufmerksamkeit nicht gewährt werden, reagieren hyperkinetische Kinder häufig aggressiv und versuchen zu provozieren. Bei dieser Umtriebigkeit nach Beachtung um jeden Preis sind Ermahnungen, Bestrafungen, Zurechtweisungen etc. zwecklos. Sie treffen ein Kind, das nicht absichtlich „böse" sein will. Es lebt eine Intensität in der Gefühlswelt aus, die weitgehend unkontrolliert geäußert wird. Werden ihm Grenzen gesetzt, reagiert es auf Interventionen nicht nachtragend. Diese besondere Art der Beziehungsgestaltung fordert von den Lehrkräften:

- über das Erscheinungsbild einer hyperkinetischen Störung aufgeklärt zu sein (Teilnahme an Weiterbildungsveranstaltungen, Fallbesprechungen, Supervisionsgruppen),
- Verständnis für die besondere Problematik: Erkenntnis, dass nicht Absicht hinter einem störenden Verhalten steckt; Provokationen nicht persönlich zu nehmen,
- zu akzeptieren und als Grundüberzeugung anzunehmen, wenn ein hyperkinetisches Kind beispielhaft formuliert: *„Ich möchte ja gerne ruhig sitzen, brav*

sein und lernen, aber in meinem Kopf sitzt ein Teufelchen, das alles durcheinander bringt. Und ich kann nichts gegen dieses Teufelchen machen" (Berg, 1993, S.62).

- eine enge Zusammenarbeit mit professionell ausgebildeten Helfern (Beratungslehrern, Schulpsychologen, Erziehungsberatungsstellen),
- Kooperation und Erfahrungsaustausch (mit anderen Lehrkräften, Pausenaufsicht etc.), um ein gemeinsames Vorgehen zu ermöglichen,
- sich bewusst zu machen, dass neben dem störenden Verhalten auch viele positive Seiten den Unterrichtsalltag bereichern: kreative Ideen, Einfälle, besondere Anhänglichkeit, ansteckende Begeisterung, aufrichtige, ungeschönte Meinungsbekundungen (siehe Kapitel 2.3),
- die Einsicht und die Bereitschaft, störendes Verhalten in der Regel zu ignorieren (im akzeptablen Rahmen) und gewünschte Verhaltensweisen statt dessen kontinuierlich aufzubauen (zu verstärken),
- eine Balance herzustellen zwischen der vom Kind gewünschten Beachtung (Einnehmen einer Sonderrolle) und der Reaktion des Umfeldes (häufig zugewiesene Außenseiterrolle – Ausgrenzung durch Mitschüler),
- eine Stärkung der Selbstkontrollfähigkeiten des Kindes – konsequentes Einhalten von aufgestellten Regeln.

betroffener Schüler – Mitschüler: Hyperkinetische Kinder werden anfangs von den Mitschülern häufig aufgrund ihrer Kontaktfreudigkeit, ihrer Einfälle und extremen Albernheiten sowie ihres Wagemutes („halsbrecherische Kunststücke") bewundert. Dies ändert sich, sobald das betroffene Kind mit seinen Verhaltensweisen im Zentrum der Kritik steht („Störenfried" im Unterricht, in der Pause, in der Freizeit). Auch die eigenen Erlebnisse (z.B. „X als Banknachbar lenkt mich ständig ab") bewirken, dass Kinder mit einem hyperkinetischen Verhalten abgelehnt und ausgegrenzt werden. Diese Tendenz erhöht sich noch, wenn Elternhäuser über ihre Kinder Einfluss ausüben: „Meine Mutti möchte nicht, dass ich neben dir sitze!".

Da Kinder mit einer hyperkinetischen Störung nicht in der Lage sind abzuschätzen, wie sie auf andere wirken, können sie häufig auch deren (verbale und nonverbale Kommunikation) nicht einordnen. Zu diesem mangelnden Verständnis gesellt sich noch die Erfahrung, dass eine eingeleitete Therapie (z. B. die medikamentöse Behandlung, eine bestimmte Diät) nur sie betrifft; sie sich also in vielfacher Hinsicht von den anderen Kindern unterscheiden.

Aus dieser besonderen Situation lassen sich als wesentliche Handlungsempfehlungen ableiten:

- Die in einer Klasse bereits bekannte „Sonderrolle" eines Kindes mit einer hyperkinetischen Störung soll in altersentsprechender Form erläutert werden: „Wir unterscheiden uns in unserem Verhalten. X ist häufig lauter als die ande-

ren. Da es ihm oft nicht auffällt, überlegen wir gemeinsam/schlägt er vor, wie wir ihm helfen können."
- Stärkung des Selbstbewusstseins eines Kindes, indem die positiven Aspekte seines Verhaltens besonders angesprochen werden.

Lehrer – betroffenes Kind – Mitschüler: Wie im Elternhaus, muss auch in der Schule in allen Bereichen eine klare Strukturierung vorgegeben werden. Die aufgestellten Regeln für ein Zusammenleben sollen von allen Beteiligten eingehalten werden. Diese Forderungen setzen eine differenzierte Planungsarbeit voraus, die jeden Schritt detailliert festlegt. Beispiel: Arbeit im Stuhlkreis:
Ein Signalzeichen kündigt jeweils den Beginn an: Es steht fest, in welcher Reihenfolge die Kinder ihren Stuhl nehmen und ihn zu einem Stuhlkreis anordnen. Für das hyperkinetische Kind ist bekannt: „Wo, neben wem sitze ich? Wann und wie verlasse ich den Kreis wieder?"
Auf diese Weise werden Strukturen vermittelt, die Handlungssicherheit geben. Durchkreuzt das Kind mit seinem Verhalten dennoch alle pädagogischen Bemühungen, sind verbale Kommentare wie z.B. „unser Klassenkasper, er kann es nicht lassen, er stört wie immer" zu unterlassen. Statt dessen bietet sich an:
„Wir haben gemeinsam Regeln aufgestellt. Auch X möchte sich danach richten. Heute gelingt es ihm nicht so gut. Ich habe aber vorhin gesehen, dass er Klaus beim Stuhltragen geholfen hat. Darüber hat sich Klaus gefreut."
Solche Eindrücke aus dem schulischen Alltag verdeutlichen, dass von den Lehrkräften neben einem sensiblen Zugang zu den Kindern auch ein enormer Kraftaufwand gefordert wird, um mit den anstehenden Problemen angemessen umgehen zu können. Die Grenzen der Belastbarkeit sollten nicht ausgelotet werden. Es gilt, rechtzeitig Hilfsangebote (Weiterbildungen, schulpsychologische Dienste) zu nutzen und sich auf einen Prozess der kleinen Schritte einzustellen, der ständig einen Zugriff auf das Repertoire der psychologischen Grundausbildung der Lehrer fordert (z.B. Prinzipien zum Aufbau eines Verhaltens, Verstärkungsprozesse, systembildende Mechanismen, Lernen am Modell, Transferleistungen).

(2) Zum Lernverhalten

Das Lernverhalten von Kindern und Jugendlichen mit einer hyperkinetischen Störung wird u.a. beeinträchtigt von:
- einer erhöhten Ablenkbarkeit,
- einem mangelnden Durchhaltevermögen,
- von der Tendenz, Tätigkeiten schnell zu wechseln,
- einem flüchtigen Arbeitsverhalten,
- einer fehlenden Selbstkontrolle,
- einer mangelnden motorischen Feinkoordination.

Neben diesen grundsätzlichen Schwierigkeiten, die sich zu Wissens- und Fähigkeitsdefiziten kumulieren, können zusätzlich Lese-, Rechtschreib- oder Rechenprobleme auftreten.
Das Lernverhalten kann, das zeigen Erfahrungsberichte und überprüfte Trainingsprogramme, effektiv beeinflusst und unterstützt werden von allgemeinen Möglichkeiten, die auch für die gesamte Klasse sinnvoll einsetzbar sind, und von speziellen Möglichkeiten für hyperkinetische Kinder und Jugendliche. Im folgenden wird auf der Grundlage von Imhof, (2000), Imhof, Skrodzki & Urzinger (2000) ein Überblick gegeben:

Der für die Klasse anwendbare Maßnahmenkatalog umfasst u.a.:
a) Ritualisierte Abläufe: Sie werden sowohl für den Unterricht als Ganzes als auch für einzelne Arbeitsaufträge organisiert und eingehalten. Die Abbildung 9 enthält einige Beispiele.
b) Rhythmisierung: Zur Unterstützung des Wechsels zwischen Spannungs- und Entspannungsphasen, zur Wahrnehmung der psychischen und physischen Befindlichkeit: Hierzu zählen alle Übungen, die Bewegungen und Handlungs-

Einsatzmöglichkeiten	**Schritt für Schritt-Abfolge**	**Erwartungen**
tägliche Begrüßungs- und Verabschiedungsrituale	Beginn und Ende einer Unterrichtsstunde genau strukturieren: Signale und Vorleistungen festlegen: Einrichten bzw. Aufräumen des Arbeitsplatzes (Welche Materialien, wo?) Begrüßung (Reihenfolge, Form etc.), Modalitäten der Stundenzusammenfassung aushandeln	Die Aufmerksamkeit hyperkinetischer Kinder wird gebündelt; sie werden mit einem sicheren Ablauf vertraut gemacht. Ein geordneter Übergang nimmt eine sich entwickelnde Hektik aus der Situation.
Entspannungsphasen	Wie gestaltet sich der Ablauf? Welche Anteile übernehmen die Lehrkräfte, welche die Schüler?	Der inhaltliche Beitrag dient der Beruhigung, der Vorbereitung auf die weitere Unterrichtsarbeit. Die organisatorische Ausrichtung aktiviert Selbstkontrolltechniken.

Abb. 9: Planungsarbeit

steuerung durch Musik unterstützen (z. B. Tanz, Malen), Atem- und Wahrnehmungsübungen, Konzentrationsübungen, isometrische Übungen, Entspannungsübungen, Fantasiereisen.
c) Differenzierung im Unterrichtsprozess: Auf die individuellen Bedürfnisse der einzelnen Schüler eingehen. Gleichförmig gestellte Aufgaben (z. B. in Übungsphasen) widersprechen der Suche nach Neuem. Solche Einheiten werden häufig lustlos bearbeitet, die Ergebnisse werden verziert, um einen neuen Anreiz zu erhalten, oder verschmiert, es schleichen sich zunehmend Fehler ein, die Tätigkeit wird häufig abrupt abgebrochen. Deshalb ist es sinnvoll, den Aufgabenumfang der kurzen Aufmerksamkeitsspanne anzupassen. Eine mögliche Hilfe: Die Aufgabenblätter mit den Übungsaufgaben werden den Kindern nicht als Ganzes übergeben, sondern diese werden in Aufgabeneinheiten geteilt und nacheinander auf den Arbeitsplatz der Kinder gelegt.
d) Differenzierung bei Leistungs- und Lerneinschätzungen: Z. B. eine mündliche anstatt einer schriftlichen Leistung verlangen (eine schriftliche Darstellung erfolgt häufig lustlos, wird schnell erledigt, ohne den beherrschten Wissensstand dann tatsächlich wiederzugeben).
e) Modellperson Lehrkraft: Vermittlung von Lernstrategien und Problemlösungsverhalten: vom Lernen durch konkretes Tun (Rolle der Anschaulichkeit) über das laute Vorsprechen bis zum angedeuteten verinnerlichten Sprechen.
f) Verschiedene Sinne beim Lernvorgang/zusätzliche Reize ansprechen: Dieses Vorgehen entspricht dem Bedürfnis des Kindes nach Stimulation. Es erhöht zugleich die Chance, dass der Eindruck – weil unterschiedlich erfasst – wirkungsvoller abgespeichert wird und abgerufen werden kann.
Die Arbeitsleistungen von Kindern verbessern sich, so zeigen Studien von Imhof (1995), wenn Kinder eine aufgabenneutrale Zusatzstimulation erhalten, z. B. farbstarkes Papier (grelle Farben). Unter dieser Bedingung treten beim Abschreiben von Texten weniger Fehler auf, die Kinder arbeiten länger an den Texten; ihre Schriften werden als flüssiger und besser lesbar beurteilt (Imhof, 1995, Imhof & Prehler, 2001). Diese Feststellung beruht auf der Hypothese von Zentall & Zentall (1983), dass aufmerksamkeitsgestörte Kinder an einem chronischen Stimulationsdefizit leiden, das durch erhöhte Reizstimulation teilweise ausgeglichen werden kann.
g) Handlungsorientierte Materialien: Um das Interesse und die Eigenaktivität von Schülern anzuregen: angeleitetes Handeln durch Tun. Diese Form der Aneignung durch ein Be-greifen, ein Selbst-Tun, ist der rezeptiven Form vorzuziehen.
h) Selbständige Fehlerkontrolle: Der Hinweis „Dein Ergebnis ist falsch!" ergänzt die Einschätzung: „Ich kann tun, was ich will, immer ist es falsch!". Möglichkeit: eine materialimmanente Rückmeldung (ohne direkte Interaktion zwischen Lehrer und Schüler) durch z. B. Arbeit am Computer.

Diese Form ist für Kinder geeignet, die sowohl über den Antrieb (Interesse, Motivation) als auch die Aufmerksamkeitsspanne verfügen, um diesen geforderten Eigenanteil zu leisten. Anderenfalls ist eine regelmäßige und konsequente Fremdkontrolle angezeigt.

Spezielle Möglichkeiten bei hyperkinetischen Störungen:
a) Konkrete Bedingungen für das Einhalten von Regeln: Regeln sollen immer so formuliert werden, dass dem Kind zugleich die gewünschten Verhaltensweisen mit vermittelt werden:
Beispiel: „Wenn du von deinem Nachbarn eine Hilfe möchtest (einen Stift, eine Schere ausleihen), dann bitte ihn darum!"
b) Reservoir an Bewegungsmöglichkeiten nutzen: Alle Möglichkeiten, die einem Kind mit Bewegungsdrang entgegenkommen, sind zu nutzen (Übertragung von Klassenämtern, Erledigen von „Laufgängen", Sitzgelegenheiten auswählen lassen: Stuhlkissen, Ball etc., zusätzliche Übungen im Sportunterricht).
c) Situationen und Aufgaben strukturieren: Ein Erkenntnisgewinn wird systematisch und transparent aufgebaut. Anregungen für Lehrkräfte finden sich in speziell entwickelten Trainingsprogrammen (vgl. z. B. Lauth & Schlottke, 2002). Ein Beispiel: Eine Strukturierung der Situation kann durch die Arbeit mit Signalkarten erreicht werden. So bedeutet z. B. das Symbol „grüner Kreis" (gut sichtbar angebracht) für den Schüler „Beginne jetzt mit deiner Arbeit!"; im Gegensatz dazu signalisiert ein roter Kreis „Beende deine Arbeit!". Mit Hilfe weniger Symbole lassen sich auf diese Weise klare Informationen vermitteln.
d) Vermittlung von Strategien: Im Mittelpunkt von Übungen steht die Ausbildung von Instruktionen, die das Handeln von einer Fremd- zu einer Selbstkontrolle leiten. Im wesentlichen handelt es sich um folgende Schritte, die als Abfolgemuster angeeignet werden sollen:

- Aufgabenanalyse: Worum geht es?
- Bedingungsanalyse: Welche Voraussetzungen liegen vor?
- Zielanalyse: Was soll erreicht werden?
- Formulierung des Lösungsweges: Welchen Weg wähle ich? Was ist der erste, der zweite, ... Schritt?
- Bewertung von (Teil-)Schritten: Dieser Teil ist in Ordnung. Jetzt beginne ich mit dem zweiten, ... !

e) Anleitung zum selbständigen Kontrollieren: Klare Vorgaben erleichtern dem Kind eine Überprüfung der eigenen Leistung. Detaillierte Anweisungen wie z. B. „Überprüfe den ersten Satz, ob alle Substantive groß geschrieben sind!" sind pauschalen Formulierungen wie z. B. „Überprüfe den gesamten Text!" vorzuziehen. Unzählige Variationen sind erprobbar: Hierzu zählen auch Programme „zur Förderung der Selbstwahrnehmung, Strukturierung, Sensibilisierung und Selbstakzeptanz unruhiger Kinder im Unterricht und in der Gruppe" (Krowatschek,

2000). Das von Krowatschek erstellte Trainingsprogramm kann ab Klasse 3 eingesetzt werden; Erfahrungen liegen auch mit Schülern bis zum Alter von 16 Jahren und zum Teil auch bei Jugendlichen von über 16 Jahren vor. Das in 40 Experimente gegliederte Trainingsprogramm ist beispielhaft für pädagogisch-psychologische Hilfestellungen. Es vermittelt als Ganzes und auszugsweise vielfältige Anregungen, die – auch modifiziert – in die alltägliche Unterrichtsarbeit zu integrieren sind.

10. Arbeitsteil

Zusammenfassung:

Die für das Erscheinungsbild gewählten Bezeichnungen weisen entweder auf dominierende Merkmale (z.B. Hyperaktivität, Aufmerksamkeitsstörung) oder auf vermutete ätiologische Faktoren (z.B. frühkindliches exogenes Psychosyndrom, MCD) hin. Die internationale Klassifikation psychischer Störungen (ICD-10, WHO) spricht von einer hyperkinetischen Störung. Die Vielfalt der möglichen Symptome findet sich auch bei den angenommenen Verursachungsbereichen (biologische Disposition, psychologische Faktoren, humanökologische Bedingungen, gesellschaftliche Umstände) und bei den pädagogisch-psychologischen Hilfestellungen (z.B. klare Strukturierung, Vermittlung von Strategien, konsequente Bildungs- und Erziehungsarbeit).

Anwendungsorientiertes Wissen

(a) Lesen Sie den Fallbericht Andreas! Mit welchen geeigneten/ungeeigneten Möglichkeiten kann die Lehrerin auf das Verhalten von Andreas reagieren? Stellen Sie diese Maßnahmen gegenüber!
(b) Auf welche Weise können Lehrkräfte und Eltern einen Beitrag zur diagnostischen Abklärung und zur interventiven Hilfe leisten?
(c) Skizzieren Sie das Sozialverhalten von Kindern und Jugendlichen mit einer hyperkinetischen Störung im schulischen Bereich!

Zur Wissensüberprüfung

(a) Die Symptome einer hyperkinetischen Störung sind unterschiedlichen Bereichen zuzuordnen. Um welche Störungsarten handelt es sich?
(b) Welche Merkmale begründen die Diagnose hyperkinetische Störung (ICD-10, WHO)?
(c) Welche Möglichkeiten der therapeutischen/interventiven Einflussnahme stehen zur Verfügung? Charakterisieren Sie die einzelnen Schwerpunkte!

11. Literatur

Empfohlene Literatur:

Fitzner, T. & Stark, W. (Hrsg.) (2004). Doch unzerstörbar ist mein Wesen ... Weinheim: Beltz.

Holowenko, H. (1999). Das Aufmerksamkeits-Defizit-Syndrom (ADS). Wie Zappelkindern geholfen werden kann. Weinheim: Beltz.

Miedzinski, K. (1994). Spiel und Bewegung – Hilfe für das hyperkinetische Kind. In K. Czerwenka (Hrsg.), Das hyperaktive Kind (S.79-90). Weinheim: Beltz.

Neuhaus, C. (1993). Was ist dran am sogenannten Zappelphilipp? Gezielte Interventionsmöglichkeiten in Familie und Schule. Ein Elterntraining. In M. Passolt (Hrsg.), Hyperaktive Kinder: Psychomotorische Therapie (S.118-143). München: Reinhardt.

Schäfer, U. (2000). Musst du dauernd rumzappeln? Die hyperkinetische Störung: Ein Ratgeber für Eltern, Erzieher(innen) und Lehrer(innen). Bern: Huber.

Verwendete Literatur

Altherr, P. (1993). Das Hyperkinetische Syndrom des Kindesalters aus kinderpsychiatrischer Sicht: Diagnostik und Therapiemöglichkeiten im Überblick. In M. Passolt (Hrsg.), Hyperaktive Kinder: Psychomotorische Therapie (S.11–22). München: Reinhardt.

Barkley, R. A. (1999). Hyperaktive Kinder. Spektrum der Wissenschaft, 3, 30–36.

Bauer, A. (1986). Minimale cerebrale Dysfunktion und/oder Hyperaktivität im Kindesalter. Berlin: Springer.

Berg, D. (1987). Konzentrationsschwierigkeiten bei Schulkindern. In R. Horn, K. Ingenkamp, S. J. Jäger (Hrsg.), Tests und Trends 6 (S.65–102). München: Psychologie Verlags Union.

Berg, L. (1993). Gegen das Teufelchen im Kopf. In M. Passolt (Hrsg.), Hyperaktive Kinder: Psychomotorische Therapie (S.62–63). München: Reinhardt.

Brühl, B., Döpfner, M. & Lehmkuhl, G. (2000). Der Fremdbeurteilungsbogen für hyperkinetische Störungen (FBB-HKS) – Prävalenz hyperkinetischer Störungen im Elternurteil und psychometrische Kriterien. Kindheit und Entwicklung, 9, 115–125.

Castellanos, F. X. (1997). Toward a Pathophysiology of Attention-Deficit/Hyperactivity Disorder. Clinical Pediatrics, 7, 381–393.

Davison, G. C. & Neale, J. M. (1988). Klinische Psychologie. München: Urban & Schwarzenberg.

Dilling, H., Mombour, W. & Schmidt, M. H. (Hrsg.). (2005). Internationale Klassifikation psychischer Störungen. ICD-10. Kapitel V (F). WHO. Bern: Huber.

Döpfner, M., Frölich, J. & Lehmkuhl, G. (2000). Hyperkinetische Störungen. Göttingen: Hogrefe.

Eisert, H. G. (1993). Hyperkinetische Störungen. In H.-Chr. Steinhausen (Hrsg.), Handbuch der Verhaltenstherapie und –medizin bei Kindern und Jugendlichen (S.131–159). Weinheim: Psychologie Verlags Union.

Flade, S. (1993). Seelische Störungen natürlich behandeln. München: Gräfe & Unzer.

Grissemann, H. (1991). Hyperaktive Kinder. Kinder mit minimaler zerebraler Dysfunktion und vegetativer Labilität als Aufgabe der Sonderpädagogik in der allgemeinen Schule. Bern: Huber.

Heinemann, E. & Hopf, H. (2004). Psychische Störungen in Kindheit und Jugend. Symptome – Psychodynamik – Fallbeispiele – Psychoanalytische Therapie. Stuttgart: Kohlhammer.

Holowenko, H. (1999). Das Aufmerksamkeits-Defizit-Syndrom (ADS). Wie Zappelkindern geholfen werden kann. Weinheim: Beltz.

Hurrelmann, K. (1990). Familien-, Schul-, Freizeitstreß. Weinheim: Beltz.

Imhof, M. (1995). Beeinflussung des Arbeitsverhaltens hyperaktiver Kinder bei Rechtschreibübungen durch den Stimulationsgehalt des Arbeitsmaterials. Psychologie in Erziehung und Unterricht, 42, 234–239.

Imhof, M. (2000). Kinder mit Aufmerksamkeitsstörungen und Hyperaktivität im Unterricht – was man wissen sollte und was man tun kann. Lehren und Lernen. Zeitschrift des Landesinstituts für Erziehung und Unterricht Stuttgart. 26, 7/8, 3–14.

Imhof, M., Skrodzki, K. & Urzinger, M. S. (2000). Aufmerksamkeitsgestörte, hyperaktive Kinder und Jugendliche im Unterricht. (Staatsinstitut für Schulpädagogik und Bildungsforschung München). Donauwörth: Auer Verlag GmbH.

Imhof, M. & Prehler, Ch. (2001). Qualitative Veränderungen der Schrift bei hyperaktiven Kindern durch unspezifische Farbstimulation. Psychologie in Erziehung und Unterricht, 48, 38–48.

Krause, K.-H. & Krause, J. (2004). Der Psychiater Heinrich Hoffmann, Autor des „Struwwelpeter" – selbst ein Betroffener? www.hyperaktiv.de/archiv/hoffmann.htm.27.5.04.

Krowatschek, D. (2000). Überaktive Kinder im Unterricht. Ein Programm zur Förderung der Selbstwahrnehmung, Strukturierung, Sensibilisierung und Selbstakzeptanz unruhiger Kinder im Unterricht und in der Gruppe. Dortmund: Borgmann publishing GmbH.

Kutscher, J. (1993). Therapie für Zappelphilipp? Die Zeit, Nr. 27, 25.

Lauth, G. W. & Schlottke, P. F. (2002). Training mit aufmerksamkeitsgestörten Kindern. Weinheim: Psychologie Verlags Union.

Lüpke, von H. (2000). Das Spiel mit der Identität als lebenslanger Entwicklungsprozeß. In H. von Lüpke & R. Voß (Hrsg.), Entwicklung im Netzwerk. Systemisches Denken und professionsübergreifendes Handeln in der Entwicklungsförderung (S.84–95). Neuwied: Luchterhand.

Lüpke, von H. AD(H)S: Ist alles wirklich so klar? Diskussionsbeitrag zu Daten, Denkmodellen, Hilfen. http://www.uni-koblenz.de/~didaktik/voss/publikationen/luepke.pdf. (14.12.04)

Mattner, D. (1993). Vom Sinn des Zappelns – das Hyperkinetische Syndrom verstehen. In M. Passolt (Hrsg.), Hyperaktive Kinder: Psychomotorische Therapie (S.34–46). München: Reinhardt.

Oehler, K.-M. (1990). Das hyperaktive Kind im Vorschulalter. Frühförderung interdisziplinär, 9 (4), 145–152.

Overmeyer, S. & Taylor, E. (2001). Neuroimaging in hyperkinetic children and adults: an overview. Pediatric Rehabilitation, 4, 57–70.

Rausch, A. & Schlegel, H. (1995). Hyperaktivität. In W. Honal (Hrsg.), Handbuch der Schulberatung (S.1–16). München: mVg-Verlag.

Roth, N., Schlottke, P. F. & Klepel, H. (1992). Hyperaktive und aufmerksamkeitsgestörte Kinder: Erklärungsansätze, psychophysiologische Korrelate und Behandlungskonzepte. Zeitschrift für medizinische Psychologie, 2, 77–84.

Ryffel-Rawak, D. (2001). ADS bei Erwachsenen. Bern: Huber.

Saß, H., Wittchen, H.-U., Zaudig, M. & Houben, I. (1998). Diagnostisches und Statistisches Manual Psychischer Störungen, DSM-IV. Göttingen: Hogrefe.

Stegmann, I. (1991). Identitätsprobleme als eine Ursache des hyperkinetischen Syndroms. Zeitschrift für Heilpädagogik, 42, 10, 689–695.

Steinhausen, H.- Chr. (1986). Der langfristige Verlauf von hyperkinetischem Syndrom und Teilleistungsstörungen. In M. H. Schmidt & S. Droemann (Hrsg.), Langzeitverlauf kinder- und jugendpsychiatrischer Erkrankungen (S.34–45). Stuttgart: Enke.

Tannock, R. (1998). Attention deficit hyperactivity disorder: Advances in cognitive, neurobiological, and genetic research. Journal of Child Psychology and Psychiatry, 39, 65–100.

Voß, R. (1992). Anpassung auf Rezept. Die Fortschreitung der Medizinisierung auffälligen Verhaltens von Kindern und Jugendlichen. Stuttgart: Klett-Cotta.

Voß, R. (1993). Das „hyperaktive“ Kind: Sinn-volles Handeln verstehen. In K. Hahn & F. W. Müller (Hrsg.), Systemische Erziehungs- und Familienberatung. Wege zur Förderung autonomer Lebensgestaltung (S.83–91). Mainz: Matthias-Grünewald-Verlag.

Voß, R. (2000). Vorwort. In R. Voß & R. Wirtz (Hrsg.), Keine Pillen für den Zappelphilipp – Alternativen im Umgang mit unruhigen Kindern (S.10–19). Reinbek: Rowohlt.

Walter, J. (2001). Kann Ritalin (Methylphenidat) die Schulleistungen von Schülern mit Aufmerksamkeits- und Hyperaktivitätsproblemen verbessern? – Ein Literaturüberblick auf der Basis US-amerikanischer Forschung. Heilpädagogische Forschung, Bd. XXVII, 3, 106–122.

Wender, P. H. (1991). Das hyperaktive Kind. Ravensburg: Otto Maier.

Wender, P. H. (2002). Aufmerksamkeits- und Aktivitätsstörungen bei Kindern, Jugendlichen und Erwachsenen. Stuttgart: Kohlhammer.

Zametkin, A. J. et al. (1998). The Neurobiology of ADHD. Journal of Clinical Psychiatry, 59 (7), 17–23.

Zentall, S. S. & Zentall, T. R. (1983). Optimal stimulation: A model of disordered activity and performance in normal and deviant children. Psychological Bulletin, 94, 446–471.

3 Störungen des Sozialverhaltens

1. Zur Einführung: Aggressive Verhaltensweisen erschweren die schulische Arbeit

Eine Lehrerin teilt mit ...

Frau F., die seit 9 Jahren als Lehrerin tätig ist, berichtet in einem Weiterbildungsseminar: In den vergangenen Jahren habe sie häufig mit aggressiven Schülerinnen und Schülern zu tun gehabt. Im Vergleich zu jetzt seien diese Ausbrüche aber eher harmlos gewesen. Es gäbe Situationen, in denen sie regelrecht Angst verspüre, bestimmten Schülern zu begegnen. Sie ertappe sich zunehmend dabei, bei bestimmten Konstellationen – drohende Auseinandersetzungen auf dem Schulhof – wegzusehen. In ihrer 8. Klasse setze ihr besonders ein Schüler zu, den sie jetzt das zweite Jahr kenne.

Informationen über Werner (W.)

Seit seiner Schulzeit ist W. als aufsässig bei Lehrern und Mitschülern bekannt. Bei einem Lehrerwechsel wird er stets als „Problemfall" übergeben. Tradierte Beschreibungen: nicht lernwillig, schlechte Leistungen, legt es auf Eklat an. Ihre ersten Erfahrungen mit ihm: frech, ungezogen, hemmungslos, durch nichts zu motivieren, blokkiert alle Bemühungen. Sie habe das Gefühl, dass er mit seiner Sprache (vulgäre Ausdrücke) und den Fäusten sich Anerkennung bei den Mitschülern verschaffen wolle. In seiner Clique, die ähnlich wie er, aber noch nicht so schlimm, sei, habe er es geschafft. Auf andere Mitschüler gehe er los und suche ständig Streit. Angst mache ihr die letzte Auseinandersetzung, in der sie das Gefühl hatte, dass er – im letzten Moment – sich zurückgehalten habe, sie tätlich anzugreifen (sie wollte im Unterricht seine schriftliche Mitarbeit erzwingen). Am Entsetzen der umstehenden Mitschüler habe sie gemerkt, dass ihre Einschätzung richtig war. Sie frage sich nun, was sie selbst zu einer Deeskalation hätte beitragen können.

Zusätzliche Hinweise (in Stichpunkten)

Eltern fühlen sich hilflos, bereits seit der Kindergartenzeit seien mit W. massive Schwierigkeiten aufgetreten, sie übergeben der Schule die „Vollmacht", W. mit allen Mitteln „richtig zu erziehen", zu Hause tyrannisiere er die Familie, die Mutter habe mittlerweile resigniert, Vater sei meist abwesend, er lebe sein eigenes Leben.

Einblick in Gespräche mit W.

Frau F. vertritt die Auffassung, dass alle Gespräche mit W. ohne Erfolg verlaufen seien. Er fühle sich nicht verstanden, ungerecht behandelt und habe es sich zum Motto gemacht, „ich lasse mir nichts gefallen". Ein „Weichei" wolle er auf keinen Fall sein. Schulleistungen interessieren ihn nicht, er lerne nur das, was ihm Spaß mache, über seine späteren Aussichten (Lehre, Beruf) mache er sich keine Gedanken, zur Zeit gäbe es ja keine Perspektive.

Einordnung in ein Verhaltensspektrum

Diese Ausführungen erfassen eine Situation, die Lehrkräften in dieser oder in einer ähnlichen Form vertraut ist. Berichte über aggressive und extrem gewaltbereite Schüler (also über Störungen des Sozialverhaltens – siehe Kapitelüberschrift, Kapitel 3.5) häufen sich in den letzten Jahren zunehmend. Spektakuläre Fälle stoßen auf eine aufnahmebereite Medienwelt. Eine differenzierte Aufarbeitung der einzelnen Fälle wird selten vorgenommen. Pauschale Formulierungen über eine Eskalation der Gewalt stehen im Vordergrund.

Exkurs: Die veröffentlichte Meinung konstatiert eine zunehmende Gewaltbereitschaft, eine sinkende Hemmschwelle für schwere aggressive Handlungen, einen immer jünger werdenden Täterkreis und einen kontinuierlichen Anstieg der Gewalttätigkeiten von Kindern und Jugendlichen. Bemerkenswert ist, dass bereits vor einem Jahrzehnt über eine Zunahme der Gewalt mit der gleichen Vehemenz – wie gegenwärtig – diskutiert wurde (vgl. z. B. Busch & Todt, 1998, Fegert, Greven & Lehmkuhl, 1994). Diese Berichterstattung regte zahlreiche wissenschaftliche Studien an (vgl. z.B. Horn & Knopf, 1996, Schubarth, 1996).

Die Ergebnisse sind von den untersuchten Beschreibungsdimensionen des Aggressionsgeschehens und den befragten Personengruppen abhängig (Eltern, Lehrer, Schulleiter, Selbstbeurteilungen von Kindern und Jugendlichen). Eine direkte Vergleichbarkeit ist somit nicht gegeben. Deshalb ist es nachvollziehbar, wenn Autoren wie z. B. Hurrelmann (1994) vorsichtig formulieren: „Bislang gibt es keine wissenschaftlich abgesicherten Belege dafür, dass wir es bei der Mehrzahl von Schülern mit einer Zunahme von aggressiven Handlungen zu tun haben, aber alle Befunde deuten auf eine Verschärfung der Intensität von Gewalthandlungen bei einer Minderheit der Kinder und Jugendlichen hin" (S. 15, vgl. z.B. auch Tillmann, 1994, Todt & Busch, 1994). Solche Bilanzierungen werden von Erfahrungsberichten gestützt, die z. B. aus schulpsychologischer Sicht – also aus praxisbezogener Kompetenz - abgegeben werden (vgl. Bründel, 1994). Neben einer veränderten Einstellung zur Gewalt, die von vielen Lehrerinnen und Lehrern artikuliert wird, ist es vor allem das fehlende Unrechtsbewusstsein von Schülern, das besonders auffällig ist.

In diesem Zusammenhang sind die Angaben von Weiß (2000) aufschlussreich, die er als Ergebnisse von „seriösen kriminalpolizeilichen und psychologischen Untersuchungen" (S.8) und von eigenen Schülerbefragungen formuliert. Die Fakten weisen auf Akzentuierungen hin, die sich auch in den Erfahrungsberichten von z.B. Lehrkräften finden: Die Täter werden immer jünger, der Anstieg der Jugendgewalt ist zu 85 % den Jungen und zu 15 % den Mädchen zuzurechnen und „in allen Schularten (haben) in den letzten fünf Jahren die Gewalthandlungen zugenommen. Mindestens jeden zehnten Schüler kann man als ‚gewaltbereit' bezeichnen. Etwa 5 bis 7 % sind zum harten Täterkern zu rechnen. Aber weit mehr als 10 % sind Opfer von Gewalt" (a.a.O.).

Auch die vorliegenden Informationen über den Schüler W. entsprechen diesem Trend. Einem engagierten Leser verdeutlichen sie jedoch, dass an wesentlichen Stellen Informationsdefizite bestehen. Würden diese aufgrund einer differenzierten Analyse (ausführliche Explorationsgespräche, Anamnese) geschlossen werden, dann stellt sich der Fallbericht als ein komplexes Phänomen dar. Dieses kann auf verschiedenen Ebenen erörtert werden (z.B. aus Sicht des sozialen Umfeldes und des auslösenden Schülers, der möglichen Entstehungsbedingungen und der geeigneten interventiven Maßnahmen). Ein erster Schritt besteht darin, sich über die Begriffsinhalte aggressives Verhalten und Gewalt zu verständigen.

2. Begriffsklärung

Im Alltagsverständnis fällt es dem einzelnen nicht schwer, sich zu äußern. Umfragen unter Kindern und Jugendlichen zeigen, dass häufig an Hand von Beispielen formuliert wird (z. B. Rausch, 2004):

Ein neunjähriger Junge/ein zehnjähriges Mädchen bezeichnen als Gewalt:
„Wenn z. B. jemand verprügelt wird oder festgehalten wird und geschlagen wird."
„Wenn man jemanden brutal schlägt oder ihn staucht."
und als Aggression (aggressives Verhalten):
„Wenn z. B. jemand gemein ist und schlecht gelaunt ist."
„Wenn man ganz wütend wird und ausflippt."

Auch für Jugendliche (z.B. ein vierzehnjähriger Schüler) zählen noch vorwiegend Beispiele wie:
Gewalt:
„Kriege, Schlägereien, Morde, Vergewaltigung, manche Computerspiele."
Aggression (aggressives Verhalten):
„‚Anmucken', aufgeregt sein, wenn einer einen anschreit und er nichts gemacht hat, schlagen."

Diese typischen Antworten, die einem individuellen normativen Bezugssystem entnommen werden, beherrschen die Verständigung. Probleme entstehen dann, wenn z. B. ironische Bemerkungen, Handlungen, die aus Versehen geschehen, und unterlassene Hilfeleistungen bewertet werden sollen oder wenn überlegt wird, ob es relevant ist, zwischen den Begriffen aggressiv und gewalttätig zu differenzieren. Da erst eine intensive Auseinandersetzung diese Aspekte aufwirft, beherrschen sie vor allem die wissenschaftliche Diskussion. Als Ergebnis liegen zahlreiche Erörterungen und Definitionsversuche vor, die nach Nolting (1999) mittlerweile „ganze Bücher zu füllen" (S. 20) vermögen. Dieser Situation ist bereits zu entnehmen, dass weder im allgemeinen wissenschaftlichen Sprachgebrauch noch speziell im psychologischen ein Konsens zu erwarten ist. Es ist statt dessen üblich, dass je nach dem gewählten theoretischen Bezugssystem unterschiedliche Auffassungen formuliert und vertreten werden (vgl. z. B. Coie & Dodge, 1998, Trembley, 2000).
Die folgenden Ausführungen haben deshalb eine orientierende Funktion. Zum einen informieren sie über einige grundsätzliche Aussagen und zum anderen erfassen sie weitgehend akzeptierte Positionen im psychologischen Bereich, die einer Analyse im Bezugsumfeld „Aggression und Schule" zugrunde gelegt werden können:
Aggression leitet sich vom lateinischen Begriff aggredi ab und hat die ursprüngliche Bedeutung von „herangehen" (sich annähern). Eine erste Betrachtung erfasst im allgemeinen alle destruktiven Verhaltensweisen als Aggressionen, die von der Verhaltensbereitschaft/dem Persönlichkeitsmerkmal Aggressivität unterschieden werden (vgl. z. B. Myschker, 2002). Um wissenschaftlich mit dem Aggressionsbegriff arbeiten zu können, ist es notwendig, sich auf bestimmte, weitgehend

allgemein anerkannte Kriterien festzulegen. Knopf (1996) schlägt hierzu die folgenden Aspekte vor:
eine Schädigungsabsicht (Intention), ein eingetretener Schaden, Verhaltensweisen erfolgen gegen den Willen anderer, eine Unangemessenheit (Unverhältnismäßigkeit der Mittel), eine Normabweichung und Ungerechtigkeit, ein Ungleichgewicht der Kräfte.

Auch dieser Rahmen – darauf verweist Knopf nachdrücklich – erlaubt keine eindeutigen Aussagen über aggressive Verhaltensweisen. Es bleiben viele Fragen bei einem praxisbezogenen Gebrauch offen. Beispiele: Wie ist die Intention bzw. ein psychischer Schaden, der eingetreten ist, festzustellen? Aggressive Handlungen aus „guter Absicht“ können zu Schädigungen führen; wie sind sie dann zu bewerten? Knopf bilanziert, dass es wissenschaftlich unmöglich ist, „aggressives Verhalten mittels wertender Kriterien, also aus persönlicher oder gesellschaftlicher Perspektive heraus, zu definieren“ (1996, S.39).

Dieser Auffassung schließt sich z. B. Nolting (1999) mit der folgenden Argumentation an: Wird Aggression mit den Attributen „legitim – illegitim, angemessen – unangemessen“ verbunden, also mit einer subjektiv „parteiischen“ Bewertung, dann entfernt sich der Aggressionsbegriff von einer für wissenschaftliches Arbeiten geforderten wertneutralen Beschreibung (der Trennung von Sachverhalt und Wertung).

Neben der Entscheidung für eine feststellende (statt wertende) Beschreibung (*Merkmal 1*) sind es nach Nolting (1999) noch zwei weitere Aspekte, die die Grundlage der meisten psychologischen Definitionsvorschläge bilden:

Merkmal 2 beruht auf der Überlegung, dass zwischen aggressiven Verhaltensweisen und aggressiven Emotionen unterschieden werden sollte. Für den Aggressionsbegriff bedeutet das, dass eine verhaltensbezogene (statt einer emotionsbezogenen) Beschreibung zu favorisieren ist. Diese Trennung beruht auf der Tatsache, dass nicht jedes aggressive Gefühl sich in aggressiven Verhaltensweisen ausdrücken muss und umgekehrt nicht jedes aggressive Verhalten auf aggressiven Emotionen beruht. Da diese beiden Ebenen häufig verwechselt werden, wäre es nach Nolting konsequent, den Begriff Aggression aufzugeben und statt dessen von aggressivem Verhalten und aggressiven Emotionen, Impulsen etc. zu sprechen. Dieser im alltäglichen Sprachgebrauch nicht zu realisierende Vorschlag legt dennoch nahe, im wissenschaftlichen Bereich den Aggressionsbegriff stets mit der Verhaltensebene zu verbinden (hierfür typische Erscheinungsformen: körperliche, sprachliche, mimisch-gestische).

Merkmal 3 geht von einem eng gefassten Verständnis des Phänomens Aggression aus. Diese Beschränkung ist notwendig, weil in der Literatur auch ein weit gefasster Aggressionsbegriff vertreten wird. Dieser richtet sich auf jede offensive Aktivität (Gegenteil von Passivität: beinhaltet Aktivitäten wie z. B. Wetteifern bis zu Formen der Selbstbehauptung). Er setzt Aggression mit Aktivität jeglicher Art gleich und erweitert so die theoretische Diskussion. Sie spielt jedoch für wissenschaftliches Arbeiten keine Rolle. Auch im Alltagsverständnis ist sie nicht nachvollziehbar.

Zusammenfassung:

Die von Nolting getroffenen Aussagen, die von vielen Wissenschaftlern geteilt werden, bilden für die psychologische Disziplin eine Arbeitsgrundlage. Modifikationen hiervon korrespondieren mit den jeweils vertretenen theoretischen Positionen. Auf diese Weise werden unterschiedliche Facetten eines Aggressionsbegriffes angesprochen.

Die begriffliche Situation wird komplexer, wenn die Bezeichnung Gewalt aufgenommen wird. Auch hier ist das Meinungsbild nicht einheitlich. Während die Auffassung vertreten wird, es handele sich bei Aggression und Gewalt um Synonyma, richten sich andere (häufigere) Überlegungen auf eine Differenzierung (allerdings mit wechselnden Oberbegriffen). Beispiele: Busch & Todt (1998) sprechen sich für den Begriff „aggressive Verhaltensweisen" im schulischen Umfeld aus, weil dieser im Vergleich zum Begriff Gewalt besser auf konkrete Handlungen bezogen werden kann. Gewalt ist nach ihrer Auffassung kaum einzugrenzen und erfasst verschiedene Phänomene. Auch Jäger (1999) schätzt ein, dass in den letzten Jahren als Oberbegriff Gewalt gewählt wurde, weil er alle Formen aggressiver Handlungen umfasst. Allerdings wird ebenso häufig geäußert, dass Gewalt als eine Unterkategorie von Aggression zu betrachten ist, die sich in eine gegenüber anderen Menschen gerichtete Gewalttätigkeit und in einen Vandalismus (Schädigung von Sachen) differenzieren lässt (vgl. Valtin, 1995). Dieser Auffassung schließt sich Nolting an, wenn er resümiert, dass im Sprachgebrauch weitgehend ein Konsens besteht, die schweren körperlichen Formen von Aggression als Gewalt zu bezeichnen (andere Autoren sprechen aber auch ausdrücklich von Formen subtiler Gewalt).

3. Zur Phänomenologie

Das komplexe Phänomen Aggression kann in unterschiedlicher Weise differenziert werden. Aus der Fülle an Vorschlägen (z.B. Nolting, 1999, Petermann & Petermann, 2000) wird im folgenden eine Einteilung von Knopf (1996) übernommen (Abb. 1). Diese zeichnet sich gegenüber anderen Vorschlägen aus durch: einen eingegrenzten Aggressionsbegriff („zielgerichtete Schädigung"), das

Unterscheidungs-merkmale	Formen aggressiven Verhaltens	Beispiele
Modus	körperlich (physisch) sprachlich (verbal) sprachbegleitend (paraverbal) symbolisch (nonverbal)	*Schlagen, Prügeln, Treten, Kratzen, Beißen, Würgen, Spucken, Haare ziehen, Stoßen, Boxen, Beinstellen, Sexueller Missbrauch* *Bedrohen, Hetzen, Verleumden, Beschimpfen, Lächerlichmachen, Beleidigen, Blamieren, ironische, sarkastische, zynische Bemerkungen, Zurückweisen, „Fertigmachen", Nötigen/ Erpressen, Anschuldigen, Einschüchtern, Vernachlässigen* *Anschreien* *böse Blicke zuwerfen, Zunge rausstecken, mit „Fäusten" drohen, drohenden Finger zeigen, „Vogel" zeigen*
Gerichtetheit	fremdaggressiv auto(selbst-)aggressiv Sachbeschädigung/ Vandalismus/Diebstahl	*aggressives Verhalten gegen andere* *aggressives Verhalten gegen sich selbst* *Zerstören/Beschädigen/Wegnehmen von Sachen*
Direktheit	direkt-aggressiv indirekt-aggressiv verschoben (bzgl. der Objekte) verschoben (bzgl. der Form)	*direkt auf Person gerichtet* *indirekt auf Person gerichtet (Nachreden, Sachbeschädigung)* *auf andere Personen („Sündenböcke") verschoben* *nicht verbal Drohen, sondern Prügeln*
Mittel	mit körperlichen Mitteln mit zusätzlichen Mitteln	*Treten, Prügeln, Beschimpfen,...* *mit Steinen werfen, mit Baseball-Schlägern bzw. mit Schlagringen zuschlagen, mit Messern stechen, Schießen, Vergiften...,* *mit Notendruck arbeiten*
Anzahl Beteiligter	individuell in Gruppen	*aggressives Verhalten einzelner Personen* *aggressives Banden-Verhalten*
Offenheit	offen verdeckt	*offen (anderen) gezeigt* *als Phantasien*
Aktivität/ Spontanität	spontan-aggressiv reaktiv-aggressiv	*zielgerichtetes, aggressives Verhalten* *aggressives Verhalten ohne erkennbaren äußeren Grund* *Gegenaggressives Verhalten, Vergeltungsangriff*

Abb. 1: Formen aggressiven Verhaltens (aus: Knopf, 1996, S.4)

Bemühen um eine differenzierte Erfassung (z.B. autoaggressive Form) und eine sinnvolle Veranschaulichung (Zuordnungsfragen werden auf diese Weise erleichtert).

Berücksichtigt man Alter und Geschlecht von Kindern und Jugendlichen, dann lassen sich folgende Tendenzen aggressiven Verhaltens feststellen (Abb. 2):

Abschnitt	**Inhalt**
Säuglingsalter	gezielter Ausdruck von Ärger (entspricht in etwa aggressiven Wutäußerungen), Geschlechtsunterschied: größere emotionale Stabilität und weniger Ärgeräußerungen bei Mädchen gegenüber Jungen
Kleinkindalter	Wut- und Aggressionsäußerungen gegenüber Erwachsenen und Gleichaltrigen, oppositionelles Trotzverhalten, gleichgeschlechtliche Beziehungen sind konfliktträchtiger als Paarbeziehungen Jungen/Mädchen
Vorschul- und Grundschulalter	während Jungen verstärkt körperliche Aggression ausüben, agieren Mädchen eher indirekt (manipulativ) und verbal
Jugend- und frühes Erwachsenenalter	kollektive Gewalt organisiert sich in einzelnen Subgruppen, Tendenz zur Delinquenz

Abb. 2: Lebensabschnitt – dominierende Formen

4. Epidemiologie

Statistische Untersuchungen über das Vorkommen aggressiver Störungen in der Gesellschaft und im speziellen in der Schule hängen im wesentlichen von der zugrunde gelegten Aggressionsdefinition, den diagnostischen Kriterien, der Wahrnehmungssensibilität und Gruppenzugehörigkeit der Befragten ab.
Die Ergebnisse der einzelnen Studien beruhen deshalb auf unterschiedlichen Akzentuierungen. Beispielhaft werden im folgenden einige Angaben der deutschen PAK-KID-Studie von Plück, Döpfner und Lehmkuhl (2000) vorgestellt: Eltern stellen bei 3 % aller Mädchen und bei 6 % aller Jungen zwischen 4 und 18 Jahren ausgeprägt aggressive Verhaltensweisen fest. Jugendliche selbst schätzen diesen Anteil höher ein: 6 % bei Mädchen und 7 % bei Jungen. Dieser Unterschied in der Selbst- und Fremdeinschätzung findet sich auch bei ausgeprägt dis-

sozialem Verhalten. Danach beurteilen Eltern 1,5 % der Mädchen und 3 % der Jungen zwischen 11 und 18 Jahren als belastet, während die Selbstbewertungen der Kinder und Jugendlichen bei 3 % bzw. 5 % liegen. Diesen Angaben ist zu entnehmen, dass Eltern die Jungen im Altersbereich zwischen 4 und 18 Jahren gegenüber den Mädchen als deutlich aggressiver und dissozialer einschätzen. Während aggressive Verhaltensweisen mit zunehmendem Alter zurückgehen, nimmt dissoziales Verhalten zu. Erst etwa ab dem 21. Lebensjahr ist auch für dieses Verhalten ein Rückgang zu verzeichnen, der möglicherweise mit dem Statusgewinn durch ein konformes Verhalten, z.B. beim Einstieg ins Berufsleben und beim Eingehen fester Partnerschaften, verbunden ist.

Exkurs: Eine Auswertung der Kriminal- und Strafrechtspflegestatistiken aus dem Jahre 1999 weist für die Kriminalität junger Menschen in Baden-Württemberg aus, dass sich „unter Berücksichtigung der altersgleichen Wohnbevölkerung zeigt ..., dass sowohl unter den polizeilich ermittelten Tatverdächtigen als auch unter den gerichtlich Verurteilten junge Menschen überrepräsentiert sind. Ihre Delinquenz bleibt episodenhaft, das heißt Jugendkriminalität ist überwiegend entwicklungsbedingte Auffälligkeit, die mit dem Eintritt in das Erwachsenenalter abklingt“ (Heinz & Cornelius, 2001, S.128).

5. Kriterien zur Diagnostik

Dissoziale, aggressive und aufsässige (oppositionelle) Verhaltensweisen werden in der ICD-10 (Internationale Klassifikation psychischer Störungen – WHO) dem Bereich „Störungen des Sozialverhaltens“ zugeordnet. Für die Diagnosestellung ist zu berücksichtigen, dass die gezeigten Verhaltensmuster sich über einen Zeitraum von mindestens sechs Monaten erstrecken, in einer erheblichen Ausprägung auftreten und in dieser Form altersentsprechende soziale Erwartungen aufs Gröbste verletzen (Dilling et al., 2005).
Im einzelnen handelt es sich z.B. um „ein extremes Maß an Streiten oder Tyrannisieren, Grausamkeit gegenüber anderen Menschen oder gegenüber Tieren, erhebliche Destruktivität gegen Eigentum, Feuerlegen, Stehlen, häufiges Lügen, Schulschwänzen und Weglaufen von zu Hause, ungewöhnlich häufige oder schwere Wutausbrüche und Ungehorsam. Jedes dieser Beispiele ist bei erheblicher Ausprägung ausreichend für die Diagnose; isolierte dissoziale Handlungen genügen dagegen nicht“ (a.a.O., S.298). Der angegebene Manifestationszeitraum schließt zeitweilige Auftritte wie z.B. kindlichen Unfug oder jugendli-

che Aufsässigkeit aus. Schwierige psychosoziale Belastungen (familiäre Beziehungen, Schulversagen) führen häufig zu einer Störung des Sozialverhaltens. Diese kann sich mit emotionalen Störungen, z.B. Angst und Depression, verbinden.

6. Theoretische Erklärungsansätze

Allgemeiner Bezugsrahmen

Die Ausführungen zum Aggressions- bzw. Gewaltbegriff und zu den möglichen Erscheinungsformen deuten bereits an, dass die Fragen nach Entstehungsbedingungen und Erklärungsmodellen ebenfalls mannigfaltig zu beantworten sind. Es werden im folgenden drei Bezugssysteme ausgewählt:

(1) Eine personbezogene bzw. -einbindende Bezugnahme: Ein umfassender Orientierungsrahmen (Abb. 3) gewährt einen ersten Einblick. Dieser beruht auf einer punktuellen Anregung für Erklärungsansätze:

Form	**Ansatzpunkte**
intraindividuelle Erklärungen	individuelle biophysiologische bzw. -psychologische Aspekte (genetische Disposition, Risikofaktoren, besondere physiologische Erregbarkeit)
interpersonale Erklärungen	Konfliktpotential entsteht aus unterschiedlichen sozial-kognitiven Informationsverarbeitungssystemen, verschiedene Einstellungs- und Interpretationsweisen
intergruppale Ebene	bestimmte Intentionen und Einstellungen prägen die Gruppenzugehörigkeit in Abgrenzung zu anderen (z.B. Auseinandersetzung zwischen Fan-Clubs)
ideologische Ebene	gesellschaftliche Konventionen bestimmen die Handlungsmuster, bewerten dadurch erwünschte/unerwünschte Verhaltensweisen (regulieren die Einstellung zur Gewalt/ Aggression)

Abb. 3: Klassifikationsansatz (modifiziert nach Bierhoff & Wagner, 1998, S.4, auf der Grundlage von Doise, 1986)

Der Vorteil dieser Übersicht liegt darin, dass sie 4 Erklärungsebenen anbietet, um die unterschiedlichen Modellvorstellungen aufzunehmen. Dennoch ist zu beachten, dass „Aggression und Gewalt ... in der Regel jedoch nicht auf einen einzelnen

Erklärungsfaktor zurückzuführen (sind), fast immer kommt es zum Zusammenwirken von Ursachen, die auf unterschiedlichen Erklärungsebenen anzusiedeln sind" (Bierhoff & Wagner, 1998, S.5). Die einzelnen Ebenen selbst bieten wiederum genügend Ansatzpunkte für spezielle disziplinäre Erklärungsansätze:

(2) Eine disziplinäre Ausrichtung: Abbildung 4 erfasst Anregungen zum Verständnis bzw. zur Erklärung aggressiven Verhaltens aus unterschiedlicher Provenienz.

Aus diesem Angebot wird im folgenden der psychologische Bereich ausgewählt. Die hier erfassten Merkmale geben lediglich einen personorientierten Hinweiskatalog wieder. Verlagert man z. B. den Blick auf die Bildungs- und Erziehungsseite, müssen Faktoren wie Erziehungsstil und Erziehungsklima – also der pädagogische Bereich – in Verbindung mit den psychologischen Komponenten diskutiert werden. Diese notwendige Verzahnung entspricht der Komplexität des Phänomens Aggression.

(3) Eine psychologische Betrachtungsweise: Unverzichtbare Bestandteile jeder wissenschaftlichen Diskussion und favorisierte Erklärungsansätze sind:

I. der psychoanalytische Beitrag
II. die Frustrations-Aggressions-Theorien
III. der lerntheoretische Bereich (klassische Konditionierung, operante Konditionierung, Modell-Lernen, kognitives Lernen).

Einblick in bereichsspezifisches Wissen:

Zu I.: Das tiefenpsychologische Erkenntnisgut wird im Alltagsverständnis weitgehend von dem psychoanalytischen Beitrag von Freud geprägt. So ist z.B. der Begriff Eros, der lebenserhaltende Trieb, neben dem Begriff Thanatos, dem Todestrieb, Allgemeingut. Dies trifft auch für den Aggressionstrieb als abgeleiteten Todestrieb zu.

Zur Wirkungsweise: Eine nach außen (auf andere) gerichtete Aggression wird gesellschaftlich nur eingeschränkt toleriert. Deshalb muss ein Teil wieder auf das Ich gerichtet werden. Dieser wird dem Über-Ich zugewiesen. Als Gewissen richtet das dieses Aggressionspotential deshalb z. T. gegen das Ich (Individuum schädigt sich selbst und andere).

Zur Bewertung: Freud selbst hat seine Unzufriedenheit mit dieser Konstruktion dargelegt. Nolting (1999) fasst zusammen: „Ganz abgesehen von der geringen praktischen Verwertbarkeit, erscheint sie biologisch unverständlich und bleibt im wesentlichen eine reine Spekulation" (S.54).

disziplinäre Orientierung	inhaltliche Aussagen/Schwerpunkte
humanethologisch	Konrad Lorenz: Vertreter der „Dampfkesseltheorie der Aggression“, These: angestaute aggressive Triebenergien verlangen nach Abreaktion, die auch ohne Auslöser erfolgen kann (Leerlaufreaktionen), Veröffentlichung: „Das sogenannte Böse. Zur Naturgeschichte der Aggression“, Zitat daraus: „Die Aggression ... ist ein Instinkt wie jeder andere und unter natürlichen Bedingungen auch ebenso lebens- und arterhaltend“ (1995, S.10), Kritik: u.a. Übertragung von Ergebnissen aus der Tierforschung auf den Menschen
biologisch	Petermann, Döpfner und Schmidt (2001, S.15 f.) differenzieren: – biologische Merkmale (u.a. männliches Geschlecht, neurologisch mitbedingte Erregbarkeit, niedrige Cortisolwerte, reduzierte Serotoninaktivität) – körperliche Faktoren, die die Entwicklung des Kindes beeinflussen (z.B. Belastungen in der Schwangerschaft, Drogen- und Medikamentenmissbrauch, Geburtskomplikationen)
soziologisch	gesellschaftliche Faktoren (mit ökonomischer, kultureller und sozialer Ausrichtung) stehen in Verbindung mit einer Wertemodifikation und Normenunsicherheit (Diskussionspunkte u.a.: Lebenssituation und -standard, Ausbildung von und Anschluss an Peergroups, Gruppenideologien, Rolle von Massenmedien; vgl. z. B. Myschker, 2002, Steinhausen, 2000)
pädagogisch	Erziehungsfaktoren und -einflüsse im weiten Sinne bestimmen die pädagogischen Situationen z.B. in Familie, Vorschuleinrichtungen, Schule, Jugendclubs; aggressionsauslösende Faktoren: fehlende, unsichere, zu enge Bindung im Kleinkindalter und damit verbunden entsprechendes Erziehungsverhalten
psychologisch	Petermann, Döpfner und Schmidt (2001, S.16) zählen zu den psychischen Merkmalen u.a.: motorische Unruhe, schnelle Reizbarkeit, ständige Suche nach Ablenkbarkeit, mangelnde Impulskontrolle und Emotionsregulation, fehlendes Einfühlungsvermögen

Abb. 4: Disziplinäre Schwerpunktbildung

Die psychoanalytische Position erschöpft sich aber nicht nur in der von Freud eingebrachten Auffassung. Es finden sich Vertreter zahlreicher Modifikationen: So wird u.a. von einem angeborenen Aggressionstrieb, ohne Verbindung mit dem Todestrieb, gesprochen oder von einem reaktiven, soziales Geschehen. Obwohl die von Freud vorgetragene Konstruktion als klassisch zu bezeichnen ist, sollten die im psychoanalytischen Bereich eingetretenen Weiterentwicklungen nicht übersehen werden. Ein diesbezüglicher Vertreter ist Hopf (1998), der Frustrationserlebnisse als Auslöser von aggressiven Handlungsimpulsen sieht. Die Aktivierung eines angeborenen Reaktionssystems Feindseligkeit erfolgt demnach nicht spontan, sondern aufgrund von exzessiver Unlust (Frustration, Ärger). In diesem Zusammenhang kommt der Qualität der gelebten Kind-Umwelt-Interaktion eine wesentliche Bedeutung zu. Feindselige Destruktivität gestaltet sich somit erfahrungsabhängig. Weiß (2000) bewertet diese Weiterentwicklung mit den Worten: „Diese Wende in der Psychoanalyse ist interessant, öffnet sie doch einem breiten Konsens die Türen, wenn es um die Anerkennung von Sozialisationseffekten ... geht" (S.39). Im Hinblick auf eine Aggressionsverminderung ergeben sich somit aktive Einflussmöglichkeiten.

Zu II.: Die Auffassung, dass frustrierende Erfahrungen aggressive Handlungen auslösen, kann ebenfalls mit dem Attribut „klassisch" bezeichnet werden. Die hierzu von einer Forschergruppe (Dollard, Doob, Miller, Mowrer & Sears) der amerikanischen Yale-Universität im Jahre 1939 veröffentlichten Thesen beinhalten: Aggression ist immer eine Folge von Frustration (Störung einer zielgerichteten Aktivität), Frustration führt immer zu einer Form von Aggression.

Abbildung 5 stellt diese Beziehung in Wenn-dann-Form dar:

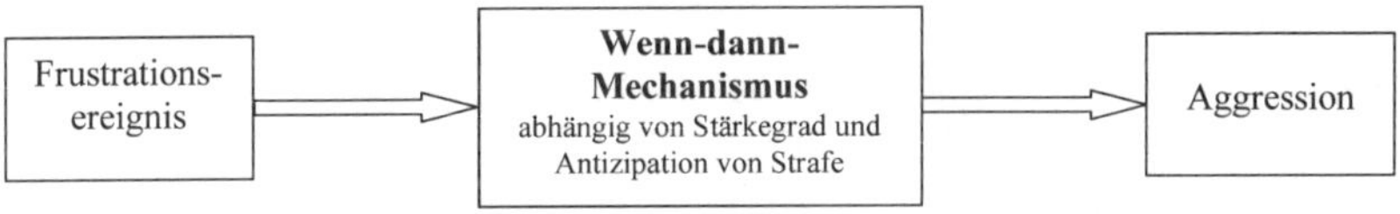

Abb. 5: ursprüngliche Form (aus: Weiß, 2000, S.31)

Das an dieser Beziehung geäußerte Unbehangen richtete sich bald auf die Überlegungen: zum einen führt nicht jede Frustration zu aggressivem Verhalten und zum anderen ist aggressives Verhalten nicht nur auf Frustrationen zurückzuführen. Angesichts dieser Einwände ist es verständlich, wenn zahlreiche Modifikationen/Erweiterungen der Ausgangsthesen angestoßen wurden. So modifizierte Berkowitz (1962) die ursprüngliche Sequenz Frustration – Aggression in (siehe Abb. 6):

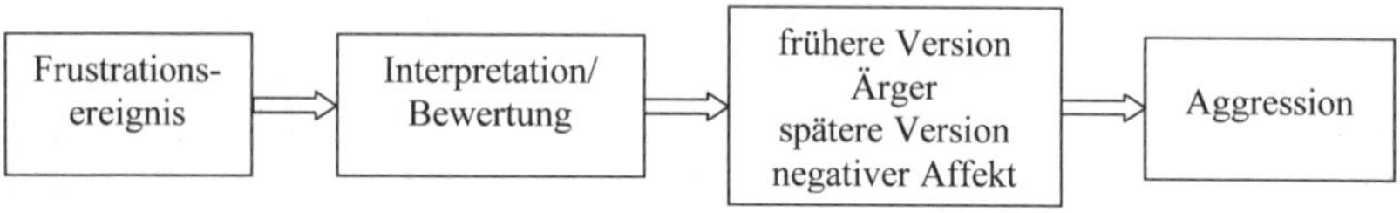

Abb. 6: modifizierte Form

Diese Auffassung schließt ein, dass ein Ereignis/Erlebnis subjektiv wahrgenommen und bewertet wird. Die dadurch ausgelöste Emotion kann aggressives Verhalten hervorrufen.
Eine weitere Variante wird von Bandura und Walters (1963) in der Frustrations-Antriebs-Hypothese (siehe Abb. 7) vorgelegt:

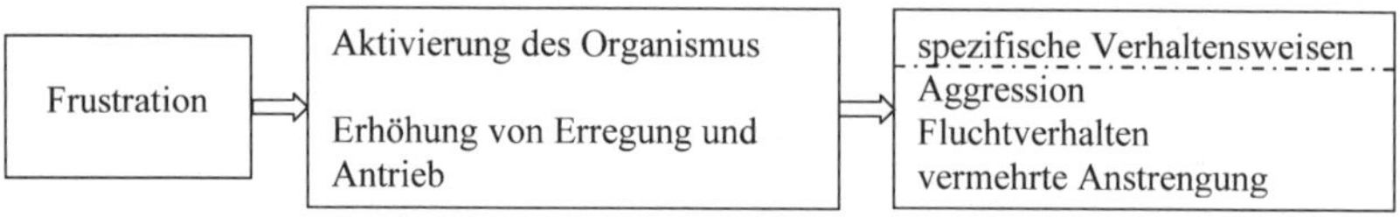

Abb. 7: Frustrations-Antriebs-Hypothese

Zu III.: Ausgangspunkt lerntheoretischer Erklärungen ist die Auffassung, dass aggressives Verhalten auf Lernvorgängen beruht. Im einzelnen werden die folgenden Modelle diskutiert:
Der *Vorgang der klassischen Konditionierung* beruht auf der Kopplung eines aversiven Reizes mit einem neutralen. Dieser verliert aufgrund der erlebten Kontiguität den Status des neutralen Reizes und erlangt dadurch selbst Signalfunktion.

Beispiel:
Voraussetzung: Wutausbruch des Vaters (aversiver Reiz), Anblick des Vaters (neutraler Reiz)

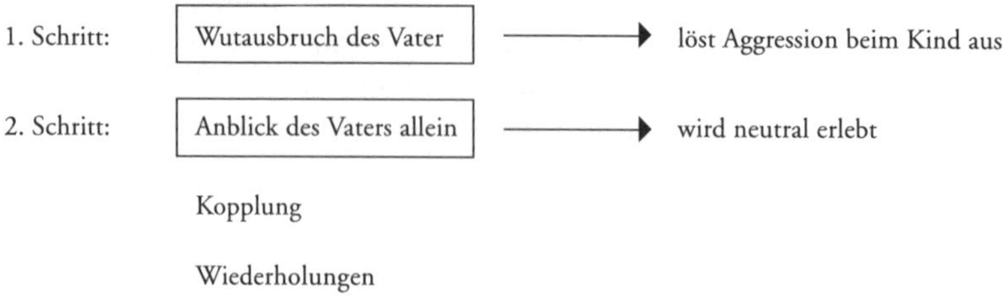

3. Schritt: Anblick des Vaters → löst nunmehr bereits aggressives Verhalten aus („bereits wenn ich ihn sehe, reagiere ich aggressiv", „sein Anblick löst in mir Aggression aus")

Der Vorgang des *operanten Konditionierens* beruht auf der Konsequenz, die auf ein aggressives Verhalten folgt. Die Wahrscheinlichkeit, dass ein Verhalten, wenn es zum Erfolg geführt hat, wiederholt wird, ist erhöht (Verstärkungslernen). Aggressive Verhaltensweisen, die positiv verstärkt werden, können ins Handlungsrepertoire eingehen. Auch negative Verstärkung kommt in Betracht. Beispiel: „Wenn du dich in einem bestimmten Kontext nicht aggressiv verhältst, findest du keine Anerkennung" (Übernahme einer bestimmten Gruppennorm).
Der *Vorgang des Modellernens* (Bandura) beruht auf den folgenden Komponenten: „Über die Beobachtung von aggressiven Verhaltensweisen bei Modellpersonen in einer bestimmten Situation lernt das Individuum die Assoziation dieser Verhaltensweise mit der Situation und nimmt sie in sein Repertoire auf (acquisition); abhängig von den jeweils neu zu erwartenden positiven oder negativen Konsequenzen wird das Verhalten vom Individuum dann selbst gezeigt oder nicht (performance)" (Mummendey, 1994, S.107). Diesem Ansatz kommt vor allem im Hinblick auf die Modellfunktion von Erziehungspersonen in Familie und Schule und auf die Darstellung (z.B. von Gewaltszenen) in Medien eine herausragende Bedeutung zu.

Exkurs: In diesem Zusammenhang wird sowohl in der Öffentlichkeit als auch in der wissenschaftlichen Literatur die Rolle der Medien intensiv diskutiert. Über das Risiko, dass Agierende mit aggressiven Verhaltensweisen, die als erfolgreich dargestellt werden, nachgeahmt werden können, besteht zwischenzeitlich ein wissenschaftlicher Konsens. Als aggressionssteigernde Auswirkungen werden vor allem langfristige Wahrnehmungsveränderungen und ein Abbau von Aggressionshemmungen angesprochen (vgl. Merkens, 1993). Besonders aufschlussreich sind u.a. folgende Untersuchungsergebnisse: Im Vergleich zu Erwachsenen übernehmen jüngere Kinder leichter aggressive Verhaltensweisen, die ihnen vorgeführt werden. Dieses Resultat ist entwicklungsbedingt zu erklären, weil die sozialen Verhaltensmuster erst ausgebildet werden. Bereits Kinder im Alter von 14 Monaten imitieren antisoziale Fernsehmodelle; sie können deren Verhaltensmuster in ähnlichen Situationen innerhalb von 24 Stunden nach der Modellbeobachtung zeigen. Zeichentrickfilme (Cartoons) haben großen Einfluss auf Kinder zwischen 2 und 5 Jahren (vgl. Groebel, 1998).

Vor dem Hintergrund solcher Informationen gewinnt die seit Jahrzehnten geführte Diskussion (sowohl eindeutige Stellungnahmen als auch relativierende Einschätzungen) um „Fernsehen und Darstellung von Gewalt“ an Substanz. Aus der Fülle der zwischenzeitlich durchgeführten Studien lässt sich weitgehend übereinstimmend bilanzieren, „dass die Fernsehgewalt eine deutliche kurzfristige Auswirkung auf das Verhalten hat, und dass langfristig eine mehr als zufällige Korrelation zwischen der Menge der Fernsehgewalt, die konsumiert wurde, und der Tendenz zur Aggression besteht“ (Groebel, 1998, S.46). Dieser Zusammenhang sollte gerade auch im Hinblick auf präventive bzw. interventive Maßnahmen beachtet werden.

Der *Vorgang des kognitiven Lernens* beruht auf einem „Lernen von Sinnzusammenhängen“ (Nolting, 1999, S.120). Es werden Situationen interpretiert, bewertet und Schlussfolgerungen für eigenes (planvolles) Handeln gezogen. Kognitiv-sinnhaftes Lernen trägt dazu bei, das Handlungsspektrum zu erweitern. Aggressive Verhaltensweisen werden als relevant erkannt, akzeptiert und in das subjektive Normen- und Wertesystem integriert.

Die unter I–III erfassten Modellvorstellungen geben einen Ausschnitt – wenn auch einen sehr populären – aus dem vorhandenen Erklärungspool wieder. Weitere Ansätze könnten aufgenommen werden: so z.B. Versuche, familiendynamische Aspekte und systemtheoretische Faktoren zu benennen, aber auch alle Versuche, einzelne Faktoren in einem integrierenden Modell zu erfassen (Nolting, 1999, nimmt personale Positionen, aktuelle Prozesse und Situationsfaktoren als Grundpfeiler zur Erklärung aggressiven Verhaltens auf).

Erinnerungshilfe:

Jeder einzelne Erklärungsversuch rückt bestimmte Inhalte und somit auch Ausgangsbedingungen aggressiven Handelns in den Mittelpunkt der Betrachtung. Dadurch spiegelt er die jeweils vertretene theoretische Richtung innerhalb der Psychologie wider. Die Konzentration auf forschungsleitende Ausschnitte bedeutet aber immer auch zugleich, dass der Erklärungsansatz nur für diesen fokussierten Bereich Relevanz besitzt. Insofern ergibt sich über die Modellvorstellungen hinweg ein „patchworkartiges“ Erklärungsmuster. Seine Bedeutung reicht weit über die theoretische Diskussion hinaus. Für den einzelnen bedeutet die Akzeptanz von bestimmten Erklärungsmöglichkeiten für aggressives Verhalten meist auch eine Identifikation mit daraus abgeleiteten bzw. naheliegenden Empfehlungen zur Aggressionsverminderung. Der jeweils eingenommene theoretische Standpunkt kann somit handlungsleitend werden; allerdings auch mit der verbundenen eingeschränkten Reichweite. Aus diesem Grunde ist es notwendig, den Blick dafür offen zu halten, dass es sich bei der Aggression um ein komplexes Geschehen handelt, das so vielfältig in seinen Entstehungsbedingungen, den Auslösefaktoren, den Erscheinungsformen, den Erklärungsmöglichkeiten ist, dass ihm nur mit einer vergleichbaren Vielfalt in den präventiven und interventiven Möglichkeiten begegnet werden kann.

7. Prävention

Im vorliegenden wird der Weg – Bezug auf eine individuelle Fallgeschichte – beschritten, um Möglichkeiten zum präventiven Handeln aufzuzeigen. Allgemeine Sachverhalte – die Grundpfeiler einer optimalen Bildungs- und Erziehungsarbeit – werden mit konkreten Informationen aus einer Biographie verbunden. Da der Öffentlichkeit diese förderlichen Faktoren (z. B. gesellschaftspolitische Rahmenbedingungen, familien- und bildungspolitische Anforderungen und Entscheidungen, Schulorganisation, Unterrichtsgestaltung: Lehr- und Lerninhalte, Lehrerausbildung und -fortbildung) bestens bekannt sind, stehen dadurch auch die Ansatzpunkte für jegliches präventives Arbeiten – und somit auch speziell für die Vermeidung bzw. Reduzierung aggressiven Verhaltens - fest. Abbildung 8 hält den mit wenigen Informationen angedeuteten Lebensweg von Schüler Werner (W.) fest (siehe Kapitel 3.1).

Aufgabe:
Füllen Sie die in der 2. Spalte freien Felder der Abbildung 8 mit den aus dem Fallbericht zu entnehmenden Informationen aus. Nach erfolgter Analyse empfiehlt sich ein Vergleich mit der Zusammenstellung im Lösungsschlüssel (zu Kapitel 3, anwendungsorientiertes Wissen, Punkt a). Die zu erfassenden Fakten sind Konkretisierungen der in Spalte 3 enthaltenen Maßnahmen, die in einer Doppelfunktion stehen: zum einen notwendige Entwicklungsvoraussetzungen und -bedingungen jeglicher Erziehungsarbeit zu sein und zum anderen dadurch auffälligem Verhalten (aggressiven Verhaltensweisen) vorzubeugen.

Die Abbildung zeigt, auf welchen Ebenen präventiv wirkende Faktoren (also notwendige Maßnahmen) bei Werner nicht zum Einsatz kamen bzw. nicht mit der wünschenswerten Effizienz umgesetzt wurden.

Ansatzpunkt	Verhaltens-beschreibung/ Informationen aus Fallbericht	Maßnahmen präventiver Art
gesellschaftliche Ebene		– Vermittlung von Sinnhaftigkeit der Lebensgestaltung, Normen und Werten – Etablierung und Gewährung von zukunftssichernden Entwicklungsmöglichkeiten
familiäre Ebene		– Aufbau und Gestaltung eines akzeptierenden Familienklimas mit der Vermittlung von Rechten und Pflichten – Erziehung zur Kommunikationsfähigkeit – Aufbau von sozialen Handlungskompetenzen (Wahrnehmung der eigenen Befindlichkeit und der von anderen, Verantwortungsbewusstsein, altruistisches Verhalten, Aneignung von Bewältigungsstrategien)
schulische Ebene	Schulorganisation:	– Entwicklung eines Schulethos: von schulorganisatorischen und inhaltlichen Grundsätzen mit Einfluss auf die „Begleitung" von Schülerentwicklungen (z.B. Überprüfung von dauerhaften Negativ-Bewertungen, Umgang mit Schülerbeurteilungen etc.) – „gelebte" Grundsätze als Teil der Schulidentität: „Aggressives Verhalten wird nicht geduldet!"
	Lehrkräfte:	– Organisation von Weiterbildungen – Beratung, Supervision zum Aufbau von Handlungskompetenzen (Umgang mit aggressiven Kindern)
	Klassen-gemeinschaft:	– Einflussnahme auf Entwicklung des Sozialverhaltens – Vermittlung von Interaktionsregeln im Umgang mit Gleichaltrigen (z.B. Verdeutlichung der Täter-Opfer-Rolle, von Außenseiterpositionen)
persönliche Ebene		– Stärkung des Selbstwertgefühls – Lernwillen und Lernfreude fördern – Erfolgserlebnisse verschaffen – Entwicklung von Frustrationstoleranz und Bewältigungsstrategien – Kenntnis von Handlungsalternativen – Umgang mit Emotionen in sozialen Situationen lernen

Abb. 8: Aggressive Verhaltensweisen – präventiv wirkende Maßnahmen

Aus diesem Angebot an Präventionsmöglichkeiten wurden bislang alle Ansätze ausgeblendet, die speziell zur Vorbeugung von Gewalt als Vorschläge, Programme, Projekte etc. publiziert und in die Praxis eingebracht wurden. Die seit ca. 2 Jahrzehnten vorliegende Fülle an Maßnahmen zeugt von der Vehemenz, mit der die Diskussion um aggressives Verhalten und Gewalt in der Gesellschaft und zunehmend bei Kindern und Jugendlichen geführt wird. Deshalb werden die Rufe nach einer Gewaltprävention mit immer neuen Vorschlägen beantwortet. Über diese Situation resümiert Weiß (2000): „Beim näheren Hinsehen entpuppten sich viele dieser Maßnahmen zwar als gut gemeint, jedoch in ihrer praktischen Effizienz kaum überprüft, nicht systematisch evaluiert und nach den erforderlichen strengen wissenschaftlichen Bewertungskriterien nicht oder nur bedingt geeignet“ (S.217). Diese Einschätzung lässt aber auch Raum für den anderen Teil: Zu den gut evaluierten Programmen gehören z.B.

- das präventive Programm gegen Gewalt an Schulen von Olweus (1996), (von Hanewinkel & Knaak, 1997, für deutsche Verhältnisse modifiziert):
  Das Anliegen besteht darin, innerhalb und außerhalb der Schule bestehende Gewalttäter-Gewaltopfer-Probleme zu vermindern (verhindern/beseitigen), die Beziehungen zwischen Gleichaltrigen zu verbessern (z. B. im einzelnen: Bewusstsein für das Täter-Opfer-Problem entwickeln, Unterstützung und Schutz der Opfer, Etablierung von Regeln gegen die Gewalt, aktive Einbindung der Lehrer und Eltern). Die Umsetzung erfolgt auf drei Ebenen: der Schul-, der Klassen- und der persönlichen Ebene.
- der Triple P-Ansatz (Positive Parenting Program) als Präventionsmöglichkeit für aggressive Kinder (Sanders, 1996, auf deutsche Verhältnisse angepasst: Kuschel et al., 2000):
  Im Mittelpunkt steht der Aufbau eines positiven Erziehungsverhaltens. Die Eltern werden befähigt, ihr Kind in einer positiven Beziehung akzeptierend zu verstehen, es in seiner Entwicklung zu fördern und auf Problemverhaltensweisen angemessen einzugehen. Das Programm sieht verschiedene Interventionsebenen vor (u.a. Informationsvermittlung, Kurzberatung, Elterntraining, familienbezogene Intervention).
  Präventive und interventive Aspekte wechseln sich bei diesen Programmen je nach der Sichtweise des Betrachters ab. Diese Möglichkeit enthält auch das nachfolgende Projekt:
- „FAUSTLOS“ ist ein von Cierpka (2001) ausgearbeitetes Curriculum zur Förderung sozialer und emotionaler Kompetenzen und zur Prävention aggressiven und gewaltbereiten Verhaltens.
  Es beruht auf einer entwicklungspsychologisch fundierten theoretischen Basis, setzt früh in der Kindesentwicklung (Kindergartenalter) an und ist auf eine längerfristige Anwendung hin angelegt. Inhalte und Aufbau des Programms basieren auf dem amerikanischen Vorbild Second Step, das in den USA seit

vielen Jahren erfolgreich eingesetzt wird. „FAUSTLOS" zeichnet sich durch eine differenzierte didaktische Aufbereitung aus (siehe auch Kapitel 3.8).

- Seit einigen Jahren werden in den Schulen Streitschlichterprogramme eingesetzt.
  Als Schlichtung wird ein Konfliktgespräch mit einer neutralen Person, die als unparteiisch zu charakterisieren ist, bezeichnet. Diese Rolle – so die Grundidee dieser Programme – nehmen Schüler ein. Im Hintergrund steht die Überlegung, dass eine Konfliktregelung mit und von Kindern und Jugendlichen von den Betroffenen häufig leichter akzeptiert wird, als wenn erwachsene Bezugspersonen in diesen Prozess eingreifen. Deshalb werden Schlichter auf freiwilliger Basis ausgebildet. Es gehört zu ihren Aufgaben, das Problem zwischen den Beteiligten ohne Wertung zu fokussieren, gemeinsam Lösungsmöglichkeiten zu formulieren, auf deren Einhaltung zu achten. Diese Regelung auf Schüler-Schüler-Ebene (Lehrer stehen als Vertrauenspersonen und mögliche Ansprechpartner zur Verfügung) erfordert gegenseitige Akzeptanz und Respekt. Die mit solchen Programmen gewonnenen Erfahrungen zeigen, dass Lösungsvorschläge von den Schülern leichter angenommen werden.
  Streitschlichter-Programme liegen mittlerweile in unterschiedlichen Ausführungsversionen vor. Für ein erfolgreiches Funktionieren ist die Bereitschaft eines gesamten Lehrerkollegiums gefordert, den Schülern Unterstützung für eine selbständige Konfliktregelung zu gewähren (Beispiele für Streitschlichter-Programme/Mediation: Faller, 1998, Hagedorn, 1995, Jefferys-Duden, 1999, Jefferys-Duden & Duden, 2002).

Zusammenfassung:

Förderliche Entwicklungsbedingungen sind notwendige „Bausteine" einer effektiven Bildungs- und Erziehungsarbeit. Sie beugen zugleich auffälligem Verhalten vor. Zur speziellen Prävention von aggressiven Verhaltensweisen wurden zahlreiche Vorschläge, Programme und Projekte eingebracht, die in der Praxis erprobt wurden und werden.

8. Interventionsmöglichkeiten

Die interventiven Strategien können in einer allgemeinen theorieübergreifenden Form erfasst und benannt werden (siehe Beispiel 1), wie z. B. von Nolting (1999) vorgelegt. Sie können aber ebenso eine spezielle therapeutische Richtung repräsentieren (siehe Beispiel 2), z. B. eine verhaltenstherapeutische, eine psychoanalytische, eine gesprächspsychotherapeutische und eine familientherapeutische. Die angekündigten Beispiele veranschaulichen diese Situation:

Beispiel 1:

Nolting (1999) führt fünf Schwerpunkte an, denen Möglichkeiten zur Aggressionsverminderung zugeordnet werden:

1. Aggressionen abreagieren (Auseinandersetzung mit wissenschaftlichen und alltäglichen Argumenten.),
2. Anreger verändern (Welche Faktoren regen zu aggressivem bzw. nicht-aggressivem Verhalten an? Möglichkeiten: Provokationen oder aggressive Modelle vermindern, positive Anreger fördern.),
3. Anreger anders bewerten (Die individuelle Anregbarkeit ist auf der kognitiven Ebene zu beeinflussen, z. B. Provokationen „entschärfend" zu bewerten, Attributionen im Sinne von Schuldzuschreibungen aufzulösen.),
4. Aggressionshemmungen fördern (Es sind vor allem innere Hemmungen zu fördern.),
5. alternatives Verhalten lernen (Z. B. eigene Ärgerbewältigung einüben – sich ablenken, sich anvertrauen, Ärgerbewältigung im Austausch mit einem anderen lernen.).

Dieser Orientierungsrahmen ist z. B. für theoretische Diskussionen vorteilhaft. Die Herkunft der Einzelmaßnahmen, die zu den fünf inhaltlichen Schwerpunkten zusammengefasst werden, ist heterogen (z. B. Wahrnehmungspsychologie, kognitive Urteilsbildung, Gesprächspsychotherapie). Sie rückt die Vielfalt an abgeleiteten Interventionsmöglichkeiten in das Zentrum der Betrachtung. Aus diesem konkreten Bereich wird im folgenden die Richtung der kognitiven Verhaltenstherapie ausgewählt:

Beispiel 2:

Die kognitive Verhaltenstherapie beruht auf der Grundannahme, dass Gefühle und Verhaltensweisen ein direkter Ausdruck von Gedanken sind. Demzufolge sind irrationale Gedankengänge, unangemessene Wahrnehmungen, Bewertungen, Einstellungen, also problematische Denkweisen, die zu psychischen Problemen führen, bewusst zu machen und zu verändern. Es gilt statt dessen, hilfreiche Bewältigungsstrategien einzuüben.

Legt man diese inhaltliche Ausrichtung der Analyse des aggressiven Verhaltens von dem Schüler Werner (siehe hierzu Kapitel 3.1, Fallbericht) zugrunde, dann wird deutlich, dass Werner aufgrund seiner Sozialisation überzeugt ist: „Ich bin stark (kein Weichei), wenn ich mir nichts gefallen lasse!" Um dieser Leitlinie treu zu bleiben, muss er sich behaupten, also aktiv (d.h. für ihn, aggressiv) auftreten. In der Sprache der kognitiven Verhaltenstherapie bedeutet dies, dass Werner sich von dieser dysfunktionalen Kognition leiten lässt. Die therapeutische Arbeit basiert deshalb darauf, in einem ersten Schritt Werner bewusst zu machen, dass diese inhaltliche Aussage sein Handeln bestimmt. Es schließt sich die Arbeit an

dieser Kognition an (Auflösen/Umlernen). Werner soll erkennen, dass nicht Aggressivität den Wert einer Persönlichkeit bestimmt, sondern dass sich Stärke in anderen Verhaltensweisen äußert. Ihm muss Unterstützung zuteil werden, alternative Formen in sein Handlungsrepertoire aufzunehmen.
An dieser Stelle bietet sich z. B. die Verbindung zu dem Projekt „FAUSTLOS“ (siehe Kapitel 3.7) geradezu an. Mit seiner Hilfe werden Defizite in der Empathiefähigkeit, der Impulskontrolle und im Umgang mit Ärger und Wut – wie sie Werner zeigt – geschlossen. Dieses für die Zielgruppe Kindergartenkinder und Grundschüler entwickelte Projekt möchte einen Beitrag leisten, um Kinder zu befähigen, mit Konflikten angemessen umzugehen. Es darf prognostiziert werden, dass Werner durch eine Teilnahme – soweit sich diese ihm geboten hätte – die Chance erhalten hätte, förderliche Verhaltensweisen kennenzulernen. Da den Kindern häufig Modelle fehlen, die ihnen positive Verhaltensweisen vorleben, können sie aggressives Verhalten als sinnvolle Handlungsmöglichkeit ansehen (vgl. Krannich et al., 1997).

Die angeführten Beispiele stehen stellvertretend für die in der Literatur vorhandene Fülle an Systematisierungsvorschlägen und Möglichkeiten zur Aggressionsverminderung. Dieser vorhandene Pool bereichert die wissenschaftliche Diskussion. Eine generell gültige Handlungsanweisung kann es angesichts der Komplexität des Gewaltphänomens nicht geben. „Vor Ort“ wirkt eine bestimmte Maßnahme in einer speziellen Situation aggressionsvermindernd. Diese Maßnahme, in einer ähnlichen Situation bei einem anderen Schüler angewandt, ist unter Umständen wirkungslos oder trägt möglicherweise sogar zu einer Aggressionssteigerung bei. Allgemeine Empfehlungen haben somit „lediglich“ eine notwendige Orientierungs- und Anregungsfunktion: Es muss jedem in der Praxis Tätigen bewusst sein, dass die Frage „Was ist in einer speziellen Situation zu tun bzw. zu unterlassen?“ anders gestellt werden muss: „Welche Anregungen kann ich für mein eigenes Handeln übernehmen?“.

Zusammenfassung:

Aggressives Verhalten beruht auf einem multifaktoriellen Bedingungsgefüge, auf einem Zusammenspiel von gesellschaftlichen, interpersonellen und intrapersonellen Faktoren (vgl. Schick & Cierpka, 2004). Deshalb müssen effektive Interventionsmöglichkeiten auch der Vielfalt an Verursachungsaspekten entsprechen. Multifaktorielle Trainingsprogramme berücksichtigen diese Forderung. Diese kann in unterschiedlicher Weise umgesetzt werden: Einzeltherapie mit dem betroffenen Kind/Jugendlichen leitet in eine Gruppentherapie über; eine Elternberatung und familientherapeutische Sitzungen begleiten diese Intervention (vgl. z. B. Petermann & Petermann, 2001).

9. Pädagogisch-psychologische Hilfestellungen

Sind Lehrer für Schüler bei Themen, die Aggression bzw. Gewalt betreffen, Kommunikationspartner? Das heißt, halten es Schülerinnen und Schüler für sinnvoll, sich mit solchen Problemen an ihre Lehrerinnen und Lehrer zu wenden und bei ihnen Rat zu suchen? Entsprechende Umfragen ergeben Erfreuliches: So berichtet Dettenborn (1993) auf Grundlage einer schriftlichen Befragung, „dass über 80 % der Schüler unter ihren Lehrern solche finden, mit denen sie sich über Aggressionsproblematik austauschen und ratsuchend unterhalten würden" (S.183). Diese Antworthäufigkeit setzt sich folgendermaßen zusammen: 13 % ja; 69 % ja, mit manchen.
Dieses bemerkenswerte Ergebnis wird in weiteren Befragungen in der Tendenz bestätigt. Es legt nahe, dass Lehrerinnen und Lehrer in besonderer Weise als Vertrauenspersonen gefordert sind (z. B. Rausch, 2002; Befragung von 1846 Schülerinnen und Schüler; Ergebnis: 19 % ja; 65 % ja, mit manchen). Schüler wenden sich erwartungsvoll an sie, um Unterstützung zu erfahren. Aber die Lehrer sind beim Thema Aggression nicht nur fachlich kompetente Ansprechpartner, sondern sie sind selbst Betroffene. Aggressives Verhalten von Schülern richtet sich in unterschiedlicher Form auch gegen Lehrkräfte. Sie benötigen dann selbst Hilfe, Unterstützung und Aufklärung, wie sie mit schwierigen Situationen umgehen können. Ihre Lage entspricht dann z. B. einem Zustand, in dem sich (siehe Kapitel 3.1) Frau F. befindet. Auf der Grundlage ihrer Aussagen werden in Abbildung 9 – auch ohne genaue Kenntnis der verursachenden Bedingungen – Möglichkeiten aufgezeigt, die unterstützend wirken können.

Diese Maßnahmen sind Teil eines umfangreichen Handlungsreservoirs, das Weiß (2000) vorstellt (Anmerkung: Weiß fasst Gewalt- und Drogenprävention zusammen; Abb.10).

Der Übersicht ist zu entnehmen, dass dem Bereich der „persönlichen Sensibilisierung" eine wesentliche Bedeutung zukommt. Von der Offenheit und dem Engagement der Lehrkräfte ist abhängig, in welcher Weise aggressive Situationen wahrgenommen, analysiert, beurteilt und gelöst werden können. Dieser Prozess beruht auf Erkenntnissen, die im Zuge einer intensiven Auseinandersetzung mit der Aggressions- bzw. Gewaltproblematik gewonnen werden können. Je intensiver diese Bestandteil eines individuellen Wissenssystems werden, desto deutlicher prägen sie das Handeln. Auf diesem Wege gelingt es, aus den allgemeinen Empfehlungen für den Umgang mit aggressiven Kindern und Jugendlichen, die in der Literatur vermittelt werden, diejenigen Anregungen auszuwählen und umzuset-

Empfehlungen			
situationsbezogen (Deeskalation)	kurzfristig	mittelfristig auf Schulebene:	langfristig
– kein weiteres Beharren auf Forderung (schriftliche Mitarbeit) – einer derart zugespitzten Lage ist mit Ruhe und Sicherheit zu begegnen (Sprache, Gestik und Mimik kontrollieren) – Versuch, Lage zu entspannen, z.B. durch sachliche Bemerkung	– Gespräch über den Vorfall: Jeder schildert aus seiner Sicht das Erlebte: Gedanken, Gefühle. Ergebnis: „Was können wir tun, dass es nicht mehr dazu kommt?“ – Aspekte für die Gesprächsführung: Was erwarte ich von dir? Was erwartest du von mir? Was kannst du/was kann ich zu einem reibungslosen Ablauf beitragen? Gespräch sollte mit einer Vereinbarung für zukünftige ähnliche Situationen enden	– Weiterbildungsveranstaltungen, Teilnahme an Lehrertrainings: z.B. KTM Konstanzer Trainingsmodell (Tennstädt & Dann, 1987, Tennstädt, Krause, Humpert & Dann, 1987) – Konsens über Verhaltensregeln beim Umgang mit Gewalt – Konsens über Umgang mit Problemschülern (z.B. Informationen bei Klassenübernahme) – Unterstützung durch Schulpsychologen, Beratungslehrer, Supervision	– Entwicklung einer Schulkultur: Etablierung von verbindlichen schulischen Verhaltensregeln – Organisierung einer „Brücke“ zu sinnvollen Freizeitaktivitäten – auf Schulebene: z.B. Einsatz von Streitschlichterprogrammen, Projekte (Möglichkeiten von Konfliktlösung, Schüler gegen Gewalt)

Abb. 9: Beispiel Frau F. - Handlungsempfehlungen

zen, die mit dem eigenen Anschauungs- und Wertesystem übereinstimmen. Allgemeine Handlungsanregungen liegen in großer Anzahl und in unterschiedlichen Zusammenstellungen vor; im folgenden wird ein Einblick in Vorschläge zur Vorbeugung gegen und zum Umgang mit Gewalt vermittelt (in Anlehnung an Weiß, 2000, S. 221, in erweiterter Form):

- Aggressivität hat in der individuellen Biographie des Angreifers, des Täters, einen Nährboden. Aggressives Verhalten ist auch das Produkt von vergangenen und zu erwartenden Sozialisationserfahrungen. Das bedeutet: Eine aktuelle Eskalation hat eine Geschichte. Der Angegriffene ist für diesen Teil häufig nicht verantwortlich. Jeder ausschließlich persönliche Selbstbezug engt den

Praxishilfen zur Gewalt- und Suchtprävention in der Schule

„Die Brötchen, die wir backen können, sind recht klein."
Trotzdem:

Unterricht

beteiligte Fächer:
Deutsch, Sport, Biologie, Sozialkunde, Religion, Heimat- und Sachkunde u. a.

methodische Zugangsweisen:
z. B. Rollenspiele (Außenseiterproblematik, Isolation, Gewalttäter), gemeinsame Klassenregeln gegen Gewalt aufstellen, Täter-Opferausgleich, Schlichtungsgespräche

außerunterrichtlich

Lehrer und pädagogische Hilfen:
- pädagogischer Tag
- Lehrerkonferenz
- Konflikttrainingsgruppen
- Fallbesprechungsgruppen (Supervision)
- Schulsozialarbeit
- anonymes Kontakttelefon (Mobbing-Telefon)
- Anti-Mobbing-Konvention
- schulische Suchtvereinbarung

Schüler:
- Projekttage, Projektwoche
- Theater-AG
- Film/Video-AG
- Schullandheim
- Ausflüge
- Filme
- „Lohnender Verzicht"
- Schüler-Multiplikatoren-Seminare gemeinsam mit Lehrern

Eltern:
- thematischer Elternabend
- gemeinsame Veranstaltungen, Eltern/Schüler/Lehrer in Projektwochen aktiv einbeziehen

persönliche Sensibilisierung

- Wie erkenne ich „Problemschüler"? (Sensibilisierung)
- Wie komme ich an sie ran? (Gesprächsführung)
- Wenn ja, was mache ich dann?
  - Drogen(therapeutische)-Beratungsstelle
  - Schulpsychologische Beratungsstelle

Verhaltenskomponenten:
offen, ehrlich, mit Ichbeteiligung rangehen, auch Fehler (eigene) und eigenes Betroffensein eingestehen

Abb. 10: Maßnahmen im Überblick (aus: Weiß, 2000, S.220)

Blick für eine sachliche Bewertung einer aggressiven Situation ein. Die individuelle Biographie des Angegriffenen, des Opfers, prägt Wahrnehmung, Bewertung und Konsequenzen der auf ihn gerichteten aggressiven Handlungen. Diese personbezogenen Aspekte sind im Zusammenhang mit den subjektiven Erklärungstheorien aggressiven Verhaltens zu sehen. Die vorgenommenen Attribuierungen, warum ein aggressives Verhalten in einer bestimmten Situation gezeigt wird, bestimmen sowohl das Handeln des Angreifers als auch des Angegriffenen. Die eben angesprochenen Aspekte regen zu einer Selbstreflexion/einer Bewusstmachung wesentlicher Bezüge zum Thema Aggression an. Diese sind Voraussetzung für einen sensiblen Umgang mit der Problematik (Selbstanalyse, angeleitete Prozesse).

- Misserfolge reduzieren das Selbstwertgefühl von Schülern. Negative Reaktionen des Umfeldes (Tadel, abfällige Bemerkungen) auf sich häufende Versagenserlebnisse führen zu resignativen Zuständen und bewirken z. B. negative Einstellungen zu sich selbst. Diese Zusammenhänge können einen Anstieg der Aggressionsbereitschaft bewirken.
  Empfehlungen: Unterbrechen dieses Kreislaufes, die eigene Einstellung überprüfen, ob man selbst nur Versagenssituationen erwartet.
- Aggressive Handlungen sind Teil der Persönlichkeit, nicht die Person selbst. Diese Erkenntnis öffnet den Blick für die anderen positiven Seiten eines Schülers, der durch aggressives Verhalten auffällt.
  Anregungen: Positive Aspekte wahrnehmen, ansprechen und verstärken.
- Aggressives Verhalten kann eine Möglichkeit sein, um Aufmerksamkeit auf sich zu lenken. Diese wird als Zuwendung erlebt, auch wenn mit ihr eine negative Bewertung erfolgt. Es geht um Aufmerksamkeit um jeden Preis.
  Anregungen: Nach Möglichkeit ignorieren von kleineren Anlässen, die gerade noch tolerierbar sind. Statt dessen verstärkte Beachtung anderer Besonderheiten.
- Der persönliche Umgangsstil ist kritisch zu überprüfen: Schüler schätzen eine soziale Handlungskompetenz, die Lehrerinnen und Lehrer ausstrahlen. Sie erwarten klare Forderungen, die Bereitschaft, auf andere Positionen einzugehen, ein berechenbares und konsequentes Verhalten.
  Anregungen: Bereitschaft, den eigenen Führungsstil zu überdenken und ihn, z. B. von Kollegen, beurteilen zu lassen.
- Umgang mit aggressiven Schülern sollte nicht als „Einzelkämpferdasein" aufgefasst werden. Neben schulischen und außerschulischen Beratungsangeboten und Weiterbildungsveranstaltungen können besonders konkrete Fallbesprechungen im Lehrerkollegium hilfreich sein. Im gemeinsamen Austausch werden individuelle Erfahrungen erörtert und ein einheitliches, d. h. konsequentes Vorgehen vereinbart. Eine so erfolgte Einigung auf bestimmte Vorgaben (akzeptierte Verhaltensregeln an der Schule) signalisiert nach außen einen Konsens, um Bildungs- und Erziehungsaufgaben umzusetzen, und gewährt dem einzelnen die notwendige Unterstützung, um die psychische und physische Befindlichkeit nicht unangemessen zu belasten. Hierfür ist ein Schulklima gefordert, das jeder Lehrkraft die Möglichkeit bietet, Problemfälle offen anzusprechen (siehe Frau F.: Ängste, Hilflosigkeit, Konsequenz, bei bestimmten Anlässen wegzusehen, Kapitel 3.1), ohne „Ansehensverlust" zu befürchten. Gerade diese sensible Thematik sollte aus psychologischer Sicht im Rahmen der Lehrerausbildung entsprechend berücksichtigt werden.

10. Arbeitsteil

Zusammenfassung:

„Störungen des Sozialverhaltens" erfassen dissoziale, aggressive und aufsässige Verhaltensweisen. Die verschiedenen inhaltlichen Schwerpunkte dieses Oberbegriffes führen zu unterschiedlichen Klassifikationen des Phänomens Aggression/Gewalt. Diese Vielfalt, die sich in den Begriffsbeschreibungen widerspiegelt, zeigt sich ebenso in den vorliegenden Erklärungsversuchen. Jeder dieser Ansätze leistet einen möglichen Anteil. Erst ein Zusammenspiel der einzelnen Beiträge nähert sich der Komplexität des Sachverhaltes. Dementsprechend vielfältig sind auch die erforderlichen präventiven und interventiven Maßnahmen. Da es die einheitliche Handlungsanweisung („das Handlungsrezept") zur Vorbeugung bzw. Reduzierung aggressiver Verhaltensweisen nicht geben kann, ist ein Prozess der kleinen Schritte gefordert. Ein erprobtes Handlungsreservoir steht zur Verfügung.

Anwendungsorientiertes Wissen

(a) Lesen Sie den Fallbericht (Kapitel 3.1)! Analysieren Sie diesen entsprechend der Aufgabenstellung für die Abbildung 8 in Kapitel 3.7)!

(b) Denken und fühlen Sie sich in die Rolle der Lehrerin ein. Zeigen Sie die Folgen einer Eskalation in der aktuellen Situation (auf Mitarbeit beharren) auf!

(c) Wie würden Sie als Lehrerin/Lehrer auf die Mitteilungen aus dem Elternhaus reagieren?

Zur Wissensüberprüfung

(a) Geben Sie die gegenwärtigen Tendenzen zur Gewaltentwicklung an, wie sie z.B. von Weiß (2000) zusammengefasst werden!

(b) Nennen Sie Kriterien zur Beschreibung von Aggression!

(c) Welche aggressiven Verhaltenstendenzen treten verstärkt im Vorschul- und Grundschulalter und im Jugend- und frühen Erwachsenenalter auf?

(d) Welche Bezugssysteme (Ebenen) bieten sich für Erklärungsansätze an?

11. Literatur

Empfohlene Literatur:

Durlak, J. A. (1995). School-based prevention programs for children and adolescents. Thousand Oaks: Sage.

Jefferys, K. & Noack, U. (1995). Streiten, vermitteln, Lösen: Das Schüler-Streit-Schlichter-Programm für die Klassen 5-10. Lichtenau: AOL-Verlag.

Nolting, H.-P. & Knopf, H. (1997). Gewaltverminderung in der Schule: Erprobung einer kooperativen Intervention. Praxis der Kinderpsychologie und Kinderpsychiatrie, 46, 195–205.

Nolting, H.-P. & Knopf, H. (1998). Gewaltverminderung in der Schule: Viele Vorschläge – wenig Studien. Psychologie in Erziehung und Unterricht, 45, 249–260.

Petermann, F., Jugert, G., Tänzer, D. & Verbeek, D. (1997). Sozialtraining in der Schule. Weinheim: Juventa.

Struck, P. (1994). Erziehung gegen Gewalt. Ein Buch gegen die Spirale von Aggression und Haß. Neuwied: Luchterhand.

Verbeek, D. & Petermann, F. (1999). Gewaltprävention in der Schule: Ein Überblick. Zeitschrift für Gesundheitspsychologie, 7, 133–146.

Verwendete Literatur

Bandura, A. & Walters, R. H. (1963). Social learning and personality development. New York: Holt, Rinehart & Winston.

Berkowitz, L. (1962). Aggression: A social psychological analysis. New York: McGraw-Hill.

Bierhoff, H. W. & Wagner, U. (1998). Aggression: Definition, Theorie und Themen. In H. W. Bierhoff & U. Wagner (Hrsg.), Aggression und Gewalt. Phänomene, Ursachen und Interventionen (S.2–25). Stuttgart: Kohlhammer.

Bründel, H. (1994). Gewalt in unseren Schulen – Gewalt in unserer Gesellschaft. Eine Stellungnahme der Schulpsychologie. Psychologie in Erziehung und Unterricht, 41 (3), 232–237.

Busch, L. & Todt, E. (1998). Gewalt in der Schule. In D. H. Rost (Hrsg.), Handwörterbuch Pädagogische Psychologie (S.168–172). Weinheim: Psychologie Verlags Union.

Cierpka, M. (Hrsg.). (2001). FAUSTLOS – Ein Curriculum zur Prävention von aggressivem und gewaltbereitem Verhalten bei Kindern der Klassen 1 bis 3. Göttingen: Hogrefe.

Coie, J. D. & Doge, K. A. (1998). Aggression and antisocial behavior. In W. Damon & N. Eisenberg (Eds.), Handbook of child psychology: Social, emotional and personality development (pp.779–862). Toronto: Wiley & Sons.

Dettenborn, H. (1993). Schutz, Gegenwehr, Ratsuche – Wie Schüler auf Aggression in der Schule reagieren. Pädagogik und Schulalltag, 48 (2), 175–185.

Dilling, H., Mombour, W. & Schmidt, M. H. (Hrsg.). (2005). Internationale Klassifikation psychischer Störungen. ICD-10. Kapitel V (F). WHO. Bern: Huber.

Doise, W. (1986). Levels of explanation in social psychology. Cambridge: University Press.

Dollard, J., Doob, L. W., Miller, N. E., Mowrer, O. H. & Sears, R. R. (1939). Frustration and aggression. New Haven: Yale Univ. Press.

Faller, K. (1998). Mediation in der pädagogischen Arbeit. Ein Handbuch für Kindergarten, Schule und Jugendarbeit. Mülheim: Verlag an der Ruhr.

Fegert, J. M., Greven, P. & Lehmkuhl, U. (1994). Aggressives und ausagierendes Verhalten in der Schule – (k)ein Vorstellungsanlaß in der Kinder- und Jugendpsychiatrie. Kindheit und Entwicklung, 3 (10), 212–219.

Groebel, J. (1998). Die Auswirkungen von Gewalt in den Medien. DVJJ-Journal, 1, (159), 46–48.

Hagedorn, O. (1995). Konfliktlotsen. Unterrichtsideen. Stuttgart: Klett.

Hanewinkel, R. & Knaak, R. (1997). Mobbing: Gewaltprävention in Schulen in Schleswig-Holstein. Landesinstitut Schleswig-Holstein für Praxis und Theorie der Schule und Gemeindeunfallversicherungsverband Schleswig-Holstein. Kiel: Kronshagen.

Heinz, W. & Cornelius, I. (2001). Statistisch-prognostischer Bericht 2001. Kriminalität junger Menschen in Baden-Württemberg im Spiegel der Kriminal- und Strafrechtspflegestatistiken. Teil I. Landesregierung Baden-Württemberg, vorgelegt vom Statistischen Landesamt.

Hopf, H. (1998). Aggression. Göttingen: Vandenhoeck & Ruprecht.

Horn, H. & Knopf, H. (1996). Gewalt an Schulen – Ergebnisse empirischer Studien. In H. Knopf (Hrsg.), Aggressives Verhalten und Gewalt in der Schule (S.12–31). München: Oldenbourg.

Hurrelmann, K. (1994). Probleme mit dem sozialen Verhalten: Kann die Schule Kindern und Jugendlichen mit aggressiven Impulsen helfen? In U. Pühse (Hrsg.), Soziales Handeln im Sport und Sportunterricht (S.15–30). Schorndorf: Karl Hofmann.

Jäger, R. S. (1999). Gewaltprävention. In M. Schäfer & D. Frey (Hrsg.), Aggression und Gewalt unter Kindern und Jugendlichen (S.203–244). Göttingen: Hogrefe.

Jefferys-Duden, K. (1999). Das Streitschlichterprogramm für Schülerinnen und Schüler der Klassen 3 – 6. Weinheim: Beltz.

Jefferys-Duden, K. & Duden, Th. (2002). Konflikte spielend lösen. Lernspiele für die Streitschlichtung. Weinheim: Beltz.

Knopf, H. (1996). Wider die schulische Gewalt. In H. Knopf (Hrsg.), Aggressives Verhalten und Gewalt in der Schule. Prävention und konstruktiver Umgang mit Konflikten (S.32–82). München: Oldenbourg.

Krannich, S., Sanders, M. & Ratzke, B. u.a. (1997). FAUSTLOS – Ein Curriculum zur Förderung sozialer Kompetenzen und zur Prävention von aggressivem und gewaltbereitem Verhalten bei Kindern. Praxis der Kinderpsychologie und Kinderpsychiatrie, 46, 236–247.

Kuschel, A., Miller, Y., Köppe, E., Lübke, A., Hahlweg, K. & Sanders, M. (2000). Prävention von oppositionellen und aggressiven Verhaltensstörungen bei Kindern: Triple P – ein Programm zu einer positiven Erziehung. Kindheit und Entwicklung, 9, 20–29.

Lorenz, K. (1995). Das sogenannte Böse. Zur Naturgeschichte der Aggression. Augsburg: Weltbild Verlag.

Merkens, L. (1993). Aggressivität im Kindes- und Jugendalter. München: Ernst Reinhardt Verlag.

Mummendey, A. (1994). Aggression. In D. Frey & S. Greif (Hrsg.), Sozialpsychologie (S.105–110). Weinheim: Psychologie Verlags Union.

Myschker, N. (2002). Verhaltensstörungen bei Kindern und Jugendlichen. Erscheinungsformen – Ursachen – Hilfreiche Maßnahmen. Stuttgart: Kohlhammer.

Nolting, H.-P. (1999). Lernfall Aggression. Wie sie entsteht – wie sie zu vermindern ist. Reinbek bei Hamburg: Rowohlt.

Olweus, D. (1996). Gewalt in der Schule. Was Lehrer und Eltern wissen sollten - und tun können. Bern: Huber.

Petermann, F., Döpfner, M. & Schmidt, M. H. (2001). Aggressiv-dissoziale Störungen. Göttingen: Hogrefe.

Petermann, F. & Petermann, U. (2000). Aggressionsdiagnostik. Göttingen: Hogrefe.

Petermann, F. & Petermann, U. (2001). Training mit aggressiven Kindern. Weinheim: Psychologie Verlags Union.

Plück, J., Döpfner, M. & Lehmkuhl, G. (2000). Internalisierende Auffälligkeiten bei Kindern und Jugendlichen in Deutschland – Ergebnisse der PAK-KID-Studie. Kindheit und Entwicklung, 9, 133–142.

Rausch, A. (2002). Schriftliche Schülerbefragung – Aggression und Gewalt in Schulen. Seminarbericht. Pädagogische Hochschule Ludwigsburg.

Rausch, A. (2004). Zur Begriffsbestimmung von Gewalt und Aggression. Seminarbericht. Pädagogische Hochschule Ludwigsburg.

Sanders, M. R. (1996). New directions in behavioral family intervention with children. In T. H. Ollendick & R. J. Prinz (Eds.), Advances in clinical child psychology (pp. 283–330). Vol. 18. New York: Plenum.

Schick, A. & Cierpka, M. (2004). „FAUSTLOS" – Ein Gewaltpräventions-Curriculum für Grundschulen und Kindergärten. In W. Melzer & H.-D. Schwind (Hrsg.), Gewaltprävention in der Schule (S.54–66). Baden-Baden: Nomos.

Schubarth, W. (1996). Je liberaler, desto mehr Gewalt an Schulen? Ergebnisse eines Ost-West-Vergleichs. In W. Schubarth, F.-U. Kolbe & H. Willerms (Hrsg.), Gewalt an Schulen (S. 29–47). Opladen: Leske + Budrich.

Steinhausen, H.-Ch. (2000). Seelische Störungen im Kindes- und Jugendalter. Stuttgart: Klett-Cotta.

Tennstädt, K.-Ch. & Dann, H.-D. (1987). Das Konstanzer Trainingsmodell (KTM). Bd. 3: Evaluation des Trainingserfolges im empirischen Vergleich. Bern: Huber.

Tennstädt, K.-Ch., Krause, F., Humpert, W. & Dann, H.-D. (1987). Das Konstanzer Trainingsmodell (KTM). Neue Wege im Schulalltag: Ein Selbsthilfeprogramm für zeitgemäßes Unterrichten und Erziehen. Bd. 1: Trainingshandbuch. Bern: Huber.

Tilmann, K.-J. (1994). Gewalt in der Schule: Was sagt die erziehungswissenschaftliche Forschung dazu? Recht der Jugend und des Bildungswesens, 2, 163–174.

Todt, E. & Busch, L. (1994). Aggression und Gewalt in Schulen. Recht der Jugend und des Bildungswesens, 2, 174–186.

Trembley, R. E. (2000). The development of aggressive behavior during childhood: What have we learned in the past century? International Journal of Behavioral Development, 24, 129–141.

Weiß, R. H. (2000). Gewalt, Medien und Aggressivität bei Schülern. Göttingen: Hogrefe.

Valtin, R. (1995). Der Beitrag der Grundschule zur Entstehung und Verminderung von Gewalt – Einführende Überlegungen. In R. Valtin & R. Portmann (Hrsg.), Gewalt und Aggression: Herausforderungen für die Grundschule. Frankfurt a. M.: Arbeitskreis Grundschule – Der Grundschulverband- e.V.

4 Zwangsstörungen

1. Zur Einführung: Zwanghaftes Verhalten – eine Störung der Normalität?

Fallbericht

Herr F., Klassenlehrer einer 3. Klasse, wendet sich wegen *Jochen* an den zuständigen Schulpsychologen mit den folgenden – im Auszug erfassten – Informationen: *Jochen ist ein stiller, zurückgezogener Schüler. Herrn F. wird eines Tages bewusst, dass sich einige Merkwürdigkeiten im Verhalten des Jungen zeigen. So beginnt er sich über die vermeintliche Ordnungsliebe von Jochen Gedanken zu machen. Obwohl ihm schon seit längerer Zeit aufgefallen ist, dass der Junge erst dann Aufgaben zu lösen beginnt, wenn alle Schreibutensilien (z.B. Bleistift, Federhalter, Radiergummi) in einer bestimmten Anordnung liegen, hat er dem bislang keine größere Beachtung beigemessen. Stutzig macht ihn jedoch die neue Beobachtung, dass Jochen alle Gegenstände nach der Oberkante des Lineals ausrichtet und peinlich darum besorgt ist, zwischen den Gegenständen den gleichen Abstand herzustellen. Erst dann beginnt er zu arbeiten.*

Alle Versuche des Lehrers, diese Vorbereitungen zu unterbrechen, scheitern: So nützen Hinweise auf die Sinnlosigkeit dieses Tuns nichts, selbst Ermahnungen, dass Jochen die Aufgaben bei diesen Vorbereitungen nicht rechtzeitig abschließen kann, zeigen keinen Erfolg. Strafende Blicke und mitunter „lustige“ Kommentare („Jochen, Ordnung sollte man nicht übertreiben!“) zeigen dem Lehrer, dass Jochen peinlich berührt ist; ja, dass er sich wie ertappt fühlt.

Ratlosigkeit überfällt den Lehrer, nachdem er festgestellt hat, dass Jochen in der letzten Zeit sehr aufgeregt reagiert und mitunter sogar in Tränen ausbricht, wenn er sich neben ihn setzt und ihm die erforderlichen Schreibmaterialien selbst zureicht, um es gar nicht erst zu dem gewohnten Ritual kommen zu lassen. Was von seiner Seite als Hilfe gedacht war, erweist sich als eskalierend („Jochen reagiere zunehmend hysterisch“). Da er auch schon Jochens Eltern angesprochen habe, die aber seinem Gefühl nach sehr ausweichend reagieren, erwarte er nun Hinweise, was mit Jochen sein könne.

Über das Gespräch mit den Eltern berichtet er u.a.:
Er habe die Eltern auf das merkwürdige Verhalten ihres Sohnes direkt angesprochen und gefragt, ob sie dies auch zu Hause beobachtet hätten. Die Mutter habe zugegeben, dass Jochen besonders ordentlich sei. Er wolle immer alles richtig machen. Dies sei aber in ihrer Familie nichts Besonderes. „Wir sind alle sehr pedantisch und haben unsere Dinge immer geordnet." Diese Aussage der Mutter sei für den Lehrer so einprägsam gewesen, dass er sie sich gemerkt habe. Er habe sogar den Eindruck, dass die Eltern die von ihm angesprochene Problematik nicht sehen wollen.

Ausschnitt aus einer Beratungssitzung des Schulpsychologen (SP) mit Jochen (J) und seinen Eltern (Mutter, Vater):

SP: *„... und bei den Hausaufgaben – wo machst Du sie?"*
V: *„Jedes Kind hat bei uns einen eigenen Tisch!"*
SP: *„Kannst Du mir bitte beschreiben, wie es auf Deinem Tisch aussieht?"*
J: (beschreibt genau die Anordnung)
M: *„... nur verändern darf man nichts. Da ist er wie sein Papa. ... Beim Packen der Schultasche hat er uns ganz schön im Griff. Immer muss jemand von uns zusehen, ob er auch nichts vergessen hat ..."*

Einordnung in ein Verhaltensspektrum

Das Verhalten von Jochen regt zu Vermutungen an. Soll der beobachteten Auffälligkeit Aufmerksamkeit geschenkt werden oder nicht? Wohl jeder, der nach zwanghaften Tendenzen in seinem Denken und/oder Handeln Ausschau hält, kann auf Anhieb über einige „Merkwürdigkeiten" berichten:
Es kann sich dabei um Erinnerungen aus der Kindheit (wie z.B. das Plattenhüpfen auf Bürgersteigen) handeln oder um das häufige Kontrollieren einer Haustür (ob diese auch wirklich abgeschlossen ist) bzw. von Wasserhähnen, aber auch um das genaue Einhalten von bestimmten Abläufen im beruflichen bzw. privaten Alltag, die allmählich den Charakter von Ritualen angenommen haben und damit fester Bestandteil des Lebens geworden sind.
Als Teil des Lebens – den Lebensweg begleitend – können sie eine sichernde Funktion übernehmen. Zwanghafte Elemente mit diesem Wirken werden in unserem Leben akzeptiert. Erst wenn sie eine Intensität annehmen, die von dem einzelnen selbst als Einschränkung seiner Möglichkeiten erkannt wird, haben sie ihre „Normalität" verloren. Deutliche Anhaltspunkte finden sich hierfür in dem aufgenommenen Fallbericht.

2. Begriffsklärung

Von einer Zwangserkrankung/Zwangsstörung (Abb.1) wird gesprochen, wenn sich bestimmte Gedanken und/oder Verhaltensweisen so beharrlich und über einen längeren Zeitraum im Denken und Tun verfestigen, dass sie die Lebensqualität der Betroffenen reduzieren. Nicht der Inhalt dessen, was gedacht bzw. getan wird, ist letztlich entscheidend, dass von einem Zwang gesprochen wird, sondern sein quantitatives Ausmaß, das von dem Betroffenen als beeinträchtigend erlebt wird (vgl. z.B. Benkert & Lenzen-Schulte, 1997).
Während mit dem Begriff Zwangsgedanken (engl. „obsessions") das quälende Verhaftetsein an bestimmte Denkmuster verbunden wird, ist für Zwangshandlungen (engl. „compulsions") das kaum beherrschbare Ausführen von bestimmten Handlungsvollzügen charakteristisch.

3. Zur Phänomenologie

Die bei Erwachsenen auftretenden Zwangsphänomene sind seit langem Gegenstand der wissenschaftlichen Diskussion. Als deren Ergebnis liegt mittlerweile eine schier unübersehbare Anzahl an Veröffentlichungen vor. Neben Beiträgen an theoretischen Erörterungen finden sich kasuistische Darstellungen und empirische Studien. Diese stimmen überein, in welcher Weise Zwangsstörungen inhaltlich ausgestaltet werden (vgl. z.B. Benkert & Lenzen-Schulte, 1997, siehe Tab. 1):

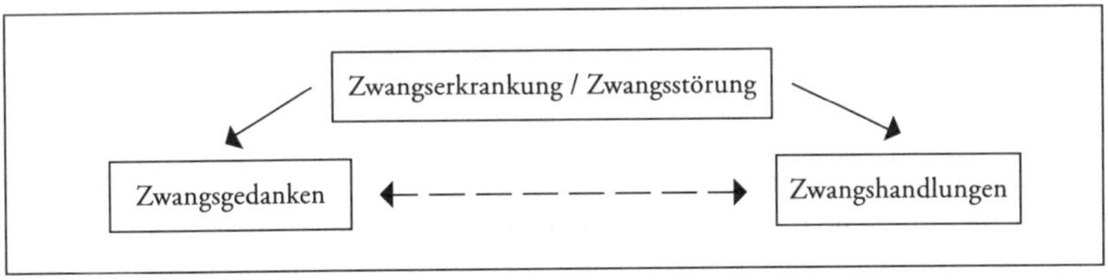

Abb. 1: Differenzierung

Zwangsgedanken treten auf in Form von: – *krankhaften Zweifeln* (die befürchteten Folgen des eigenen Tuns quälen, z.B. könnte die Reparatur eines Elektrogerätes Anlass sein, dass jemand – durch eine mögliche unsachgemäße Ausführung – zu Schaden kommt) – *Zwangsbefürchtungen* (richten sich häufig auf das Bezugsfeld Katastrophen und Unfälle) – *Zwangsvorstellungen* (Überlegungen kreisen – in ähnlicher Weise wie bei den Zwangsbefürchtungen – um das Eintreten und die Folgen von gefährlichen Situationen) – *Zwangsimpulse* (die plötzliche Eingebung wird verspürt, jemanden in irgendeiner Weise zu verletzen, z.B. Angst, mit dem Messer zustechen zu können) Zwangshandlungen können ausgeführt werden als: – Kontrollzwänge – Waschzwänge *(sie gehören zu den häufigsten Zwangshandlungen)* – Zählzwänge – Sammelzwänge – Ordnungszwänge – Zwang, sich ständig zu einem Fehler zu bekennen – Zwang, andere Menschen ständig zu berühren

Tab. 1: Inhaltliche Ausgestaltung von Zwangsgedanken und –handlungen

In der Wissenschaft richtete sich das Augenmerk erst allmählich auf das Auftreten von Zwangsphänomenen bei Kindern und Jugendlichen. *Ein* Grund für diese späte Zuwendung liegt in den Erkenntnissen der Entwicklungspsychologie, die vermitteln, dass zwanghaftes Verhalten im Leben der Kinder, z.B. ritualisierte Ess- und Waschgewohnheiten oder ein Fragedrang, entwicklungsbedingt eine wesentliche Funktion einnimmt. Diese besteht darin, der Probier-, der Nachahmungslust und der Freude am Üben Ausdruck zu verleihen. Demnach kann erst im Einzelfall geklärt werden, ob ausgeführte Rituale von ihrer Aufgabe im Entwicklungsverlauf abweichen und manifestere Züge annehmen. Eine diesbezügliche diagnostische Abklärung gestaltet sich angesichts der fließenden Entwicklung bestimmter Handlungsabläufe *(„Wann überschreitet ein bestimmtes Handeln den normalen Entwicklungsprozess?")* mitunter als schwierig. So lassen sich häufig erst im nachhinein auf der Grundlage analysierter Kinderlebensläufe die Wurzeln zwanghaften Verhaltens in frühen Jahren erkennen. Diese Situation erklärt mit den Mangel an empirischen Untersuchungen, der immer wieder angesprochen wird.

Die Inhalte der Zwangsgedanken und -handlungen sind sehr mannigfaltig. Die grundsätzliche Bündelung verschiedener Facetten zwanghaften Verhaltens zu einer Kategorie stößt auf fachwissenschaftlichen Konsens; die Möglichkeit, ausgewählte Inhalte als dominierenden Bezugspunkt zu benennen wird bei Bedarf genutzt, weil diese „der Erklärungs- und Handlungswelt des Kindes und Jugendlichen" (Steinberger & Schuch, 1998, S.94) entsprechen. Als ein Beispiel ist das zwanghafte Überschreiben zu nennen. Hierbei handelt es sich um die bei der Anfertigung von Schulaufgaben zu beobachtende Tendenz, Geschriebenes immer wieder zu „überschreiben", oft bis zur Durchlöcherung des Papiers (vgl. Knölker, 1987).

Nissen (1996, S.17) fasst die Ergebnisse verschiedener Untersuchungen (u.a. auch von Knölker, 1987) zu „alters- und entwicklungsabhängigen Inhalten der Zwangssymptome im Kindes- und Jugendalter" zusammen (Tab. 2):

	Zwangsgedanken	**Zwangshandlungen**
Kleinkinder und Vorschulkinder	Einschlafzeremonielle; Kontrolle Märchendetails; Ablehnung und/oder Festlegung auf bestimmte Speisen	Ankleide-, Bade- und Eßgewohnheiten/-zwänge auch Zähneputzen, Waschen; Sammeltics; Stereotype Körperbewegungen
Jüngere Schulkinder	Hunde, Knöpfe u.a. meiden; Schulsachen kontrollieren; Autonummern, Gitterstäbe zählen; Unfälle, Krankheiten, Tod befürchten	Grimassieren, Tics; Insekten nicht zertreten; Anfassen und Berühren; Schimpfen, Fluchen; Schreiben, Bewegungen; Waschen, Duschen, Toilette
Ältere Schulkinder und Jugendliche	Magische Zahlen; Verbotene Gedanken; Masturbationsskrupel; Zwangsgelübde, Betzwang; Vergiftungen, Seuchen, Unfälle, Tod befürchten	Türen, Wasserhähne, Briefe; Genitale Hantierungen Tyrannisches Verhalten Anwesenheit Eltern fordern; Waschen, Duschen, Toilette

Tab. 2: Altersabhängige Entwicklung

4. Epidemiologie

Veröffentlichungen neueren Datums enthalten den Hinweis, dass Zwangsstörungen im Kindes- und Jugendalter häufiger und früher als vermutet auftreten (vgl. z.B. Neudörfl & Herpertz-Dahlmann, 1996). Noch vor ca. 25 Jahren wurde angenommen, dass zwanghaftes Verhalten eine relativ seltene Erkrankung sei (Gründe hierfür sind eine weit verbreitete Tabuisierung für eine „heimliche Krankheit" und ein mangelnder Forschungsstand).
Zwanghaftes Verhalten, das also häufig schon in der Kindheit beginnt, wird unter Berücksichtigung der angegebenen Gründe folgendermaßen quantifiziert:
„Etwa 3 bis 5 % aller Jugendlichen zeigen, meist vorübergehend, zwanghafte Verhaltensweisen (z.B. Übergenauigkeit, starre Ordnungshaltung). Die Häufigkeit von Zwangsstörungen in der allgemeinen Bevölkerung liegt bei Kindern und Jugendlichen bei etwa 1 bis 3 %; vor allem sind Jugendliche betroffen. Nimmt man leichtere, andauernde, aber in der Regel nicht behandlungsbedürftige, Zwangsphänomene hinzu, so erhöht sich der Anteil auf 19 %" (Döpfner & Rothenberger, 1997, S.5).
Scholz & Rothenberger (2001) ergänzen diese Aussagen dadurch, dass bis zu ca. 50 % der zwangserkrankten Erwachsenen rückblickend schon Zwangssymptome im Kindesalter aufweisen, „während der mittlere Beginn der Erkrankung um das zehnte Lebensjahr markiert ist" (S.197). Deshalb wäre es konsequent, nach Erkennen einer Zwangssymptomatik frühzeitig mit einer Intervention zu beginnen, um einer Chronifizierung zu begegnen. Erfahrungswerte zeigen jedoch, dass Betroffene erst nach ca. 7 Jahren um therapeutische Hilfe nachsuchen (vgl. z.B. Benkert & Lenzen-Schulte, 1997). Eine Geschlechtsdifferenzierung ist grundsätzlich nicht zu berücksichtigen; beide Geschlechter sind in etwa gleichermaßen betroffen.

5. Kriterien zur Diagnostik

Die ICD-10 (Internationale Klassifikation psychischer Störungen – WHO) schlägt die folgenden diagnostischen Leitlinien vor:
Die Symptome sollen: wenigstens 2 Wochen lang (an den meisten Tagen) nachweisbar sein, normale Aktivitäten stören und somit quälend sein. Sie sollten folgende Charakteristika aufweisen:
„1. Sie müssen als eigene Gedanken oder Impulse für den Patienten erkennbar sein.

2. Wenigstens einem Gedanken oder einer Handlung muß noch, wenn auch erfolglos, Widerstand geleistet werden, selbst wenn sich der Patient gegen andere nicht länger wehrt.
3. Der Gedanke oder die Handlungsausführung dürfen nicht an sich angenehm sein (einfache Erleichterung von Spannung und Angst wird nicht als angenehm in diesem Sinn betrachtet).
4. Die Gedanken, Vorstellungen oder Impulse müssen sich in unangenehmer Weise wiederholen“ (Dilling et al., 2005, S.165).

6. Theoretische Erklärungsansätze

Zur Einführung (Auszüge aus Veröffentlichungen):

„... Wir kennen die Ursache der Zwangsstörung nicht. ... Wir wissen, dass Konfrontation/Reaktionsverhinderung (evtl. kognitiv angereichert) und Serotonin-Wiederaufnahme-Hemmer ... eine erhebliche Besserung ... bewirken. Der Rest erscheint als Spekulation und Zeitverschwendung, wenn man der experimentellen Studie von Emmelkamp et al. (1994) folgt ...“ (Crombach, 1998, S.7).

„... für die Erklärung lassen sich unterschiedliche theoretische Modelle heranziehen; die einzelnen empirischen und klinischen Befunde stützen in dem einen Fall eine spezielle Modellvorstellung und sie sprechen in anderen Aspekten dagegen“ (Reinecker, 1991, S.40).

„... dass wir zwar nichts Genaues über die Ursachen der Zwangsstörung wissen, dass uns aber die Forschung einige Anhaltspunkte für bestimmte Annahmen geliefert hat“ (Baer, 1993, S.23).

„Bis heute gibt es keine eindeutige und allumfassende Erklärung für die Entstehung der Zwänge. Man nimmt an, dass sowohl biologische, erbliche als auch Faktoren aus der Lern- und Lebensgeschichte eine wichtige Rolle für die Entstehung der Zwänge spielen“ (Scholz & Rothenberger, 2001, S.199).

Diese Aussagen vermitteln einen Eindruck vom gegenwärtigen Forschungsstand. Sie sind dahingehend zu ergänzen, dass die theoretischen Modelle unterschiedliche Schwerpunkte fokussieren: zum einen die Entstehung zwanghaften Verhaltens und zum anderen dessen Aufrechterhaltung. Als fachwissenschaftlicher Konsens zeichnet sich ab (Abb.2): Um Zwangsstörungen verstehen und somit erklären zu können, müssen biologische, psychologische und soziale Aspekte und ihre Wechselwirkungen beachtet werden (vgl. z.B. Aigner, 1998, Tallis, 1995).

Zwangsstörungen verstehen		
biologische Aspekte im weiten Sinne	**psychologische Aspekte**	**soziale Aspekte**
z.B. Neurotransmitterdiskussion, neuroanatomische Hypothesen, hereditäre Annahmen (z.B. Ängstlichkeit)	psychoanalytische Positionen, lerntheoretische Erklärungsansätze: klassische, instrumentelle Konditionierung, Modell-Lernen, kognitives Lernen	Bedeutung des sozialen Umfeldes, vor allem für die Aufrechterhaltung und Ausgestaltung von Zwängen

System-Modellvorstellungen

Zwänge als emotionale, kognitive und soziale Netzwerkstrukturen

Abb. 2: Ein Diskussionsüberblick

Neurobiologische Grundlagen

Der wirkungsvolle Einsatz von selektiven Serotonin-Wiederaufnahmehemmern in der Therapie von Zwangsstörungen führte zu der Hypothese, dass dem serotoninergen System in der Pathophysiologie der Zwangsstörung eine große Bedeutung zukommt. „Das zentrale serotoninerge Projektionssystem ist ein weitverzweigtes Neuromodulatorensystem mit vorwiegend nicht-synaptischen Kontakten an zahlreichen Netzwerkelementen, die direkt oder indirekt – sensorische, motorische, autonome, assoziative und integrative Leistungen – mitgestalten" (Wieselmann & Herzog, 2000, S.48).

Da neben dem serotoninergen System auch therapeutische Effekte über das dopaminerge System und einige Neuropeptide erzielt werden, können auch diese Belege diskutiert werden. Neuroanatomische Konzepte sprechen hierbei von einer besonderen Bedeutung, die den Basalganglien, dem frontalen Kortex und den limbischen Strukturen zukommt. „Die Komorbidität von bekannten Basalganglien-Läsionen mit Zwangssymptomen lenkten zunächst das Interesse auf die Basalganglien. Frontallappenstörungen gehen mit Inflexibilität, Perseverationen, Stereotypien und verminderter Impulskontrolle einher" (a.a.O.).

Diese im biologischen Bereich ermittelten Bausteine bilden die Grundlage für folgende Überlegungen: „Neuropathophysiologische Modelle der Zwangsstörung beziehen sich vor allem auf eine Überaktivierung thalamokortikaler Basalganglienschleifen. Die Funktion dieser Schleifen wird offensichtlich vom serotoninergen System moduliert. Dies ist möglicherweise ein wesentlicher

Wirkmechanismus der Serotonin-Wiederaufnahmehemmer“ (Aigner, 1998, S.39).
Hypothesen, die einen hereditären Faktor thematisieren, gehen z.B. von einer veranlagten Ängstlichkeit aus, die – als individuelle Vulnerabilität vererbt – die Grundlage bildet, zwanghafte Komponenten auszubilden, wenn belastende Lebensereignisse eintreten.

Erinnerungshilfe:

serotoninerges, dopaminerges System, besondere anatomische Strukturen, vererbte individuelle Vulnerabilität

Psychologische Grundlagen

Aus dem psychologischen Bereich werden im folgenden psychoanalytische und lerntheoretische Erklärungsversuche (mit den Komponenten klassische und instrumentelle Konditionierung, Modell-Lernen, kognitives Lernen) vorgestellt:

Einblick in psychoanalytische Positionen

Erfahrungen aus der Behandlung von Erwachsenen und Kindern und Hinweise aus der direkten Kinderbeobachtung sind Quellen für die Sichtweise, dass eine Disposition zur Zwangsneurose bereits in der frühen Kindheit gelegt wird. Den Kern zur Entwicklung einer Zwangsneurose bildet eine Entwicklungsdysharmonie zwischen der Ich- und Überichentwicklung und der in der Regel parallel verlaufenden Triebentwicklung. „Typisch für den späteren Zwangsneurotiker eilen Ich- und Überichentwicklung der Triebentwicklung in der analen Phase voraus, so dass sich ein derart in seiner Entwicklung zu weit fortgeschrittenes und frühreifes Ich am Höhepunkt der analen Phase den analen und besonders den analsadistischen Triebwünschen unter dem Einfluss ebenfalls verfrüht entwickelter und dementsprechend besonders strenger und grausamer Vorläufer des Überichs entgegenstellt“ (Schuster, 1998, S.30). Dieser Prozess bewirkt, dass eine Fixierung auf die anale Entwicklungsstufe vorgenommen wird und eine „pathognomische(-) Regression auf und teilweise(-) Ersetzung ödipaler Problemstellungen durch die Analität“ (Wieselmann & Herzog, 2000, S.48) folgt. Obwohl die weiteren Abfolgen in der individuellen Entwicklung durchaus erfolgreich durchlaufen werden, können äußere Ereignisse oder innere Veränderungen das innere labile Gleichgewicht umstoßen und einen zwangsneurotischen Prozess einleiten. Neben dem in der klassischen Psychoanalyse thematisiertem Trieb-Abwehr-Konfliktverhalten nehmen neuere Theorieansätze den narzisstischen Aspekt, also ein Störung der Entwicklung des Selbst, zur Erklärung auf (vgl. dazu z.B. Heinemann & Hopf, 2004).

Einblick in lerntheoretische Positionen

Das von Mowrer (1947) zur Erklärung von Angststörungen entwickelte Zwei-Faktoren-Modell enthält Elemente, die genutzt werden, um das bei Zwängen beobachtbare Vermeidungsverhalten auf theoretischer Ebene zu beschreiben. Reinecker (1991) stellt diesen Transfer dar und setzt sich mit ihm auseinander:

Klassische Konditionierung und *instrumentelle* Konditionierung sind die grundlegenden Faktoren dieses Modells. Während die Angstentstehung nach dem Prinzip des klassischen Konditionierens erklärt wird, erlangt das Prinzip der instrumentellen Konditionierung dann Bedeutung, wenn beschrieben wird, wie Ängste aufrechterhalten werden können. Demnach werden diejenigen Handlungen verstärkt, die nicht zu den anvisierten aversiven Konsequenzen führen (die somit aktiv vermieden werden können). Wird dieses Modell der Entstehung und Aufrechterhaltung von Zwängen zugrunde gelegt, dann ist Zwang als ein instrumentelles Vermeidungsverhalten aufzufassen, „das auf ursprünglich traumatische Situationen zurückgeht und nunmehr stabil im Verhaltensrepertoire des Individuums verankert ist“ (Reinecker, 1991, S.42).
Dieser Erklärungsversuch, der durch seine Einfachheit besticht, enthält Elemente, die kritisch angemerkt werden müssen: So lassen sich im Einzelfall häufig nicht die Faktoren (traumatische Ereignisse etc.) ermitteln, die bei einer klassischen Konditionierung eine Rolle spielen müssten. Außerdem fehlen nach Reinecker Aspekte, die in eine Diskussion dieses Modells eingebunden werden sollten, z.B.

- kulturelle Aspekte (kulturelle Rituale prägen das Individuum und somit auch die Ausgestaltung bestimmter Zwangsphänomene)
- emotionale Aspekte: Das im Zwei-Faktoren-Modell erfasste Vermeidungsverhalten bewirkt eine Angstreduktion. Zwänge werden aber nicht unbedingt von Angst begleitet, sondern Gefühle wie Unruhe, Anspannung werden häufig geäußert.
- kognitive Aspekte: Es sollte eine Auseinandersetzung angeregt werden, dass das Zwei-Faktoren-Modell für die Erklärung von Zwangsgedanken nur bedingt brauchbar ist, „weil Zwangsgedanken in den meisten Fällen mit einer Induktion von Angst und Unruhe verbunden sind“ (Reinecker, 1991, S.46).
- Analyse-Ebenen: Im Zwei-Faktoren-Modell wird die Komplexität des Zwangsgeschehens nicht erfasst. Die entscheidende Rolle der Selbstregulation/Rückkoppelungen/Interaktionen findet nicht die gebührende Beachtung.

Grundlage eines weiteren Erklärungsversuches ist die *sozial-kognitive* Theorie von Bandura. Die von Bandura (1976) vorgenommene Differenzierung des Modell-Lernens in

- *eine Aneignungsphase (enthält Aufmerksamkeitsprozesse und Gedächtnisprozesse) und*
- *eine Ausführungsphase (motorische Reproduktionsprozesse, Verstärkungs- und Motivationsprozesse)*

erfasst Aspekte, die bei der Ausbildung und Aufrechterhaltung zwanghaften Verhaltens eine Rolle spielen (können). So finden sich im klinischen Bereich zahlreiche Hinweise, dass Bezugspersonen mit zwanghaftem Verhalten von Heranwachsenden als Modell genommen werden. Allerdings ist es retrospektiv schwierig zu beurteilen, wann sich übernommene Rituale zu zwanghaften Verhaltensweisen konsolidieren, die selbstreflexiv angenommen werden. In diesem Zusammenhang muss sicherlich auch die Frage gestellt werden, ob es einer Prädisposition für die Übernahme bestimmter zwanghafter Verhaltensmuster bedarf. Diese Einschränkungen, die beispielhaft genannt werden, lassen erneut deutlich werden, dass der Erklärungsrahmen für Zwangsstörungen jeweils auf einzelne Elemente begrenzt ist.

Der Ansatz, das *kognitive Lernen* als Ausgangsbasis zu wählen, umfasst folgende Überlegungen: Der kognitive Aspekt ist für das Verständnis des Zwangsgeschehens unabdingbar und wird in der Form von Zwangsgedanken selbst zum Untersuchungsgegenstand. Anhaltspunkt ist die Wahrnehmung, dass in normalen, alltäglichen Gedankenabläufen häufig auch aufdringliche Gedanken, Intrusionen, auftauchen. Eine negative Bewertung dieser Gedanken („das ist ja katastrophal") leitet einen Ablauf ein, der die Relevanz dieser Gedanken unterstreicht. Mit den aufdringlichen Gedanken werden Zuschreibungen verknüpft, die um die Befürchtung negativer Konsequenzen, um Verantwortlichkeit und um Schuld kreisen. Das entstehende Unbehagen zielt darauf ab, „die Intrusionen zu unterdrücken und angstauslösende Objekte oder Situationen zu vermeiden" (Margraf, 1998, S.21). Es zeichnet sich die Tendenz ab: Je mehr der Inhalt des Gedankens Raum gewinnt, desto quälender wird das Gefühl der Unsicherheit, der Erregung. Dieser Zustand weckt das Bedürfnis, diesen Gedanken zu neutralisieren, indem Zwangsrituale (gedanklich wie z.B. „gute Gedanken" oder handelnd wie z.B. Waschhandlungen) in Gang gesetzt werden. Da das Neutralisieren nur kurzfristig gelingt und zudem die besondere Bedeutung des Zwangsgedankens noch unterstreicht, wird die Auftretenswahrscheinlichkeit der störenden Gedanken langfristig erhöht. Eine adäquate kognitive Auseinandersetzung mit ihnen erfolgt nicht. Die sich steigernde Wiederkehr von Intrusionen erhöht das Unbehagen und verstärkt die Überzeugung, dass diese nicht vorhersagbar und nicht kontrollierbar seien.

Diese Aussagen kennzeichnen die mit dem Begriff „kognitive Modellvorstellungen" bezeichnete Richtung (vgl. z.B. Reinecker, 1991, Salkovskis, 1994). Sie werden von empirischen Belegen aus der Allgemeinen und der Kognitiven

Psychologie gestützt. Dennoch lässt auch dieser wesentliche Erklärungsbeitrag Fragen unbeantwortet, z.B., warum entwickeln nicht wesentlich mehr Menschen Zwänge, zumal unerwünschte Gedanken, die negativ bewertet werden, wohl von *fast* allen Menschen verspürt werden. Auch sogenannte unsinnige kognitive zwanghafte Prozesse wie z.B. das Aufsagen von bestimmten Zahlenfolgen oder von „sinnlosen" Silben fallen nach Reinecker (1991) – so weitere Beispiele – aus dem Erklärungsrahmen.

Eine Facette, die bei der Entstehung, der Aufrechterhaltung, aber auch als Konsequenz von Zwängen diskutiert wird, sind dysfunktionale Einstellungen, die das Denken und Handeln mitbestimmen. Diese irrationalen Annahmen erfassen nach Reimer (1996, er beruft sich auf Steketee, 1993) u.a. folgende Bereiche, die für zwanghaftes Verhalten relevant sind:

„1. Überbewertung des zu erwartenden Risikos und Schadens, verbunden mit einer hohen Risikovermeidung.
2. übertriebenes Bedürfnis nach Sicherheit bei stark ausgeprägten Zweifeln.
3. Perfektionistische Einstellung.
4. Übertriebene Verantwortlichkeit mit hoher Bereitschaft zu Schuld- und Schamgefühlen.
5. Überhöhte moralische Ansprüche" (S.104f.).

Zur Korrektur derartiger dysfunktionaler Einstellungen bedarf es kognitiver Interventionsstrategien. Deshalb wird auf die zur Verfügung stehenden Verfahren wie die Rational-emotive-Therapie von Ellis (vgl. z.B. Emmelkamp & Beens, 1991) und die kognitive Therapie von Beck (vgl. z.B. Wilken, 1998) zurückgegriffen.

Erinnerungshilfe:

Problem der frühkindlichen Entwicklung (Ich-Überich-Triebentwicklung), narzisstische Störung (Entwicklung des Selbst), klassische und instrumentelle Konditionierung als Elemente des Zwei-Faktoren-Modells, Modell-Lernen, kognitives Lernen, dysfunktionale Einstellungen

System-Modellvorstellungen

Nach der bio-informationalen Theorie von Lang (1979) können Zwänge als emotionale Netzwerke betrachtet werden. Voraussetzung für diese Auffassung ist die Überlegung, dass Emotionen (wie z.B. Angst) eine Netzwerkstruktur im Gedächtnis bilden. In dieser Struktur sind folgende Informationen gespeichert: *„Informationen über Stimuli/Situationen; Informationen über mögliche verbale, verhaltensmäßige und physiologische Reaktionen und Informationen über die Bedeutung von Situationen, über die Bedeutung von Reaktionen und über deren Zusammenhang" (Reinecker, 1991, S.54).*

Solche Netzwerksysteme sind für das Individuum von immenser Bedeutung. Mit ihrer Hilfe ist es möglich, Situationen effektiv zu erfassen und zu beantworten. Problematisch erweisen sich Netzwerkstrukturen dann, wenn Erfahrungen aufgenommen werden, die zu einer pathologischen Gedächtnisstruktur führen. Diese zeichnet sich als sehr widerstandsfähig, als in sich streng geschlossen und irrational aus (Foa & Kozak, 1986).
Das heterogene klinische Erscheinungsbild von Zwangserkrankten beruht auf einer großen Varianz der pathologischen Struktur. Diese enthält eine Bandbreite an unterschiedlichen Wahrnehmungen über die Bedrohlichkeit, die von Situationen ausgeht und über die möglichen Vermeidungsreaktionen wie passive Vermeidung „z.B. es werden bestimmte Orte gemieden" oder aktive Vermeidung „Ausbildung von Ritualen". Eine problematische Informationsverarbeitung bzw. eine spezielle Netzwerkstruktur – so fasst Reinecker (1991) zusammen – „erlaubt nicht unbedingt einen Schluß auf eine mögliche *Ursache* von Zwängen; auf der anderen Seite sind die Befunde therapeutisch gesehen sehr hilfreich: Das therapeutische Vorgehen verlangt eine *Umstrukturierung* der kognitiven und emotionalen Struktur beim Patienten" (S.56).

Erinnerungshilfe:
unterschiedliche Erfahrungen bilden pathologische Netzwerkstrukturen

Soziale Einbindung

Wenn Katschnig (1998) erwähnt, dass die sozialen Netze für die „Entstehung und Aufrechterhaltung der Zwangsstörung viel wichtiger als bisher gedacht" (S.X) sein könnten, dann berührt diese Vermutung einen Aspekt, der bereits verschiedentlich angeklungen ist. So wird z.B. das Modell-Lernen als ein möglicher Faktor bei der Entstehung von Zwangsstörungen diskutiert. In welchem Ausmaß dieser in Verbindung mit anderen Faktoren Erklärungskraft besitzt, ist jedoch spekulativ.
Im Gegensatz dazu ist der Beitrag, der das soziale Umfeld für die Aufrechterhaltung von Zwängen als bedeutsam benennt, bereits fundierter präzisiert. So belegen klinische Befunde, dass Angehörige regelrecht in die Zwangsrituale eingebunden werden und dadurch zu ihrer Stabilisierung beitragen.
Nachweislich bestimmen kulturelle Besonderheiten und Traditionen etc. den Inhalt von Zwangsstörungen mit. Das soziale Umfeld mit den jeweils praktizierten Lebens- bzw. Erziehungsstilen übt einen Einfluss auf die Ausbildung zwanghaften Verhaltens aus. Werden bestimmte Beziehungsmuster (z.B. Kontrolle), individuelle Persönlichkeitszüge (z.B. rigide Verhaltenszüge) vorgelebt, dann ist die Wahrscheinlichkeit vorhanden, dass diese sich bei einer entsprechenden Prädisposition auf die Ausprägung zwanghaften Verhaltens nachhaltig auswirken können.

Erinnerungshilfe:

Bezugspersonen können entweder Modellcharakter übernehmen oder werden selbst Bestandteile zwanghafter Rituale, gesellschaftlich-kulturelle Überlieferungen nehmen Einfluss auf die inhaltliche Ausgestaltung

Zusammenfassung:

Es kann festgehalten werden, dass die intensive Forschungsarbeit zu etlichen Versuchen geführt hat, die Entstehung von Zwängen und ihre Aufrechterhaltung zu erklären. Die einzelnen Beiträge beruhen auf unterschiedlichen Forschungsperspektiven (z.B. verhaltenstheoretisch, kognitiv, psychophysiologisch, biologisch-genetisch, sozial-kulturell), die ihre Erkenntnisse auf verschiedenen Wegen gewonnen haben: phänomenologisch-interpretativ, empirische Studien und Auswertungen.

Es zeichnet sich ein Forschungsstand ab, der noch längst nicht abgeschlossen ist: „Wohin dies bei der Zwangsstörung noch führen wird, ist offen. Auf jeden Fall sind der Kreativität alle Pforten geöffnet ...“ (Katschnig, 1998, S.X). Deshalb bezeichnet es Reinecker (1994) sogar als „eine der großen Herausforderungen zukünftiger Forschung im Bereich der Zwänge“ (S.165), die Vernetzung der in Frage kommenden Aspekte zu klären.

7. Interventionsmöglichkeiten

Die Signale, die von der ätiologischen Erforschung des Zwangsgeschehens ausgehen, treffen auch für den therapeutischen Bereich zu. Jede in der therapeutischen Diskussion erwogene Möglichkeit wird in den Behandlungskatalog aufgenommen. Es ist bekannt, dass sich zwanghaftes Verhalten häufig auf lange Sicht als therapieresistent erweisen kann.

So berichtet die Psychoanalyse mit ihrem geschlossenen Theorie- und Therapiegebäude bereits in der Frühzeit der Erforschung der Zwangsneurose über die Beharrlichkeit zwanghaften Verhaltens. Von schneller eintretenden Erfolgen gehen aufgrund von Effektivitätsstudien der umfangreiche Bereich der Verhaltenstherapie und die Psychopharmakologie bzw. deren Kombination aus (vgl. z.B. Reinecker, 1998).

Einblick in den pharmakologischen Bereich: Die Psychopharmakotherapie greift gezielt auf der Transmitterebene an, um über das serotoninerge/das dopaminerge System Einfluss auf die Zwangssymptome zu nehmen. Zahlreiche placebokontrollierte Studien weisen eine Wirksamkeit aus. Auch der Effekt, dass nach Absetzen der Pharmaka die Symptome häufig zurückkehren, spricht für eine medikamentöse Behandlung. Dies würde aber bedeuten, dass die Medikamenteneinnahme stetig erfolgen müsste. Diese Aussicht wird nach Katschnig (1998) von vielen Betroffenen – aufgrund der Nebenwirkungen – nicht akzeptiert. Deshalb gilt es, die Forschungsarbeit sowohl im pharmakologischen Bereich als auch in den anderen therapeutischen Richtungen zu intensivieren.

Einblick in den psychologischen Bereich: Grundsätzlich sind Einzel-, Familieninterventionen oder eine Kombination von beiden Möglichkeiten angezeigt. Zusätzlich wird die Entscheidung getroffen, ob der Schwerpunkt vorrangig auf eine Symptombehandlung, eine Ursachenforschung oder eine Mischform im Sinne eines multimodalen Vorgehens gerichtet ist. Im folgenden wird ein Einblick in bewährte Verfahren gegeben:

Im Mittelpunkt der Symptomintervention stehen die Konfrontation (Exposition-in-vivo, Exposition-in-sensu) mit der gefürchteten Vorstellung/Situation und die Verhinderung von Vermeidungsreaktionen (Reaktionsverhinderung).

Grundprinzip: Konfrontation und Reaktionsverhinderung: Der in einer auslösenden Situation sich aufbauende Erregungszustand kann durch Verlassen bzw. Vermeiden dieser Situation reduziert werden. Wird diese Aktion verhindert (Reaktionsverhinderung) und der Betroffene in die Lage versetzt, Auslösesituationen ohne das erprobte Reagieren auszuhalten, kann er wiederholt erfahren, dass die befürchteten Konsequenzen nicht eintreten. Mit diesen Erfahrungen eng verbunden ist eine stetige Abnahme des Erregungszustandes (Nachweis: Einschätzung der subjektiven Befindlichkeit, Erfassung von physiologischen Indikatoren und Verhaltensmustern). Der Einsatz dieser Techniken setzt voraus, dass ethische Überlegungen (z.B. die Frage der Zumutbarkeit von belastenden Situationen für den Betroffenen und von einsetzbaren Möglichkeiten zur Reaktionsverhinderung) beachtet und eine genaue Bestandsaufnahme des zwanghaften Verhaltens vorgenommen wird. Hierzu gehört auch, dass Betroffene alle wesentlichen fachwissenschaftlichen Informationen über ihre Erkrankung erhalten und dass sie ermutigt werden, Hilfe anzunehmen. Allerdings lehnt eine Anzahl der Patienten (Erhebungen sprechen von ca. 25 %, vgl. z.B. Reinecker, 1991) nach erfolgter Aufklärung eine Behandlung ab (ca. 12 % brechen eine begonnene Therapie ab). Für eine aussichtsreiche Behandlung sind ein hohes Engagement und Ausdauer sowohl auf Seiten des Betroffenen als auch auf Seiten des Therapeuten erforderlich (vgl. Münchau, 1998). Nur wenige Therapeuten weisen die Spezialisierung auf, Zwangskranke zu behandeln (vgl. z.B. Reinecker, 1995).

Inwieweit im Zusammenhang mit diesen therapeutischen Techniken auch die Prinzipien des Modell-Lernens von Bandura einbezogen werden sollten, bleibt unklar. So sind die Berichte aus theoretischer Forschung und klinischer Praxis über die Wirksamkeit der Modell-Wirkung z.B. des Therapeuten, der ein vom Betroffenen gefordertes Verhalten zeigt, kontrovers. Kognitive Elemente, die als Interventionsmöglichkeiten genutzt werden, treffen im Bereich der Zwangsstörungen zum einen auf eine selbst ausschließlich kognitiv bestimmte Symptomatik (Zwangsgedanken) und zum anderen auf die ausführende (in Form der Zwangshandlungen).
Die rein kognitiven Zwangsstörungen (z.B. Gedanken, Vorstellungen, Befürchtungen, pathologische Zweifel, Impulse) erweisen sich in der Behandlung als schwer zu unterbrechen bzw. aufzulösen. Gründe können sein: eine mögliche Diskrepanz zwischen der Verbalisierung und dem tatsächlichen Ablauf eines Zwangsgedankens und die variable kontextuelle Gebundenheit. Letzteres bedeutet, dass Zwangsgedanken in unterschiedlichen situativen Zusammenhängen auftauchen können. Dadurch fehlt die Spezifität für therapeutische Interventionen, um Kontrollinstanzen zielgerichtet plazieren zu können.

Grundsätzlich stehen für die Behandlung von Zwangsgedanken folgende Verfahren zur Verfügung (nach Reinecker, 1991):

- Konfrontationstechniken (in der Vorstellung oder durch Verbalisierung der Gedanken, eine intensive Auseinandersetzung anstelle von kurzfristig Erleichterung verschaffenden kognitiven Ritualen, hohe Anforderungen an Selbstkontrollfähigkeit, um unangenehme Situationen auszuhalten, Effekte der Sättigung, der Habituation)
- Unterdrücken oder Beenden von Gedanken. (Das Verfahren des Gedankenstopp - ein sich entwickelnder Gedanke wird z.B. durch das Wort „Stopp!" unterbrochen – kommt zur Anwendung. Es sollte im Laufe des therapeutischen Prozesses von Fremd- in Eigenregie übergehen: von einem lauten externalisierten Rufen zu einer internalisierten Verbalisation. Über die Effektivität dieser Methode wird in der Fachliteratur teilweise kontrovers diskutiert.)
- Bezug auf einzelne kognitive Therapieelemente (1. Die dem Zwangsgedanken folgende Bewertung wird fokussiert; intensive Auseinandersetzung mit der Abfolge „Zwangsgedanke – Bewertung – nachfolgende Konsequenzen, z.B. Wahrscheinlichkeit für/gegen Eintreffen des Gedankens schätzen". Zwangsgedanken und Bewertung werden vom Patienten selbständig formuliert; hilfreich ist hierbei der „sokratische Dialog": Der Therapeut verhilft durch klares Fragen dem Zwangskranken, sich seiner Gedanken und Bewertungen bewusst zu werden. 2. Da Zwangskranke häufig unsicher sind, versuchen sie, diese Unsicherheit durch Rituale zu reduzieren. Auf diese Weise verschaffen sie sich

Halt. Bestandteil der Therapie ist deshalb, den Patienten zur Erkenntnis zu bringen, dass das Leben mit einem bestimmten Maß an Unsicherheit zu vereinbaren ist.)

Es gilt zu beachten, dass der Komplexität der Zwangsstörung mit einem kombinierten Behandlungsangebot zu begegnen ist, um die wesentlichen Facetten des Geschehens zu erfassen. Bei Kindern und Jugendlichen nehmen in diesem Zusammenhang der familiäre und der schulische Bereich eine besondere Stellung ein. Besondere Beachtung verdienen auch die Selbsthilfegruppen.

8. Pädagogisch-psychologische Hilfestellungen

Erkennen von Anzeichen zwanghafter Symptome

Betroffene versuchen, zwanghafte Symptome, die Krankheitswert übernehmen, vor ihrer Umwelt zu verbergen. Sie schämen sich für diese. Deshalb ist es verständlich, dass Zwangsstörungen häufig über viele Jahre verborgen bleiben können. Um einer solchen Entwicklung Einhalt zu gebieten, kommt es darauf an, rechtzeitig erste Alarmsignale zu erfassen.
Da zwanghaftes Verhalten häufig bereits in der Kindheit beginnt, sollten mögliche Hinweise nicht übersehen werden. Solche können nach Döpfner und Rothenberger (1997) sein:

- Während Kinder und Jugendliche ihre Zwangssymptome in der Öffentlichkeit noch weitgehend verbergen können, treten diese im familiären Umfeld bereits eher zutage. Diesem Verhalten kommt eine Entlastungsfunktion zu.
- Kinder und Jugendliche versuchen, ihre Familien in das Zwangserlebnis einzubinden. Dies kann in unterschiedlicher Form erfolgen: So wird zum einen das soziale Umfeld von einem Betroffenen direkt in sein Ritual einbezogen, etwa in dem Sinne, dass Angehörige Kontrollfunktionen übernehmen, indem sie z.B. bei bestimmten Handlungsabläufen zur Sicherheit mitzählen müssen. Mit dieser Delegierung der Verantwortung an andere verschaffen sich Kinder und Jugendliche ein Stück zusätzliche emotionale Sicherheit. Zum anderen kann dieses Involviertwerden nach Demal und Langkrär auch bedeuten, „dass die zwanghaften Maßstäbe im Denken und Handeln auf die Angehörigen übertragen werden“ (1997, S.9). Das Zwangssystem soll von allen Mitgliedern der Familie übernommen werden, so dass es als Richtschnur des gemeinschaftlichen Handelns verstanden werden kann.
- Häufig werden spezifische Zwänge entwickelt, d.h., im Vordergrund stehen isolierte Symptome, die nach einer gewissen Zeit (nach Monaten oder Jahren) in andere wechseln können.

- Da zwanghaftes Verhalten immer einem bestimmten Ablauf folgt, wirken alle Einflüsse auf den Betroffenen, die sein Ritual unterbrechen, äußerst störend. Unterbrechungen erzeugen Angst. Die Rituale müssen erneut aufgenommen und zu Ende geführt werden, um Spannung abzubauen und eine gewisse Sicherheit über die Situation in dem Moment zu erlangen. Deshalb kann der Betroffene auf alle Personen, die Anlass für diese Unterbrechungen sind, äußerst gereizt und aggressiv reagieren. Werden solche Situationen beobachtet, dann können sie als Hinweis auf eine Verfestigung zwanghaften Verhaltens gewertet werden.
- Bevor eine Zwangsstörung zu erkennen ist, weist etwa die Hälfte der Kinder und Jugendlichen häufig eine besondere Starrheit im Verhalten und die Tendenz auf, beharrlich an Wiederholungsritualen festzuhalten. So können sich nach Knölker (1996) im Kleinkindalter u.a. bestimmte zwanghafte Züge bei Ess- und Waschhandlungen, An- und Auskleidezeremonien, die einem Ritual unterliegen, ein dranghaftes Wiederholen von ausgewählten Wörtern und Redewendungen (modischer oder tabuisierter Art), von Zählvorgängen oder von gegenständlichen oder personengebundenen Berührungen finden. Im Schulkindalter ist vor allem die pedantische Einhaltung selbstauferlegter Ge- und Verbote zu beobachten. Sich wiederholende Abzählverse und -reime bzw. ein striktes Einhalten bestimmter Spielregeln fallen auf. Ob es sich dabei allerdings um Besonderheiten handelt, die in ihrer vorübergehenden Form eine ordnende, strukturierende und somit Sicherheit gebende Funktion leisten, ob sich in ihnen eine Probier- und Funktionslust ausdrückt oder ob sich bereits Anzeichen einer zwanghaften Entwicklung andeuten, ist zu diesem Zeitpunkt nicht valide beurteilbar.

Bezugssystem Familie

Das Erkennen einer sich anbahnenden Zwangssymptomatik gestaltet sich angesichts der Bandbreite zwanghaften Verhaltens als schwierig. Eltern begreifen vielfach erste Anzeichen als Marotte, die eventuell zur Belustigung beiträgt, oder bagatellisieren diese. Hellhörig werden sie meist erst dann, wenn sie selbst in das Geschehen (z.B. als Kontrollperson) eingebunden werden. Sobald sie beginnen, über die Sinnhaftigkeit solcher „Launen" nachzudenken, werden diese hinterfragt.

Die Deutsche Gesellschaft Zwangserkrankungen, die 1995 gegründet wurde, gibt den Eltern folgende Empfehlungen (vgl. Demal & Langkrär, 1997, Döpfner & Rothenberger, 1997, Hand & Münchau, 1995):

- Sie sollten sich bei entsprechenden Beobachtungen an ihren Kindern selbst überprüfen, ob sie zu zwanghaftem Verhalten neigen und gegebenenfalls eine

Therapie beginnen. Ein Vorleben zwanghaften Verhaltens und somit ein modellhaftes Verhalten ist auf diese Weise zu unterbinden.

- Zwanghafte Verhaltensweisen können aufrechterhalten werden, wenn der ständige Anspruch an das Kind ergeht, dass es perfekt zu sein habe.
- Es ist erfolglos, Zwangssymptomen mit Ermahnungen („reiß dich zusammen"), Appellen an die Vernunft und ähnlichem zu begegnen. Diskussionen bringen nichts; zwanghaftes Verhalten kann auf Dauer nicht mit Willenskraft angegangen werden. Angst und Schuldgefühle können die Reaktion auf solche Interventionen sein.
- Ein Sich-einbinden-Lassen in die Zwänge des Kindes unterstützt auf lange Sicht den Bestand des zwanghaften Verhaltens.
- Selbst kleinste Fortschritte bei der Reduzierung zwanghaften Verhaltens sollten anerkennend bewertet, erneute Rückschläge ignoriert und nicht getadelt werden.
- Dem Betroffenen ist bewusst zu machen, dass lediglich die Zwangssymptome keine Unterstützung erfahren, dass damit aber keine Zurückweisung oder Bewertung der Person verbunden ist.
- Jede Suche nach dem Schuldigen am Auslösen der Zwänge ist zwecklos. Zwänge können vielfältige Ursachen haben.
- Betroffenen Kindern ist in verständlicher Weise zu vermitteln, dass therapeutische Hilfe in Anspruch genommen werden muss.
- Informiertheit und gegenseitiger Austausch über das zwanghafte Verhalten (z.B. „Wir wissen, dass du das nicht machst, um uns zu ärgern!") sind notwendig. Allerdings sollte die Zwangssymptomatik nicht das Hauptgesprächsthema werden.

Bezugssystem Schule

Lehrkräfte und Mitschüler nehmen häufig später als das familiäre Umfeld zwanghafte Verhaltensweisen wahr. Erst wenn sie selbst in bestimmte Rituale eingebunden werden, ist diese Situation – sofern sie in ihrer Bedeutung erkannt wird – Anlass, sich mit dem speziellen Verhalten auseinanderzusetzen.

In diesem Zusammenhang interessiert die Frage, ob und wenn ja, in welchem Ausmaß, Lehrerinnen und Lehrer über Grundkenntnisse zum Bereich Zwang verfügen (sollten). Erst ein bestimmtes Wissen kann sicherstellen, dass in dem differenzierten Bereich der Verhaltensstörungen, den Lehrkräfte in ihrer täglichen Arbeit vor Augen haben, auch Anzeichen zwanghafter Symptome erkannt werden können. Die wissenschaftliche Literatur gibt diesbezüglich kaum Auskunft.

Interessante Anhaltspunkte können einer Befragung von Schmid (1999) entnommen werden. Die zum Teil überraschenden Ergebnisse – im folgenden werden wesentliche vorgestellt - beruhen auf den Angaben von 59 Personen an neun Grund- und Hauptschulen:

- Während 39 % der Lehrerinnen und Lehrer bereits an einer Fortbildungsveranstaltung zu psychischen Störungen bei Kindern und Jugendlichen teilgenommen haben (Schwerpunkthemen wie z.B. Aggression und Hyperaktivität), weist kein Lehrer eine Teilnahme speziell zum Bereich der Zwangsstörungen vor.
  Anmerkung: Die Auseinandersetzung mit diesem Thema, zu der Aufklärung gehört, steht in der Bevölkerung noch weitgehend aus. Gegenwärtig sind Fortbildungsveranstaltungen, wie sie z.B. von der Deutschen Gesellschaft Zwangserkrankungen (DGZ) angeboten werden, noch eher die Ausnahme.
- Demgegenüber plazieren die Lehrer (mit 29 %) das Zwangsgeschehen als Wunschthema für eine Weiterbildung bereits an 3. Stelle (nach Aggression und Hyperaktivität). Dieser Wunsch offenbart ein deutliches Informationsbedürfnis und signalisiert Aufgeschlossenheit für dieses Thema.
  Anmerkung: In diesem Zusammenhang kann die Annahme diskutiert werden, dass das Zwangsgeschehen – obwohl noch vielfach als Tabuthema angesehen – dem eigenen Erleben und Verhalten vertrauter erscheint als nach außen eingestanden.
- 22,4 % können den Begriff der Zwangsstörung nicht erklären (5 Lehrer geben an, ihn noch nie gehört zu haben); 74 % der Befragten sprechen bei der Begriffsklärung wesentliche Aspekte an.
  Anmerkung: Erwähnenswert ist der große Anteil derjenigen, die grundlegende Charakteristika des Begriffes kennen. Hier scheint auf Grundlage des alltäglichen Erlebens bereits ein gewisses Basiswissen vorhanden zu sein. Allerdings erstaunt der Anteil derjenigen, denen der Begriff Zwangserkrankung fremd ist. Möglicherweise – so kann vermutet werden – wird in diesen Fällen fehlendes Wissen dem Bemühen vorgezogen, wesentliche Aspekte zur Begriffsklärung zu reflektieren und zu formulieren. Interessant ist, dass fast ein Viertel der Befragten eine Begriffsklärung versucht (hier ist das Bemühen vorhanden); ihm fehlen aber die wesentlichen Informationen.
- 21 % der Lehrer teilen mit, dass sie im Laufe ihrer Lehrtätigkeit bereits mit zwangserkrankten Kindern (extremes Kontrollverhalten, übertriebene Pingeligkeit, extreme Langsamkeit, Todesgedanken und Angst vor dem Verlassenwerden) zu tun hatten. Die Frage, ob es sich auch um entwicklungsbedingte Phänomene handeln könne, wird von den Lehrern zurückgewiesen, weil (bis auf eine Ausnahme) therapeutische Maßnahmen eingeleitet wurden.

Anmerkung: Diese Angabe fällt überraschend hoch aus. Sie zeugt davon, dass intensive Aufklärungsarbeit notwendig ist. Ebenfalls überraschend sind nach dieser Studie in der Mehrzahl Kinder im Grundschulalter (zwischen 6 und 10 Jahren) betroffen. Die in der wissenschaftlichen Literatur genannte Altersspanne der 10 bis 12jährigen (vgl. z.B. Herpertz-Dahlmann, 1992), die als Schwerpunkt für das Erkennen zwanghafter Symptome ins Auge zu fassen sei, wird von den Lehrern nicht genannt. Das bedeutet, dass nach diesen Erfahrungen „Merkwürdigkeiten" im Verhalten sehr früh erfasst, thematisiert und interventiv angegangen werden. Allerdings betonen die Lehrer, dass diesbezügliche Hinweise vorwiegend von ihnen an die Elternhäuser gegeben wurden; es sich hierbei also weitgehend um eine „Einbahnstraße" handele. Obwohl valide Hinweise zeitlich früher aus der vertrauten Umgebung (dem Elternhaus) zu erhalten wären, erfolge dies nicht.

Diese Ergebnisse legen nahe, dass bei Lehrern eine große Aufgeschlossenheit vorherrscht, über eine Auffälligkeit, der sie in ihrer täglichen Arbeit begegnen können, informiert zu werden. Da Lehrer keine Diagnostiker und Therapeuten sein können und sollen, gilt es, Möglichkeiten einer Einflussnahme und zugleich deren Grenzen aufzuzeigen, wie z.B. folgende:

- Lehrer haben vielfältige Beobachtungsmöglichkeiten und können Tendenzen einer Verhaltensänderung erkennen: z.B. zwanghafte Langsamkeit, unbedingtes Einhalten von Ritualen, zwanghafte Ordnung (am Arbeitsplatz), Schwierigkeiten, schriftliche Arbeiten fertig zu stellen, weil ständig etwas verändert werden muss (radieren, überschreiben etc.). Diese vorhandenen Möglichkeiten veranlassen Rapoport (1993) zu formulieren:
  „Es wäre einfach, Lehrer darin auszubilden, die verräterischen Anzeichen einer Zwangsstörung zu erkennen, wie zum Beispiel immer wieder radierte Hausaufgabenblätter – häufig so durchradiert, dass Löcher im Papier sind -, oder die Kinder zu entdecken, die ihre Aufgaben nicht abgegeben haben, weil sie sie nur noch einmal nachkontrollieren müssen. Wenn wir noch rauhe, aufgesprungene Hände (bei schweren Waschzwangssymptomen kann es aussehen, als hätte das Kind ein Ekzem) hinzufügen, dann wären die Lehrer dazu in der Lage, einige Fälle zu entlarven, die allen anderen entgangen sind. Mit ihrer Hilfe könnten manchem Jahre des Leids erspart werden" (S.214).
- Da zwanghafte Züge nach längerer Zeit auch Mitschülern nicht mehr verborgen bleiben, sollten Lehrer die Bedingungen schaffen, um einer Ausgrenzung der Betroffenen vorzubeugen. So gibt es vielfältige Möglichkeiten, um eine Enttabuisierung psychischer Störungen vorzunehmen, z.B. Geschichten, in denen Kinder vom Leidensdruck Betroffener erfahren, für die Symptomatik sensibilisiert werden und erkennen, dass dringend Hilfe erforderlich ist (vgl. z.B. Rapoport, 1993).

- Therapeutische Maßnahmen sollten der Schule durch das Elternhaus mitgeteilt werden, damit bestimmte Möglichkeiten der Einflussnahme gemeinsam getragen werden. Isolierte Versuche der Lehrer, zwanghafte Symptome zu unterbinden, sind sinnlos.
- Hilfreich kann dagegen eine therapeutisch geleitete Einbindung des Lehrers dann sein, wenn z.B. eine diagnostische Klärung vorgenommen wird. Die von Lehrern geforderte Sensibilität hinsichtlich der Beobachtungsgabe sollte jedoch nicht zu einer Überinterpretation verleiten. Die Ergebnisse können vielmehr z.B. in Lehrerfragebogen einfließen und somit zur diagnostischen Bestimmung beitragen; so in eine von Döpfner (1999, Anhang 1, S.314), bearbeitete Version eines Lehrerfragebogens mit folgenden Beispiel-Fragebogenitems: *„Kontrolliert Dinge häufiger als nötig"*, *„Hat Schwierigkeiten, Aufgaben zu beenden, weil etwas immer wieder gemacht werden muß"*, *„Fährt mit dem Stift Buchstaben oder Zahlen mehrfach nach"*.
- Es gilt, einen guten Kontakt zum Elternhaus zu halten. Da davon auszugehen ist, dass im familiären Umfeld zwanghafte Verhaltensweisen eher gezeigt werden, können entsprechende Beobachtungen durch den Lehrer den bereits „wissenden" Eltern mitgeteilt werden.

Grundsätzlich gilt: Die Problematik zwangserkrankter Kinder und Jugendlicher darf kein Tabuthema sein. Die im Verhalten und Denken zu erfassenden Besonderheiten müssen Anlass sein, angemessen zu reagieren. Das heißt, dass gerade in den für Kinder und Jugendliche wesentlichen Lebensbereichen Elternhaus und Schule äußerst sensibel auf auftretende Merkwürdigkeiten reagiert werden sollte.

9. Arbeitsteil

Zusammenfassung:

Der Begriff Zwangsstörungen erfasst Zwangsgedanken und Zwangshandlungen. Es handelt sich um wiederkehrende und anhaltende Gedanken, Impulse oder Vorstellungen und um wiederholte Verhaltensweisen (z.B. Kontrollieren, Ordnen). Zwangsgedanken und –handlungen beeinträchtigen den Tagesablauf und schränken den Handlungsspielraum ein. Da für die Entstehung und Aufrechterhaltung von Zwangsstörungen biologische, psychologische und soziale Aspekte (und ihre Wechselwirkungen) diskutiert werden, finden sich entsprechende Interventionen auch in diesen Bereichen.

Anwendungsorientiertes Wissen

(a) Lesen Sie den Fallbericht (Kapitel 4.1)! Nennen Sie die Informationen, die als Hinweise auf eine mögliche Zwangsstörung gewertet werden können!
(b) Für das von Jochen gezeigte Verhalten finden sich in der Familiengeschichte Aspekte, die auf unterschiedliche Erklärungsansätze verweisen. Nennen Sie diese und stellen Sie den Zusammenhang her!
(c) Diskutieren Sie den Zusammenhang „Zwangsstörung und Bezugsfeld Schule"! Welche Anzeichen sollten Lehrkräfte wahrnehmen?

Zur Wissensüberprüfung

Bitte ergänzen Sie den folgenden Lückentext!

Die Häufigkeit von Zwangsstörungen in der allgemeinen Bevölkerung liegt bei Kindern und Jugendlichen bei etwa ... bis ... Prozent. Häufig treten erste Zwangssymptome im Kindesalter auf; der Beginn der Erkrankung kann um das ... Lebensjahr liegen. Im Kleinkindalter/Vorschulalter betreffen Zwangsgedanken z.B................................., ..., ...

Ältere Schulkinder und Jugendliche führen Zwangshandlungen aus, die vor allem durch folgende Inhalte bestimmt werden: ...., ...,................................, ...

Als therapeutische Möglichkeiten werden auch psychologische Verfahren eingesetzt. Bewährt haben sich bei der Symptomintervention die.......................... und die .... Aus dem kognitiven Bereich werden genutzt: (a) ...., (b) ...., (c) ....

10. Literatur

Empfohlene Literatur:

Die Informationsmaterialien der Deutschen Gesellschaft Zwangserkrankungen wie z.B.:

Demal, U. & Langkrär, J. (1997). Zwangserkrankungen. Ein Leitfaden für Angehörige.

Döpfner, M. & Rothenberger, A. (1997). Zwangsstörungen bei Kindern und Jugendlichen. Fragen und Antworten. Informationen für Betroffene und ihre Eltern.

Hand, I. & Münchau, N. (1995). Zwangserkrankungen. Fragen und Antworten.

Knölker, U. (1996). Besonderheiten der Zwangsstörungen bei Kindern und Jugendlichen. Z-aktuell, (2), 9, 12-13.

Verwendete Literatur

Aigner, M. (1998). Neurobiologische Grundlagen der Zwangsstörung. In G. Lenz, M. Demal & M. Bach (Hrsg.), Spektrum der Zwangsstörung (S. 35-41). Wien: Springer.

Baer, L. (1993). Alles unter Kontrolle. Zwangsgedanken und Zwangshandlungen überwinden. Bern: Huber.

Bandura, A. (1976). Lernen am Modell: Ansätze zu einer sozialkognitiven Lerntheorie. Stuttgart: Klett.

Benkert, O. & Lenzen-Schulte, M. (1997). Zwangskrankheiten. Ursachen-Symptome-Therapien. München: Beck.

Crombach, G. (1998). Bedingungsmodell zur Entstehung der Zwangsstörung aus verhaltenstheoretischer Sicht. In G. Lenz, M. Demal & M. Bach (Hrsg.), Spektrum der Zwangsstörung (S. 7–18). Wien: Springer.

Demal, U. & Langkrär, J. (1997). Zwangserkrankungen. Ein Leitfaden für Angehörige. Deutsche Gesellschaft Zwangserkrankungen (Hrsg.).

Dilling, H., Mombour, W. & Schmidt, M. H. (Hrsg.). (2000). Internationale Klassifikation psychischer Störungen. ICD-10. Kapitel V (F). WHO. Bern: Huber.

Döpfner, M. (1999). Zwangsstörungen. In H.-Ch. Steinhausen & M.v. Aster (Hrsg.), Verhaltenstherapie und Verhaltensmedizin bei Kindern und Jugendlichen (S.271–326). Weinheim: Psychologie Verlags Union.

Döpfner, M. & Rothenberger, A. (1997). Zwangsstörungen bei Kindern und Jugendlichen. Fragen und Antworten. Informationen für Betroffene und ihre Eltern. Deutsche Gesellschaft Zwangserkrankungen (Hrsg.).

Emmelkamp, P. M. G. & Beens, H. (1991). Cognitive therapy with obsessive comulsive disorder: A comparative evaluation. Behaviour research and therapy, 29, 293–300.

Foa, E. B. & Kozak, M. J. (1986). Emotional processing of fear: Exposure to corrective information. Psychological Bulletin, 99, 20–35.

Hand, I. & Münchau, N. (1995). Zwangserkrankungen. Fragen und Antworten. Deutsche Gesellschaft Zwangserkrankungen (Hrsg.).

Heinemann, E. & Hopf, H. (2004). Psychische Störungen in Kindheit und Jugend. Stuttgart: Kohlhammer.

Herpertz-Dahlmann, B. (1992). Psychobiologische Aspekte bei Genese und Therapie der Zwangserkrankung. Zeitschrift für Kinder- und Jugendpsychiatrie, 20, 160–168.

Katschnig, H. (1998). Was ist aus der guten alten Zwangsneurose geworden? In G. Lenz, M. Demal & M. Bach (Hrsg.), Spektrum der Zwangsstörung (S.VII-X). Wien: Springer.

Knölker, U. (1987). Zwangssyndrome im Kindes- und Jugendalter. Göttingen: Vandenhoeck & Ruprecht.

Knölker, U. (1996). Besonderheiten der Zwangsstörungen bei Kindern und Jugendlichen. Z-aktuell. Deutsche Gesellschaft Zwangserkrankungen, (2), 9, 12–13.

Lang, P.J. (1979). A bio-informational theory of emotional imagery. Psychophysiology, 16, 495–512.

Margraf, J. (1998). Die kognitive Seite der Zwangsstörung. In G. Lenz, M. Demal & M. Bach (Hrsg.), Spektrum der Zwangsstörung (S.19–26). Wien: Springer.

Mowrer, O. H. (1947). On the dual nature of learning – a re-interpretation of "conditioning" and "problem-solvin". Harvard Educational Review, 17, 102–148.

Münchau, N. (1998). Ambulante Verhaltenstherapie bei Zwangsstörungen. In G. Lenz, M. Demal & M. Bach (Hrsg.), Spektrum der Zwangsstörung (S.51–56). Wien: Springer.

Neudörfl, A. & Herpertz-Dahlmann, B. (1996). Der Verlauf von Zwangserkrankungen im Kindes- und Jugendalter – eine Literaturübersicht. Zeitschrift für Kinder- und Jugendpsychiatrie und

Psychotherapie, 24, 105–116.

Nissen, G. (1996). Zwangserkrankungen im Kindes- und Jugendalter. In G. Nissen (Hrsg.), Zwangserkrankungen. Prävention und Therapie (S.9–25). Bern: Huber.

Rapoport, J. (1993). Der Junge, der sich immer waschen musste. Wenn Zwänge den Tag beherrschen. München: MMV.

Reimer, H. (1996). Verhaltenstherapie der Zwangsstörung. In G. Nissen (Hrsg.), Zwangserkrankungen. Prävention und Therapie (S.101–110). Bern: Huber.

Reinecker, H. (1991). Zwänge. Diagnose, Theorien und Behandlung. Bern: Huber.

Reinecker, H. (1994). Zwangshandlungen und Zwangsgedanken. In H. Reinecker (Hrsg.), Lehrbuch der klinischen Psychologie (S.157–176). Göttingen: Hogrefe.

Reinecker, H. (1995). Wie krank sind Zwangspatienten? Oder: Was ist gesund am Zwang? In R. Lutz & N. Mark (Hrsg.), Wie gesund sind Kranke? (S.225–236). Göttingen: Hogrefe.

Reinecker, H. (1998). Langzeiteffekte bei der Behandlung von Zwangsstörungen. In G. Lenz, M. Demal & M. Bach (Hrsg.), Spektrum der Zwangsstörung (S.77–85). Wien: Springer.

Salkovskis, P. (1994). Principles and practice of cognitive-behavioural treatement of obessional problems. Praxis der klinischen Verhaltensmedizin und Rehabilitation, 26, 113–120.

Schmid, W. (1999). Wie erkenne ich Zwangsstörungen in meinem beruflichen Alltag als Lehrer? Möglichkeiten der Intervention. Unveröffentlichte wissenschaftliche Hausarbeit an der Pädagogischen Hochschule Ludwigsburg.

Scholz, A. & Rothenberger, A. (2001). Mein Kind hat Tics und Zwänge. Göttingen: Vandenhoeck & Ruprecht.

Schuster, P. (1998). Psychoanalytische Konzepte zur Entstehung der Zwangsstörung. In G. Lenz, M. Demal & M. Bach (Hrsg.), Spektrum der Zwangsstörung (S.27–34). Wien: Springer.

Steinberger. K. & Schuch, B. (1998). Zwangskrankheiten im Kindes- und Jugendalter. In G. Lenz, M. Demal & M. Bach (Hrsg.), Spektrum der Zwangsstörung (S.93–98). Wien: Springer.

Tallis, F. (1995). Obsessive compulsive disorder. A cognitive and neuropsychological perspective. Chichester: J. Wiley & Sons.

Wieselmann, G. & Herzog, G. (2000). Zwangserkrankung und assoziierte Störungen. Voitsberger Manuskripte, 2, 16, 47–51.

Wilken, B. (1998). Methoden der kognitiven Umstrukturierung. Stuttgart: Kohlhammer.

5 Lese- und Rechtschreibstörung

1. Zur Einführung: Schwierigkeiten im Lesen und Schreiben beeinflussen den schulischen Entwicklungsweg

Fallbericht

„Thomas (11) ist ein Junge mit durchschnittlicher Intelligenz, der die 5. Klasse des Gymnasiums besucht. Er ist an naturwissenschaftlichen und technischen Dingen interessiert und hat eine sehr schnelle Auffassungsgabe. Obwohl er in der Grundschule wegen schwacher Lese- und Rechtschreib-Leistungen auffiel, erreichte er in der 4. Klasse den Notendurchschnitt, der für den Besuch des Gymnasiums erforderlich ist. Dort beeinträchtigen seine Lese- und Rechtschreib-Schwierigkeiten das schulische Lernen stark. Der Schulleiter teilt nach vier Monaten den Eltern mit: ‚Dieses Kind ist bei uns nicht richtig.‘

Thomas liest im Vergleich mit der Altersnorm viel zu langsam und macht dabei überdurchschnittlich viele Fehler. Beim Lesen fällt es ihm schwer, ähnlich aussehende Buchstaben zu unterscheiden. Beim Rechtschreiben erzielt er im Vergleich mit altersentsprechenden GymnasiastInnen ein weit unterdurchschnittliches Ergebnis. Auch im Fach Englisch zeigen sich Probleme. Das lautgetreue Schreiben, wie er es sich im Fach Deutsch mühevoll angeeignet hat, funktioniert in der englischen Sprache nicht.

Seine Schulprobleme haben zur Folge, dass er sich in der Klasse zurückzieht und sich nicht mehr am Unterricht beteiligt, dafür aber in der Familie sehr viel Aufmerksamkeit beansprucht. Thomas ist von sich selbst enttäuscht, da er die Anforderungen, die die Schule an ihn stellt, nicht erfüllen kann. ...“ (Wagner-Pfau, 1999, S.2)

Warum leitet diese Falldarstellung die Ausführungen ein?
Die Informationen deuten viele Aspekte der Problematik an: z. B. eine Eingrenzung des Symptombildes, Diagnosekriterien, den bisherigen Schulweg, den Wechsel auf eine weiterführende Schule. Es handelt sich hierbei um wesentliche inhaltliche Schwerpunkte für theoretische Darstellungen. Der Bericht zeichnet sich darüber hinaus aus, dass er andeutungsweise mitteilt, wie sich Thomas fühlt. Er lenkt dadurch den Blick auf den Aspekt, wie ihm angesichts dieser Situation geholfen werden kann. Diese Betrachtung ist notwendig, weil sie bei einem Thema, das sowohl in der vergangenen als auch in der gegenwärtigen Forschungspraxis unterschiedlich bewertet wurde und wird, häufig der einzige gemeinsame Nenner ist. Er wird für die vorliegenden Ausführungen leitend sein. Diese Vorgabe erfolgt vor dem Hintergrund, dass die in der Fachliteratur publizierten heterogenen Auffassungen - Ausdruck von akademischen Diskussionen, von verschiedenen Überzeugungen und Forschungsrichtungen - nachhaltige Wirkung auf die Förderungspraxis von Kindern und Jugendlichen haben.

2. Begriffsklärung

Der Versuch einer Begriffsklärung ist untrennbar mit verschiedenen Forschungsperioden verbunden. Er kann deshalb nur unter Bezug auf die wechselvolle Geschichte vorgenommen werden.
Erste Irritationen treten bereits bei der auszuwählenden Begriffsbezeichnung auf: Handelt es sich bei der Symptomatik um eine Leseschwäche („legere“: lesen, „asthenia“: Schwäche), also um eine Legasthenie, eine Dyslexie, eine Lese- Rechtschreibschwierigkeit, eine Lese-Rechtschreibschwäche, eine Schrifterwerbsstörung etc.? Ist es vertretbar, hier von Synonyma zu sprechen oder gibt es Möglichkeiten zu einer klaren Unterscheidung? Welche Differenzierungskriterien werden geltend gemacht? Beziehen sich diese auf postulierte Ursachenbereiche oder sind sie von fachwissenschaftlichen Ausrichtungen (medizinische, psychologische, pädagogische) geprägt?
Diese und ähnliche Fragen richten sich an eine Forschungssituation, die sich – hier besteht Einigkeit – folgendermaßen beschreiben lässt: „Die Diskussion um Begrifflichkeiten, Definitionen, Klassifikationen und Kategorisierungen von Lese-, Schreib- und Rechtschreibschwierigkeiten galt und gilt bis heute als komplexe bzw. kontroverse Thematik innerhalb des wissenschaftlichen Diskurses“ (Studener, 2000, S. 276).

Exkurs: ausgewählte (wesentliche) Bezugspunkte:
Gegen Ende des 19. Jahrhunderts wurden beeinträchtigte Leseprozesse mit Begriffen wie Wortblindheit, Alexie, Dyslexie (zunächst als Störung an Erwachsenen beobachtet) erfasst. Eine erste experimentell-psychologische Auseinandersetzung mit Lesestörungen verbindet sich mit dem Namen Ranschburg (1916, Begriff „Legasthenie", gekoppelt an eine rückständige geistige Entwicklung). Peters (1926) legte eine Typologie von Lesestörungen vor. Das Interesse an Störungsmöglichkeiten verebbte in dem Maße, in dem sich das Forschungsinteresse auf den Leselernprozess richtete.
Erst etwa Anfang der fünfziger Jahre lebte es wieder auf. Ausschlaggebend dafür waren Untersuchungen von Linder (1951). Sie ergaben für Kinder mit Leseschwächen in der Regel eine durchschnittliche bis überdurchschnittliche Intelligenz. Diese Einschätzung führte zu einer Forschungseuphorie mit einem Höhepunkt in den 60er Jahren des 20. Jahrhunderts. Im Zuge einer intensiv betriebenen Rechtschreibfehleranalyse wurde Legasthenie als operationales Konstrukt (erfassbar durch einen Rechtschreib- und Intelligenztestwert) betrachtet. Heller (1992) fasst diesen Forschungsabschnitt zusammen: „Das Ergebnis der Analyse ... waren ... mehrdimensionale ätiologische Modelle der Legasthenie, in die alle damals gängigen Einflussfaktoren des Schulversagens als legasthenieverursachend Eingang fanden" (S.11). Diese vage Forschungslage und ihre praktischen Auswirkungen bewirkten eine rigorose Abkehr von der ursprünglichen Legasthenie-Konzeption: „Je nach verwendetem diagnostischem Instrumentarium (wurde) bis zu einem Viertel der Kinder einer Jahrgangsstufe als sogenannte Legastheniker identifiziert, was geradezu unweigerlich zu Abwehrreaktionen der Schulaufsichtsbehörden führen musste" (a.a.O., S.6).
Die Heftigkeit der einsetzenden Anti-Bewegung im deutschen Sprachraum drückte sich beispielhaft in Veröffentlichungen wie „Der Unfug mit der Legasthenie" (Sirch, 1975) oder „Legasthenie – Erforschung einer Leerformel" (Schlee, 1977) aus.
Erst in den 90er Jahren belebte sich die Forschung erneut. Neben einer methodischen Neuorientierung auf den zu diagnostizierenden Einzelfall wurde gefordert, den Leselernprozess wieder verstärkt in den Mittelpunkt zu stellen.

Die einzelnen Forschungsströmungen werden von unterschiedlichen Positionen dominiert. Das heißt aber nicht, dass Auffassungen, die nicht dem jeweiligen Zeitgeist entsprechen, aufgegeben werden. Sie tragen vielmehr zu einem Nebeneinander von Befürwortern und Gegnern einer Legasthenie-Konzeption bei. Auch der aktuelle Stand zeigt ein heterogenes Bild in der Meinungsbildung (z.B.

Grüntgens, 1999, Klicpera, Schabmann & Gasteiger-Klicpera, 2003, Richter, 2000). Beispielhaft hierfür:

- Krawitz (1997) setzt sich aus pädagogischer Sicht in einem informativen Beitrag mit der Legasthenie-Konzeption auseinander. Die Diagnose Legasthenie – so betont er – bewirkt, dass der pädagogisch relevante Raum des Lese- und Schreib-Lehr-Lernprozesses verlassen und ein therapeutischer Zugang geöffnet wird. Spezielle Interventionsprogramme werden dadurch – getrennt vom regulären Unterricht – etabliert. Eine solche „rein funktionelle ‚Legasthenie-Therapie' auf der Basis losgelöster visueller und auditiver Wahrnehmungs- und Diskriminationsübungen wird von pädagogisch orientierten Didaktikern immer wieder kritisiert und in Frage gestellt. An deren Stelle fordern sie eine neue didaktisch-methodische Orientierung des Erstlese- und Schreibunterrichts, in dessen Mittelpunkt die Vermittlung der Einsicht von Sinn und Bedeutung der Schriftsprache als von der gesprochenen Sprache grundsätzlich zu unterscheidenden Symbolsystems steht" (S.118). Diese Auffassung mündet konsequenterweise in den Vorschlag von Krawitz, nunmehr von „Lernproblemen beim Schrifterwerb" zu sprechen".
- Eine andere Situationseinschätzung nehmen Klicpera, Schabmann und Gasteiger-Klicpera (2003) vor. So weisen sie zum einen auf die lebendige interdisziplinäre Forschungsarbeit zum Thema Legasthenie hin. Zum anderen betonen sie die auffällige Diskrepanz zwischen der Vielfalt an Erkenntnissen und dem in der Lehrerschaft beobachtbaren „Verdruß über die Forschung". Sie formulieren ihren Eindruck, der unverblümt die Schärfe der Kontroverse wiedergibt: „Einerseits revidiert sie (die Lehrerschaft) ständig ihre Erkenntnisse, und andererseits kümmert sie sich auch nicht darum, diese Erkenntnisse in verständlicher Form zusammenzufassen und mitzuteilen. Daß in der Fülle an neuen Befunden eine Orientierung schwer fällt und dies zu einer Irritation führt, mag kaum verwundern" (S.16). (Anmerkung: Fortschritte sehen die Autoren besonders beim Verständnis der genetischen Grundlagen und der Analyse der Hirnaktivitäten beim Lesen und Schreiben.)

Derartig unterschiedliche Positionen haben erhebliche praktische Auswirkungen. Die kultusministeriellen Verordnungen der einzelnen Bundesländer zur Förderung von Kindern mit Schwierigkeiten im Erlernen des Lesens und Schreibens geben darüber Auskunft: Besonders Bayern übernimmt eine federführende Rolle mit der Bekanntmachung der neuen Förderrichtlinien im November 1999, in der der Begriff Legasthenie ausdrücklich inhaltlich ausgeführt wird. Wird diese Diagnose gestellt, werden schulische Hilfen und Nachteilsausgleich gewährt:

Legasthenie wird definiert als „eine Störung des Lesens und Rechtschreibens, die entwicklungspsychologisch und zentralnervös begründet ist" (Ganser & Wenger, 2005, S.196). Es liegen eine normale oder auch überdurchschnittliche Intelligenz

und normale familiäre und schulische Lernanregungen vor. „Die Beeinträchtigung oder Verzögerung beim Erlernen grundlegender Funktionen, die mit der Reifung des zentralen Nervensystems verbunden ist, hat demnach biologische Ursachen, deren Entwicklung lange vor der Geburt des Kindes angelegt oder durch eine Schädigung im zeitlichen Umkreis der Geburt bedingt ist" (a.a.O., S.197).
Tritt ein vorübergehendes legasthenes Erscheinungsbild auf, handelt es sich um eine Lese- und Rechtschreibschwäche (LRS), die unterschiedliche Ursachen haben kann wie z. B. eine Erkrankung, eine seelische Belastung, ein Schulwechsel.
Bei Lese- und Rechtschreibschwächen im Rahmen einer allgemeinen Minderbegabung wird von Schülern mit einem sonderpädagogischen Förderbedarf gesprochen. Schwierigkeiten können sich dabei in allen schulischen Lern- und Arbeitsbereichen zeigen.

Diese vom Staatsministerium für Unterricht und Kultus für Bayern getroffene Regelung wird mit neuen medizinischen, psychologischen und pädagogischen Erkenntnissen begründet (von Warnke et al., 2002, als vorbildlich bezeichnet, von anderen Autoren z. B. wegen der Ursachenzuschreibung und den damit verbundenen Konsequenzen kritisiert). Andere Bundesländer vermeiden den Begriff Legasthenie und sprechen allgemein von Schülern „mit Schwierigkeiten im Lesen und/oder Rechtschreiben".

3. Zur Phänomenologie

Das Erscheinungsbild des als Lese-Rechtschreibschwierigkeiten bezeichneten Komplexes umfasst ein breites Spektrum der zu benennenden Fehlermöglichkeiten beim Lesen und Schreiben. Eine Konzentration auf einzelne „Bündelungen" von Fehlern ist deshalb schwierig. Dennoch wird häufig zwischen einer akustischen Erfassungsschwäche (Lautnuancentaubheit), einer visuellen Wahrnehmungs- und Speicherschwäche (Gestaltmerkmale), einer mangelnden Lesefähigkeit, einem erschwerten Leseverständnis und einem gestörten Verhältnis zur Raumlage (z. B. oben, unten, hinten, vorn) differenziert (Firnhaber, 1990). Diese Erscheinungsformen, die sich gegenseitig bedingen (können), variieren in ihrem Ausprägungsgrad. Sie sind derart facettenreich, dass auch nach einer langen Forschungstradition keine allgemein verbindliche Eingrenzung/Abgrenzung/Kategorisierung von Legasthenie vorliegt (vgl. Wright & Groner, 1992). Die praktischen Erfahrungen legen vielmehr die von vielen Fachleuten vertretene Auffassung nahe, dass die Legasthenie individuell geprägt ist (vgl. Vonderberg & Wassmer, 1998).

4. Epidemiologie

Die Angaben stehen in einem engen Zusammenhang mit den angeführten Schwierigkeiten wie z. B. der Begriffsbestimmung, der Klassifikation der Lese-Rechtschreibschwierigkeiten und mit der zugrunde liegenden theoretischen Position: Warnke, Hemminger, Roth und Schneck (2002) gehen von mindestens 4 % der Kinder im Schulalter aus, die von einer Lese- und Rechtschreibstörung schwerwiegend betroffen sind; Jungen im Vergleich zu Mädchen häufiger. Diese Einschätzung wird auch in der neuen bayerischen KMBek von 1999/2000 zur Förderung von Schülern mit besonderen Schwierigkeiten beim Erlernen des Lesens und Rechtschreibens geteilt: Rund 4 % der Kinder werden als Legastheniker bezeichnet, während ca. 7 bis 10 % aller Schüler im Einschulungsalter beim Erlernen des Lesens (Lese- und Rechtschreibschwäche) Schwierigkeiten haben (vgl. Ganser & Wenger, 2005).

5. Kriterien zur Diagnostik

Lese- und Rechtschreibschwierigkeiten wurden und werden auf unterschiedliche Weise diagnostiziert. Die auf dem medizinischen Modell beruhende Diagnose ist eine Möglichkeit – neben anderen. Diese spezifische Ausrichtung erfasst neben einer (a) grundsätzlichen Zuordnung (b) wesentliche Diagnosekriterien:

(a) Die ICD-10 der WHO (Dilling et al., 2005) ordnet die Lese- und Rechtschreibstörung neben einer isolierten Rechtschreibstörung und der Rechenstörung den umschriebenen Entwicklungsstörungen schulischer Fertigkeiten zu. Eine Lese- und Rechtschreibstörung wird diagnostiziert, wenn es sich um eine eindeutige Beeinträchtigung in der Entwicklung der Lesefertigkeiten handelt, „die nicht allein durch das Entwicklungsalter, durch Visus-Probleme oder unangemessene Beschulung erklärbar ist“ (S.274). Diese Schwierigkeit ist häufig mit Rechtschreibstörungen verbunden. Neben dem schulischen Misserfolg können mangelhafte Teilnahme am Unterricht und soziale Anpassungsprobleme auftreten. Die Lese- und Rechtschreibstörung findet sich in allen bekannten Sprachen.

(b) Im einzelnen führt die ICD-10 folgende diagnostische Leitlinien an:
Leseleistungen: unter dem im Hinblick auf Alter, allgemeine Intelligenz und Beschulung erwarteten Niveau, Beurteilung mit Hilfe eines standardisierten Testverfahrens, Fehlerquellen: beim Alphabet aufsagen, Buchstaben benennen, bei der Analyse von Lauten, beim Vorlesen (z. B. Auslassen, Ersetzen, Verdrehungen oder Hinzu-

fügen von Wörtern oder Wortteilen), im Leseverständnis (z. B. unfähig, Gelesenes wiederzugeben). Rechtschreibprobleme: sind in der späten Kindheit und im Erwachsenenalter meist größer als die Defizite in der Lesefähigkeit, Fehlerquellen: Annahme, dass sie sich zum Teil von einer Störung in der phonologischen Analyse herleiten.

6. Theoretische Erklärungsansätze

Die bis in die heutige Zeit anhaltende Kontroverse zur Problematik von Lese- und Rechtschreibstörungen ist auch Ausdruck einer intensiven Ursachenforschung (Zusammenstellungen finden sich bei Schenk-Danzinger, 1991, Trommer-Melliger, 1992). Zahlreiche Hypothesen wurden formuliert, um die Erklärungsfaktoren zu benennen. Angesichts dieser regen „Spurensuche" fällt das zu ziehende Fazit eher bescheiden aus:

„Das einzige, was wir sicher wissen, ist:
1. *Es gibt keine organische, psychische oder soziale Bedingung, die in jedem Falle zu einer LRS führt.*
2. *Es gibt keine Bedingung, die als einzige zu Lese- und Rechtschreibschwierigkeiten führt.*
3. *Es gibt mehr Jungen als Mädchen, die Lese- und Rechtschreibschwierigkeiten entwickeln.*
4. *Lese- und Rechtschreibschwierigkeiten entwickeln Kinder in allen Kulturen mit Schriftsprache" (Sommer-Stumpenhorst, 1991, S.24).*

Mit dieser Forschungslage ist eine Verabschiedung von einem kausalen Denken verbunden; es ist jedoch kein Pessimismus angezeigt. Viele der zur Zeit geäußerten Auffassungen vertreten den Standpunkt, dass einer komplexen Problematik nur mit einem komplexen Erklärungsmodell entsprechen werden kann (vgl. z. B. Grissemann, 1998: dynamisch-systematisches Modell, das verschiedene Entwicklungsbedingungen des Lese- und Schreiblernprozesses benennt und in Interaktion setzt, Klicpera, Schabmann & Gasteiger-Klicpera, 2003, S.161: interaktives Modell der Entwicklung von Lese- und Rechtschreibschwierigkeiten mit den in dynamischer Wechselwirkung stehenden Bereichen „individuelle Lernvoraussetzungen" (kognitiv, Verhalten, emotional), „familiäre Interaktion", und „Unterricht"). Trotz der Komplexität von solchen Wechselwirkungsgefügen besteht die Gefahr, dass einzelne Aspekte aus dem Blickfeld geraten:

Exkurs: Ein Beispiel führt Studener (2000) mit der Frage nach der subjektiven Bedeutung an, die die Aneignung von Lesen und Schreiben für jeden jungen Menschen mit sich bringt. Der Erwerb von Kulturtechniken als Teil des Sozialisationsprozesses ist ein Schritt in die Erwachsenenwelt. Aus tiefenpsychologischer Sicht – so bemerkt Studener – sind die unbewussten und bewussten psychodynamischen Prozesse bei der Entwicklung der Lese- und Rechtschreibfähigkeit und auftretenden Störungen zu berücksichtigen.
Mit dieser Forderung aktualisiert Studener die Ursachendiskussion um den psychoanalytischen Beitrag. Dieser wird u.a. bereits von Grüttner (1987) vertreten. Er sieht die Lese-Rechtschreibstörung parallel zu anderen Persönlichkeitsstörungen und stellt sie in eine Reihe mit Fehlleistungen wie Versprechen und Vergessen. Sie wird als Symptom verstanden, das „Sinnhaftigkeit" enthält. Die Lese- und Rechtschreibfehler, die Fehl-Leistungen, werden aus dem üblichen Kontext gelöst und als Leistung (als Ausdruck einer vielschichtigen Problematik) gesehen.

Das Beispiel zeigt, dass die Entwicklung von komplexen Modellen längst nicht abgeschlossen ist – in der geschichtlichen Entwicklung (siehe Kapitel 5.2) wird mit jedem weiteren Aspekt, abhängig von der Vehemenz, mit der er vorgetragen wird, eine neue Etappe beschritten.

Abbildung 1 enthält die wesentlichen Ursachenbereiche, die bei der Analyse von Lese- und Rechtschreibstörungen diskutiert werden. Während diese früher häufig in pauschalen Annahmen formuliert wurden, bieten die technisch-naturwissenschaftlichen Fortschritte in der gegenwärtigen Zeit die Möglichkeit zu präziser formulierten Annahmen.

Neben diesen grundsätzlichen Positionen erweitern die von einigen Autoren vorgelegten „anderen" Sichtweisen die Ursachendiskussion: So wählt z. B. Davis (1996) eine Erklärungsvariante (als Ergebnis von Selbstbeobachtung und Erfahrungen mit betroffenen Kindern), die „Legasthenie als Talentsignal" begreift. Nach Davis sind es demnach drei Bedingungen, die legasthenieverursachend wirken: „eine bestimmte Denkweise (bildhaftes Denken), ein natürliches Wahrnehmungstalent (Fähigkeit, sich aktiv zu desorientieren), eine bestimmte Art und Weise, auf Verwirrung zu reagieren" (Temple, 1998, S.87). Der zentrale Begriff in diesem Annahmesystem ist der der Desorientierung. Desorientiertheit steht in Einklang mit Fehler machen. Sie ist bei Menschen anzutreffen, die die Fähigkeit zu schnellem und kreativem Denken in Bildern besitzen. Davis nimmt an, dass diese Fähigkeit bei Legasthenikern im Vergleich zu Nicht-Legasthenikern häufiger vorhanden ist. Die Konsequenz wäre eine Fehlerbeseitigung durch Orientierung (vgl. z. B. Villain, 1999).

biologische Ursachen	mangelnde kognitive Lernvoraussetzungen	soziale Ursachen
genetische Faktoren: – Hypothesen über Lokalisation von mitverantwortlichen Genen für Lesen und Schreiben und über den Modus der Vererbung neuropsychologische Erklärungsmodelle: – Hypothesen über die Funktion einzelner Teilkomponenten beim Lesen und Schreiben: Zu welchen Beeinträchtigungen führt z.B. der Ausfall einzelner Komponenten? Verbindungen zwischen Lesestörungen (Alexien) und Störungen der mündlichen Kommunikation (Aphasien) – anatomisch-strukturelle Abweichungen des Zentralnervensystems – Hypothesen über eine Veränderung der zentralnervösen Informationsverarbeitung	– visuelle Wahrnehmungsschwächen – Zusammenhang mit sprachlichen Entwicklungsbeeinträchtigungen – auditive Wahrnehmungsschwächen oder Entwicklungsbeeinträchtigung in der Sprachwahrnehmung – abweichende Verarbeitung oder Repräsentation von Wörtern – geringe Benennungsgeschwindigkeit – Beeinträchtigungen des Gedächtnisses	– Einfluss der sozioökonomischen und familiären Verhältnisse – Häufigkeit außerschulischen Lesens – Freizeitgewohnheiten: z. B. erhöhter Fernsehkonsum

Abb. 1: Ursachen von Lese- und Rechtschreibschwierigkeiten (Zusammenstellung in Anlehnung an Gasteiger-Klicpera & Klicpera, 2004, Klicpera et al., 2003, Warnke, Wewetzer, Hennighausen, Schulte-Körne & Remschmidt, 1999: zur neurobiologischen Sicht, Mayringer & Wimmer, 1999, Share, 1994: zum Bereich der kognitiven Fähigkeiten)

Erinnerungshilfe:

Dieser Einblick in postulierte Ursachenbereiche (versehen mit unterschiedlicher Plausibilität) macht deutlich, dass der Austausch über Erklärungskonzeptionen anhalten wird. Auch die vorgeschlagenen interaktiven Modelle enthalten Elemente, die auf verschiedenen Erklärungsebenen anzusiedeln sind. Zusätzlich werden immer wieder alternative Betrachtungsweisen in die Diskussion gebracht.

7. Prävention

Der Lese- und Schreiblernprozess wird von Schwierigkeiten mit unterschiedlicher Ausprägung begleitet. Deshalb erfordert der didaktische Vermittlungsvorgang besondere Aufmerksamkeit. Im Rahmen ihres Studiums erhalten die angehenden Lehrkräfte ein differenziertes Wissen über den Aufbau der Sprache und die Wege zum Lesen- und Schreibenlernen (Modelle des Schriftspracherwerbs): *Das von Frith (1986) postulierte Modell beinhaltet eine logographische Stufe (Vorstadium: Orientierung an visuellen Merkmalen eines Wortes), eine alphabetische (Erwerb von Buchstaben-Laut-Beziehungen, Analyse von Wörtern auf Lautebene) und deren Synthese, die zu der orthographischen Stufe führt (orthographische Eigenschaften von Wörtern werden im Gedächtnis gespeichert und ermöglichen so einen automatisierten Zugriff). Da im Leselernprozess die Buchstaben-Laut-Beziehungen relativ schnell erfasst werden, favorisieren Klicpera und Gasteiger-Klicpera (1999) das Modell von Ehri (1997). Diese Konzeption beruht auf der dominierenden Stellung der alphabetischen Strategie zum Aufbau eines Sichtwortschatzes und setzt dadurch den Schwerpunkt für den Aufbau des Leselehr- und Leselernprozesses.*

Die Lehrtätigkeit im Erstlese- und Rechtschreibunterricht kann sich auf ein Reservoir an Handlungsmöglichkeiten stützen. Aus diesem von Praktikern erprobten Handlungsfeld wird im folgenden beispielhaft ausgewählt (nach einer Zusammenstellung von Klicpera, Schabmann & Gasteiger-Klicpera, 2003, S.91 ff.): *Handzeichen als Hilfe für das Behalten der Buchstaben-Laut-Zuordnung, Förderung der phonologischen Bewusstheit (Sensibilisierung für den Sprachaufbau und die –gliederung, Wortaufbau und –abbauübungen), Üben von orthographischen Analogien (z. B. Sensibilisierung für Reime), Erhöhung der Lesegeläufigkeit durch Üben, selbst erfundenes Rechtschreiben als Vorstufe des fehlerfreien Rechtschreibens erproben, Arbeit mit Wörterbuch, Sicherung des Grundwortschatzes, spielerische Trainingsphasen (z.B. bei der Bildung von Ableitungsformen).*

Die vorhandene Fülle an didaktischen Anregungen erfordert die Bereitschaft, sich mit ihnen auseinanderzusetzen, sie auf die spezielle Klassensituation und die spezifischen Lernbedingungen der einzelnen Schüler zu beziehen und zu erproben. Diese Flexibilität in der Unterrichtsgestaltung trifft auf die Lernvoraussetzungen, die die Schüler aus ihrem familiären und außerschulischen Umfeld einbringen. Da diese Bereiche den normalen Sprachaneignungsprozess von Kindern beeinflussen, prägen sie auch wesentlich die Motivation zum Lesen und Schreiben. Sprachaneignung und -verständnis und der Erwerb der Kulturtechniken beruhen auf der „geführten Anregung", die sich auf die veränderten Bedingungen durch ein Fernseh- und Computerzeitalter einstellen muss. Eine solche geführte Anregung kann sich sowohl im Einflussbereich der sozialen Ursachen als auch der kognitiven Lernvoraussetzungen (siehe Abb. 1) auf ein breites Spektrum an Vorschlägen stützen.

8. Interventionsmöglichkeiten

Jede Lehrerin und jeder Lehrer verfügt – unabhängig von der bundeslandüblichen Regelung – über eine erhebliche Bandbreite an Einzelmaßnahmen. Zu diesen zählen entsprechend den Anregungen des Bundesverbandes Legasthenie und Dyskalkulie e. V. u.a.:

Beachten der Sitzposition des Kindes (frontal zur Tafel), Vereinbarung zum freiwilligen Vorlesen durch Handzeichen (kein „Vorführeffekt"), Sonderregelungen für Hausaufgaben mit Zeitlimit, Einsatz von Hilfsmitteln beim Lesen, z. B. die Arbeit mit einem Lesepfeil, um die Zeile zu halten, Neigung des Arbeitsplatzes analog zu einem Schreibpult (Aktenordner kann als Unterlage dienen), ein Lesestab (zum Vergrößern der Schrift), Hellsicht-Zeilen-Lupe (Zentralbereich wird hell herausgehoben, der Rest ist abgedunkelt), Lesen mit Farben (zur Verbesserung der Wahrnehmung).

Die Hilfsmittel können sowohl im familiären als auch im schulischen Bereich eingesetzt werden. Sie begleiten den Leseprozess von Kindern, indem sie sich als gestalterisches Element aufnehmen lassen. Auf diese Weise kann einem mechanischen Üben vorgebeugt werden. Allerdings sollte zwischen dieser Funktion und der Ursachensuche klar getrennt werden. So sehen einige Befürworter dieser Hilfsmittel eine (eventuell sogar die) Ursache der Lese- und Rechtschreibschwierigkeiten z. B. in einer Blickbewegungsstörung, die auf diese Weise beseitigt werden kann. Derartig isolierte Ursachennennungen sind im Bereich der Lese-Rechtschreibschwierigkeiten häufig anzutreffen.

Die Forderung nach einer frühzeitigen Förderung beruht auf der Erkenntnis, dass Lese- Rechtschreibschwierigkeiten sich im Laufe der Zeit nicht auswachsen, sondern entsprechende Defizite über die Schulzeit bis in das Erwachsenenalter bestehen bleiben (Klicpera, Schabmann & Gasteiger-Klicpera, 1993, fassen die Ergebnisse einer Längsschnitt-Untersuchung zusammen: „Es handelt sich bei lese- und rechtschreibschwachen Schülern aus den höheren Klassenstufen mit geringen Ausnahmen um die gleichen Kinder, die bereits zu Beginn der Grundschulzeit deutliche Probleme beim Erlernen des Lesens und Schreibens hatten .. . Die Auffassung, dass Schüler mit anfänglichen Problemen beim Lesen diese bis zum Ende der Grundschulzeit überwinden, konnte somit für den Großteil der leseschwachen Schüler nicht bestätigt werden" (S.224)).

Die jahrzehntelang erprobten Förderinhalte und Formen sind aufgrund immer neuer theoretischer Erkenntnisse und Forschungsergebnisse so vielfältig, dass im folgenden lediglich ein Einblick gegeben werden kann (vgl. z. B. Bundesverband Legasthenie und Dyskalkulie e. V., 2002, S. 10 ff., Roth & Warnke, 2001):

- Förderung basaler Wahrnehmungsfunktionen (Auffälligkeiten bereits im Vorschulalter beachten, z. B. Sprachentwicklung und Sprachverständnis)

- Entwicklung der phonologischen Bewusstheit (Einsicht in die Lautstruktur der mündlichen Sprache), z. B. Laute erkennen, trennen, zählen, streichen, verbinden, Silben, Reime bilden und erkennen
- Auswahl an erprobten Förderprogrammen (Abb. 2):

Kieler Lese- und Rechtschreib-aufbau nach Dummer-Smoch und Hackethal (2000)	**Therapie-programm nach Kossow (2000)**	**Lautgetreue Rechtschreib-förderung nach Reuter-Liehr (1992)**	**Marburger Rechtschreib-training nach Schulte-Körne und Mathwig (2001)**	**Würzburger Trainings-programm zur phonologi-schen Bewusstheit von Küspert und Schneider (2001)**
Kennzeichen: Lautgebärden als Merkhilfe für alle Buchstaben, Üben der Silbentrennung, Arbeit mit Wörterkarteien, Spielwaren, Vermittlung von Rechtschreibre-geln.	Kennzeichen: Grobgliederungs-, Feingliederungs-, Einprägungs-, etymologisch-morphologische und grammatika-lische-, Analogie-, Einsetz-, Bestimmungs-übungen; Vermittlung von Algorithmen, Gebärden als Hilfe, Wahrnehmungs- und Denk-training (vgl. dazu Hoffmann, 1998).	Silbenschreiten und synchrones Mitsprechen, lautgetreues Wortmaterial, sorgfältige Artikulation.	Kennzeichen: Training für den häuslichen Bereich, Erlernen von Rechtschreibre-geln (Hilfe: Bildmaterial).	Kennzeichen: „Hören, Lauschen, Lernen" für Vor-schulkinder (Lauschspiele, Reime etc.).

Abb. 2: Trainingsprogramme

- Computerprogramme: zur Ergänzung, motivations- und konzentrationsfördernd, Hilfe bei feinmotorischen Schwierigkeiten (Hinweis: Castell 1999, Castell, Le Pair, Amon & Schwarz, 2000, führen aufgrund von Forschungsergebnissen an, dass eine computergesteuerte Förderung des Lesens und Rechtschreibens lediglich für Kinder mit besonders niedrigen Ausgangsleistungen effektiv ist.).

- Psychotherapeutische Behandlungsmöglichkeiten (beim Auftreten von Verhaltensauffälligkeiten wie z. B. Angst, depressive Verstimmungen – Verhaltenstherapie, Familientherapie, systemische Therapie, Gesprächspsychotherapie, funktionelle Therapie: z. B. sensorisch-integrative Therapie, psychomotorische Therapie).
- Entspannungstechniken (Autogenes Training, meditative Übungen etc.).

Die ausgewählten Möglichkeiten beruhen auf verschiedenen Annahmen über die Ätiologie und setzen unterschiedliche Schwerpunkte hinsichtlich der Intervention. Sie stoßen bei der praktischen Erprobung bzw. der wissenschaftlichen Bewertung auf unterschiedliche Resonanz. Beispiele hierfür:

- Forschungsergebnisse von Schneider, Roth und Küspert (1999, auch: Schneider, Reimers, Roth, Vise' & Marx, 1997) belegen die Wirksamkeit von Trainingseinheiten zur Förderung phonologischer Bewusstheit bei Kindergartenkindern: Es zeigen sich substantielle Langzeiteffekte in bezug auf den Schriftspracherwerb in der Schule. Die Autoren resümieren deshalb optimistisch, „dass eine Förderung der sprachlichen Bewusstheit vor Schuleintritt dazu führen kann, dass sich die Zahl der Legastheniker in unserem Schulsystem deutlich reduziert" (S.152).
- Scheerer-Neumann (1993) beurteilt empirisch geprüfte Interventionsmethoden hinsichtlich der Effektivität und formuliert als Ergebnis: Lediglich Förderprogramme, die direkt an den Defiziten der Kinder im Lesen und Rechtschreiben ansetzten, erwiesen sich als wirksam. Trainingseinheiten zur Kompensation von gestörten kognitiven Funktionen (z. B. Training der visuellen bzw. akustischen Wahrnehmung, der intermodalen Integration, der Psychomotorik, der Konzentration), waren dagegen weniger effektiv als erwartet. Grundsätzlich muss nach Wimmer und Landerl (1998) resümiert werden, „dass auch bei einer intensiven, an den Lese- und Schreibfertigkeiten orientierten Förderung die Leistungsverbesserung nur langsam und in kleinen Schritten erfolgt. Die Behandlung von LRS erfordert also viel Geduld sowohl von Seiten der betroffenen Kinder als auch von Seiten ihrer Eltern und Lehrer" (S.326).

9. Pädagogisch-psychologische Hilfestellungen

Aus der Sicht des Elternhauses

Lese- und Rechtschreibschwierigkeiten von Kindern und Jugendlichen, also ein leistungsmäßiges Versagen, belasten die familiäre Situation erheblich. Gegenseitige Schuldzuweisungen unter den Erziehungsberechtigten, Konzentration auf das Kind, das aus unerklärlichen Gründen nicht will, Vorwürfe an eine Schule, die nicht in der Lage ist, den Kindern Lesen und Schreiben beizubringen, sind familiäre Diskussionspunkte. Einen Ausweg aus dieser Situation sehen viele Eltern durch die Inanspruchnahme zahlreicher Hilfsangebote. Sofern diese nicht aus dem schulischen Bereich erwachsen, wartet mittlerweile aufgrund der Nachfrage ein großer Markt auf das entsprechende Klientel. Neben vielen seriösen Anbietern, die mit erprobten Programmen zielgerichtet fördern, finden die Eltern auch ein Angebot vor, das sorgfältig zu sichten ist. Weil schulische Förderung häufig nur begrenzt erfolgt, haben private Anbieter – parallel zur öffentlichkeitswirksamen Darstellung der Problematik (Arbeit von Interessenverbänden, Veröffentlichungen von Forschungsergebnissen) - Konjunktur. Dies führt u. a. auch dazu, dass zweifelhafte Therapiemethoden angepriesen werden. Vorsicht sollte bei allen Therapien geboten sein, die eine schnelle Lösung des Problems versprechen. Die im wissenschaftlichen Kontext geäußerten Warnungen vor solchen Angeboten sollten von allen Betroffenen gehört werden (vgl. z.B. Richter, 2000, Wiater, 1999, Wimmer & Landerl, 1998, S.326: „Markt ohne jeglichen Konsumentenschutz“). Hilfe leistet in diesem Fall mit seinem Informationsdienst der Bundesverband Legasthenie und Dyskalkulie e. V. In diesem Verbund engagieren sich Eltern für die Belange von lese-rechtschreibgestörten Kindern und Jugendlichen. Das Ziel besteht darin, „die Besonderheit der Lernschwäche oder Lernstörung zu belegen und so die schulrechtliche Sonderstellung legasthener Kinder ... sicherzustellen“ (Wiater, 1999, S.7). Diesem Anliegen steht die Position der Gegner einer Legasthenie-Konzeption gegenüber, dass alle Kinder in bezug auf ihre Lese- und Rechtschreibentwicklung zu fördern seien.

Exkurs: Der Bundesverband Legasthenie und Dyskalkulie e.V. bezeichnet als Legasthenie Lese- und Rechtschreibschwierigkeiten, die über einen längeren Zeitraum mit einem besonderen Schweregrad auftreten und nicht auf niedrige Intelligenz, mangelnde Beschulung und fehlende Lernbereitschaft zurückzuführen sind. Dieses Symptombild, das einer spezifischen Diagnose bedarf, beruht nach Auffassung des Bundesverbandes auf einem Zusammenspiel verschiedener Faktoren: genetische Disposition, Störungen der auditiven und visuellen Wahrnehmung, Störungen des Lernens und des auditiven Gedächtnisses. Umgebungsfaktoren und familiäre Aspekte (Ausbildungsniveau der Eltern, emotionale Unterstützung, Hausaufgabensituation) können den Verlauf der Störung beeinflussen (Bundesverband Legasthenie und Dyskalkulie, 2004, Schulte-Körne, 2002).

Der Bundesverband gibt Eltern im einzelnen folgende Empfehlungen:

- Schwierigkeiten beim Spracherwerb und Sprachverständnis sind aufmerksam zu beobachten. Vorsicht: entwicklungsbedingte Unflüssigkeiten sollen nicht überinterpretiert und mit einem Krankheitswert versehen werden! Sorgfältige Artikulation und spielerische Übungen, die zu einer phonologischen Bewusstheit erziehen, begleiten den Sprach-, Lese- und Schreibprozess der Kinder. Sichtbar werdende Auffälligkeiten nicht sofort ansprechen, kein diesbezügliches Störungsbewusstsein bei Kindern erzeugen, sondern sich erst fachspezifisch informieren: Es steht eine umfangreiche Literatur zur Wissensaneignung zur Verfügung, Einholen sachkundiger Informationen von Beratungsstellen etc.
- Alle Auffälligkeiten sollen erst einmal als Bestandteil eines normalen Lese- und Schreiblernprozesses gesehen werden. Ansatzpunkt für Verbesserungen ist somit immer der Aneignungsprozess mit der Vielzahl an möglichen Hilfestellungen. Erweist sich ein eingeschlagener Weg als erfolglos, stehen andere Möglichkeiten zur Erprobung zur Verfügung. Dominiert diese Sichtweise, dann entfällt die übliche „Schuldsuche". Dieser Standpunkt entkräftet zugleich eine Argumentation wie z.B. von Schulte-Körne (2002): Eine Entlastung der familiären Situation erfolge „oft erst mit der Stellung der Diagnose und der Aufklärung über die Störung. Denn zuvor wurde innerhalb der Familie nach Erklärungen für das Scheitern des Kindes gesucht" (S.18). Auf die Gefahr, die von einer frühzeitigen Bindung an eine Diagnose mit Krankheitswert ausgeht, weisen vor allem Fachleute aus dem pädagogischen Bereich hin.
- Übungen sollen ohne Druck erfolgen; der Lese- und Schreiblernprozess darf nicht von Ermahnungen, Strafen etc. begleitet und das Interesse an diesen Tätigkeiten nicht auf diese Weise unterbunden werden. Aufgrund der emotionalen Beteiligung ist es häufig nicht zu empfehlen, dass Eltern in Eigenregie die Förderung ihres Kindes übernehmen. Sie sollen vielmehr unter Anleitung in spezifische Programme eingebunden werden. Auf diese Weise wird vermieden, dass sich widersprechende Anforderungen an das Kind ergehen und unterschiedliche Erwartungen gehegt werden.
- Die Lese- und Schreibschwierigkeiten des Kindes sollen nicht im Mittelpunkt stehen. Eine Anerkennung seiner Stärken verhindert eine Reduzierung auf dieses Defizit.

- Den Kindern ist die zusätzliche Förderung mit dem Hinweis zu erklären, dass es eine Möglichkeit erhält, die eigene Lernsituation zu verbessern. Vermittlung der Einstellung: „Ich kann selbst etwas ändern!"
- Der Leselernprozess sollte gegenüber dem Rechtschreiben Priorität haben. Lesen dient der Wissenserarbeitung in anderen Fächern, während Computer mit Rechtschreibprogrammen unterstützend wirken.

Aus der Sicht der Schule

Abbildung 3 enthält die Bereiche, für die die Schule (mit) zuständig ist.

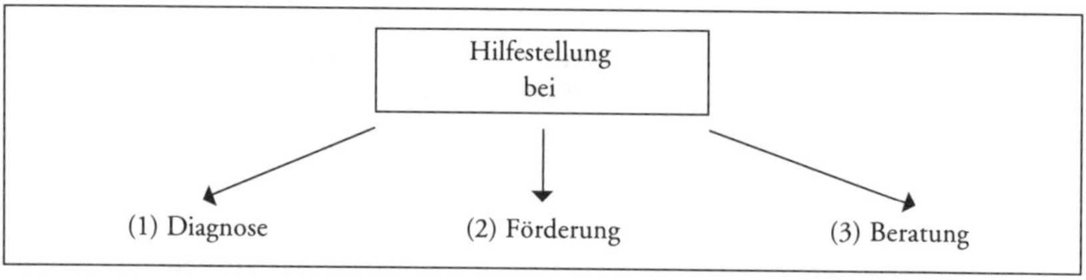

Abb. 3: Schulische Aufgaben

(1) Diagnose

Im Unterrichtsprozess fallen lese- und rechtschreibschwache Kinder den Lehrkräften – allerdings in mitunter unterschiedlichen Zeitabschnitten auf; so kann es vorkommen, dass es Kindern aufgrund sehr guter Behaltensleistungen über einen längeren Zeitraum möglich ist, ihre Leseleistung zu kaschieren. Sie „lesen", indem sie den Stoff aus dem Gedächtnis wiedergeben. Erst wenn mangelndes Leseverständnis ihre Schwierigkeiten offenbart, erfassen Lehrerinnen und Lehrer die vorhandenen spezifischen Defizite. Ergänzen sich diese durch entsprechende Beobachtungen aus dem Elternhaus, dann obliegt es den Lehrkräften, eine genaue Abklärung in die Wege zu leiten (Beratungslehrer, Schulpsychologen, Diplom-Psychologen, Fachärzte). Die einzelnen Bundesländer haben in Form von Erlassen und Verwaltungsvorschriften eigene Rahmenrichtlinien bezüglich der Diagnosemöglichkeiten und Förderangebote. Aus diesem Grunde sind Lehrkräfte in unterschiedlichem Maße bei der Bewertung bzw. Förderung gefordert (Hinweis: die Internetseiten des Bundesverbandes Legasthenie und Dyskalkulie e. V. enthalten die Legasthenieerlasse der einzelnen Bundesländer).

(2) Förderung

Im Rahmen der schulischen Förderung sind folgende Formen etabliert:

- Einrichtung von LRS-Schulen und LRS-Ambulanzen (Erfahrungsbericht z. B. von Schwarz, Orth & Leuschner, 1998)

- Einrichtung von LRS-Klassen (Erfahrungsbericht z. B. von Brensing, 1995)
- Einrichtung von Fördergruppen zusätzlich zum Unterricht (Forderungen: z.B. nur fünf bis sechs Kinder, ca. zweimal wöchentlich, leistungshomogene Gruppen)
- Binnendifferenzierung im Klassenverband: Schaffung individueller Lernangebote
- Psychische Entlastung der betroffenen Kinder durch Notenschutz; der Bundesverband Legasthenie und Dyskalkulie e.V. fordert, den Notenschutz bis zum Ende der Schulzeit zu gewähren, Fachleute sprechen von psychischen Auffälligkeiten bei bis zu 50 % der Kinder und Jugendlichen mit einer Lese- und Rechtschreibstörung
- Weitere Hilfsangebote im Rahmen des Nachteilsausgleichs: „Einsatz von Computern mit Fehlerkorrekturprogramm. Individuelle Bemessung der Zeitangaben bei der Leistungsüberprüfung im Lesen und Rechtschreiben. Möglichkeit bei schriftlichen Arbeiten, diese zunächst mündlich anzufertigen und sie mit ausreichend Zeit später zu verschriftlichen. Ausnutzung verschiedener Formen der Vermittlung von Rechtschreibfähigkeit bei ausgeprägter Lese- und Rechtschreibstörung (z. B. Handzeichen)“ (Schulte-Körne, 2002, S.21).

(3) Beratung

Für Lehrerinnen und Lehrer: Eine grundsätzliche Forderung ist die Verbesserung der Aus- und Weiterbildung der Lehrkräfte bei der Vermittlung des Lese- und Schreiblernprozesses und der dabei auftretenden Schwierigkeiten. Hinweis: Nach Martinius (1991) ist neben dem von Eltern genutzten außerschulischen Übungsangebot das fehlende Wissen der Lehrer mit ein Grund dafür, dass „eine Legasthenie erst in der 3. Jahrgangsstufe oder sogar später entdeckt wird“ (S.815).
Für Eltern: Die Schule klärt über die bundeslandspezifische Situation (Diagnose, Förderung) auf. Sie stellt den Eltern ein ausgewogenes wissenschaftliches Informationsmaterial über den derzeitigen Forschungsstand zur Verfügung, um einer einseitigen Orientierung vorzubeugen. Neben dieser grundsätzlichen Aufklärung gibt die Schule konkreten Einblick in die individuelle Situation eines Kindes mit Lese- und Rechtschreibschwierigkeiten und unterbreitet Vorschläge zur Förderung (im Hinblick auf die Primär- und die begleitende psychische Sekundärsymptomatik).
Für betroffene Kinder und Jugendliche: Lehrerinnen und Lehrer analysieren gemeinsam mit den Betroffenen die individuelle Schwierigkeit und zeigen Verbesserungsmöglichkeiten auf (Hilfen bei bestimmten Fehlerschwerpunkten, falls vorhanden, Anleitung beim Üben von Lernstrategien und –kontrollen, Stabilisierung der psychischen Situation).

10. Arbeitsteil

Zusammenfassung:

Eine schier unübersehbare Fülle an Veröffentlichungen drückt das Interesse am Forschungsgegenstand Lese- und Rechtschreibschwierigkeiten aus. Diese äußerst rege Auseinandersetzung führte zu einer wechselvollen Geschichte, die von unterschiedlichen Auffassungen geprägt ist. Ein Konsens bezüglich einer Eingrenzung des Forschungsthemas, einer Kategorisierung etc. ist nicht in Sicht. Zu vielfältig sind die theoretischen Standpunkte (z. B. fachwissenschaftliche Orientierungen), die dem jeweiligen Forschungs-Blickfeld zugeordneten Schwerpunkte (z. B. Ursachendiskussion), die von Interessenverbänden und Institutionen getragenen Absichten (Gewährung einer schulrechtlichen Sonderstellung, außerschulische Fördereinrichtungen), um einen gemeinsamen Nenner zu finden. Übereinstimmung findet sich am ehesten bei Fragen wie z. B.: „Wie ist der normale Lese- und Rechtschreiblernprozess zu gestalten, dass alle Kinder die Kulturtechniken erwerben? Auf welche konkreten Hilfen kann dabei zurückgegriffen werden? Der am praktischen Vorgehen Interessierte kann aus einem umfangreichen Reservoir an Handlungsmöglichkeiten schöpfen. Zahlreiche Anregungen finden sich in diesem Kapitel als Hinweise auf entsprechende Literaturquellen.

Anwendungsorientiertes Wissen

(a) Beschreiben Sie die Situation von Thomas (Kapitel 5.1)!

(b) Setzen Sie sich mit der Aussage des Schulleiters auseinander!

(c) Beachten Sie die Ausführungen zur geschichtlichen Entwicklung (Kapitel 5.2)! Beantworten Sie mit deren Hilfe, wie die schulische Entwicklung von Thomas möglicherweise verlaufen wäre, wenn er in folgenden Jahren zur Schule gegangen wäre: um 1930, um 1960, um 1970, um 1980, um 2000!

Zur Wissensüberprüfung

(a) Das Thema Lese- und Rechtschreibstörungen wird in der Literatur kontrovers diskutiert. Die Frage nach der Häufigkeit ist eng mit der eingenommenen theoretischen Position und der Diagnostik verbunden. Von welchen Angaben geht die bayerische KMBek von 1999/2000 zur Förderung von Schülern mit Schwierigkeiten beim Erlernen des Lesens und Rechtschreibens aus?

(b) Wie kann die Ursachenforschung bilanziert werden (nach Sommer-Stumpenhorst, 1991)?

(c) Nennen Sie grundsätzliche Förderinhalte und Formen zur Verbesserung der Lese- Rechtschreibleistungen!

11. Literatur

Empfohlene Literatur:

Alle Materialien des Bundesverbandes Legasthenie und Dyskalkulie e. V., Königstr. 32, 30175 Hannover, info@bvl-hannover.de.

Gräven, M. & Gräven, G. (1999). Legasthenie – was tun? Ratgeber bei Lese- Rechtschreibschwierigkeiten mit Anleitungen für praktische Übungen und Übungstext in neuer Rechtschreibung: „Die kleine Hexe Knix". Wien: Jugend & Volk. (Anregungen für Übungen)

Rupp, H. (1995). Arbeitsgruppe Schule und Elternhaus. Bundesverband Legasthenie e.V. (Hrsg.), Legasthenie. Bericht über den Fachkongress 1995. Emden, Ostfriesische Beschützende Werkstätten GmbH. (konkrete Anregungen für praktisches Vorgehen)

Suchodoletz, W. von (Hrsg.) (2003). Therapie der Lese-Rechtschreib-Störung (LRS) – Traditionelle und alternative Behandlungsmethoden im Überblick. Stuttgart: Kohlhammer.

Suchodoletz, W. von (2003). Fragen und Antworten zur Lese-Rechtschreibstörung (Legasthenie). Eine Orientierungshilfe für Betroffene, Eltern und Lehrer.

Warnke, A., Hemminger, U. & Plume, E. (2004). Ratgeber Lese-Rechtschreibstörung. Göttingen: Hogrefe.

Verwendete Literatur

Brensing, T. (1995). Erfolgreiche Verhinderung von Analphabetismus durch LRS-Klassen aus der Sicht langjähriger Erfahrungen. Bundesverband Legasthenie e. V. (Hrsg.), Legasthenie. Bericht über den Fachkongress 1995 (S.169–178). Emden: Ostfriesische Beschützende Werkstätten GmbH.

Bundesverband Legasthenie und Dyskalkulie e. V. (2002). Schulische und außerschulische LRS-Förderung. Emden: Ostfriesische Beschützende Werkstätten GmbH.

Bundesverband Legasthenie und Dyskalkulie e. V. (Hrsg.) (2004). Legasthenie. Erkennen und Verstehen. Würzburg: CityDruck.

Castell, R. (1999). Computer pur. Zeitschrift für Heilpädagogik, 50 (12), 583–585.

Castell, R., Le Pair, A., Amon, P. & Schwarz, A. (2000). Lese- und Rechtschreibförderung von Kindern durch Computerprogramme. Zeitschrift für Kinder- und Jugendpsychiatrie und Psychotherapie, 28, 247–253.

Davis, R. D. (1996). Legasthenie als Talentsignal. Lernchance durch kreatives Lesen. München: Ariston.

Dilling, H., Mombour, W. & Schmidt, M. H. (Hrsg.) (2005). Internationale Klassifikation psychischer Störungen. ICD-10. Kapitel V (F). WHO. Bern: Huber.

Dummer-Smoch, L. & Hackethal, R. (2000). Kieler Leseaufbau. Kiel: Veris.

Ehri, L. (1997). Sight word learning in normal readers and dyslexics. In B. A. Blachmann (Ed.), Foundations of reading acquisition and dyslexia: Implications for early intervention (pp.163–189). Mahwah: Erlbaum.

Firnhaber, M. (1990). Legasthenie. Wie Eltern und Lehrer helfen können. Frankfurt a. M.: Fischer Taschenbuch Verlag.

Frith, U. (1986). Psychologische Aspekte des orthographischen Wissens. In G. Augst (Ed.), New trends in graphemics and orthography (pp.218–233). New York: de Gruyter.

Ganser, B. & Wenger, O. (2005). Juristische Aspekte zur LRS in der Schule. In Akademie für Lehrerfortbildung und Personalführung Dillingen, Lese-Rechtschreib-Schwierigkeiten (S.192–203). Donauwörth: Auer Verlag.

Gasteiger-Klicpera, B. & Klicpera, C. (2004). Lese-Rechtschreib-Schwäche. In G. W . Lauth, M. Grünke & J. C. Brunstein (Hrsg.), Interventionen bei Lernstörungen (S. 46–54). Göttingen: Hogrefe.

Grissemann, H. (1998). Diagnostik nach der Diagnose. Bern: Huber.

Grüntgens, W. J. (1999). Diagnose und Förderung von Kindern mit Lese- und Rechtschreibschwächen. Sonderpädagogische Forschung in NRW, Heft 4 (Verband Deutscher Sonderschulen e. V., Fachverband NRW).

Grüttner, T. (1987). Helfen bei Legasthenie – Verstehen und üben. Reinbeck bei Hamburg: Rowohlt.

Heller, D. (1992). Die Erforschung der Lesestörungen: Zur Geschichte der Legasthenie. Schweizerische Zeitschrift für Psychologie, 51 (1), 5–14.

Hoffmann, H. (1998). Zur Theorie und Praxis der LRS-Therapie nach Kossow. In Bundesverband Legasthenie e.V. Legasthenie. Bericht über den Fachkongreß 1997 (S.179–192). Emden: Ostfriesische Beschützende Werkstätten GmbH.

Klicpera, C. & Gasteiger-Klicpera, B. (1999). Lese-Rechtschreibprobleme – Einführung in den Themenschwerpunkt. Kindheit und Entwicklung, 8, 131–134.

Klicpera, C., Schabmann, A. & Gasteiger-Klicpera, B. (1993). Lesen- und Schreibenlernen während der Pflichtschulzeit: Eine Längsschnittuntersuchung über die Häufigkeit und Stabilität von Lese- und Rechtschreibschwierigkeiten in einem Wiener Schulbezirk. Zeitschrift für Kinder- und Jugendpsychiatrie 21 (4), 214–225.

Klicpera, C., Schabmann, A. & Gasteiger-Klicpera (2003). Legasthenie. Modelle, Diagnose, Therapie und Förderung. München: Reinhardt Verlag.

Kossow, H.-J. (2000). Leitfaden zur Bekämpfung der Lese- Rechtschreibschwäche. Berlin: Universitas Verlag.

Krawitz, R. (1997). Legasthenie/Lernprobleme beim Schrifterwerb. In G. Hansen & R. Stein (Hrsg.), Sonderpädagogik konkret (S.116–122). Bad Heilbrunn: Klinkhardt.

Küspert, P. & Schneider, W. (2001). Hören, lauschen, lernen. Sprachspiele für Kinder im Vorschulalter. Göttingen: Vandenhoeck & Ruprecht.

Linder, M. (1951). Über Legasthenie (spezielle Leseschwäche). Zeitschrift für Kinderpsychiatrie, 17, 97.

Martinius, J. (1991). Unerkannte Teilleistungsschwächen in der Adoleszenz. Psycho. 17 (12), 812–819.

Mayringer, H. & Wimmer, H. (1999). Kognitive Defizite lese-rechtschreibschwacher Kinder. Kindheit und Entwicklung, 8 (3), 141–146.

Peters, W. (1926). Psychologische Untersuchung über Lesedefekte. Zeitschrift für Pädagogische Psychologie, 27, 31–45.

Ranschburg, P. (1916). Die Leseschwäche (Legasthenie) und die Rechenschwäche (Arithmasthenie) der Schulkinder im Lichte des Experiments. Berlin: Springer.

Reuter-Liehr, C. (1992). Lautgetreue Rechtschreibförderung. Bochum: Verlag D. Winkler.

Richter, S. (2000). Der lange Abschied von einem Irrtum. Das Konstrukt „Legasthenie“ und seine Folgen. Grundschule, Heft 1, 25–26.

Roth, E. & Warnke, A. (2001). Therapie der Lese-Rechtschreibstörung. Kindheit und Entwicklung, 10 (2), 87–96.

Scheerer-Neumann, G. (1993). Interventions in developmental reading and spelling disorders. In H. Grimm & H. Skowronek (Eds.), Language acquisition problems and reading disorders: Aspects of diagnosis and intervention (pp.319–352). Berlin: de Gruyter.

Schenk-Danzinger, L. (1991). Legasthenie. Zerebral-funktionelle Interpretation, Diagnose und Therapie. München: Reinhardt.

Schlee, J. (1977). Legasthenie – Erforschung einer Leerformel. In Deutsche Forschungsgemeinschaft (Hrsg.), Zur Lage der Legasthenieforschung (S.19–26). Bonn-Bad Godesberg: Boldt.

Schneider, W., Reimers, P., Roth, E., Vise', M. & Marx, H. (1997). Short- and long-term effects of training phonological awareness in kindergarten: Evidence from two German studies. Journal of Experimental Child Psychology, 66, 311–340.

Schneider, W., Roth, E. & Küspert, P. (1999). Frühe Prävention von Lese-Rechtschreibproblemen: Das Würzburger Trainingsprogramm zur Förderung sprachlicher Bewusstheit bei Kindergartenkindern. Kindheit und Entwicklung, 8 (3), 147–152.

Schulte-Körne, G. (2002). Kommunikation zwischen Partnern, Legasthenie/Dyskalkulie. Band 202. Mönchengladbach: K-Druck Kerbusch GmbH.

Schulte-Körne, G. & Mathwig, F. (2001). Das Marburger Rechtschreibtraining – ein regelgeleitetes Förderprogramm für rechtschreibschwache Schüler. Bochum: Verlag D. Winkler.

Schwarz, M., Orth, H. & Leuschner, M. (1998). Förderung durch „LRS-Schulen" in Mannheim. In Bundesverband Legasthenie e. V. (Hrsg.), Legasthenie. Bericht über den Fachkongreß 1997 (S.193–212). Emden: Ostfriesische Beschützende Werkstätten GmbH.

Share, D. L. (1994). Deficient phonological processing in disabled readers implicates processing deficits beyond the phonological module. In K. P. van den Bos, L. S. Siegel, D. J. Bakker & D. L. Share (Eds.), Current directions in dyslexia research (pp. 149–167). Lisse: Swets & Zeitlinger.

Sirch, K. (1975). Der Unfug mit der Legasthenie. Stuttgart: Klett.

Sommer-Stumpenhorst, N. (1991). Lese- und Rechtschreibschwierigkeiten: vorbeugen und überwinden. Berlin: Cornelsen Verlag Scriptor.

Studener, R. (2000). Das Phänomen Legasthenie – eine beständige Herausforderung sonderpädagogischer Forschung? Vierteljahresschrift für Heilpädagogik und ihre Nachbargebiete, 69 (3), 276–280.

Temple, R. (1998). Legasthenie und Begabung. Ronald D. Davis und traditionelle Methoden. Ein Vergleich. München: Ariston.

Trommer-Melliger, M. (1992). Handlungs- und Denkmodelle von Jugendpsychologen bei Lernstörungen unter besonderer Berücksichtigung von „Legasthenie" und „Dyskalkulie". Zürich: Juris Druck + Verlag Dietikon.

Villain, A. (1999). Lernbehinderung oder Talent? Legasthenickorrektur nach Ron D. Davis. Lernchancen, 9, 53–57.

Vonderberg, A. & Wassmer, M. (1998). Legasthenie. Grundschulmagazin, 7–8, 21–24.

Wagner-Pfau, I (1999). Welche Schule ist die richtige? Lernchancen. 9, 2–5.

Warnke, A., Hemminger, U., Roth, E. & Schneck, S. (2002). Legasthenie – Leitfaden für die Praxis. Begriff – Erklärung – Diagnose – Behandlung – Begutachtung. Göttingen: Hogrefe.

Warnke, A., Wewetzer, C., Hennighausen, K., Schulte-Körne, G. & Remschmidt, H. (1999). Neurobiologie der Legasthenie. Kindheit und Entwicklung, 8 (3), 135–140.

Wiater, W. (1999). Lesen und Schreiben: schwach. Lernchancen, 9, 6–12.

Wimmer, H. & Landerl, K. (1998). Lese-Rechtschreib-Schwächen. In D. H. Rost (Hrsg.), Handwörterbuch Pädagogische Psychologie (S.322–327). Weinheim: Psychologie Verlags Union.

Wright, S. F. & Groner, R. (1992). Zur Frage der Definition und Abgrenzung von Lesestörungen. Schweizerische Zeitschrift für Psychologie, 51 (1), 15–25.

6 Stottern

1. Zur Einführung: Stottern – eine sozial belastende Situation

Aus der Sicht der Betroffenen

Die 21jährige Lehramtsstudentin Karin erinnert sich:

„Mein Stottern wurde mir erstmals so richtig zu Beginn meiner Schulzeit bewusst. Ich weiß noch, dass ich mich vor der Klasse schrecklich geschämt habe, wenn ich eine Frage beantworten sollte. Das Aufgerufenwerden wurde für mich zu einer unerträglichen Qual. Besonders schlimm war es, wenn ich mir ausrechnen konnte, wann ich an der Reihe sein werde. Vor Aufregung stotterte ich mich richtig in das Stottern hinein. Die Reaktionen meiner Mitschüler bleiben mir unvergesslich. Gelächter und mitleidige Blicke begleiteten meine Schulzeit. Die Lehrer bemerkten zwar - so hatte ich den Eindruck - mein Leiden und ich konnte ab und zu ihre Bemühungen erkennen, mir zu helfen. Diese bestanden dann darin, mich „zu übersehen". Sie vermieden es zunehmend, mich aufzurufen. Wenn es nicht zu übergehen war, sprachen sie für mich schwierige Wörter selbst aus. Ihre Ermahnungen an die Klasse, mich nicht auszulachen, zeigten erst in höheren Klassen Erfolg. Inzwischen hatte ich eigene Strategien entwickelt, mit meinem Stottern umzugehen: Bei Hausaufgaben gab ich vor, ich hätte sie nicht erledigt, um der Gefahr zu entgehen, diese vor der Klasse vorlesen zu müssen. Bei mündlichem Abfragen nahm ich lieber eine schlechte Note in Kauf, um mich nicht mit meinem Gestottere zu blamieren. Zusätzlich entwickelte ich eine Kontrolle meiner Sprache dahingehend, dass ich meine schwierigen Wörter zu umgehen versuchte, indem ich sie durch andere ersetzte. Es kostete mich sehr viel Anstrengung, fortwährend auf der Hut zu sein. Rückblickend muss ich sagen, die Schule war eine Hölle für mich."

Aus der Sicht des Umfeldes

Karin fasst die Reaktionen ihrer Eltern und Lehrer auf ihr Stottern zusammen:
Zu den Eltern: *„Ich habe von meinen Eltern oft gehört, dass sie über mein Stottern sehr unglücklich waren. Als Kind versuchten sie ständig, meine Sprache zu verbessern: Ich solle ruhiger, deutlicher, schöner sprechen. Sie unterbrachen mich, ließen mich wiederholen, verbesserten mich. Später erfuhr ich von ihnen, dass mein Stottern sie häufig sogar mit Wut erfüllte. Sie gaben sich gegenseitig die Schuld an meinem Stottern und fragten sich wiederholt, warum gerade ihr Kind stottere.*
Zu den Lehrern: *Von einigen wurde ich während meiner Schulzeit angesprochen. Sie wollten wissen, wie sie mir helfen könnten. Es gab aber auch einige, die mein Stottern - wohl aus Verlegenheit oder Unwissenheit - als peinlich und störend für den Unterricht empfanden. Sie ließen mich links liegen (mir war es manchmal auch recht), sahen beim Reden an mir vorbei, zeigten mir, dass sie selbst unter Anspannung standen, wenn es sich nicht umgehen ließ, dass ich reden musste. Heute kann ich verstehen, dass es sicher für sie auch nicht einfach war, einen solchen „Störenfried" in der Klasse zu haben."*

Einordnung

Neben dem Stottern, das Karin zeigt, gibt es weitere Beeinträchtigungen der Rede, Störungen der Sprache und der Aussprache (Abb.1). Spracherwerb und Sprachvollzug können somit in verschiedener Weise betroffen sein (vgl. z.B. Bielfeld, 1994, Fiedler & Westricht, 1982, Ortner & Ortner, 1991).

2. Begriffsklärung

Im Unterschied zu dem im Alltag vorherrschenden Konsens, bestimmte Redestörungen als Stottern zu bezeichnen, steht die wissenschaftliche Erforschung des Phänomens Stottern vor beträchtlichen Schwierigkeiten. Diese bestehen u.a. darin,

- dass Stottern in vielfältigen Abstufungen auftritt, die sich von einer „harten" Unterbrechung des Redeflusses mit begleitenden Auffälligkeiten (z.B. unübliche Bewegungen der Gesichts- und Halsmuskulatur, der Extremitäten und des ganzen Körpers) bis zu einem Einsatz effizienter Vermeidungsstrategien erstrecken, um Stottern zu verheimlichen und den Hörer zu täuschen. Demnach liegt Stottern liegt also auch dann vor, wenn z.B. hörbare Sprechunflüssigkeiten von Betroffenen mit Anstrengung und unter Einbeziehung von erprobten Strategien reduziert bzw. unter Kontrolle gehalten werden.

- dass – betrachtet man Stottern in seiner individuellen Gebundenheit – jedes Stottern anders und somit einzigartig ist (vgl. Motsch, 1992).

Für wissenschaftliche Untersuchungen gilt es deshalb, die facettenreiche Ausdrucksform von Stottern im Auge zu behalten. In der Fachdiskussion wird allgemein akzeptiert, dass Stottern ein inhomogenes Störungsbild erfasst. Weitere Übereinstimmungen erstrecken sich (a) auf eine differenzierende Beschreibung zwischen einem tonischen und einem klonischen Stottern und (b) auf eruierbare Regelhaftigkeiten.

Störungen der		
Sprache	Aussprache	Rede
Sprachentwicklungsdefizite bzw. - besonderheiten als Folge interner (z.B. Schädigung zentralnervöser Strukturen) oder externer Auffälligkeiten (z.B. mangelnde Sprecherziehung) und deren Kombination Aphasien (übergeordneter Begriff für alle Sprachstörungen, die – bei intakten Sprachwerkzeugen – Folgen einer erworbenen Hirnschädigung der vornehmlich sprachdominanten Hemisphäre sind)	Stammeln (gestörte Artikulation, so können z.B. bestimmte Phoneme, Phonemgruppen fehlen, durch andere ersetzt oder fehlerhaft gebildet werden) Näseln (Störung des Stimmklanges, der organisch oder funktionell bedingt sein kann)	STOTTERN Poltern (überhastete und überstürzte Sprechweise mit Undeutlichkeit in der Aussprache) Mutismus (Sprechverweigerung bei erhaltenem Sprachvermögen) totaler Mutismus (Verweigerung gegenüber allen Personen) elektiver Mutismus (Sprachkontakt in bestimmten Situationen nur zu ausgewählten Personen) Sprechunflüssigkeiten entwicklungsbedingter Art („normale“ Auffälligkeiten wie z.B. Einschieben von Lauten, Silben, Wiederholung von Satzteilen)

Abb. 1: Störungsformen

(a) Beschreibung des Stotterns

„Klonisches Stottern: ist charakterisiert durch kürzere, rasch aufeinander folgende Kontraktionen der Sprechmuskulatur. Es kommt zu typischen 'hämmernden' Wiederholungen von Lauten, Silben und Wörtern, denen beim endgültigen Aussprechen der Wörter Wortdehnungen folgen können (zum Beispiel 'k-k-k-kommen' oder 'Hand-t-t-t-tuuuch').

Tonisches Stottern: dagegen ist gekennzeichnet durch relativ lang andauernde Verkrampfungen der Sprechmuskulatur. Dies führt zu oftmals stummen Pressversuchen, die dem Beginn oder dem Weitersprechen eines Wortes vorausgehen (zum Beispiel '——Pause' oder 'Poli——tik'). Diese Verkrampfungen halten verhältnismäßig lange an und werden nur mit großer Anstrengung aufgehoben. Gelegentlich kommen deutlich hörbare Glottisanschläge vor (ein 'knatterndes' leises Geräusch, durch Aufeinanderschlagen der Stimmbänder verursacht)" (Fiedler & Standop, 1994, S.2).

Klonische und tonische Formen des Stotterns: können sowohl getrennt als auch kombiniert auftreten (klonisch-tonisches bzw. tonisch-klonisches Stottern).

(b) Regelhaftigkeiten

- Konsistenzeffekt: Beim wiederholten Lesen eines Textes wird an denselben Stellen häufig gestottert. Als Erklärungsmöglichkeit kann die Bedeutung der Erwartungsangst diskutiert werden.
- Adaptationseffekt: Beim wiederholten Lesen eines Textes zeigt sich eine Reduzierung der Häufigkeit des Stotterns. Eine allgemein akzeptierte theoretische Erklärungsmöglichkeit steht hierfür noch aus. Ergebnisse einzelner Untersuchungen sprechen dafür, dass leichter Stotternde im Vergleich zu schwer Stotternden stärker adaptieren, dass Adaptionsverlauf, Adaptionsgeschwindigkeit und Alter des Stotternden in einem Verhältnis zum Schweregrad des Stotterns diskutiert werden müssen.
- Geeignete Bedingungen zur Überwindung von Sprechblockierungen sind: mit dem Stottern konkurrierende Aktivitäten (Sport, Tanzen), Sprechen nach Metronom, Sing-Sang-Sprechen, Flüstern, Dialektnachahmung, Singen im Chor (vgl. Fiedler & Standop, 1994).

3. Epidemiologie

Kinder sind häufiger als Erwachsene vom Stottern betroffen. Es ist davon auszugehen, dass sich in der Gesamtpopulation 2–4 % Stotterer finden. Davon entfällt auf das Erwachsenenalter etwa ein Prozent Stotterer, während dem Vorschulalter die höchsten Prozentangaben zugeordnet werden. Zu beachten ist, dass kindliches Stottern sowohl eine chronische Entwicklung einleiten kann als auch häufig einer spontanen Remission unterliegt. Während in den ersten Jahren des Stotterns das Verhältnis zwischen Mädchen und Jungen annähernd gleich ist, verschiebt sich dieses bis zum Jugendalter zuungunsten der Jungen. Sandrieser und Schneider (2001) geben für das Jugendalter an, dass dreimal mehr Jungen als Mädchen stottern. Zusammenfassend ist festzuhalten: „Bei 70 bis 90 Prozent der Stotternden treten Stottersymptome zum erstenmal vor dem 8. Lebensjahr auf" (Fiedler & Standop, 1994, S.21, vgl. dazu Heinemann & Hopf, 2004).

4. Kriterien zur Diagnostik

Die vielfältige Symptomatik des komplexen Phänomens Stottern erfordert es, dass sich die Diagnose Stottern als Kommunikationsstörung auf relevante Kriterien stützen kann. Als solche weist die ICD-10 (Internationale Klassifikation psychischer Störungen – WHO) aus:

„Stottern ist ein Sprechen, das durch häufige Wiederholung oder Dehnung von Lauten, Silben oder Wörtern, oder durch häufiges Zögern und Innehalten, das den rhythmischen Sprechfluß unterbricht, gekennzeichnet ist. Geringfügige Dysrhythmien dieses Typs sind in einer Durchgangsphase in der frühen Kindheit oder als geringfügiges, aber fortdauerndes Sprechmerkmal im späten Kindesalter oder im Erwachsenenalter recht häufig. Sie sind als Störung nur zu klassifizieren, wenn ihre Ausprägung die Sprechflüssigkeit deutlich beeinträchtigt. Begleitende Bewegungen des Gesichts und anderer Körperteile, die zeitlich mit den Wiederholungen, Dehnungen oder Pausen im Sprechfluß zusammenfallen, können vorkommen" (Dilling et al., 2000, S.322).

Diese allgemeine Charakteristik ist die Grundlage für eine präzise Diagnostik im Einzelfall, um die individuellen Eigenarten des jeweiligen Stotterns zu erfassen. Folgende Fragen (hier eine Auswahl) können dabei Orientierungshilfen sein:

1. Welche Besonderheiten weist die Redestörung auf?
   Bestehen vorwiegend Schwierigkeiten beim freien Sprechen oder beim Lesen? Kommt es zu einem Konsistenzeffekt? Erweisen sich Vokale oder Konsonanten als besonders schwierig? Werden Mimik und/oder Gestik als so genannte nonverbale Starter eingesetzt? Treten begleitend Muskelverkrampfungen auf? Verändert sich das Stottern bei leisem Sprechen? Welche Auswirkungen hat das Chorlesen? Das Sprechen unter Zeitdruck?
2. Zur Entwicklung des Stotterns:
   Wann trat das Stottern erstmals auf? Unter welchen Bedingungen ist das Stottern leichter oder schwerer? Wird das Stottern besonders beachtet oder weitgehend ignoriert? Werden mögliche Ursachen thematisiert?
3. Differentialdiagnostische Aspekte:
   Neben dem Stottern gehört das Poltern zu den Redestörungen (siehe Kapitel 6.1). Zwischen diesen Formen wird im Alltagsverständnis häufig nicht unterschieden; als beschreibender Begriff wird „Stottern“ gewählt. Beide Formen weisen jedoch relevante Unterscheidungskriterien auf, über die die nachfolgende Differenzierung (Abb. 2) Aufschluss gibt:
4. Welche Wechselwirkungen bestehen im sozialen Umfeld?
   Verändert sich das Sprechen in Abhängigkeit von dem jeweiligen sozialen Kontext? Wie reagieren die unterschiedlichen Lebensbereiche (Schule, Familie) auf das Stottern? Wie reagiert der Stotternde selbst auf Sozialkontakte?

Eine Beantwortung dieser Orientierungshilfen führt an das Spezifische eines individuellen Stotterns heran. Während die einzelnen Ergebnisse mosaikförmig erfasst werden, bildet sich das Wissen, um geeignete Interventionsmaßnehmen auswählen und einsetzen zu können. Grundlage hierfür sind Hypothesen, die über die (mögliche) Entstehung eines Stotterns gebildet werden.

5. Theoretische Erklärungsansätze

Allgemeiner Bezugsrahmen

Der gegenwärtige Forschungsstand, der integrative Modelle zur Erklärung des Stotterns heranzieht, kann folgendermaßen zusammengefasst werden:
„Im Stottern eine Redeflußstörung zu sehen, die von einem Netz verschiedener, in wechselseitiger Beziehung zueinander stehender Faktoren gekennzeichnet ist, ist das Ergebnis jahrzehntelangen vergeblichen Suchens nach *der Ursache, der Entwicklung* und *der Therapie* des Stotterns“ (Renner, 1995, S.13).

Merkmal	Stottern	Poltern
Sprechrate	häufig langsam	meist schlecht
Sprechen bei geringer Kommunikations-verantwortlichkeit	besser	schlechter
Sprechcharakteristik	Auftreten von klonischen und tonischen Symptomen	„polternde" Wiederholungen von Wörtern und Satzteilen
Aufmerksamkeit bei Belastungssituationen	verschlechtert	verbessert
lautes Lesen eines bekannten Textes	besser	schlechter
lautes Lesen eines unbekannten Textes	schlechter	besser
leises (flüsterndes) Lesen	besser	schlechter
Sprechen unter verzögerter akustischer Sprach-rückkoppelung	verbessert	verschlechtert
Furcht vor bestimmten Lauten	besteht	fehlt
Störungsbewusstsein	stark	fehlt meistens
Gestik	eingeschränkt, behindert	großzügig, unbehindert

Abb. 2: Unterscheidungskriterien (aus: Fiedler & Standop, 1994, S.276, in Anlehnung an Weiss, 1967; vgl. z.B. auch Stang & Klug, 1991)

Dieses Fazit lässt erkennen, dass dem Stottern eine multifaktorielle Verursachung zuzuschreiben ist, nachdem die Forschungsarbeit bei der alleinigen Favorisierung unikausaler Modelle gescheitert ist (z.B. bei der polarisierenden Erklärung, Stottern sei gemäß der medizinischen Sichtweise organisch bedingt versus Stottern sei gemäß der tiefenpsychologischen Betrachtung psychisch verursacht). Auch der Versuch, beide Erklärungsmöglichkeiten zu berücksichtigen, ohne jedoch den interdependenten Bezug erklären zu können, blieb unbefriedigend. Die interindividuelle Variabilität eines Stotterns muss zwangsläufig einem einheitlichen Erklärungsversuch Einhalt gebieten.
Erst die Hinwendung zu einer idiographischen Betrachtungsweise ermöglichte es, spezifische Teilphänomene des Stotterns mit *spezifischen* Erklärungsansätzen zu verbinden. Vielfältige Faktoren können so zur Diskussion stehen, z.B. (vgl. Fiedler & Standop, 1994):

Bereich 1: genetische, somatische und psychophysiologische Hypothesen mit Aspekten wie familiäre Disposition, zerebrale Funktionsstörungen, neuromuskuläre Koordinationsstörung, Wahrnehmungsstörung, Hemisphärendifferenz
Bereich 2: psychologische Erklärungsversuche mit Aspekten wie z.B. Stottern als Ergebnis seiner Diagnose, der Erwartungsangst, gelernten Verhaltens, konditionierter negativer Emotionen, eines Rollenkonfliktes, einer Beziehungsstörung, eines Schreck-Angst-Erlebnisses
Bereich 3: neuropsychologische Erklärungsansätze (Sie basieren auf der Auffassung, dass eine Stotterreaktion sowohl von physiologisch-motorischen als auch von sozial-kognitiven Bedingungen verursacht wird.)

Die Beachtung von Wechselbeziehungen, auf die das jeweils individuelle Phänomen Stottern (möglicherweise) zurückzuführen ist, gibt Aufschluss über entsprechende Therapiebausteine.

Einblick in spezielle Annahmen

Die im Bereich 1 erfasste medizinische Sichtweise bezieht sich auf ein umfangreiches Spektrum an Hypothesen zur Entstehung und Verursachung des Stotterns. Die im einzelnen diskutierten Annahmen erscheinen auf dem Hintergrund der Vielfalt an Faktoren, die ein Stottern bedingen können, mehr oder weniger plausibel. Dennoch besteht in der wissenschaftlichen Diskussion eine hohe Akzeptanz, dass besonders Hypothesen, die Sprechen in Abhängigkeit von Rückmeldeprozessen sehen, beachtet werden sollten. In diesem Zusammenhang formulieren Fiedler & Standop (1994): Es „spricht vieles dafür, dass Stottern durch desynchronisierte Feedback- und Koordinationsprozesse mitbedingt ist“ (S.72). Stottern wäre demnach als eine Folge einer Wahrnehmungsstörung zu erklären (d.h., Rückmeldungen aus der eigenen Sprechtätigkeit werden fehlerhaft integriert). Allerdings stehen dieser Auffassung Beobachtungen entgegen, dass Stotternde beim Singen, beim Dialektsprechen oder beim Austausch mit kleineren Kindern und Tieren deutlich flüssiger sprechen. Es handelt sich hierbei um Erfahrungen, die von Fiedler und Standop zutreffend als „Bedingungen verminderter Kommunikationsverantwortlichkeit“ (a.a.O.) zusammengefasst werden.
Aus dem im medizinischen Bereich zusammengefassten Faktoren wird – willkürlich ausgewählt – die Bedeutung der Heredität angesprochen. So lässt ein anamnestisch festgestelltes gehäuftes Auftreten von Stottersymptomen in einer Familie, über Generationen verfolgt, den Gedanken einer erblich bedingten Prädisposition aufkommen. Dieser Vermutung wurde in einer Vielzahl von Untersuchungen nachgegangen. Die vorliegenden Ergebnisse erlauben keine eindeutige abschließende Bewertung. Auch das Fazit der Zwillingsforschung, dass bei Zwillingen im Vergleich zu anderen Kindern Stotterer häufiger vorzufinden sind und

eineiige Zwillinge gegenüber zweieiigen Zwillingen mehr Stotterer aufweisen, kann lediglich als ein mögliches Indiz gewertet werden. Diesem stehen Überlegungen entgegen, die ein familiär gehäuftes Auftreten von Stottern als eine Folge von Nachahmungslernen diskutieren.

Auch die im Bereich 2 erfasste psychologische Betrachtung kann ein umfangreiches Spektrum an Hypothesen vorweisen. Unterschiedlichste Annahmen werden diskutiert. Stellvertretend für andere wird der Ansatz von Johnson (1956) vorgestellt, der nach wie vor in der Argumentation als ein mögliches Erklärungselement plausibel erscheint. Johnson geht von der kindlichen Sprachentwicklung aus, in der Schwierigkeiten beim Spracherwerb und –einsatz als normal betrachtet werden müssen. Wird dieser Prozess von den Bezugspersonen nicht als „notwendiges Erprobungsstadium" gesehen, sondern als eine Auffälligkeit bewertet, die beachtet und benannt werden muss, dann kann die Diagnose Stottern fallen. Dem Kind wird auf diese Weise ein Problem zugeordnet, das für andere Kinder – aufgrund der fehlenden Bewertung – nicht in Betracht kommt. Es wird eine Entwicklung eingeleitet, in der das Kind zwangsläufig mit den eigenen Sprechunflüssigkeiten konfrontiert wird. Die Aufmerksamkeit wird verstärkt auf die Sprache gerichtet, die natürliche Freude und die Unbefangenheit beim Produzieren von Sprache gehen verloren. Mögliche Sprechunflüssigkeiten werden in Abhängigkeit von der erfahrenen Reaktion durch die Umwelt vorweggenommen. Auf diese Weise baut sich eine Angst vor dem Risiko, ins Stottern zu kommen, auf. In Zukunft bestimmen Erwartungsängste den Umgang mit der Sprache.

Der Bereich 3 beinhaltet das Bestreben, die in der Diskussion stehenden unterschiedlichen Faktoren zur Entstehung und Aufrechterhaltung von Stottern integrativ zusammenzuführen. Auf Grund der Vielzahl von vorliegenden Untersuchungsergebnissen und theoretischen Vorstellungen über die Entwicklung des Stotterns formulieren Fiedler und Standop (1994), dass sie „von einer (‚unglücklichen') kausalen Verkettung von Ereignissen aus(gehen), innerhalb derer diathetische, auslösende und aufrechterhaltende Bedingungen ... zusammenwirken" (S.113). Eine zentrale Bedeutung im breiten Erklärungsfeld der Stottergenese nimmt die sich herausbildende Überkontrolle des Sprechverhaltens ein. Auf diese Weise wird die im normalen Spracherwerbsprozess sich einstellende Autoregulation des Sprechens gestört.

Erinnerungshilfe:

medizinische oder psychologische Annahmen (mit jeweils einer Fülle an relevant bezeichneten Aspekten) bestimmten jahrzehntelang die wissenschaftliche Erforschung, Bilanz des gegenwärtigen Forschungsstandes: eine multifaktorielle Verursachung bedingt die Individualität des Stotterns

6. Interventionsmöglichkeiten

Therapieangebote finden sich in den folgenden interventiven Ebenen (Abb. 3):

im sprachlichen Bereich	z. B. Einsatz sprechtherapeutischer Möglichkeiten
im sozial-kommunikativen Bereich	z. B. Maßnahmen zur Behandlung von Sozialstörungen, Stärkung nonverbaler Ausdrucksfähigkeiten
im sensomotorischen Bereich	z. B. Entspannungs-, Koordinationsübungen, rhythmisch-musikalische Schulung
im emotionalen Bereich	z. B. psychotherapeutische Verfahren
im kognitiven Bereich	z. B. Modifikation des Selbstkontrollverhaltens

Abb. 3: Therapieebenen

Neben diesen zentralen Interventionsbereichen werden in der Literatur zahlreiche Varianten erwähnt, die z.B. als kombinierte Verfahren eingesetzt werden wie z.B. das von Katz-Bernstein (1993) vorgestellte Therapiekonzept für redeflussgestörte Vorschul- und Schulkinder, das sich am Aufbau der Sprach- und Kommunikationsfähigkeit orientiert. Es sieht vor, Sprache „zunächst an die kommunikative Handlung zurück(zu)binden und sie allmählich, unter Berücksichtigung der nonverbalen Metaebene, neu auf(zu)bauen“ (S.76).

Der Vollständigkeit halber muss auch die medikamentöse Mitbehandlung des Stotterns im Kindes- und Jugendalter aufgenommen werden. Marcus und Schmidt (1995) betonen, dass eine medikamentöse Intervention nur im Rahmen eines multimodalen Konzeptes und somit „nur begleitend als unterstützende Maßnahme gesehen werden“ (S.191) kann. Als geeignet - so resümieren die beiden Autoren - erscheint der Calciumantagonist Verapamil „zur versuchsweisen medikamentösen Mitbehandlung von Sprechunflüssigkeiten“ (a.a.O.). Allerdings sind Nebenwirkungen wie z.B. allergische Reaktionen mit Hautmanifestationen zu beachten. Ebenso muss berücksichtigt werden, dass die Wirksamkeit auf die Dauer der medikamentösen Verabreichung begrenzt ist.

Es ist verständlich, dass der möglichen Ursachenvielfalt des Stotterns nur mit einem entsprechenden Therapieangebot begegnet werden kann. Dieses ist auf den konkreten Einzelfall so anzuwenden, dass die ausgewählten Therapieelemente der Spezifik der Ursachenfaktoren entsprechen, die das individuelle

Stottern möglicherweise hervorrufen. Diese Auffassung stimmt mit der von Baumgartner (1992 a) engagiert geäußerten praxisrelevanten Erfahrung überein:

„Misstrauisch gegenüber einer scheinbar universell und kausal wirksamen Stottertherapie für jedermann orientieren wir uns eklektizistisch an nützlichen Methodenpaketen mit sprachtherapeutischen und psychotherapeutischen Elementen, etwa Verfahren zur Veränderung des Sprechmusters, oder zum Aufbau der Kommunikationsfähigkeit, Methoden der Spieltherapie, Verhaltenstherapie und Gesprächspsychotherapie" (S.254).

Diese Aussage gibt die grundlegende Orientierung vor, wie stotternden Kindern und Jugendlichen in angemessener Weise geholfen werden kann. Baumgartner formuliert Therapieprinzipien, die als richtungsweisend für ein effektives Arbeiten betrachtet werden können:

- Kinder sind im Rahmen der interventiven Maßnahmen kommunikationsstark zu machen.
- Selbstregulatives Lernen ist zu nutzen: „Stotternde Kinder entdecken selbstregulativ, instinktiv und vage wissend, dass mit ihrem Sprechen etwas nicht in Ordnung ist und wehren sich mit Anstrengungsbereitschaft aktiv dagegen" (a.a.O., S.259).
- Die Therapeut-Kind-Beziehung ist eine dialogische Tätigkeit mit sprechflüssigkeitsfördernden Effekten (Vorbildfunktion).
- Es sind Sprachlehr-, Lernsituationen zu nutzen, zu planen und zu gestalten, in denen das Kind flüssiger sprechen kann, um eine notwendige Sicherheit zu gewinnen (z.B. erfahrungsgeleitete Handlungsimpulse des Therapeuten, begleitende Unterstützung der vom Kind eigenaktiv geäußerten Beiträge, sensible Rückmeldungen).
- Die Bezugspersonen des Kindes sind umfassend zu beraten.

7. Pädagogisch-psychologische Hilfestellungen

Entwicklung eines Störungsbewusstseins

Voraussetzung zur Akzeptanz der Feststellung „Ich bin ein Stotterer!" ist das Entstehen/die Entwicklung eines Störungsbewusstseins. Im Prozess der kindlichen Sprachentwicklung ist das Auftreten von Sprechunflüssigkeiten normal. Erst wenn diese zum Gegenstand der Aufmerksamkeit werden, indem Bezugspersonen korrigierend und zum Schönsprechen ermahnend eingreifen, verlieren Kinder die Motivation zum spontanen Gestalten ihrer Rede. Die Sprache wird bewertet und stößt auf Zustimmung oder Ablehnung. Dieses Erleben kann zu Verkrampfungen und Erwartungsängsten führen. Es handelt sich um Schritte, die dazu beitragen, dass Kinder das Störungsbewusstsein entwickeln, nicht „richtig" zu sprechen, sondern zu stottern (siehe auch Kapitel 6.5, Bereich 2). Um einer solchen Entwicklung vorzubeugen, empfiehlt sich für Bezugspersonen:

- Entwicklungsbedingte Sprechunflüssigkeiten des Kindes nicht mit Aufmerksamkeit zu versehen.
- Ihm nicht die Freude an einer spontanen sprachlichen Mitteilung zu nehmen, indem Sprachschwierigkeiten analysiert werden und die richtige Alternative dem Kind zum Nachsprechen angeboten wird.
- Mit Geduld und Verständnis der Sprache des Kindes zuhören. Es soll allein ausreden können. Gut gemeinte Hilfestellungen wie z.B. ein Zu-Ende-Führen der Mitteilung nehmen dem Kind die Verantwortung für den eigenen Redebeitrag ab.
- Die Sprechunflüssigkeiten des Kindes sind nicht als eigenes „Versagen" zu bewerten. Schuldsuche, Unverständnis und Ablehnung der stotternden Sprache bleiben dem Kind nicht verborgen.
- Die Kinder in ihrer sprachlichen Ausdrucksfähigkeit anzunehmen und allein durch sprachliche Vorbildwirkung zu wirken.

Zur Akzeptanz des Stotterns aus der Sicht der Betroffenen

Ist eine Entwicklung zu erkennen, die zu der Diagnose „Stottern" führt, gilt es für den Betroffenen, sich mit seinem Stottern auseinanderzusetzen. Er ist sich bewusst, dass er sich „aufgrund seines Stotterns anderen gegenüber nicht so gut mitteilen kann und erfährt dies auch aus der Reaktion der Zuhörer" (Bundesvereinigung Stotterer-Selbsthilfe e.V., 1991, S.9). Die Erkenntnis „Ich bin ein Stotterer" wird Bestandteil des Selbstkonzeptes. Sie verbindet sich mit der Zuschreibung der sozialen Umgebung „Du bist ein Stotterer". Diese Einschätzung kann zu Verarbeitungsmöglichkeiten führen, die vom Einsatz vielfältiger Vermeidungsstrategien bis zur Akzeptanz des Stotterns reichen.

Während Vermeidungsstrategien (z.B. ersatzweise Umschreibungen von gefürchteten Wörtern) das primäre Stottern langfristig aufrechterhalten und somit die gesamte Persönlichkeitsentwicklung des Kindes beeinflussen können, birgt das bewusste Akzeptieren des gegenwärtigen Zustandes, der vom Stottern beherrscht wird, die Chance, nach Möglichkeiten zu suchen, um mit der Situation angemessen umgehen zu können. (Anmerkung: Häge, Rommel, Schulze & Johannsen, 1994, berichten als ein (Teil-)Ergebnis einer Längsschnittstudie, dass ca. 2,4 Jahre nach Stotterbeginn vergehen, bevor professionelle Hilfe aufgesucht wird; diese Angabe basiert auf der vorläufigen Stichprobe von 40 Vorschulkindern, Durchschnittsalter 5,10 Jahre, zu drei Vierteln Jungen, ein Viertel Mädchen, Stotterbeginn bei durchschnittlich 3,5 Jahren. Diese Angaben deuten auf einen in der wissenschaftlichen Diskussion umstrittenen Aspekt hin, der aus dem Spannungsfeld zwischen einer verfrühten therapeutischen Intervention und der Frage nach dem rechtzeitigen Zeitpunkt resultiert.)

Voraussetzung für ein Annehmen des Stotterns können Schritte sein wie z.B.:
Die Aneignung von Wissen über die Vorgänge, die sich beim Stottern abspielen. Deshalb gilt es, die psychischen und somatischen Faktoren zu begreifen, die beim Stottern eine Rolle spielen. Auf dieser Basis verliert das Stottern die ihm anhaftende tradierte „Rätselhaftigkeit" (Dell, 1994). Diese kann entwicklungsabhängig von Kindern und Jugendlichen in Kategorien wie z.B. „Stottern ist etwas Böses", „etwas Mystisches, Geheimnisvolles", „ein Vorgang, der außer Kontrolle geraten ist" begriffen werden. Diesen Vorurteilen ist eine sachkundige Aufklärung entgegenzusetzen.
Probleme, die sich aus dem Stottern ergeben, sollten in offenen Gesprächen den Familienmitgliedern und Freunden mitgeteilt werden. Gemeinsam ist zu besprechen, in welcher Weise dem Stotternden geholfen werden kann. Da Stottern ein differenziertes individuelles Geschehen ist, kann jeder Betroffene seinem sozialen Umfeld die Anregungen vermitteln, die ihm persönlich das Stottern erleichtern. Dadurch lassen sich Unsicherheiten und unangemessene Reaktionen (wie ständige Hilfestellungen, Ermahnungen) vermeiden. Durch solche Hinweise wird auch das Potential für offene oder verdeckte Aggressionen reduziert, das einer Atmosphäre des von beiden Seiten ausgebreiteten Schweigens über das Stottern entstammen kann. Für den Stotternden erübrigt sich der Umweg, mit Hilfe komplexer Vermeidungsstrategien das Stottern zu kaschieren. Auf diese Weise kann der bei einigen Stotterern vorhandene Druck vor einer „Entdeckung" von ihnen genommen werden.
Auch in den Bereichen Schule und Ausbildung ist ein offener Umgang mit dem Stottern gefordert. Die Bundesvereinigung Stotterer-Selbsthilfe e.V. gibt Betroffenen den Hinweis: „Sprich am besten Dein Stottern in der jeweiligen Situation an, damit sich nicht unnötigerweise Angstbarrieren aufbauen, sondern von vornherein ein normales Umgehen miteinander möglich ist" (1991, S.36). Diese Akzeptanz des Stotterns als Bestandteil der gegenwärtigen Persönlichkeitsentwicklung kann z.B. gefördert werden, wenn der Stotternde sich einer Stotterer-Selbsthilfegruppe anschließt. Im Austausch von Erfahrungen, die sich auf das persönliche Betroffensein und auf die Reaktionen der Umwelt beziehen, und im unterstützenden Miteinander können Grundlagen gelegt bzw. vertieft werden, auf denen eine Akzeptanz des Stotterns beruht.

Zum Umgang mit Redestörungen

Da Stottern als Kommunikationsstörung in sozialen Situationen auftritt, hat das soziale Umfeld einen wesentlichen Anteil, in welcher Weise der Stotterer selbst mit seiner sprachlichen Auffälligkeit umgeht:

(a) Sind die Reaktionen des Umfeldes von Verständnis geprägt? Überwiegt die Wertschätzung der Person die sprachliche Auffälligkeit? - Dann sind Bedingungen vorhanden, das Stottern leichter annehmen zu können. Sprache wird als wesentliches Ausdrucksmittel - trotz der auftretenden Besonderheit - weiterhin benutzt.

(b) Erfährt der Stotterer bereits in der Kindheit Hänseleien, Spott und Zurückweisungen, werden von ihm Anstrengungen unternommen, das Stottern zu verbergen. Vermeidungsstrategien unterschiedlicher Art können eingesetzt werden. Letzte Konsequenz kann sein, dass Betroffene das Kommunikationsmittel Sprache meiden.

Um eine Entwicklung - wie unter (b) beschrieben - nicht eintreten zu lassen, empfiehlt es sich, mit einem Vorgehen der kleinen Schritte eine ruhige und entspannte Atmosphäre zu schaffen. Hierzu gehören auch Empfehlungen an die Gesprächspartner von Stotternden wie z.B.:

- Gesprächsbeiträge sind nicht unter *Zeitdruck* vom stotternden Kind oder Jugendlichen zu fordern. Alle Anzeichen von Ungeduld können einen Beitrag leisten, das Stottern zu verstärken.
- Die immer noch verbreitete Alltagsmeinung, dem *Blickkontakt* mit einem Stotternden auszuweichen, um ihn nicht zu verunsichern, ist nicht haltbar. Vermeiden des Blickkontaktes signalisiert dem anderen eine Überbewertung der sprachlichen Auffälligkeit bei (möglicher) gleichzeitiger Unterbewertung der Person. Die normale Kontaktaufnahme wird auf diese Weise karikiert (auch wenn eine positive Absicht dahinter steht).
- Hilfreich für den Stotternden ist also nicht der abgewendete Blick, um dem Stotternden so die vermeintliche Peinlichkeit zu ersparen, sondern die volle Zuwendung als Mittel der Kommunikation, die ihm die Akzeptanz seiner Person (einschließlich der auftretenden Sprachunflüssigkeit) vermittelt. Van Riper (1986; Murphy & Fitzsimons, 1960, entlehnt) belegt diese Auffassung exemplarisch. So berichtet ein Schüler über seine Lehrerin: *„Jedesmal, wenn ich stottere, guckt sie weg, und das ist das schlimmste, was jemand machen kann"* (S.259).
- Jede *Reglementierung* von Redebeiträgen soll unterbleiben. In Redepassagen unterstützend, korrigierend oder diese zu Ende führend einzugreifen, ist nicht angebracht (z.B. bestimmte Laut-, Wortformulierungen abzunehmen). Dem Stotternden wird ein Gefühl mangelnder Kompetenz vermittelt. Die Verantwortung für den eigenen Gesprächsbeitrag wird entzogen. Auf diese

Weise kann sich ein Gefühl der Abhängigkeit von entsprechenden Hilfen einstellen *(„Der andere weiß, wo ich stecken bleibe und hilft mir weiter.“)*. Das Vertrauen in die Fähigkeit, sich dem anderen verständlich mitzuteilen, geht verloren.

Während die eben angesprochenen Aspekte grundsätzlicher Art sind – sie sollten zum alltäglichen Wissen gehören -, werden im Folgenden Empfehlungen angesprochen, die die besondere Situation von Kindern und Jugendlichen im schulischen Bereich beleuchten.

Schule als besondere Belastungssituation

Die Erfahrungen erwachsener Stotterer mit ihrer Schulzeit stimmen häufig (allzu häufig) mit dem im Kapitel 6.1 erfassten Bericht der Lehramtsstudentin Karin überein. Die von Karin mitgeteilten Aspekte geben wertvolle Hinweise auf gewünschte und somit angemessene Reaktionen der sozialen Umgebung. Sie können als Anstoß genommen werden, um einen *Maßnahmenkatalog* zu formulieren:

- Aufklärung der Mitschüler über die nicht zu überhörende bzw. zu übersehende (bei Verkrampfungen) sprachliche Auffälligkeit. Dies setzt aber Informiertheit der Lehrerinnen und Lehrer voraus. Eine diesbezügliche Wissensvermittlung gehört zum Aufgabenbereich der schulpsychologischen Beratung. Sie ist Anlauf- und Verbindungspartner für Eltern, stotterndes Kind oder stotternder Jugendlicher und Lehrkräfte. Im Vordergrund hat die gemeinsame Erarbeitung von Möglichkeiten des Umgangs im schulischen Bereich zu stehen. In besonderen Fällen sollte die Suche nach außerschulischen Therapiemöglichkeiten - sofern im familiären Bereich noch nicht geschehen - angeregt werden.
- Eine fundierte schulpsychologische Beratung des Lehrers erstreckt sich auf Fragen grundsätzlicher Art; die sich auf den Umgang mit Redestörungen richten (siehe oben); sie vermittelt aber auch eine Palette an Hinweisen, die dem Erfahrungsschatz von Betroffenen entnommen werden können.
- Eine entspannte Unterrichtsatmosphäre ist inkompatibel mit Leistungs- und Zeitdruck, die besonders stotternde Kinder und Jugendliche beeinflussen können. Es ist bekannt, dass Angstbarrieren jeglicher Art das Stottern forcieren. *Begründung:* „Je erregter und verspannter der Schüler aber ist, um so größer ist die Wahrscheinlichkeit, daß sein Stottern zunimmt. In einer solchen Situation ist die Perfektion seiner sprechmotorischen Feinsteuerung eingeschränkt. Die zum flüssigen Sprechen notwendige, hochautomatisierte Feinsteuerung von Artikulation, Stimmgebung und Atmung ist ... kompliziert und jetzt der bewusstwillentlichen Kontrolle gar nicht zugänglich. Der Schüler hat das Gefühl: Nicht er hat das Stottern in der Hand, sondern das Stottern ihn“ (Baumgartner 1992 b, S.22).

- Eine Aufklärung über die Vorgänge beim Stottern liefert dem Lehrer die Informationen, die notwendig sind, um sich selbstreflexiv auf den Umgang mit dem stotternden Schüler einzustellen. Ein stotternder Gesprächspartner weckt nicht nur Verständnis, sondern er kann auch Mitleid, Ungeduld, Wut und zeitliche Belastung hervorrufen. Ein Lehrer sollte sich solche Gefühle und Aspekte bewusst machen und mit ihnen umgehen lernen. In diesem Zusammenhang kann es für Lehrer hilfreich sein, wenn sie für sich selbst versuchen, das Stottern ihres Schülers zu beschreiben, es in einzelnen Passagen zu imitieren. Auf diese Weise erleben und erfahren sie die mit dem Stottern verbundene physische Anstrengung.
- Die Lehrersprache mit den Merkmalen einer gut betonten Redeführung, die angemessen von Pausen strukturiert wird, und einer deutlichen Aussprache besitzt für die Schüler Vorbildfunktion. *Begründung:* In der Stotterertherapie haben sich folgende Sprechhilfen bewährt: „deutliche Verlangsamung des Sprechtempos, akzentuierte Pausen (auch zur sicheren Sprachplanung), weicher Stimmeinsatz (vor allem am Satzanfang), leichtes Dehnen der betonten Vokale (vorwiegend am Satzanfang) und deutliche Artikulation" (Baumgartner 1992 b, S.23). Diese Erkenntnisse können als Anstoß genommen werden, um einzelne Elemente auch in der Lehrersprache zu berücksichtigen. So sollten z.B. Lehrerfragen langsam und mit Pausen formuliert werden, der Anfang der Frage kann leicht gedehnt werden. Dem Schüler ist zu signalisieren, dass er in Ruhe antworten und seine Antwort im Anschluss an das sprachliche Vorbild des Lehrers weich und somit unverkrampft geben kann (a.a.O., S.20f.).
- Eine Akzeptanz des stotternden Schülers durch den Lehrer kann negativ beeinflusst werden, wenn der Lehrer über die situationsabhängige Veränderung des Stotterns nicht aufgeklärt wird. So zeigen Beobachtungen, dass ein Schüler extrem ins Stottern geraten kann, wenn er im Unterricht plötzlich zum Reden aufgefordert wird, während er in der Pause oder bei plötzlichen Gesprächsausbrüchen deutlich weniger stottert. Zieht man diese Situationsabhängigkeit nicht in Betracht, die für Stottern typisch und von verschiedenen Faktoren abhängig ist, kann es leicht zur Fehleinschätzung kommen, dass hinter diesem Verhalten ein „böser Wille" steckt. Solche Beobachtungen können Anlass sein, dass sich Misstrauen bildet, ob der Schüler sein Stottern nicht auch benutzt, um schulischen Anforderungen aus dem Weg zu gehen (*Motto: „Wenn ich etwas nicht gelernt habe, muss ich nur stottern, um dann meine Ruhe zu haben!")*.

  Diese Informationen bilden die Grundlage, damit Lehrkräfte bestimmte Situationen richtig einschätzen können. Ausgangspunkt sollte hierbei die Erkenntnis sein, dass die eigene Person und die Mitschüler des stotternden Kindes Bestandteil einer Atmosphäre sind, aus der das Stottern erwächst.

- Faktoren, die das Stottern verschlechtern, sind Zäsuren wie z.B. Einschulung, Lehrerwechsel, Umschulung.
- Den stotternden Schülern sollte das Gefühl vermittelt werden, dass Stottern in der Schule toleriert wird. Entdeckt der Lehrer, dass Stotternde Vermeidungsstrategien entwickeln, um das Stottern zu verheimlichen, sollte er seinen Eindruck dem Schüler in einem offenen Gespräch mitteilen. Dem Schüler wird auf diese Weise ermöglicht, ein kräfteverzehrendes Versteckspiel zu beenden. In Gesprächssituationen kann dem Stotternden signalisiert oder direkt gesagt werden: „*Du darfst mir die Geschichte ruhig stotternd erzählen; du weißt, wir haben Zeit.*“
- Im Gespräch mit dem stotternden Kind sind Fragen zu klären wie z.B.: *Möchte er, dass sein Problem mit der ganzen Klasse besprochen wird? Soll mit ihm ein Zeichen vereinbart werden, wenn er im Unterricht gesprächsbereit ist?* - Erklärung: Unangekündigtes Auffordern zum Sprechen oder ein Aufrufen z.B. nach alphabetischer Reihung kann Stottern extrem verstärken. *Welche Hilfeleistungen sind im individuellen Fall angebracht?* - Chorlesen, Chorsprechen, Mitsprechen des Lehrers sind Möglichkeiten zu einem flüssigeren Sprechen.
- Bei Rollenspielen sollte der Stotterer als Agierender eingesetzt werden, da es sich gezeigt hat, dass das Verlassen der eigenen Rolle und die Übernahme einer fremden das Stottern reduziert.

Der Lehrer muss dem stotternden Schüler gegenüber ein angemessenes Verhältnis finden, um ihm einerseits mit seiner individuellen sprachlichen Auffälligkeit im Unterricht und in der Schule einen Schonraum zu gewähren, ihn andererseits aber ebenso wie seine Mitschüler zu fordern. Das heißt: Während der Lehrer auf der einen Seite mit seinen eigenen Einstellungen und Gefühlen gegenüber Stotternden umgehen lernen und mit pädagogischem Gespür auf die Reaktionen der Mitschüler eines stotternden Schülers achten muss, die diesen oft zur Zielscheibe unzähliger Hänseleien werden lassen, darf er auf der anderen Seite nicht Leistungswillen und -fähigkeit des stotternden Schülers unterschätzen. Im Gegenteil: Einem aufmerksamen Lehrer entgeht nicht, wenn ein Schüler in bestimmten Situationen flüssiger sprechen kann. In diesen sollte der Schüler sofort angemessen gefordert werden. („*Mir fällt auf, dass du heute sehr leicht sprichst.*“) Wird einem Schüler keine Leistung abverlangt, wird er im Klassenverband gewissermaßen „übersehen“ (siehe Fall Karin, Kapitel 6.1), handelt es sich um eine falsch verstandene Rücksichtnahme. Der stotternde Schüler lernt auf diese Weise nicht, mit seiner sprachlichen Auffälligkeit umzugehen. Ein Mangel an positiven Erfahrungen mit dem Stottern bewirkt seine Vermeidung, die wiederum das Stottern verstärkt.

Viele der im vorliegenden aufgezeigten Maßnahmen gelten sowohl für den Umgang mit dem stotternden Kind als auch für den mit dem stotternden Jugendlichen. Für Heranwachsende ergeben sich aus der besonderen Situation zusätzliche Probleme: Die beginnende Lösung vom Elternhaus und die verstärkte Orientierung zu Außenkontakten erfordern von ihm eine intensive Auseinandersetzung mit seiner Sprache und die Bereitschaft, seine Sprachunflüssigkeit als Bestandteil seiner Person anzunehmen. Gerade in der Phase der Identitätsbildung, zu der die Auseinandersetzungen mit der eigenen Person und mit dem Umfeld („Wie reagieren andere auf mich? Wie wirke ich auf andere?") gehören, nimmt die sprachliche Ausdrucksfähigkeit als Kommunikationsmittel einen beachtlichen Stellenwert ein. Gewandtheit im Ausdruck kann eine beziehungsstiftende Funktion übernehmen, während Menschen mit Sprechproblemen in Randpositionen gedrängt werden bzw. diese aufgrund der Reaktionen anderer – „Es ist eine Zumutung, ihm zuzuhören!" – auch selbst bewusst einnehmen.

An dieser Stelle ist schulpsychologische Beratung, sofern sie nicht bereits in früheren Jahren kontinuierlich in Anspruch genommen wurde, besonders gefordert. Schulpsychologen berichten, dass im Vergleich zu anderen Verhaltensauffälligkeiten die Beratungen besonders von stotternden Kindern und Jugendlichen freiwillig aufgesucht werden. Anlass hierfür sind vor allem Hänseleien von Mitschülern. Die betroffenen Kinder erwarten sich Hilfe und Unterstützung, um den durch die Reaktionen der Umwelt verursachten Leidensdruck zu reduzieren. In diesen Beratungssituationen formulieren die Kinder und Jugendlichen ihre Befindlichkeiten, sie äußern Anregungen und Wünsche, die sich auf die Akzeptanz ihres Stotterns richten. Einen Eindruck vermitteln die im nachfolgenden erfassten Aussagen (sie sind ein Ergebnis einer Befragung von 26 Schulpsychologen/Beratungslehrern, die – vom Standpunkt eines stotternden Kindes/Jugendlichen aus – das in den Beratungen Thematisierte zum Ausdruck bringen; Rausch, 2002):

„Ich möchte nicht auf mein Stottern reduziert werden. Ich bin nicht der/die Stotternde, sondern ... (Name)."
„Ich habe etwas zu sagen." Warum-Fragen: *„Warum lacht man, wenn ich rede? Warum schaut man weg? Warum ist es den anderen peinlich? Warum verstehen die anderen nicht, wie ich mich fühle?"*
„Wenn ich mich elend fühle und überhaupt nicht mehr sprechen möchte, wünsche ich mir, die anderen würden auch plötzlich zu stottern anfangen. Dann müssten sie mich verstehen."
„Stottern strengt mich sehr an. Darunter leide ich schrecklich."
„In der Schule möchte ich von den Lehrern wie jeder andere Schüler auch behandelt

werden. Ich möchte nicht ignoriert werden. Auch Mitleid verletzt mich."
„Wenn ich im Unterricht nicht aufgefordert werde, fühle ich mich ausgegrenzt; ich schäme mich, nicht so zu sein, wie die anderen."
„Verständnis und ein normaler Umgangston würden mir helfen."

8. Arbeitsteil

Zusammenfassung:

Stottern ist eine Redestörung, die in so vielfältigen Abstufungen auftritt, dass jedes Stottern individuell ist. Im Vergleich zu Erwachsenen sind Kinder und Jugendliche häufiger vom Stottern betroffen. Der multifaktoriellen Verursachung des Stotterns steht eine Vielfalt an Therapieangeboten gegenüber.

Anwendungsorientiertes Wissen

(a) Im Fallbericht gibt Karin an, dass sie in der Schule „übersehen" wurde. Wie hätten ihre Lehrerinnen und Lehrer reagieren sollen?
(b) In welchen Bereichen kann therapeutisch gearbeitet werden? Überlegen Sie sich für die einzelnen Bereiche mögliche Interventionen!
(c) Wie können Sie als Gesprächspartner von Stotternden eine ruhige und entspannte Atmosphäre herstellen?

Zur Wissensüberprüfung

(a) Nennen und beschreiben Sie die Formen des Stotterns!
(b) Welche Regelmäßigkeiten treten beim Stottern auf?
(c) Mit welcher Häufigkeit tritt Stottern in der Bevölkerung auf?

9. Literatur

Empfohlene Literatur:

Materialien der Bundesvereinigung Stotterer-Selbsthilfe e. V.
Baumgartner, St. (1992). Sprechflüssigkeit. In St. Baumgartner & I. Füssenich (Hrsg.), Sprachtherapie mit Kindern (S.204-289). München: Reinhardt.
(Dieser Beitrag bietet eine Fülle an anwendungsorientierten Informationen, die sowohl dem wissenschaftlich Tätigen als auch dem Praktiker, der eine Stottertherapie begleitet, eine wertvolle Hilfe sein können.)

Verwendete Literatur

Baumgartner, St. (1992 a). Sprechflüssigkeit. In St. Baumgartner & I. Füssenich (Hrsg.), Sprachtherapie mit Kindern (S. 204–289). München: Reinhardt.

Baumgartner, St. (1992 b). Wenn ihr Schüler stottert. Ein Ratgeber für Lehrer. Köln: Demosthenes Institut der Bundesvereinigung Stotterer-Selbsthilfe e.V.

Bielfeld, K. (1994). Sprachbehinderung. Zeitschrift für Heilpädagogik, 45, (10), 690–694.

Bundesvereinigung Stotterer-Selbsthilfe e.V. (1991). Stottern und Selbsthilfe. Köln.

Dell, C. (1994). Therapie für das stotternde Schulkind. Köln: Bundesvereinigung Stotterer-Selbsthilfe e.V.

Dilling, H., Mombour, W. & Schmidt, M. H. (Hrsg.). (2000). Internationale Klassifikation psychischer Störungen. ICD-10. Kapitel V (F). WHO. Bern: Huber.

Fiedler, P. & Standop, R. (1994). Stottern. Ätiologie, Diagnose, Behandlung. Weinheim: Psychologie Verlags Union.

Fiedler, P. & Westrich, E. (1982). Psychotherapie bei Störungen des Sprechens und der Sprache. In R. Bastine, P. Fiedler, K. Grawe, etc. (Hrsg.), Grundbegriffe der Psychotherapie (S. 391–395). Weinheim: edition psychologie im VCH-Verlag.

Häge, A., Rommel, D., Schulze, H. & Johannsen, H. S. (1994). Kindliches Stottern: Ätiologie und Verlaufsbedingungen. Folia Phoniatrica et Logopaedica. 46, (6), 298–304.

Heinemann, E. & Hopf, H. (2004). Psychische Störungen in Kindheit und Jugend. Stuttgart: Kohlhammer.

Johnson, W. (1956). A study of the onset and development of stuttering. In W. Johnson (Hrsg.), Stuttering in children and adults (S. 37–73). Minneapolis: University of Minnesota Press.

Katz-Bernstein, N. (1993). Die Sprache fängt im Körper an. Ein Konzept zur Behandlung von redeflußgestörten Kindern. In G. Lotzmann (Hrsg.), Körpersprache. Diagnostik und Therapie von Sprach-, Sprech –und Stimmstörungen (S. 76–88). München: Reinhardt.

Marcus, A. & Schmidt, M. H. (1995). Möglichkeiten medikamentöser Mitbehandlung des Stotterns im Kindes- und Jugendalter. Zeitschrift für Kinder- und Jugendpsychiatrie, 23, (3), 182–194.

Motsch, H. J. (1992). Die idiographische Betrachtungsweise - Metatheorie des Stotterns. In M. Grohnfeldt, Handbuch der Sprachtherapie. Bd.5: Störungen der Redefähigkeit (S. 21–42). Berlin: Wissenschaftsverlag V. Spiess.

Ortner, A. & Ortner, R. (1991). Verhaltens- und Lernschwierigkeiten. Handbuch für die Grundschulpraxis. Weinheim: Beltz.

Rausch, A. (2002). Befragung von Schulpsychologen/Schulpsychologinnen – Beratungslehrern/Beratungslehrerinnen. Seminarpapier. Ludwigsburg: Pädagogische Hochschule.

Renner, J. A. (1995). Erfolg in der Stottertherapie. Berlin: Wissenschaftsverlag V. Spiess

Sandrieser, P. & Schneider, P. (2001). Stottern im Kindesalter. Stuttgart: Thieme Verlag.

Stang, H. & Klug, G. (1991). Poltern. In Arbeitskreis Klinische Psychologen in Phoniatrischer Diagnostik und Therapie (Hrsg.), Aufgaben der Psychologie in der Stimm-, Sprach –und HNO-Heilkunde (S. 29–30). Bonn: Deutscher Psychologen Verlag.

Van Riper, Ch. (1986). Die Behandlung des Stotterns. Köln: Bundesvereinigung Stotterer-Selbsthilfe e.V.

7 Emotionale Störungen ... Angst

1. Zur Einführung: Angst – eine notwendige und belastende Emotion

Aussagen von Schülerinnen und Schülern:

Auf die Frage "Wann empfindest du Angst?" wird u.a. geantwortet:
„Wenn meine Freunde mich nicht mehr mögen, wenn sie mich nicht zur Schule abholen, wird mir regelmäßig schlecht" (7jähriger Junge).
„Wenn es dunkel ist und ich allein im Haus bin" (5jähriges Mädchen).
„Bei einer schlechten Zensur, wenn ich nichts gelernt habe" (10jähriges Mädchen).
„Beim Überqueren der Straße, auf der sehr viele Autos fahren" (7jähriges Mädchen).
„Ich werde nicht gern vor der Klasse abgefragt. Dann werde ich rot und beginne mich zu versprechen. Mein Herz klopft ganz stark. Davor habe ich Angst" (15jähriger Junge).
„Immer, wenn ich zu spät nach Hause komme, habe ich ein schlechtes Gefühl, dass ich meine Eltern enttäusche. Ich bin dann mehr mit meiner Clique zusammen als mit ihnen" (14jähriges Mädchen).

Auszüge aus schulpsychologischen Beratungssituationen

Frau M. ist eine ältere, sehr erfahrene Lehrerin, die auf ihre Schüler mit viel Wärme eingeht. Sie wendet sich wegen Anna, 7 Jahre, an die Beraterin. Frau M. leitet ein, dass sie mit Erstklässlern sehr vertraut sei. Jetzt habe sie aber mit Anna eine Schülern, mit der sie erstmals solch extreme Erfahrungen mache. Anna ist – nach ihrer Schilderung – ein äußerst wohlbehütetes Mädchen. Sie weiß, dass die Eltern sich lange Zeit vergeblich Kinder gewünscht haben und nun ihr Kind als ihr einziges Glück betrachten. Anna sei bereits seit den ersten Schultagen sehr auffällig. Sie wollte sich nicht von ihrer Mutter trennen, schrie unaufhörlich, wenn diese sich entfernte. Frau M. habe erstmals in ihrer Tätigkeit deshalb die Mutter in der Klasse gelassen. Gegenwärtig sei der Zustand so, dass die Mutter nach über einem halben Jahr auf einem Stuhl vor der Tür sitze und auf ihre Tochter warte. Frau M. möchte wissen, wie sie reagieren solle.

Kathrin, eine 16jährige Gymnasialschülerin, kommt in die Beratung mit folgendem Anliegen: Sie habe gehört, dass man Prüfungsangst behandeln könne. Deshalb wolle sie dies jetzt in Angriff nehmen, um sich nicht noch mehr ihre Zensuren zu verderben. Vor Arbeiten habe sie z. B. eine solche Angst, dass sich ihr ganzes Denken verändere. Sie sei blockiert und fast unfähig, etwas zu Papier zu bringen. Bereits Tage vor der Arbeit spüre sie, wie die Angst in ihr „hoch kriecht“. Sie nimmt ihr fast die Luft.

Einordnung

Die Aussagen der Kinder und Jugendlichen erfassen typische Angstsituationen. Da Angst eine dem Menschen immanente Emotion ist, schützt sie ihn einerseits in realen Gefahren- und Bedrohungsmomenten, unbedacht ein Risiko einzugehen. Andererseits kann Angst in nicht gefährlichen Situationen ein Ausmaß annehmen, das das Denken und Handeln beeinträchtigt. Der Betroffene erlebt sich als eingeschränkt und gegebenenfalls als behandlungsbedürftig. Diese Einschätzung trifft auf Kathrin zu, die unter einer speziellen Angstform leidet. Eine andere Form findet sich bei Anna – hier handelt es sich um eine Trennungsangst.

2. Begriffsklärung

Die Kapitelüberschrift bezieht sich auf die Internationale Klassifikation psychischer Störungen – die ICD 10 (WHO), Dilling et al., 2005. Diese bindet die zu diagnostizierenden Angstformen des Kindes-/Jugendalters ausdrücklich an den Oberbegriff „Emotionen“ (Erklärung dazu im Kapitel 7.5). Der Emotionsbegriff erfasst ein äußerst komplexes, vielschichtiges und auch durch die Aktivitäten vieler disziplinärer Zugriffe nicht hinlänglich erforschtes Phänomen. Mittlerweile liegt eine schier unübersehbare Flut an Veröffentlichungen vor (vgl. z. B. Petermann, Kusch & Niebank, 1998, Resch, 1996). Im folgenden wird ein Einblick in die begriffliche Auseinandersetzung (eingeschlossen Zuordnungsfragen) gegeben. Es handelt sich hierbei um in der Fachliteratur häufig erwähnte Vorstellungen:

Henry (1986) legt eine neuroendokrine Theorie der Emotionen vor, in der zwischen positiven Emotionen (Zufriedenheit, Freude) und negativen Emotionen (Wut, Angst, Kummer) differenziert wird. Izard (1994) geht von zehn grundlegenden Emotionen aus. Für jede Emotion gibt es zwei Bezeichnungen, die den Intensitätsgrad erfassen (die zweite Bezeichnung steht für die höhere Ausprägung), so z. B.: Interesse – Erregung, Vergnügen – Freude, Überraschung – Schreck, Kummer – Schmerz, Ekel – Abscheu, aber auch Furcht – Entsetzen.

In der älteren Angstforschung wurde der Begriff Angst mit einem frei flottierenden Gefühl gegenüber dem auf ein bestimmtes Objekt gerichteten Furchtbegriff verbunden. Da sich diese Unterscheidung weder im wissenschaftlichen noch im alltäglichen Sprachgebrauch durchsetzen ließ, verzichtet man in der Regel auf sie (vgl. z. B. Hennig, Hanusch, Dober & Rosendahl, 1989). Das Umfeld, in dem das Begriffspaar Angst – Furcht steht, wird deutlich, wenn – wie von Winkel (1986) vorgenommen – eine Assoziationskette zum Begriff Angst gebildet wird: „Beunruhigung, Unsicherheit, Ungewissheit, Unbehagen; Beklemmung, Unruhe, Aufregung, Bestürzung; Schreck, Panik, Entsetzen, Grauen; Flucht, Aggression und Tod" (S.361). Allein diese Vielfalt macht deutlich, dass – wird die Einteilung von Izard parallel dazu gesehen – unterschiedlichste Kombinationen denkbar wären. Diese Bezugspunkte führt Resch (1996) zu einem weitgehend konsensfähigen Vorschlag:

Angst ist „eine anpassungsnotwendige physiologische Emotion, die durch drei Kriterien ihre Funktionalität verlieren und damit zum psychopathologischen Symptom werden kann" (S.270). Diese Kriterien sind:
1. *Angstzustände bleiben über die Auslöser hinweg beharrlich bestehen.*
2. *Ein hoher Intensitätsgrad der Angstausprägung beeinträchtigt den Denk- und Handlungsspielraum.*
3. *Anlassgeneralisierung: Ängste verbinden sich mit auslöserunabhängigen Ereignissen und Gegebenheiten.*

Angst ist „ein psychophysisches Reaktionsmuster, neben dem Angstgefühl sind auch verschiedene somatische und vegetative Symptome zu beschreiben: Herzklopfen, ... trockener Mund, Missempfindungen in der Brust und im Epigastrium (flaues Gefühl im Magen), Atembeschwerden, Beklemmungsgefühle ... . Je nach Auslöser und Schweregrad ist die vegetativ somatische Komponente in unterschiedlichem Ausmaß mitbeteiligt" (S.271).

Diese Betrachtung erfasst sowohl den Normalzustand als auch die Extremposition eines komplexen und „rätselhaften" Phänomens (Köhler, 1992). Jede der in der Fachliteratur vorliegenden Betrachtungsweisen schließt ein, dass jeweils nur Teilaspekte von Angst angesprochen werden. Auf diese grundlegende Problematik weist Benesch (1995) in einem informativen Beitrag hin. Dieser zeigt u. a. auf, warum man sich in der Psychologie enthält, von einer einheitlichen Angst zu sprechen. Es werden statt dessen unterschiedliche Angstzustände wie z. B. „Bedrohungsangst, Trennungsangst, Prüfungsangst, Entscheidungsangst, Unsicherheitsangst" (S.90) postuliert. Ein weiterer Aspekt, der die Schwierigkeiten bei der Begriffsbestimmung nochmals eindrucksvoll sichtbar macht, darf – obwohl fast die Regel - nicht unerwähnt bleiben: „Der scheinbar sicheren

Annahme eines mehr oder weniger einheitlichen Angstgefühls, als des intensivsten negativen Gefühls ... widerspricht das Phänomen der Angstlust“ (a.a.O.); zum Thema Angstlust/Nervenkitzel vgl. z. B. Balint, 1999, Kiphard, 1997, Zuckermann, 1978.

3. Zur Phänomenologie

Die für die Spezifikation von Angststörungen getroffene Kriterienauswahl variiert entsprechend der jeweiligen wissenschaftlichen Ausrichtung des Forschungsinteresses. Im vorliegenden werden typische Ängste benannt, die den einzelnen Entwicklungsphasen im Kindes- und Jugendalter (nach Piaget) zuzuordnen sind. Resch (1996) legt eine Zusammenstellung vor, die in Abbildung 1 erfasst wird. Diese wird zum besseren Verständnis um eine Kurzbeschreibung der jeweiligen Stadien erweitert.

Bei den Altersangaben handelt es sich um Durchschnittswerte (vgl. z. B. Piaget & Inhelder, 1981). Kognitive Kompetenzen können also in Abhängigkeit vom individuellen Entwicklungsstand und sozialen Bedingungskonstellationen auch durchaus früher erlangt werden. Dieser Spielraum in der Altersfrage kann auch auf die den Entwicklungsstadien zugeordneten Ängste übertragen werden. Das bedeutet z. B., dass Trennungsängste, wenn auch schwerpunktmäßig dem sensomotorischen Stadium zugeordnet, „in unterschiedlicher Ausprägung während der gesamten Kindheit und Jugendzeit zu beobachten (sind)“ (Resch, 1996, S.272). Ein anderes Beispiel: Obwohl die Sozialangst im konkret-operationalen Entwicklungsabschnitt erwähnt wird, konnte in Studien (z.B. Borke, 1975) gezeigt werden, dass der Zeitpunkt, in dem das Kind zur sozialen Perspektivenübernahme ansatzweise befähigt ist („was sieht der andere“; also auch: „wie denkt der andere, wie sieht er mich“), früher liegen kann. Die Voraussetzungen sind also gegeben, dass sich soziale Angst in Ansätzen -entwicklungspsychologisch betrachtet – zeitiger entwickeln kann.

Konzentriert man sich auf die Entwicklungsabschnitte Grundschulalter, Pubertät und Adoleszenz als schulisch relevante Bereiche, dann zeichnet sich ab:
Im Grundschulalter treten vorrangig Angstzustände auf, die aus einem Wechsel des sozialen Umfeldes resultieren (z. B. Kindergartengruppe, Einschulung, siehe Fall Anna: Kapitel 7.1). Trennungsängste können der Ausgangspunkt sein, dass sich soziale Ängste entwickeln.

Alter	**Stadium**	**Kennzeichnung**	**typische Ängste**
Geburt – ca. 2. Lebensjahr	sensu-motorisch	Koordinierung sensorischer Wahrnehmung und motorischen Verhaltens, „Reflexhandlungen (werden) durch Erfahrung zu einem Repertoire von Schemata generalisiert und adaptiert, mit deren Hilfe das Kind seine Umwelt auskundschaftet“ (Neimark, 1984, S.157).	angeborene Reize für Angstreaktionen (laute, plötzliche Geräusche, Blitze etc.) Separationsängste (Trennungs- und Verlustängste) Fremdeln („Acht-Monats-Angst“)
ca. 2–7. Lebensjahr	prä-operational	bildliche Vorstellungen und Symbolisierungen durch Nachahmung, Spiel, Sprache, Egozentrik (Welt wird aus der eigenen Perspektive betrachtet), Kinder „lassen sich leicht vom äußeren Anschein täuschen und irren sich häufig im Hinblick auf Ursachenbeziehungen“ (Petermann, Kusch & Niebank, 1998, S.147).	magisches Alter (ab drei Jahren): vor imaginären Figuren (Gespenster-, Geister- , Hexenangst) Angst vor Einbrechern Hunde (Tierphobie) Umweltangst: unbekannte Geräusche, Dunkelangst, Gewitterangst, Umzug in andere Wohnung, Stadt Alpträume und Nachtangst (Aufschrecken und Schreien aus dem Schlaf) Angst vor Strafe Entwicklung der Gewissensangst Kindergartenangst
ca. 7–11. Lebensjahr	konkret-operational	konkrete Operationen, z. B. Klassifikation, Aufreihung, Erhaltung (Invarianz), Bedeutung der Anschaulichkeit, soziale Perspektivenübernahme entwickelt sich	Schulangst Schulphobie Sozialangst (z. B. Wettbewerbssituationen) Todesangst (Erwerb des Todesbegriffes etwa 7./8. Lebensjahr) Entwicklung von Realangst wie z. B. Umweltzerstörung, Gewalt Hypochondrische Ängste
ab ca. 11. Lebensjahr	formal-operational	formale Operationen, z. B. Deduktion, Permutation, Korrelation, abstraktes Denken, Arbeit mit Hypothesen	Pubertätsängste körperschemabezogene Ängste Phobien Panikattacken

Abb. 1: Typische Ängste der Entwicklungsstadien nach Piaget (in Anlehnung an Resch, 1996, modifiziert und erweitert)

Phänomene wie Schulangst und Schulphobie wurden in Theorie und Praxis vielfältig diskutiert, empirisch erforscht und die Ergebnisse einzelner Betrachtungsweisen in zahlreichen Veröffentlichungen erfasst. Die Auffassungen hierzu sind nicht einheitlich. Sie reichen von Synonyma bis zu gravierenden Unterschieden. Für eine Differenzierung spricht sich z. B. Poustka (1980) aus: Er bezeichnet Schulangst als Angst vor Situationen, die mit der Schule direkt zusammenhängen. Kontakt- und Beziehungsschwierigkeiten zu Lehrern und Mitschülern können ebenso wie Leistungsschwierigkeiten die direkten Auslöser sein. Eine Angst, die zur Schulverweigerung unabhängig von der Schule führt, nennt er Schulphobie (Grundlage bilden demnach Trennungsängste oder andere phobische Ängste wie z.B. Sozialphobien).

Pubertät und Adoleszenz sind von Ängsten vielfältiger Art geprägt. Wie im Grundschulalter beherrscht auch in diesen Abschnitten das Thema Schule die inhaltliche Angstausgestaltung. So können Prüfungsängste die Form von Phobien annehmen. Panikattacken, die z. B. nach Ollendick, Mattis und King (1994) bereits im vorpubertären Alter auftreten, können den Entwicklungsweg Heranwachsender begleiten. Bei Panikattacken handelt es sich nach Resch (1996) um „diskrete Perioden, die mit intensiven Angstgefühlen und Unbehagen einhergehen. Panikattacken beginnen in der Regel abrupt und dauern einige Minuten an" (S.273).

Ein Thema, das gerade in der gegenwärtigen Zeit für Jugendliche, aber bereits für Kinder eine besondere Aktualität besitzt, sind die körperschemabezogenen Ängste. Bei diesem Angstinhalt handelt es sich um ein Beispiel, das für eine zunehmende „Vorverlagerung" von Ängsten steht (siehe Kapitel 1: Essstörungen).

4. Epidemiologie

Die Angaben über die Verbreitung von Angststörungen im Kindes- und Jugendalter sind unterschiedlich (vgl. z. B. Petermann, Essau & Petermann, 2002). In der Wissenschaft ist man sich darüber einig, dass Ängststörungen allgemein zu den häufigsten Auffälligkeiten zählen. Erst eine Analyse der Vielzahl von epidemiologischen Studien in Abhängigkeit von den jeweils zugrunde gelegten Kriterien zeigt ein uneinheitliches Bild. Überblicksarbeiten, die diesbezügliche Studien über einen längeren Zeitraum erfassen, wie z. B. von Bernstein, Borchardt und Perwien (1996), geben als Anhaltspunkt an: Pauschal (zusammengesetzt aus den unterschiedlichen Formen) kann von ca. 15 % Angststörungen gesprochen werden. Diese Einschätzung wird von anderen Autoren in etwa bestätigt (vgl. z. B. Poulton, Trainor, Stanton et al., 1997). So gehen Schmidt und Blanz (1989) von

ausgeprägten Angstsyndromen bei 10 bis 15 % der Kinder im Grundschulalter und bei 5 bis 10 % der Adoleszenten aus.
Werden jedoch einzelne Angstformen erfasst, liegen z. B. folgende Ergebnisse vor:

- Schulangst und Schulphobie finden sich gegenüber dem Grundschulalter häufiger in Pubertät und Adoleszenz. Esser, Schmidt und Blanz (1990) geben an, dass 1,9 % der 8jährigen Jungen und 0,9 % der Mädchen Schulverweigerungssymptome (im Zusammenhang mit Angst) zeigen. Diese Angaben nehmen mit dem Alter zu: So sind 13jährige Jungen bzw. Mädchen zu 6,5 % bzw. 5 % von Schulangst bzw. Schulphobie betroffen.
- Jüngere Kinder zeigen Ängste, die reaktiv, also stark situationsbezogen sein können. Dieser starke Erlebens- und Gegenstandsbezug löst sich mit zunehmendem Lebensalter. Es gewinnen dann Aspekte wie Vorstellungsbilder, eigene Anspruchssetzungen, realistische oder vermeintliche Erwartungshaltungen, interne und externe Wert- und Normensysteme an Bedeutung.
- Als überängstlich werden ca. 2,4 bis 4,6 % der Kinder eingeschätzt (Bernstein, Borchardt & Perwien, 1996).
- Die Angaben über Trennungsängste belaufen sich nach verschiedenen Studien auf ca. 3,5 bis 4 % (Petermann, 1999).
- Soziale Ängste scheinen in der beginnenden Jugendzeit am häufigsten zu sein (in diesem Alter spielen vor allem Aspekte wie Gruppenverhalten, Anerkennung, Bewertung durch andere etc. eine wesentliche Rolle).
- Während im ausgehenden Kindesalter zwischen Jungen und Mädchen keine signifikanten Unterschiede bezüglich des Auftretens von Angst festgestellt werden, ändert sich dieses Verhältnis etwa ab 15 Jahren zuungunsten der Mädchen (vgl. z. B. Poulton, Trainor, Stanton et al., 1997).

5. Kriterien zur Diagnostik

Die Komplexität des Phänomens Angst und die Vielfalt an Angststörungen erschweren die Diagnostik, die zudem einem zeitlichen Wandel – entsprechend der jeweiligen Forschungslage – unterliegt. Die Bundesrepublik Deutschland hat sich als Mitglied der WHO auf das ICD-System (Internationale Klassifikation psychischer Störungen) festgelegt. In der gegenwärtig maßgeblichen ICD - 10 (Dilling et al., 2005) wird der folgende Standpunkt vertreten:
Es existiert eine eigenständige Kategorie „Emotionale Störungen des Kindesalters“ (der ausdrückliche Hinweis auf entsprechende Störungen im Jugendalter fehlt). In den Vorbemerkungen zur Differenzierung dieser Ausgangskategorie

nimmt die ICD-10 Argumente auf, die für eine Unterscheidung zwischen typischen emotionalen Störungen im Kindesalter und der Adoleszenz (hier wird dieser Entwicklungsabschnitt wieder ausdrücklich erwähnt) *und* entsprechenden Störungen im Erwachsenenalter, die dann als neurotisch bezeichnet werden, sprechen: Die Mehrheit der Kinder mit emotionalen Störungen ist im Erwachsenenalter unauffällig; es gibt kaum eine kontinuierliche Entwicklung bis ins höhere Alter; viele neurotische Störungen beginnen ohne gravierende Vorboten erst im Erwachsenenalter; normale Entwicklungstrends im Kindesalter verstärken sich zu emotionalen Störungen (sind also kaum eigenständige Phänomene); aus theoretischer Sicht wird angenommen (empirische Belege fehlen), dass es sich um unterschiedliche psychische Mechanismen bei emotionalen und neurotischen Störungen handelt; die Spezifikation emotionaler Störungen im Kindesalter wird als schwierig eingeschätzt (in Abhängigkeit vom auftretenden Schweregrad). Wird dennoch eine Differenzierung vorgenommen, dann schlägt die ICD-10 folgende Formen vor:

- emotionale Störung mit Trennungsangst des Kindesalters
- phobische Störung des Kindesalters
- Störung mit sozialer Ängstlichkeit des Kindesalters
- emotionale Störung mit Geschwisterrivalität
- sonstige emotionale Störungen des Kindesalters.

Beispielhaft für die mit dieser Einteilung verbundenen Beschreibungen werden im folgenden einige der diagnostischen Leitlinien für die „emotionale Störung mit Trennungsangst des Kindesalters“ angeführt:

1. „Unrealistische, vereinnahmende Besorgnis über mögliches Unheil, das Hauptbezugspersonen zustoßen könnte oder Furcht, dass sie weggehen und nicht wiederkommen könnten.
2. Unrealistische, vereinnahmende Besorgnis, dass irgendein unglückliches Ereignis das Kind von einer Hauptbezugsperson trennen werde – beispielsweise, dass das Kind verloren geht, gekidnappt, ins Krankenhaus gebracht oder getötet wird.
3. Aus Furcht vor der Trennung (mehr als aus anderen Gründen, wie Furcht vor Ereignissen in der Schule) resultierende, andauernde Abneigung oder Weigerung, die Schule zu besuchen“ etc. (S.306).

Zusammenfassung:

Die ICD-10 nimmt eine Einteilung in einen emotionalen (Kindesalter) und in einen neurotischen (Erwachsenenalter) Störungsbereich vor. Bei neurotischen Angststörungen wie z. B. Phobien oder Panikattacken ist bekannt, dass diese „gewöhnlich in der Kindheit oder im frühen Erwachsenenalter“ entstehen (Dilling et al., 2005, S.159).

6. Theoretische Erklärungsansätze

Angst als deskriptives Konstrukt gehört zum Forschungsbereich zahlreicher wissenschaftlicher Disziplinen: So werden u.a. philosophische, theologische, biologische, ethologische, soziologische, pädagogische und psychologische Aspekte erörtert, die zu unterschiedlichen Erklärungsbeiträgen führen. Auf diese Weise stehen im einzelnen Fragen zur Funktion der Angst, zur Sinnhaftigkeit und Psychophysiologie zur Diskussion. Die Rolle eines angeborenen Erregungspotentials, das durch Lernprozesse zu beeinflussen ist, wird ebenso thematisiert wie die familiären, schulischen und gesellschaftlichen Bedingungen, die zur Angstentstehung und –entwicklung beitragen. Es bieten sich somit genügend Ansatzpunkte, um beschreibende bzw. erklärende Ansätze zu formulieren. Im folgenden werden fünf zentrale Erklärungsbereiche vorgestellt (Abb. 2).

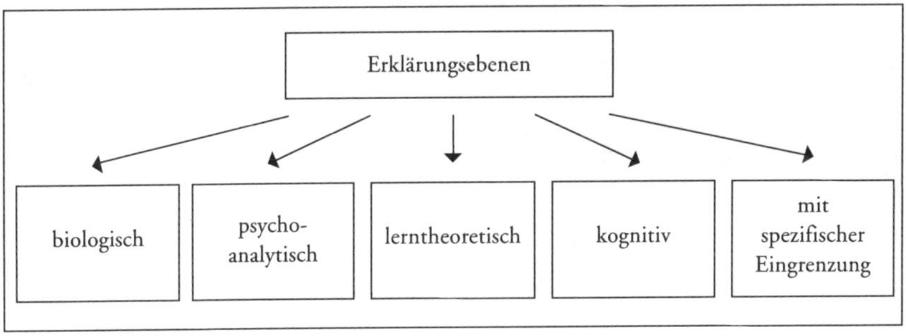

Abb. 2: Erklärungsrichtungen

Biologische Ansätze: Es liegt eine Fülle an Studien zur Angstentstehung vor (Zusammenstellung z. B.: Marx, 2000). Charakteristisch ist, dass Angst vorwiegend im Zusammenhang mit bestimmten Störungsformen (z. B. Panikstörung, Phobien) untersucht wird. Als Ergebnis werden unterschiedliche Parameter (z. B. genetische, vegetative, endokrine, metabolische) benannt, die eine biologische Dysfunktion bedingen. Mit medikamentösen Interventionen wird den verschiedenen Angstzuständen begegnet (z. B. Benzodiazepin-Injektionen bei akuten Panikanfällen).

Erinnerungshilfe:

Biologische Korrelate von spezifischen Angststörungen werden diskutiert, biologische Dysfunktionen unterschiedlich bewertet.

Psychoanalytische Ansätze: Die klassische Sichtweise ist unverzichtbarer Bestandteil des psychoanalytischen Erkenntnisstandes. Ihre Bedeutung liegt u.a. in der langen Tradition und der nachhaltigen Bedeutung für weitere psychoanalytische Ansätze. Die Angstpsychologie von Freud reicht von Angst als Folge von Verdrängung bzw. Nicht-Befriedigung von Triebenergie über Angst als Ursache der Verdrängung (in der Form, dass die Antizipation von traumatischen Situationen Angstsignale mobilisiert, die Abwehrmechanismen erforderlich macht) bis zu einer ausführlichen Beschäftigung mit der Signalangst, d.h., das Ich reagiert auf konkrete Anlässe mit Realangst, auf ein strenges Über-Ich mit Gewissensangst und auf bedrohliche Triebregungen aus dem Es mit neurotischer Angst. Diese Ängste sind „an bestimmte Entwicklungsereignisse wie Geburt, Trennung, Kastrationsvorstellungen, Verlust der Liebe des Objektes, Verlust der Liebe des Über-Ichs (‚moralische Angst') traumatisch gebunden" (Benesch, 1995, S.93). Das Ich lernt, auf gefährliche Situationen antizipierend zu reagieren. Angst signalisiert die drohende Gefahr. Zur näheren Information: z. B. Krohne, 1976, Walter, 1981. Weiterentwicklungen angsttheoretischer Annahmen sind mit Namen wie z. B. Horney, Sullivan, Schultz-Hencke, Rank, Riemann verbunden (vgl. dazu eine Übersicht von Benesch, 1995).

Erinnerungshilfe:

Der psychoanalytische Beitrag zur Angstpsychologie reicht von Freud (mit den postulierten Hauptphasen der Angstentwicklung) bis zu Beiträgen aus der Ich-Psychologie und der Einbeziehung sozialpsychologischer und ökologischer Dimensionen (in zahlreichen Weiterentwicklungen).

Lerntheoretische Ansätze: Die zentrale Aussage lautet: Angst wird gelernt, also durch unterschiedliche Lernprozesse erworben. Bedeutung erlangen die klassische Konditionierung, die operante Konditionierung, das Modell-Lernen.

(a) klassische Konditionierung: Grundlage sind die Versuche des russischen Physiologen Pawlow (1849–1936) zum bedingten Reflex. In der Fachliteratur bekannt ist das (Anwendungs-)Experiment von Watson und Rayner, 1920, zur Angsterzeugung beim neun Monate alten Albert. Prinzip: Neutrale Stimuli übernehmen durch Kontiguität, also durch Berührung (das enge Aufeinanderfolgen) mit angstauslösenden Reizen, die Qualität, selbst Angst auszulösen. Es entsteht eine bedingte Reaktion (Edelmann, 1996). Die Stärke der auf diese Weise erworbenen Angstreaktion hängt u.a. ab von der „Intensität der Emotion ‚Angst', die durch den unkonditionierten Stimulus hervorgerufen wird" (Essau & Petermann, 1998, S.230) und der Anzahl der zur Reizsubstitution erforderlichen Wiederholungen (Koppelungen). Anwendung: Erklärungsansatz für Phobien und generalisierte Ängste.

(b) operante Konditionierung: Angstreaktionen bedingen ein Flucht- oder Vermeidungslernen. Dieses wird durch die damit verbundene Angstreduzierung, also eine Verstärkung, verfestigt.
Klassische und operante Konditionierung bilden die Grundlage der Zweifaktoren-Theorie zum Angsterwerb/zur Angstvermeidung (Mowrer & Miller; beide Forscher leisteten Pionierarbeit bei der experimentellen Erforschung der Angst). Die Theorie liefert einen Beitrag, um die dauerhafte Vermeidung von bestimmten Situationen/Konstellationen zu erklären, auch wenn die erlittene Bedrohung nicht mehr vorhanden ist.
Mit dem Namen des Forschers Seligman ist die Konzeption der gelernten Hilflosigkeit verbunden. Das Phänomen der gelernten Hilflosigkeit tritt auf, wenn keine Aussicht besteht, bestimmten Situationen mit Flucht oder durch Vermeidung zu entgehen. Diese Ereignisse (unkontrollierbare aversive Situationen) sind also nicht beeinflussbar, so dass sich das Gefühl des Nichtbeherrschbaren einstellt und verfestigt (ausführlich dazu bei Edelmann, 1996).
(c) Modell-Lernen: Die Konzeption ist mit dem Namen des Forschers Bandura verbunden. Mit ihrer Hilfe wird versucht, sowohl die Aneignung eines Angstverhaltens als auch den Abbau von Angst zu erklären (z.B. Tierphobie). Während Bandura das Modell-Lernen in frühen Arbeiten behavioristisch als stellvertretende Verstärkung versteht, gehen spätere Arbeiten unter Einschluss kognitiver Komponenten von einer sozial-kognitiven Lerntheorie aus. Im einzelnen werden ausdrücklich eine Aneignungs- (Aufmerksamkeits- und Gedächtnisprozesse) und eine Ausführungsphase (Verstärkungs- und Motivationsprozesse) erwähnt.

Erinnerungshilfe:

Angstentwicklung (präziser: einzelne Aspekte) beruht auf Lernvorgängen unterschiedlicher Art und kann dementsprechend auch wieder verlernt werden.

Kognitive Theorien: Grundlegende Aussagen: Angst als physiologischer Erregungszustand ist mit Erwartungen und Bewertungen verknüpft. Nicht die Ereignisse selbst, sondern die ihnen zugeschriebenen Bedeutungen lösen bestimmte Emotionen wie z. B. Angst aus. In diesem Zusammenhang spielen eine entsprechende Vulnerabilität und bisherige Erfahrungen eine wesentliche Rolle. Beispiele kognitiver Konzeptionen: Im Mittelpunkt des Ansatzes von Beck (bekannt durch die Arbeit mit depressiven Patienten) stehen kognitive Schemata, nach denen die Umwelt interpretiert wird. Bedrohliche Bewertungen lösen unangemessene Angstreaktionen aus. Es handelt sich um fehlangepasste Annahmen, die das

Denken und Handeln bestimmen, wie z. B.: „Jede fremde Situation sollte als gefährlich betrachtet werden!“ Diese unrealistische Vorstellung, die impliziert, dass man ständig auf der Hut sein sollte und sich in unmittelbarer Gefahr befindet, ist der Weg, auf dem sich beispielsweise eine generalisierte Angststörung entwickeln kann. Ellis, der Begründer der rational-emotiven Therapie, argumentiert in ähnlicher Weise. Sein Ausgangspunkt sind bestimmte irrationale Überzeugungen, denen sich Menschen verbunden fühlen. Diese Auffassungen führen dann zu unangemessenen Reaktionen. Nach Ellis können Personen, die z. B. eine generalisierte Angststörung entwickeln, davon überzeugt sein: „Es ist unbedingt notwendig, von praktisch jeder wichtigen Person in seinem Umfeld geliebt und gelobt zu werden.“ Da es unmöglich ist, diese Vorstellung einzulösen, entwickelt sich Angst. Die Stabilität solcher Angstreaktionen steht im Zusammenhang mit der Stabilität der fehlangepassten Annahmen. Das bedeutet, dass erst über eine Modifizierung der entsprechenden Kognitionen dysfunktionale Ängste abzubauen sind.

Die Arbeiten von Beck und Ellis gelten als richtungsweisend für zahlreiche Modellvorstellungen wie z. B. von Barlow (1988) und Clark (1986). Diese neueren Ansätze berücksichtigen u.a. stärker den kontinuierlichen Übergang von normalen Angstreaktionen zu unangemessener Angst.

Neben diesen dem klinischen Bereich zugeordneten Erklärungsmöglichkeiten bieten als grundlegende allgemeine kognitive Konzeptionen die Theorie der Angsthemmung von Epstein und die Theorie der Angstverarbeitung von Lazarus Erklärungspotential (ebenso die Angsttheorie von Spielberger, 1972, mit der Unterscheidung von Angstneigung „trait-anxiety“ und Angstzustand „state-anxiety“): Während nach Epstein (1972) die wiederholte Erfahrung mit gefährlichen Situationen bei Menschen bewirkt, dass solcherart „erfahrene“ Personen ihre Angsterregung bei der Gefahrenannäherung im Vergleich zu „unerfahrenen“ reduzieren können (Erwartungen etablieren Hinweisreize), ist für Lazarus (1966) die Bewertung einer Situation als bedrohlich der Auslöser, um nach Bewältigungsmöglichkeiten (coping) zu suchen (mögliche Reaktionsmuster sind „Informationssuche“, „direkte Aktion“, „Aktionsaufschub“ und „intrapsychische Verarbeitung“) Werden die eigenen Bewältigungsmöglichkeiten angesichts einer Bedrohung als defizitär eingeschätzt, wird Angst ausgelöst.

Erinnerungshilfe:

Kognitive Modellvorstellungen leisten in vielfältiger Weise einen Beitrag zur Erforschung der Angst; dementsprechend zahlreich sind die von Forschern vertretenen Varianten kognitiver Erklärungselemente.

Ansätze mit spezifischer Eingrenzung: Benesch (1995, S.99) beruft sich auf Catell und Scheier, die bereits im Jahre 1958 anführten, dass über 300 Definitionsvorschläge zur Angst vorliegen, um auf die Vielzahl und Vielschichtigkeit der vorliegenden Angsttheorien hinzuweisen.

Biopsychosoziales Erklärungsmodell: Angesichts der unterschiedlichen Erklärungsbereiche ist es sinnvoll, integrativen Modellen den Vorrang einzuräumen. Dabei bleibt zwangsläufig offen, mit welchem Gewicht die einzelnen Komponenten in das Erklärungspotential eingehen. So weist Petermann (1999) auf ein biopsychosoziales Ätiologiemodell hin, in dem soziale Einflussgrößen wie z.B. die Wohnsituation, das elterliche Interaktions- und Erziehungsverhalten, biologische Faktoren wie z.B. genetische Aspekte und neurologische Systeme und psychische Einflüsse wie z.B. Temperamentsfaktoren des Kindes und Jugendlichen sich gegenseitig bedingen.

Erinnerungshilfe:

Ungeachtet einer dem komplexen Phänomen Angst angemessenen integrativen Betrachtungsweise werden in der Forschung nach wie vor einzelne Perspektiven forciert untersucht. So erwartet z.B. Rachmann (2000) für das gegenwärtige Jahrzehnt einen bedeutsamen Fortschritt bei der Analyse der emotional-kognitiven Prozesse (Schwerpunkte: Vigilanz-, Aufmerksamkeits-, Wahrnehmungs-, Denk- und Gedächtnisprozesse) und der beteiligten unbewussten Prozesse.

7. Prävention

Die Rahmenbedingungen der gesellschaftlichen, familiären und schulischen Strukturen, die Voraussetzung für einen angemessenen Umgang mit der Emotion Angst sind, sind den am Bildungs- und Erziehungsprozess von Kindern und Jugendlichen Beteiligten vertraut. Geborgenheit, Verlässlichkeit, Vermitteln von Sicherheit durch transparente Normen und Werte, konsequente Interaktionsformen – diese Aspekte stehen stellvertretend für einen Teil wesentlicher Einflussfaktoren. Ein anderer Teil leitet sich z. B. aus strukturellen und organisatorischen sozialen Vorgaben ab: Wohn- und Lebensbedingungen der Heranwachsenden prägen das Klima des Aufwachsens; zusätzlich variiert durch unterschiedliche Erziehungsstile in Kindergruppen, Kindergärten, Schulen, außerschulischen Freizeiteinrichtungen. Auf diese Weise wird ein (wesentlicher)

Grundstein für die Aneignung von Bewältigungsmöglichkeiten in unterschiedlichen Lebens- und Problemlagen gelegt. Zu diesen gehört ein sicherheitsgewährendes Maß der Angstentwicklung.
Diese allgemeinen Vorgaben werden konkret, wenn – ausschnittweise – einzelne Aspekte angesprochen werden: So können Grundlagen für soziales phobisches Verhalten, für Schüchternheit und Gehemmtheit im Kindesalter mit durch elterliches, später von Lehrkräften als Bezugspersonen gezeigtes Modellverhalten und entsprechende Interaktionsstile gelegt werden. Es ist bekannt, dass Kinder häufig in ähnlicher Weise wie ihre Eltern spezielle Ängste entwickeln können. Deshalb sollten alle Tendenzen, die in die Richtung – Angst vor spezifischen Situationen, angstgeprägte Aufnahme sozialer Kontakte – weisen, von den Modellpersonen bzw. dem Umfeld reflektiert werden. Ebenso gilt es Erziehungsstile zu thematisieren, die einem sozial ängstlichen Verhalten von Kindern Vorschub leisten wie z. B. eine überbehütende Atmosphäre, die eine „ecken- und kantenfreie" Erziehung vorspiegelt, oder eine inkonsequente, eher vernachlässigende Entwicklung, in der keine Verlässlichkeit und Sicherheit für die Kinder gegeben ist.
Der Bedeutung der Prävention sind allerdings dann Grenzen gesetzt, wenn notwendigerweise die Rolle der biologischen Faktoren bei der Angstentwicklung angesprochen wird. Da diese im konkreten Fall nicht beurteilbar ist, ist stets von einer wechselseitigen Verursachung auszugehen. Deshalb sollten alle vorbeugenden Möglichkeiten für einen angemessenen Umgang mit der Emotion Angst genutzt werden. Dazu gehört eine Erziehung, die – exemplarisch erfasst – besonderen Wert legt:

- auf eine realitätsangemessene Wahrnehmung und Einschätzung von Situationen des Bewältigungs-, Bedrohungs- und Gefahrenpotentials, den Erwerb und den Umgang mit Sicherheitssignalen, die eine erlebnis- und handlungsleitende Funktion übernehmen
- auf ein ausgewogenes Verhältnis von Selbstaufmerksamkeit, von Fremdwahrnehmung und Interaktionsbeziehungen (z. B. hohe Selbstbezogenheit trägt zur Entwicklung spezifischer Befürchtungen, eventuell hypochondrischer Vorstellungen, bei)
- auf realistische und erfüllbare Erwartungen (im familiären und schulischen Bereich, aber auch im Kreise von Gleichaltrigen, z. B. Gruppendruck)
- auf Information und Aufklärung, wenn es gilt, z. B. körperschemabezogenen Ängsten (Ernährungsberatung, Modetrends) oder umweltbezogenen Ängsten vorzubeugen.

Diese Maßnahmen sind Bestandteil eines umfangreichen Reservoirs an Präventionsmöglichkeiten (unabhängig davon, ob sie ausdrücklich als solche benannt werden oder als immanenter Bestandteil einer alltäglichen Bildungs- und Erziehungsarbeit zu sehen sind).

8. Interventionsmöglichkeiten

Die zentralen Erklärungsbereiche für das komplexe Phänomen Angst weisen bereits auf die Interventionsebenen hin (medikamentöse Behandlung, Aufarbeitung frühkindlicher Ängste, Stärkung eines schwaches Ich-Zustandes, Auflösung von Konditionierungsprozessen, des Flucht- und Vermeidungslernens durch fehlende Verstärkung, Lernen eines alternativen Verhaltens, Erwerb von sozialen Kompetenzen, von Selbständigkeit und Selbstsicherheit, Denk- und Handlungsmöglichkeiten für verschiedene Problemlagen erfahren und erproben).
Die Spezifik des gezeigten Angstverhaltens und das vermeintlich zutreffende Erklärungsmuster legen bestimmte Behandlungsmöglichkeiten nahe. Dennoch erfordert die Vielschichtigkeit des Erlebens von Angst, dass häufig unterschiedliche Verfahren kombiniert werden, um Angstbewältigungsprozesse einzuleiten (die Differenzierung des therapeutischen Bereiches bietet hierzu Möglichkeiten wie Einzel-, Familien- und Gruppentherapie, mit psychoanalytischer, verhaltenstherapeutischer, kognitiver, gesprächspsychotherapeutischer, systemischer, spieltherapeutischer Orientierung).
Aus diesem therapeutischen Angebot werden im folgenden einige Vorgehensweisen zur Behandlung von Angststörungen benannt (Zusammenstellung von Petermann, 1999):

- bei phobischen Reaktionen Einsatz der systematischen Desensibilisierung (Konfrontation mit einer angstauslösenden Hierarchie von Reizen und Situationen verbunden mit Entspannungsverfahren), Probleme: Kinder unter zehn Jahren haben Schwierigkeiten bei üblichen Entspannungsverfahren (Langeweile, Ermüdung), deshalb haben sich ersatzweise Phantasiegeschichten bewährt
- Modell-Lernen (in Kombination mit schrittweiser Annäherung und Verhaltensübungen), besondere Effektivität durch selbstverbalisierende und ungefähr gleichaltrige Modelle
- Verhaltensübung und Coaching (z.B. in Form von Rollenspielen, ein strukturiertes Vorgehen mit differenzierten Rückmeldungen, Fremd- und Selbstverstärkung)
- kognitive Ansätze (z. B. ein Diskriminationslernen zur Verbesserung der Wahrnehmungsfähigkeit, ein Selbstinstruktionstraining für positive und gegen negative Selbstaussagen, die Aneignung von Problemlösungsschritten von externer zu interner Instruktion)
- Selbstsicherheitstrainings (soziale Kompetenz- und Fertigkeitstrainings)
- kompakte Trainingsprogramme (Kombination aller wesentlichen Verfahren zur Angstreduktion) mit Einbeziehung von Eltern und Lehrern; z. B. die von

Petermann und Petermann (2000) vorgelegte Behandlungskonzeption „Training mit sozial unsicheren Kindern“ (für Vorschulkinder und für Schulkinder bis 13 Jahre); „Soziale Unsicherheit“ wird hierbei als Sammelbezeichnung für Verhaltensweisen gewählt, die sich auf Trennungsängste, Kontaktängste/soziale Ängste, soziale Phobien und generalisierte Ängste beziehen. Um diese Bandbreite kindlicher Ängste zu erfassen, ist das therapeutische Vorgehen dementsprechend breit angelegt. Notwendig werden solche Programme, weil die Erfahrungen aus der klinischen und pädagogischen Praxis zeigen, dass Angststörungen im Kindesalter immer früher auftreten. Die Effektivität hängt entscheidend von der Arbeit mit den Bezugspersonen ab (z.B. Eltern, Lehrer und Erzieher). Dieser Kreis wird in Abhängigkeit vom Alter der Heranwachsenden noch um die Mitwirkung von Gleichaltrigen z.B. in Therapiegruppen, Selbsthilfegruppen etc. erweitert. Gerade bei Jugendlichen stellt die Erkenntnis, dass die persönlichen Ängste in ähnlicher Weise auch bei Gleichaltrigen auftreten können, ein Entlastungsmoment dar. Dieses kann in therapeutischen Situationen äußerst hilfreich sein. Gesprächspsychotherapeutische Situationen und systemische Therapieelemente erweisen sich bei Jugendlichen zur Angsterklärung und –verminderung als effektiv.

9. Pädagogisch-psychologische Hilfestellungen

Voraussetzung, um die Entstehung und den Abbau von Schülerängsten zu verstehen und interventiv tätig werden zu können, ist, dass sich Lehrkräfte ihrer eigenen Ängste bewusst sind und sich mit ihnen auseinandergesetzt haben. Lehrer leiden im einzelnen besonders unter Versagensängsten (Stoffbeherrschung), Beziehungsängsten (Erwartungen an eine Lehrerpersönlichkeit, Akzeptanz dieser Rolle, Zusammenarbeit mit Kollegen und Eltern), unbewusste Ängste (z.B. vor der eigenen Emotionalität) und institutionelle Ängste (Schulverwaltung, Lehrerkollegium). Diese treffen auf ein individuell geprägtes Angstgefüge (subjektive Angstdisposition in Verbindung mit bestimmten Sozialisationserfahrungen). Um mit solchen Ängsten angemessen umgehen zu können, ist ihre Reflexion (Basis ist das Eingeständnis der eigenen Befindlichkeit) notwendig. Mit diesem Schritt, der auch die Sensibilität für das Angstpotential eines Gegenübers wecken kann, entscheidet sich bereits, ob pädagogisch-psychologische Hilfestellungen, die ein Lehrer seinen Schülern geben kann, effektiv sind. Im einzelnen sind Lehrkräfte direkt gefordert,

- sich ihrer Modellfunktion bewusst zu sein (Sprachverhalten, Gefühlsausdruck, Mimik, Gestik: Ängstlichkeit gegenüber Zuversicht und Selbstbewusstsein),

- Selbsterkenntnis- in Bewältigungsprozesse zu überführen (z. B. Durchbrechen des Kreislaufes: Angst vor einem aggressiven Schüler – regelmäßige Eskalation – allmähliche Nachahmung des Verhaltens durch Mitschüler; Möglichkeiten: Resignation, Gefährdung der Gesundheit oder Eingestehen und Offenlegung der Ängste, Einbeziehen des Beratungslehrers, des Schulpsychologen, Arbeit mit dem Schüler),
- die Angstbezüge der Schülerinnen und Schüler zu erkennen, einzuschätzen und ihnen wirksam zu begegnen (Beachtung physiologischer Signale, verbaler Äußerungen, auffälligen Verhaltens: Ängstlichkeit kann sich z.B. auch maskiert als Aggressivität äußern),
- die in der Praxis bekannten und in der Theorie diskutierten Angstquellen zu minimieren wie z. B. in den Bereichen (a) Leistung: Klassenarbeiten nur angekündigt schreiben, inhaltliche Anforderungen präzise formulieren (nicht: „Der Stoff der letzten Wochen/Monate ist prüfungsrelevant!"), wenige Arbeiten erhöhen den Druck auf prüfungsängstliche Kinder, weil die Möglichkeit zum Ausgleich fehlt, Transparenz von Prüfungsanforderungen, von Bewertungen und Konsequenzen, Rückgabemodalitäten überprüfen: Kommentare beachten, nicht nach Zensuren „gebündelt", mündliche Prüfungen lösen häufig mehr Angst aus als schriftliche: Einflussfaktoren sind vielfältiger (Art der Präsentation, Ruf des Prüfers), (b) Sozialgefüge: Organisierung der Klassengemeinschaft, Ausgrenzungen vermeiden, Stigmatisierungen verhindern („Streber", „Versager"), Umgangsregeln beeinflussen, (c) Erziehungsstil: Vorbildwirkung beachten,
- Erkenntnisse aus der Alltagspraxis und der sie bestätigenden Forschung zu berücksichtigen.

Exkurs: eine Auswahl: – Bei Schülerinnen und Schülern der Klassen 7-9 gilt es häufig als cool, schlechte Zensuren zu haben; erst nach Pubertätsende steigt die soziale Anerkennung der Leistung wieder, – Keller und Thewalt (1997) betonen: „Steigt die Aufgabenschwierigkeit an, nehmen Leistungsbeeinträchtigungen zu, und zwar um so mehr, je stärker bei der Aufgabendarbietung bedrohliche Instruktionen verwendet werden: ‚Diese Aufgabe werden wohl nur ganz Intelligente lösen können!'"(S.120). Mit der Sendung solcher Botschaften können bei hochängstlichen Schülern Leistungsblockaden ausgelöst werden. – Nach einer Studie von Nelfsen (1999) scheint es sozialängstlichen Kindern an Kompetenzen im mimischen Ausdruck von Emotionen und der mimischen Emotionserkennung zu mangeln. „Diese Defizite könnten ein aufrechterhaltender Faktor für das Unwohlsein in sozialen Situationen sein sowie Schwierigkeiten beim Bilden von Freundschaften hervorrufen oder verstärken" (S.183). Eine entsprechende Schulung bereits im Grundschulalter kann in spielerischer Weise im Unterricht vorgenommen werden. – Die im Alltag sinkende Hemmschwelle für den Einsatz von beruhigenden Medikamenten bei Angstzuständen wirkt sich nachhaltig in den Schulen aus. Umfragen ergeben, dass z.B. schon Grundschulkindern zur Angstminderung beruhigende Medikamente verabreicht werden. Während dieses Vorgehen von dem Bezugsumfeld der Kinder meist tabuisiert wird, sprechen Kinder diese „Pillengabe“ offener an (vgl. Rausch, 2002). Hier ist die Lehrerin/der Lehrer in der Vermittlerfunktion zwischen Schülern und Eltern gefragt. Schwerpunkte dieser Aufgabe sind sachliche Information und eine Mitteilung der Beobachtungsergebnisse.

- einen Beitrag zur Vermittlung von Angstverarbeitungsstrategien zu leisten: Hierzu bieten sich unterrichtliche Situationen an, in die z.B. gestalterische Elemente (die Angst malerisch erfassen, die Angst als Geschichte begreifbar machen) integriert werden. Es gilt die Angst anzunehmen, um sie in einem weiteren Schritt reduzieren zu können: Angstauslöser benennen und sich mit ihnen auseinandersetzen, Aktivieren der Phantasiekraft von Kindern: sich dem Angstauslöser unter Obhut einer Schutzfigur stellen, Besprechen von Angstbilderbüchern und -geschichten; evtl. Hausaufgaben geben: „Gehe in Gedanken die einzelnen Abläufe durch, wenn wir eine Arbeit schreiben!“, eine entsprechende Kontrolle besteht aus einem aufarbeitenden Gespräch, in dem z. B. auch Selbstinstruktionen in Form von positiven Gedanken geübt werden können. Solche und ähnliche Schritte, die bei Bedarf in unterrichtliche und außerunterrichtliche Bezüge eingebunden werden können, lassen sich komprimieren, z. B. in Form von Unterrichtseinheiten. Eine speziell zum Thema „Angst und Angstabbau“ konzipierte Stunde enthält z. B. nach Strittmatter (1993) folgende Abschnitte: Sensibilisierung der Schüler für ihre eigenen Ängste, differenzierte Analyse der Angsterfahrungen (Auslöser, Reaktionen, Konsequenzen), Verdeutlichung der Faktoren, die zur Angstentstehung beitragen, Möglichkeiten zur Angstbewältigung: Relativierung der Bedrohungsfaktoren, Erwerb von Kompetenzen zur Angstbewältigung z. B. durch Einübung von positiven Selbstverbalisierungen.
- Gerade dieser Beitrag der Vermittlung von Strategien ist – in Abgrenzung zu einem therapeutischen Vorgehen – auf die speziellen pädagogischen Rahmenbedingungen abzustimmen. So können Lehrkräfte zwar in ein therapeutisches Vorgehen eingebunden werden (Beachtung übermittelter Arbeitsprinzipien, Beobachtung etc.); ihre unmittelbare Zuständigkeit endet jedoch an der Grenze zur therapeutischen Behandlungsbedürftigkeit.
- einen Beitrag zur Verminderung spezifischer Ängste zu leisten, z. B. der Prüfungsangst: Eine Konzentration auf den pädagogischen Bereich lässt Raum für

folgende Hilfestellungen: *Verbesserung der Vorbereitungsstrategien (realistische Ziele setzen, Teilziele formulieren, Zeitmanagement kontrollieren, Vorstellung des Prüfungsgeschehens und Gespräch mit anderen Beteiligten darüber), Vermittlung effektiver Lernstrategien, mögliche Prüfungsergebnisse realistisch besprechen, ein mögliches schlechtes Ergebnis mit allen Konsequenzen zu Ende denken und Handlungsalternativen aufzeigen lassen, in Beziehung zu dem bisherigen Leistungsvermögen setzen, Rahmenbedingungen der Prüfungssituation verbessern, Selbstwertgefühl der Schüler stärken, realistische Einschätzung der Verantwortlichkeit für ein Prüfungsergebnis (Vielzahl von Einflussgrößen), Prüfungsgespräche im Rollenspiel üben*

- Entspannungstechniken in Klassen einzuführen und zu nutzen (entsprechend der therapeutischen Erkenntnis, dass Entspannung und Angst unvereinbar sind): Ängstliche Kinder sollten ermuntert werden, diese in kritischen Situationen gezielt einzusetzen.
- informierend und aufklärend zu wirken: Neben den sachlichen Informationen zu Lern- und Gedächtnisprozessen in Beziehung zu unterschiedlichen Erregungsniveaus sind es vor allem auch Hinweise, die als Anstöße zur Auseinandersetzung mit der eigenen Befindlichkeit genommen werden können: z. B. die Erwähnung von Selbsthilfeprogrammen (Taschenbücher). Vor allem reflexive Jugendliche nutzen diese Anregung, die von Esser (1997) folgendermaßen beurteilt wird: „Dies kann für viele von Angststörungen Betroffene der erste Schritt aus dem Teufelskreis Angst – Vermeidung – Rückzug – mehr Angst – mehr Vermeidung – Isolation bedeuten, bevor sie sich einer Bezugsperson anvertrauen" (S.19).
- aufmerksam zu reagieren, wenn sie von dem vor allem im Pubertätsalter sich zeigenden Spiel mit der Angst erfahren; Der aus verbotenen Spielen gezogene Gewinn, die Angst zu bezwingen, beruht zum einen auf Regel- und Moralverletzungen und zum anderen auf allen Spielarten von Mutproben (z. B. S-Bahn-Surfen, Stehlen, um zu einer bestimmten Clique zu gehören). Heimlichkeiten werden vom Agierenden oder seinem Umfeld eher aufgegeben, wenn eine offene Gesprächsbasis möglich ist. Auf dieser Grundlage können Lehrkräfte Kinder und Jugendliche für ein „Nein"-Sagen stärken bzw. ihnen Handlungsalternativen aufzeigen (z. B. Übernahme der Funktion eines Konfliktlösers, Streitschlichters bei problematischen Situationen).

Die Möglichkeiten der Lehrerinnen und Lehrer zum Angstabbau und zur -vermeidung bei Kindern und Jugendlichen sind vielfältig und dennoch begrenzt. In ihrer Gesamtheit sind sie jedoch ein wesentliches Element, das in andere Bereiche wirken kann (elterlicher Erziehungsstil, institutionelle Rahmenbedingungen, gesellschaftliches System).

10. Arbeitsteil

Zusammenfassung:

Die Komplexität des Phänomens Angst gestattet es nicht, von ***der*** Angst zu sprechen. Unterschiedliche disziplinäre Betrachtungsweisen und vielfältige theoretische Orientierungen analysieren jeweils Teilaspekte des Angstgeschehens. Dementsprechend liegt auch eine große Anzahl an Erklärungsversuchen zur Angstentstehung und -verstärkung vor. Ebenso mannigfaltig stellt sich der interventive Bereich dar. Häufig sind es die sogenannten „kleinen" Schritte, die erst in ihrer Gesamtheit effektive Möglichkeiten zur Angstvermeidung und -reduzierung sein können.

Anwendungsorientiertes Wissen

(a) Welche Ängste werden mit Hilfe der Aussagen der Schülerinnen und Schüler (siehe Kapitel 7.1) angesprochen? Versuchen Sie diese zu benennen und zu beschreiben!

(b) Welche Erklärungsaspekte zum Verhalten von Anna „drängen" sich Ihnen auf (Kapitel 7.1 und 7.6)?

(c) Wie könnte die Prüfungsangst von Kathrin (Kapitel 7.1) erklärt werden? Formulieren Sie Annahmen!

Zur Wissensüberprüfung

(a) Welche Angstformen können schwerpunktmäßig im Grundschulalter und welche ab ca. elf/zwölf Jahren auftreten?

(b) Geben Sie einen Einblick in das Vorkommen von Angststörungen (allgemein, Grundschulalter, Jugendliche, Häufigkeit bestimmter Angstformen)!

(c) Nennen Sie pädagogisch-psychologische Hilfestellungen von Lehrkräften!

11. Literatur

Empfohlene Literatur:

Zum Bereich Angstlust/Nervenkitzel:

Apter, M. (1994). Im Rausch der Gefahr. Warum immer mehr Menschen den Nervenkitzel suchen. München: Kösel.

Huber, A. (1994). Das Leben als Thriller: Nervenkitzel oder Glückssache. Psychologie heute, 6, 64–69.

Levend, H. (1993). Initiationsritus Abenteuer. Psychologie heute, 8, 40–42.

Einblick in die Therapie eines siebenjährigen Mädchens gibt:

Walter, H.-J. (1993). Verhaltenstherapie bei multiplen Kinderängsten. In F. Petermann & U. Petermann (Hrsg.), Angst und Aggression bei Kindern und Jugendlichen (S.151–159). München: Quintessenz Verlags-GmbH.

Verwendete Literatur

Balint, M. (1999). Angstlust und Regression. Stuttgart: Klett-Cotta.

Barlow, D. H. (1988). Anxiety and its disorders: The nature and treatment of anxiety and panic. New York: Guilford Press.

Benesch, H. (1995). Enzyklopädisches Wörterbuch Klinische Psychologie und Psychotherapie. Weinheim: Psychologie Verlags Union.

Bernstein, G. A., Borchardt, C. M. & Perwien, A. R. (1996). Anxiety disorders in children and adolescents: A review of the past 10 years. Journal of the American Academy of Child and Adolescent Psychiatry, 35, 1110–1119.

Borke, H. (1975). Piaget's mountains revisited: Changes in the egocentric landscape. Developmental Psychology, 11, 240–243.

Clark, D. M. (1986). A cognitive approach to panic. Behaviour Research and Therapy, 24, 461–470.

Dilling, H., Mombour, W. & Schmidt, M. H. (2005). Internationale Klassifikation psychischer Störungen. ICD-10 Kapitel V (F). Bern: Huber.

Edelmann, W. (1996). Lernpsychologie. Weinheim: Psychologie Verlags Union.

Epstein, S. (1972). The nature of anxiety with emphasis upon its relationship to expectancy. In C. D. Spielberger (Ed.), Anxiety: current trends in theory and research (pp. 291–337). Bd. 2, New York: Academic Press.

Esser, G., Schmidt, M. & Blanz, B. (1990). Epidemiology and course of psychiatric disorders in school-age children – results of a longitudinal study. Journal Child Psychology Psychiatric, 31, 243-263.

Esser, M. (1997). Angst. In G. Hansen & R. Stein (Hrsg.), Sonderpädagogik konkret. Ein Handbuch in Schlüsselbegriffen (S.18–20). Bad Heilbrunn: Klinkhardt.

Hennig, H., Hanusch, M. , Dober, B. & Rosendahl, W. (1989). Zum Angsterleben bei Kindern und Jugendlichen mit psychogenen bzw. psychosomatischen Erkrankungen (Ergebnisse einer empirischen Untersuchung). Wissenschaftliche Zeitschrift der Martin-Luther-Universität Halle-Wittenberg – Mathematisch-Naturwissenschaftliche Reihe, 38 (2), 107–118.

Henry, J. (1986). Neuroendocrine patterns of emotional response. In R. Plutchik & H. Kellerman, (Eds.), Emotion: Theory, Research and Experience (pp. 37–60). New York: Academic Press.

Izard, C. (1994). Die Emotionen des Menschen. Weinheim: Psychologie Verlags Union.

Keller, G. & Thewalt, B. (1997). Praktische Schulpsychologie. Vorbeugung und Erste Hilfe im Schulalltag. Heidelberg: Roland Asanger.

Kipard, E. J. (1997). Nervenkitzel um jeden Preis. Zur Physiologie und Psychologie des Thrills. Motorik, Schorndorf, 20, 3, 94–97.

Köhler, H. (1992). Vom Rätsel der Angst. Stuttgart: Verlag freies Geistesleben.

Krohne, H. W. (1976). Theorien zur Angst. Stuttgart: Kohlhammer.

Lazarus, R. S. (1966). Psychological stress and the coping process. New York: McGraw-Hill.

Marx, R. (2000). <F40> und <F41> Angststörungen – eine Einführung. In W. Beiglböck, S. Feselmayer & E. Honemann (Hrsg.), Handbuch der klinisch-psychologischen Behandlung (S.169–174). Wien: Springer.

Neimark, E. D. (1984). Die Entwicklung des Denkens beim Heranwachsenden. In G. Steiner (Hrsg.), Kindlers „Psychologie des 20. Jahrhunderts". Entwicklungspsychologie. Band 1. (S.155–171). Weinheim: Beltz.

Nelfsen, S. S. (1999). Sozial-ängstliche Kinder: Untersuchungen zum mimischen Ausdrucksverhalten und zur Emotionserkennung. Marburg: Tectum Verlag.

Ollendick, T. H., Mattis, S. G. & King, N. J. (1994). Panic in children and adolescents: a review. Journal Child Psychology Psychiatric, 33 (1), 113–134.

Petermann, U. (1999). Angststörungen. In H-Ch. Steinhausen & M. v. Aster (Hrsg.), Verhaltenstherapie und Verhaltensmedizin bei Kindern und Jugendlichen (S.187–213). Weinheim: Psychologie Verlags Union.

Petermann, F., Kusch, M. & Niebank, K. (1998). Entwicklungspsychopathologie. Ein Lehrbuch. Weinheim: Psychologie Verlags Union.

Petermann, U., Essau, C. A. & Petermann, F. (2002). Angststörungen. In F. Petermann (Hrsg), Lehrbuch der Klinischen Kinderpsychologie und -psychotherapie (S.227–270). Göttingen: Hogrefe.

Petermann, U. & Petermann, F. (2000). Training mit sozial unsicheren Kindern. Weinheim: Psychologie Verlags Union.

Piaget, J. & Inhelder, B. (1981). Die Psychologie des Kindes. Frankfurt am Main: Fischer Taschenbuch Verlag.

Poulton, R., Trainor, P., Stanton, W., McGee, R., Davis, S. & Silva, P. (1997). The (in)stability of adolescent fears. Behaviour Research and Therapy, 35, 159–163.

Poustka, F. (1980). Schulphobie. Differenzialdiagnose und Behandlungsindikation. Pädiatrische Praxis, 23, 575–586.

Rachmann, St. (2000). Angst. Diagnose, Klassifikation und Therapie. Bern: Huber.

Rausch, A. (2002). Befragung von Schulpsychologinnen/Schulpsychologen und Beratungslehrerinnen/Beratungslehrer. Seminarpapier. Pädagogische Hochschule Ludwigsburg.

Resch, F. (1996). Entwicklungspsychopathologie des Kindes- und Jugendalters. Ein Lehrbuch. Weinheim: Psychologie Verlags Union.

Schmidt, M. H. & Blanz, B. (1989). Angstsyndrome im Kindes- und Jugendalter. Acta Paedopsychiatrica, 52, 36–43.

Spielberger, C. D. (1972). Anxiety as an emotional state. In C. D. Spielberger (Ed.), Anxiety: Current trends in theory and research, (pp.23–49). New York: Academic Press.

Strittmatter, P. (1993). Schulangstreduktion. Neuwied: Luchterhand.

Walter, H. (1981). Angst bei Schülern: Ursachen, Auswirkungen und Möglichkeiten der erzieherischen Beeinflussung. München: Reinhardt.

Winkel, R. (1986). Schulische und soziale Ängste. In W. Spiel (Hrsg.), Kindlers „Psychologie des 20. Jahrhunderts". Psychologie und Erziehung. Hilfe bei Entwicklungsstörungen (S.359–401). Bd. 1. Weinheim: Beltz Verlag.

Zuckermann, M. (1978). Warum manche den Nervenkitzel brauchen. Psychologie heute, 6, 15–21.

8 Epilepsien

1. Zur Einführung: Epilepsien und ihre Folgen im alltäglichen Umgang

Fallbericht

Ein 21jähriger Lehramtsstudent berichtet in einem Seminar von folgendem Erlebnis aus seiner Schulzeit:

In der 9. Klasse habe ich miterlebt, wie ein neuer Mitschüler in der Unterrichtsstunde plötzlich einen großen epileptischen Anfall erlitt. Ich habe zuerst gar nicht gewusst, was eigentlich geschah. Bei einer Gruppenarbeit stürzte er plötzlich zu Boden und begann wie im Krampf am ganzen Körper zu zucken. Auch trat ihm Schaum aus dem Mund.

Alle Mitschüler waren geschockt, unfähig etwas zu unternehmen und standen um den Betroffenen nur herum. Der Klassenlehrer rannte schließlich ins Sekretariat und holte Hilfe. Sie führten bzw. schleppten den Jungen aus der Klasse. Der Klassenlehrer rief die Klasse wieder zur Ordnung und unterrichtete – wenngleich auch fahrig geworden – weiter.

Noch heute, so führt der Student an, erinnere er sich sehr gut an diese Situation und frage sich, warum der Lehrer in der damaligen Situation so entschieden habe.

In der anschließenden Pause standen alle Mitschüler aufgeregt herum und spekulierten, bis ein Schüler den Begriff Epilepsie nannte. Mit diesem konnte man wenig anfangen. Als der betroffene Schüler wieder in die Schule kam, wurde er mit Scheu von den anderen angesehen. In einem Pausengespräch fiel die Aussage, dass der Epileptiker wieder da sei.

Er selbst – so erzählt der Student – habe sich damals überlegt, ob er den Betroffenen einmal auf den Vorfall ansprechen sollte; aus Verlegenheit habe er es aber gelassen.

Heute frage er sich, wie er selbst mit einer solchen Situation umgehen würde. Er fände es wichtig, dass jeder Lehrer ein bestimmtes Standardwissen auch über solche möglichen Ereignisse haben sollte.

Einordnung

Die Schilderung des Studenten bezieht sich auf das Miterleben eines Grand-mal Anfalles. Dieser steht in der Öffentlichkeit schlichtweg für das Epilepsiegeschehen, das man dem Namen nach kennt. Im öffentlichen Bewusstsein fehlt häufig das Wissen um die Vielfältigkeit des Anfallsgeschehens. Sie schlägt sich im wissenschaftlichen Bereich, in der Epileptologie, in der Form nieder, dass verschiedene Kriterien benannt werden, die zu unterschiedlichen Klassifikationen führen wie z.B. Erscheinungsform, Auftretenszeitpunkt, Auftretenshäufigkeit, Entstehungsort und Vorgänge im Gehirn (vgl. Puckhaber, 1994). Solche Differenzierungen unterstreichen, dass es angemessen ist, als Oberbegriff „Epilepsien" anstelle der üblichen singulären Bezeichnung Epilepsie zu nehmen. Dieser Aspekt ist aber nur ein Teil des defizitären Informationsstandes der Öffentlichkeit. Ein anderer erfasst die weitverbreiteten Vorurteile, die in der Bevölkerung mit dieser Erkrankung verbunden sind. Das „geheimnisvolle" und somit auch häufig von den Betroffenen und ihren Familien tabuisierte Krankheitsbild wird beim Auftreten eines plötzlichen „öffentlichen" Anfalles von der Umwelt mit Erschrecken, Hilflosigkeit, aber auch mit Unverständnis und Ablehnung aufgenommen. Typische Reaktionen finden sich in dem oben aufgenommenen Fallbericht:

- Das Unvermögen des Lehrers, mit der aufgetretenen Situation umzugehen, kann z. B. eigenes Entsetzen ausdrücken, das erst verarbeitet werden muss, aber auch mangelnde Informiertheit, die es unmöglich macht, das Erlebte richtig einzuschätzen, oder fehlende Sensibilität, in angemessener Weise auf das Betroffensein der Schüler einzugehen.
- Das fehlende Wissen kann sowohl allgemeine Aspekte (z.B. den Kenntnisstand über das Anfallsgeschehen und seine psychosozialen Folgen) als auch spezielle betreffen. Zu den letzteren zählt der Aufklärungswille des Elternhauses oder des Betroffenen selbst gegenüber der Schule. Wenn damit zu rechnen ist, dass epileptische Anfälle auch im schulischen Bereich auftreten, dann führt familiäre Verschwiegenheit zu Zäsuren im Leben eines Betroffenen. Er steht mit seiner Erkrankung plötzlich in der Öffentlichkeit und unterliegt deren Einschätzung. Stoßen dann Vorurteile und mangelnder Kenntnisstand über Epilepsie zusammen, kann es zu Stigmatisierungsprozessen kommen – wie z.B. in der Aussage erfasst „der Epileptiker ist wieder da". Diese Bewertung überrascht angesichts der folgenden Angaben nicht: „So hielten noch 1984 ein Viertel der Deutschen die Epilepsie fälschlicherweise für eine Geisteskrankheit, während es in den USA nur 3% waren. 23% (in den USA 6%) lehnten es ab, ihr Kind mit einem anfallskranken Kind spielen zu lassen; die Eingliederung von Anfallskranken in den Arbeitsprozess lehnten 18% (in den USA 9%) ab. ... Damit liegt die Bundesrepublik Deutschland, was Unkenntnis und dis-

kriminierende Vorurteile gegenüber Epilepsiekranken angeht, weit vor Ländern wie den Vereinigten Staaten, den Niederlanden oder Italien" (Steinmeyer & Werner, 2000, S.3). Wie sehen solche Vorurteile im einzelnen aus? Ein Betroffener – Mingers (2000, S.4) – formuliert sie:

- *„Menschen, die von meiner ‚Erkrankung' erfahren haben, distanzieren sich immer mehr von mir und belasten mich mit ihrer negativen Einstellung."*
- *„Im Beruf hält man mich für wenig belastbar."*
- *„Am schlimmsten ist es, dass oft dumme Witze auf meine Kosten gemacht werden und das in meinem Beisein."*
- *„Wehre ich mich gegen unberechtigte Vorwürfe oder Ungerechtigkeiten, heißt es, ich sei aggressiv."*
- *„Negative Eigenschaften wie: Eigensinn, Umständlichkeit, Widersetzlichkeit und Streitsucht werden mir vorgeworfen."*

Diese belastenden Erfahrungen verlangen eine aufgeklärte Öffentlichkeit.

2. Begriffsklärung

Das aus dem Griechischen stammende Wort „Epilepsie" (Epi = darauf, lepsie = fallen), das sinngemäß „auf etwas fallen" bzw. „umfallen" bedeutet, weist auf das üblicherweise im Alltagsverständnis mit dieser Auffälligkeit verbundene Kernsymptom hin.

Die in der Fachliteratur erwähnte Vielfalt an Anfallsformen erschwert eine genaue Beschreibung des Begriffes Epilepsien. Wegen der vorhandenen Komplexität existiert kein einheitliches Krankheitsbild. Um zu vermeiden, dass der Begriff Epilepsien als „Regenschirmbegriff" für sämtliche Krampfanfälle verwendet wird, wie zeitweise geschehen, wird das epileptische Krankheitsbild von anderen Formen (wie z.B. Gelegenheitsanfällen) abgegrenzt.

Zu den Gelegenheitskrämpfen, die grundsätzlich bei jedem Menschen auftreten können, zählen Fieberkrämpfe (häufig zwischen dem 6. Lebensmonat und dem 5. Jahr), Affektkrämpfe = situationsgebundene Anfälle (häufig zwischen dem 2. und dem 4. Lebensjahr), synkopale Anfälle (vorübergehende zerebrale Zirkulationsstörungen aufgrund von z.B. emotionalen Einflüssen, Übermüdung, längerem Stehen).

Man schätzt, dass 5 bis 10 % aller Menschen einmal in ihrem Leben ein Anfallsgeschehen erleiden. In diesen Fällen von einer Epilepsie zu sprechen, würde bedeuten, der „Regenschirmdebatte“ Vorschub zu leisten. Um das eigentliche Krankheitsbild nicht zu verwässern, konzentrieren sich etliche Definitionsvorschläge auf die Formulierung der charakteristischen Besonderheit:

„Epilepsie ist eine chronische Erkrankung mit wiederholten anfallsartigen Krampferscheinungen aufgrund fehlerhafter synchroner bioelektrischer Entladungen der Nervenzellen, welche unabhängig von akuten oder subakuten Erkrankungen erfolgen“ (Puckhaber, 1994, S.9).

3. Zur Phänomenologie

Es wird zwischen generalisierten (fehlerhafte elektrische Entladungen erstrecken sich auf das gesamte Gehirn) und fokalen (ein organisch fassbarer Krankheitsherd) Anfällen unterschieden. Zu den generalisierten Anfällen zählen der Grand-mal, der myoklonisch-astatische Anfall und die Absencen. Fokale Anfälle erfassen einfache (mit Beibehaltung des Bewusstseins: Adversivkrämpfe, Jackson-Anfälle) und komplexe (mit affektiven, kognitiven, psychosensorischen, psychomotorischen Symptomen und einer Bewusstseinseinengung, psychomotorischer Anfall).

Hinweis: Aus allen Formen können Anfallsserien hervorgehen; die Betroffenen geraten in einen Status epilepticus (zu den auslösenden Faktoren zählen: plötzliches Absetzen der medikamentösen Behandlung, exzessiver Alkoholmissbrauch oder massiver Schlafentzug). Diese andauernden Zustände können besonders beim Grand-mal lebensbedrohlich sein (Gefahr der Gehirnschwellung, Tod durch Herz- und Kreislaufversagen). Es gilt: Jeder Status epilepticus ist als Notfall zu behandeln. Dieser Hinweis erhält gerade im Zusammenhang mit den interventiven Maßnahmen (siehe Kapitel 8.7) besondere Bedeutung.

Eine Auswahl verschiedener Anfallsformen (vgl. Groh, 1986)

Generalisierte Anfallsgeschehen

Grand-mal: beginnt mit tonischer Anspannung der Muskulatur (Überstreckung nach rückwärts, seltener Vorwärtsbeugung von Rumpf und Beinen), plötzliches Hinstürzen, Bewusstsein erlischt, verzerrte Mimik, Augäpfel nach oben verdreht, Aussetzen der Atmung, anfängliche Gesichtsblässe weicht einer bläulich-roten Verfärbung (Zyanose), starker Speichelfluss, nach ca. 1/4 bis 1/2 Minute beginnt klonische Phase (Zuckungen, deren Intensität in der Folge zu- und in der Frequenz abnimmt), röchelnde Atmung, Kloni der Kaumuskulatur bewirken, dass Speichel zu Schaum geschlagen wird, Bissverletzungen (Wangenschleimhaut, Zunge) färben Schaum blutig, möglich: Einkoten, Einnässen, Anfallsdauer: ca. 2-3 Minuten, Anfallsende: plötzliche Erschlaffung, Verschwinden der Zyanose, Erwachen aus der völligen Bewusstlosigkeit, anschließender Erschöpfungsschlaf, mögliche Vorboten eines Anfalls: eventuell Verhaltensänderung stundenlang oder tagelang vor Anfallsbeginn (Stimmungslabilität, Reizbarkeit, Schlaf- und Appetitlosigkeit), Anfall wird durch eine Aura eingeleitet (ist bei Kleinkindern eventuell aus dem Verhaltensmuster zu erschließen: veränderter Gesichtsausdruck, ängstlicher Blick, schutzsuchende Konzentration auf die Bezugsperson, stereotype verbale Äußerungen; ältere Kinder berichten von einem „komischen Gefühl")

Myoklonisch-astatischer Anfall: plötzliches Hinstürzen durch Verlust des Haltetonus während der Bewusstseinspause, Anfallsbeginn mit synchron auftretenden Muskelzuckungen (Myoklonien), diese sind entweder generalisiert oder auf einen Körperabschnitt beschränkt, vielfältiges Erscheinungsbild: Kniebeugeanfälle, Nickanfälle, Myoklonien nur im Gesichts- oder Mundbereich, der Lider (Blinzelanfälle)

Absencen: Bewusstseinspause von einigen Sekunden, tritt plötzlich ein und endet abrupt, ein Beobachter registriert, dass eine Tätigkeit oder Rede plötzlich unterbrochen oder mechanisch fortgesetzt wird, Augen werden häufig nach oben verdreht, Blick ist starr und ausdruckslos, symmetrische Mitbewegungen der oberen Extremitäten im gleichen Rhythmus, Tonus der Körpermuskulatur bleibt unverändert

Fokale Anfälle

Adversivkrämpfe: krampfhafte Wendung von Kopf und Augen, Schulter und Arm der gleichen Seite (Einnehmen einer „Fechterstellung"), das zu Beginn erhaltene Bewusstsein kann – vor allem im Zusammenhang mit sensiblen Symptomen – schwinden, häufig leitet eine Aura den Anfall ein (Symptomatik richtet sich nach der Lokalisation des zerebralen Herdes)

Jackson-Anfälle: beginnt in einer bestimmten Körperpartie (z.B. Mund, Gesicht, Arm, Hand, seltener in unterer Extremität), Anfall äußert sich auf der gleichen Körperseite, motorische Störungen werden häufig von Störungen der Sensibilität (Parästhesien, z.B. Prickeln) begleitet oder diese gehen der motorischen Entäußerung voran, üblicherweise bleibt Bewusstsein erhalten, Kinder können – wenn Mundregion nicht betroffen ist – über das Anfallsgeschehen berichten, sie versuchen häufig, zuckende Gliedmaßen festzuhalten oder zu reiben, um eine Beruhigung eintreten zu lassen

Psychomotorische Anfälle: Ablauf: a) eingeleitet durch Aura, die von Kindern meist nur ungenau beschrieben werden kann (entweder als ein merkwürdiges

Gefühl aus der Magen- oder Herzgegend oder als ein diffuser, traumartiger Zustand mit illusionären Verkennungen) b) eigentlicher Anfall wird durch vegetative und motorische Symptome beobachtbar, die motorischen Entäußerungen sind automatenhaft, stereotyp oder szenisch, *Automatismen* betreffen häufig den oralen Bereich (Schlucken, Schmatzen, Schlecken, Kauen) oder die Sprache (Wiederholung von Sätzen, Dyslalien, Wortneubildungen), *stereotype Handlungen* können z.B. sein: Nesteln, Zupfen, Stampfen, *szenische Abläufe:* zielloses Herumlaufen, An- und Ausziehen von Kleidungsstücken, Herumwerfen von Gegenständen, aggressive Getriebenheit, die motorischen Äußerungen werden von vegetativen Symptomen begleitet wie z.B. Gesichtsrötung, Blässe, Erbrechen, Schweißausbrüche, meist fehlt die Erinnerung an den Anfall, das Verhalten deutet aber nicht auf ein völliges Erlöschen des Bewusstseins hin, die Anfallsendphase geht mit einer langsamen Bewusstseinsaufhellung einher c) postparoxysmaler Dämmer- oder Reorientierungszustand: Ratlosigkeit, reagiert verlangsamt, muss sich erst zurechtfinden

4. Epidemiologie

Etwa 0,8 bis 1 % der Weltbevölkerung erkrankt an Epilepsien. Diese kommen in allen Kulturen vor. Es handelt sich hierbei um eine Schätzung, die von einer hohen Dunkelziffer begleitet wird.
Bezeichnenderweise haben sich ³/₄ aller Epilepsien bis zum 18. Lebensjahr manifestiert. Da in etwa die Hälfte der Anfallskranken jünger als 16 Jahre ist, kommt besonders den Erkenntnissen über Epilepsien bei Kindern und Jugendlichen eine besondere Bedeutung zu (vgl. Puckhaber, 1994). Diese wird durch folgenden Vergleich besonders gut veranschaulicht: Epilepsien treten im Kindesalter häufiger auf als die in der Öffentlichkeit populären chronischen Erkrankungen wie Rheumatismus, Diabetes oder Tuberkulose (Matthes & Schneble, 1998).

5. Kriterien zur Diagnostik

Puckhaber (1994) fasst wesentliche Aspekte der Diagnostik zusammen: Schwierigkeiten bezüglich der Diagnosestellung ergeben sich z.B. aus der Unberechenbarkeit des Auftretenszeitpunktes von Anfällen, die eine professionelle Erfassung erschwert, und aus der mit Anfällen einhergehenden möglichen Bewusstseinstrübung bzw. des Bewusstseinsverlustes. In diesen Fällen sind von den Betroffe-

nen selbst keine Informationen zu erhalten. Diese Einschränkungen lassen den Angaben von Augenzeugen eines Anfalles eine besondere Beachtung zukommen (z. B. Grad der Ansprechbarkeit, Tageszeit, Dauer und Folgen des Anfalls).
Solche Beobachtungsergebnisse ergänzen die für eine medizinische Diagnose erforderliche ausführliche Erfassung der Krankengeschichte (Anamnese). Anamnestische Angaben beziehen sich z.B. auf die Geburt und die Frühentwicklung des Kindes, auf die Bedingungen, den Ablauf und die Folgen eines Anfallsgeschehens (z.B. Zeitpunkt des ersten Anfalles und seine näheren Umstände, anfallsauslösende Faktoren, psychische Entwicklung und psychosoziale Veränderungen). Klinische und neurologische Untersuchungsmethoden erfassen in differenzierter Weise die wesentlichen medizinischen Aspekte. Eine besondere Bedeutung kommt in diesem Zusammenhang der Elektroencephalographie (EEG) zu.

6. Verursachungsfaktoren

Sind die Ursachen der Anfallsgeschehen bekannt, wird von **symptomatischen Epilepsien** gesprochen. Dabei erstreckt sich die Gruppe der bekannten Ursachen z.B. auf prä-, peri- und postnatale Schädigungen, auf angeborene Stoffwechselstörungen, Hirnhautentzündungen, auf Schädelhirnverletzungen bei Unfällen und auf Hirntumore (vor allem bei Anfallseintritt nach dem 25. Lebensjahr). Interdependenzen zwischen der Krampfbereitschaft (der Disposition), der organischen Ursache und den krampfauslösenden Faktoren (z.B. emotionale Belastung, Schlafentzug) bewirken das Anfallsgeschehen.
Differenziertere Untersuchungsmethoden haben es ermöglicht, dass inzwischen ca. 70 % aller Epilepsien (diese Angabe findet sich bei Puckhaber, 1994, Schaudwet, 1999, spricht von 50 %) als „symptomatisch“ zu erklären sind.
Können keine organischen Ursachen für die Anfallsgeschehen benannt werden, spricht man von **idiopathischen Epilepsien**. Für diese Gruppe, die sich aufgrund von weiteren Forschungsfortschritten zunehmend reduziert, wurde intensiv der Vererbungsgedanke diskutiert (in zahlreichen Veröffentlichungen findet sich für die Kennzeichnung dieser Gruppe der Begriff der genuinen (erblichen) Epilepsie). Diese Vermutung weicht der Erkenntnis, dass lediglich eine Disposition zur Epilepsie vererbt wird. Es handelt sich hierbei um eine erhöhte Krampfbereitschaft, die bei ca. 10 % der Menschen vorliegen soll. Treffen auf diese dann Faktoren, die pathogen wirken können (z.B. starke Lichtreize, hoher Alkoholkonsum), kann diese Kombination bei interindividuell unterschiedlicher Ansprechbarkeit einen Anfall auslösen.

Erinnerungshilfe:

ca. 5 bis 10 % aller Menschen erleben einmal in ihrem Leben ein Anfallsgeschehen, Epilepsien sind chronische Erkrankungen, symptomatische und idiopathische Epilepsien

7. Interventionsmöglichkeiten

Medikamentöse Behandlung

Eine Behandlung mit Antikonklusiva (Antiepileptika) ist unabdingbar. Das Ziel dieser auf längere Zeit angelegten Therapie ist eine Unterdrückung der Anfallsgeschehen (ca. ein Drittel der Epilepsien ist dennoch nicht oder nur unzureichend zu kontrollieren). Um eine Wirkung zu erreichen, müssen eine individuell abgestimmte optimale Dosierung und eine regelmäßige Einnahme gewährleistet sein. Als Faustregel gilt, dass erst nach 2 bis 3 Jahren Anfallsfreiheit an ein langsames und unter ärztlicher Kontrolle erfolgtes Ausblenden der Medikamente gedacht werden kann.

Ein besonderes Problem stellen die möglichen Nebenwirkungen der Medikamenteneinnahme dar. So sind ständige Kontrolluntersuchungen notwendig, um die Gefahr von Blutbildveränderungen und Leberschäden rechtzeitig zu erkennen. Diese medizinischen Auswirkungen sind aber nur ein Aspekt; eine Einschränkung in der Lebensqualität ergibt sich aus dem angestrebten Effekt, die Erregungsbereitschaft der Nervenzellen zu hemmen (zu Nebenwirkungen siehe Kapitel 8.8). Die zahlreichen Beeinträchtigungen, denen epilepsiekranke Kinder und Jugendliche durch das Krankheitserlebnis selbst, durch das Nebenwirkungsrisiko und durch die psychosozialen Reaktionen ihres Umfeldes ausgesetzt sind, legen es nahe, die psychischen, die sozialen und die emotionalen Aspekte stärker in den Mittelpunkt des Interventionsgeschehens zu rücken.

Psychologische Behandlung

„Wenn man davon ausgeht, dass die medizinische Therapie der Epilepsie dabei ist, ihren Kinderschuhen zu entwachsen, so kann man für den psychologischen Bereich höchstens von einer gerade stattgefundenen Geburt sprechen. Was aus diesem, noch hilflos um Aufmerksamkeit ringenden Neugeborenen einmal werden wird, ist zum jetzigen Zeitpunkt kaum absehbar“ (Puckhaber, 1994, S.65 f.). Dieser Vergleich beruht auf der folgenden Einschätzung: Es ist nach wie vor noch nicht allgemeinverständlich, dass eine Behandlung von Epilepsien auch bedeutet, deren Komplexität zu berücksichtigen. Neben den medizinischen Aspekten des

Anfallsgeschehens ist ebenso die psychosoziale Situation eines Betroffenen zu beachten. Psychologische Interventionsmöglichkeiten sollten nicht als randständig verstanden werden. Deshalb ist eine interdisziplinäre Zusammenarbeit gefordert, die von der Bereitschaft, dem Engagement und der Handlungskompetenz von Fachleuten getragen wird, die möglichen Akzentuierungen des Epilepsiegeschehens und seine Folgen als gleichrangig zu sehen. Dieser Auffassung kann nur mit einem entsprechenden Angebot entsprochen werden. Während hierfür in großen Epilepsiezentren die Voraussetzungen geschaffen wurden, finden sich durch eine diesbezüglich mangelhafte fleckendeckende Versorgung Defizite in weiten Regionen. Da in diesen Bereichen umfassende Interventionsmöglichkeiten nicht konzentriert angeboten werden, bleibt die Ausschöpfung der erforderlichen Therapiemaßnahmen weitgehend der Eigeninitiative der Betroffenen und ihren Familien überlassen. Diese kann aus verschiedenen Gründen eingeschränkt sein: z.B. wenn die Familie die Erkrankung selbst nur als ein medizinisches Problem sehen will, das nach Möglichkeit nicht den familiären Verbund verlassen sollte und somit der Öffentlichkeit zu verbergen ist, oder wenn im regionalen Bereich kein entsprechendes Angebot zur Verfügung steht bzw. das vorhandene aufgrund persönlicher Vorbehalte (z.B. Psychotherapeut nach eigener Wahl) abgelehnt wird.

Aber auch andere Aspekte müssen in diesem Zusammenhang erwähnt werden: So weisen Birbaumer, Rockstroh, Elbert, Canavan, Daum und Wolf (1991) auf die mangelhafte Berücksichtigung von lerntheoretisch begründeten Interventionsmöglichkeiten zur Reduzierung von Anfallsfrequenzen hin. Sie heben als erwähnenswert hervor, dass z.B. „Verfahren des klassischen Konditionierens in der Behandlung von Epilepsien mit Auren wenig eingesetzt werden" (S.48). Das Prinzip dieser Wirkungsweise, das in zahlreichen Studien nachgewiesen wurde, beruht darauf, „dass die wiederholte Darbietung von Reizen oder Vorstellungen, die Auren auslösten, zur Desensibilisierung gegenüber diesen Reizen und damit zur Löschung der Assoziation von Reiz/Vorstellung und Aura führte. In der Folge sanken die Anfallsfrequenzen deutlich. ... dem Patienten (werden) zunächst neutrale Reize dargeboten, deren Fokussierung die Verarbeitung des anfallsauslösenden Reizes hemmt und damit die Assoziation zwischen Reiz und Anfall lokkert. Im Laufe der Therapie werden die dargebotenen Reize (z.B. Gerüche) dem anfallsprovozierenden Reiz zunehmend ähnlich" (S.48).

Grundsätzlich muss festgehalten werden: Eine intensive psychotherapeutische Betreuung des betroffenen Kindes und Jugendlichen, die alle verfügbaren Möglichkeiten ausschöpft, ist notwendig. Jede Form der Psychotherapie sollte vorrangig die Persönlichkeit des Betroffenen mit all ihren Stärken und Schwächen erfassen. Diese „Bestandsaufnahme" liefert Ansatzpunkte für das Selbstwertgefühl und die als Basis für therapeutisches Arbeiten zu nehmende Stabilität der Persön-

lichkeit. Es gilt die Ressourcen zu erfassen, die der Betroffene beim Umgang mit seiner Erkrankung einsetzen kann. In einem weiteren Schritt wird ermittelt, wie er selbst zu seiner Erkrankung steht und welchen Stellenwert sie in seinem Leben einnimmt. In diesem Zusammenhang sollten folgende Schwerpunkte therapeutisch bearbeitet werden: Welche Reaktionen zeigt die Umwelt und in welcher Weise werden diese vom Betroffenen wahrgenommen? Hat sich durch die Erkrankung das Familienklima verändert (verstärkte Zuwendung mit Überbesorgnis oder auch Ablehnung mit Schuldzuweisung unter den Eltern)? Wie erlebt das Kind/der Jugendliche das Anfallsgeschehen selbst? Aufschluss über diese Aspekte kann bei Kindern über spiel- bzw. maltherapeutische Ansätze gewonnen werden, während mit zunehmendem Alter die sprachgebundenen Therapieformen (Gesprächspsychotherapie, Verhaltenstherapie, Psychoanalyse) im Vordergrund stehen. Um die Selbst- und die Fremdwahrnehmung besser verstehen zu können, kann es u.U. hilfreich sein, in die therapeutische Arbeit eine Videoaufzeichnung des Anfallsgeschehens zu integrieren. Dieses Element dient z.B. als Informationsgrundlage, um mit Gefühlen wie Unsicherheit, Angst, Scham umgehen zu können; es kann somit „zur Grundlage psychosozialer Bewältigungsstrategien" (Köhler, 1992, S.183) genommen werden.
Eine besondere Bedeutung kommt der Familientherapie zu. In der Familie muss von allen Mitgliedern die Diagnose akzeptiert werden. Es gilt, sich mit ihr auseinanderzusetzen und zu lernen, in welcher Weise sie verarbeitet werden kann. Dazu gehören Informiertheit über die Erkrankung, aber auch ein Reflektieren der Möglichkeiten, über die die Familie verfügt, um die Persönlichkeitsentwicklung eines anfallskranken Kindes und Jugendlichen zu unterstützen. In der therapeutischen Situation können alle Familienmitglieder lernen, dass ihre Gefühle, auch wenn sie ablehnend sind, zuerst einmal legitim sind und angesprochen werden sollten.

8. Pädagogisch-psychologische Hilfestellungen

Erkennen von Anzeichen für Anfallsformen und deren Folgen

Die unmittelbaren Anzeichen eines Anfallsgeschehens ergeben sich aus der Beschreibung der Anfälle (siehe Kapitel 8.3.). Hinzu kommen mögliche psychische Aspekte, die als *Anhaltspunkte* thematisiert werden. Diese sind vor folgendem Hintergrund zu sehen:
In der Fachliteratur wurde lange Zeit eine Diskussion um epilepsiespezifische psychische Veränderungen geführt, die aus heutiger Sicht ihre Berechtigung verloren hat. Viele Gründe können hierfür genannt werden: So berücksichtigte die

damalige Bewertung bei der Aussage, es gäbe z.B. eine epileptische Wesensveränderung, nicht die Komplexität des Anfallsgeschehens. Ebenso wurde der Eindruck von stationär behandelten Patienten auf alle an Epilepsie Erkrankten übertragen. Die Nebenwirkungen der medikamentösen Behandlung wurden nicht gesondert erfasst, sondern sie gingen mit in das Bild von einem „typischen" Epileptiker ein. Auch die Tatsache, dass nicht alle an Epilepsie Erkrankten zugleich psychische Probleme entwickeln, blieb unberücksichtigt.
Bei den möglichen Nebenwirkungen der Behandlung mit Antiepileptika handelt es sich um Anzeichen, die sowohl im familiären als auch im schulischen Bereich zu erkennen sind bzw. sichtbar werden (u. a. Übelkeit, Konzentrationsschwankungen, mangelnde Flexibilität und Verlangsamung der Denkabläufe, eine veränderte Stimmungslage und ein verändertes Verhalten, z.B. aggressiver Art, vgl. hierzu Schaudwet, 1999, die auf die gravierende Wirkung dieser Folgen hinweist; auch Puckhaber, 1994, S.57, schließt sich dieser Auffassung an). Angesichts dieses Gefahrenpotentials betonen Matthes und Schneble (1996) die ärztlichen Bemühungen, die medikamentöse Einstellung im Einzelfall so vorzunehmen, dass „keine oder nur unbedeutende Nebenwirkungen entfaltet" (S.25) werden.

Umgang im familiären Bereich

Wird bei einem Kind oder Jugendlichen die Diagnose Epilepsie gestellt, bedeutet dies für die Familie häufig ein Schockerlebnis, das zunächst verarbeitet werden muss. Dieser Prozess wird von Ängsten, Hilflosigkeit, Trauer und dem Gefühl, plötzlich in einer auswegslosen Situation zu stehen, begleitet. Auch Ärger und Wut, warum gerade in der eigenen Familie ein Mitglied betroffen ist, können auftreten. Gegenseitige Schuldzuweisungen zwischen den Eltern, die nach ähnlichen Ereignissen in der Familiengeschichte forschen und damit dem Vererbungsgedanken verbunden sind, und das Bestreben, unter allen Umständen nichts über „diese" Erkrankung an die Öffentlichkeit dringen zu lassen, erschweren die Auseinandersetzung mit ihr. Zu dieser gehört, dass sich Eltern und andere Angehörige differenziert informieren, um bei ihnen selbst bestehende Vorurteile abzubauen und um ihre eigene Stellung zu der Erkrankung zu überprüfen.
So sprechen z.B. Blank und Remschmidt (1992) psychosoziale Konsequenzen aus der Eltern-Kind-Interaktion an, die sich den mit den betroffenen Familien in der Praxis Arbeitenden zeigen: Eltern verhalten sich häufig überengagiert, um ihren Kindern zu helfen, z.B. bei der Hausaufgabenanfertigung. Bei plötzlichen Versagenszuständen ihrer Kinder zeigen sie sich schnell enttäuscht. Insbesondere die Mütter „sehen die Wesenszüge und Leistungen des Kindes pessimistischer, behandeln dann das Kind restriktiver, als es die Erkrankung erfordern würde, was

zu einer weiteren Verminderung des Selbstbewusstseins und der schließlich zu erreichenden Schulleistungen führt" (S.99). Jungen werden gegenüber Mädchen generell als auffälliger eingeschätzt. Eltern thematisieren im Vergleich zu Lehrern Verhaltens- und Leistungsstörungen bei ihren Kindern häufiger.
In dieser Phase können Kontakte zu anderen ebenfalls betroffenen Eltern und zu Selbsthilfegruppen sehr hilfreich sein. Die auf diesem Wege anzuregenden Lernprozesse sollten sich auf folgende Aspekte beziehen:

- *Epilepsien sind keine geheimnisvolle Erkrankung, die der Tabuisierung und Geheimhaltung vor der Öffentlichkeit bedürfen. Das aus medizinischer Sicht sich anzueignende Wissen kann deshalb als Aufklärungshilfe eingesetzt werden.*
- *Die Diagnose verändert das betroffene Familienmitglied nicht „automatisch"; ihm ist deshalb keine neue Position zuzuweisen. Eine selbstverständliche Rücksichtsnahme sollte auf die mit der Epilepsie ausgewiesenen Bereiche beschränkt werden, ansonsten sollten jegliche Überforderungstendenzen (z.B. als Kompensation des Leidens) oder Unterforderungstendenzen („es kann keine Leistung mehr abverlangt werden") vermieden werden (vgl. z.B. Myschker, 2002). Der bisherige Erziehungsstil ist beizubehalten. Jegliche Überbehütung kann zu Unselbständigkeit und Überängstlichkeit führen. Die erforderliche Fürsorge sollte sich z.B. auf die Aufklärung des Kindes, auf die dem Kind zu übertragende Mitverantwortung für die regelmäßige Medikamenteneinnahme und das Registrieren der Nebenwirkungen erstrecken.*
- *Da die Kinder und Jugendlichen erfahren müssen, dass sie während des Anfallsgeschehens kurzzeitig keine Kontrollmöglichkeiten haben, ist gerade im alltäglichen Bereich besonderer Wert auf die Entwicklung von Eigenaktivität zu richten. Dem Selbst-bewirken-Können muss deshalb verstärkt Augenmerk geschenkt werden.*
- *Aus der elterlichen Unbefangenheit, mit der Erkrankung des Kindes umzugehen, ist für das Kind ein Modellverhalten entnehmbar, dass es ihm selbst ermöglicht, aufgeschlossen zu reagieren; so z.B. bei Bedarf die Mitschüler über die Erkrankung bzw. mögliche Erste-Hilfe- Maßnahmen aufzuklären.*

Die Vielfältigkeit der möglichen Anfallsformen korrespondiert mit den einzuhaltenden Vorsichtsmaßnahmen. Während regelmäßige Medikamenteneinnahme und ärztliche Untersuchungen sowie ein regelmäßiger Schlaf-Wachrhythmus und nach Möglichkeit eine Vermeidung langanhaltender Stresssituationen bei allen Anfallserkrankten erforderlich sind, gelten einzelne Maßnahmen bevorzugt bei speziellen Anfällen, z.B. Vermeidung von Flackerlicht bei einer photosensiblen Epilepsie. Weitere Vorsichtsmaßnahmen sind zu treffen, wenn Anfallsfreiheit nicht garantiert ist: beim Baden, Fahrradfahren. Außerdem sollten Badezimmer- und Toilettentüren nicht abgeschlossen werden (Anbringen eines Besetzt-Schildes, auch in der Schule geeignet). Anfallsgefährdeten Kindern und Jugendlichen ist zu empfehlen, stets einen Notfallausweis (Krankheit, Medikation, Adresse, behandelnde/r Arzt/Ärztin) bei sich zu tragen (vgl. Schaudwet, 1999).

Umgang im schulischen Bereich

Eine besondere Situation ergibt sich, wenn im schulischen Umfeld ein Anfall auftritt. Matthes und Schneble (1996) fassen die zu beachtenden Hinweise zusammen:

Maßnahmen beim Grand-mal:

- Kündigt sich durch eine Aura ein Anfall an und besteht noch genügend Zeit, sollte man dem Betroffenen behilflich sein, sich auf den Boden zu legen und die Kleidung besonders am Hals zu lockern. (Es gilt: Grundsätzlich sollte man sich nach den individuellen Erfahrungswerten der Betroffenen richten. So berichten einzelne, dass sie bei Auftreten einer Aura nicht angesprochen werden möchten. Lässt man sie in diesem Moment „in Ruhe", gelingt es ihnen mitunter, den Anfall zu unterdrücken; vgl. z.B. Mingers 2000).
- Gefährliche Gegenstände sind wegen einer Verletzungsmöglichkeit zu entfernen (z.B. Objekte mit Kanten).
- Der Anfall ist genau zu beobachten. Dauer und Ablauf sind – wenn erforderlich – dem behandelnden Arzt mitzuteilen.
- Um ein Verschlucken von starker Speichelbildung zu vermeiden, ist der Kopf des Betroffenen zur Seite zu drehen. Eine stabile Seitenlage ist bei Erbrechen angezeigt. Alle Maßnahmen sind ohne Gewaltanwendung auszuführen.
- Folgezustände, wie z.B. Schlaf oder auftretende Unruhe nach einem Anfall, sind zu berücksichtigen.
- In Absprache mit den Eltern und dem behandelnden Arzt kann ein krampflösendes Mittel (z.B. Diazepam-Rectiole) bei längerer Anfallsdauer (ca. länger als 3 Minuten) eingeführt werden.

Es sollten auf keinen Fall beim Grand-mal:

- zuckende Gliedmaßen festgehalten werden,
- Ober- und Unterkiefer mit Gewalt auseinandergezwängt werden (auch nicht beim Zungenbiss und dadurch auftretender Blutung),
- nach dem Anfall Maßnahmen zur Aktivierung (z.B. schütteln, versuchen, Gespräche anzuregen) erfolgen.

> **Maßnahmen bei kleinen Anfällen (z.B. Absencen, psychomotorischen Anfällen):**
> Es ist eine genaue Beobachtung des Anfallsgeschehens (Ablauf, Häufigkeit, Zeitpunkt, mögliche Auslöser) notwendig, um gegebenenfalls bei einer Ausweitung des Geschehens (Dauer, Wiederholungen) ärztliche Hilfe einzuschalten bzw. diese Informationen den Eltern zu übermitteln.

Die Diagnose Epilepsie bedeutet keine Beeinträchtigung des Lernens und der Erziehung. Auf dieser Grundlage ist für anfallskranke Kinder der Besuch von normalen Kindergärten und ein entsprechender Schulbesuch garantiert. Anders verhält es sich in den Fällen, in denen schwerwiegende Folgen im Zusammenhang mit dem Anfallsgeschehen eine hinreichende Förderung der Kinder im Regelschulbetrieb nicht gewährleisten können oder in denen z.B. hirnorganische Beeinträchtigungen sowohl zu einer geistigen Behinderung als auch zu Anfallsgeschehen führen. Hier muss im Einzelfall geprüft werden, welche Form des Schulbesuchs dem jeweiligen Kind eine optimale Förderung einräumt.
Kinder mit epileptischen Anfällen sollen lernen bzw. unterstützt werden, erreichte Erfolge, aber auch Misserfolge, realistisch einzuschätzen und ihren eigenen Beteiligungsgrad zu erkennen. Aus Untersuchungen ist bekannt, dass chronisch kranke Kinder dazu tendieren, Misserfolge anderen bzw. ihrer Krankheit zuzuschreiben. Bei an Epilepsie erkrankten Kindern kommt hinzu, dass sie ihre Erfolge, dazu gehört auch die Fähigkeit zum sozialen Handeln, anderen zuschreiben (vgl. Schwager, 2000).
Im Vergleich zu chronisch kranken Kindern erleben Kinder mit einer Epilepsie ablehnende Reaktionen der Umwelt häufiger als unverständlich. Sie treffen auf vorherrschende Vorurteile, die sie sich nicht erklären können. Deshalb gehört zur notwendigen Aufklärung des epilepsiekranken Kindes auch der Hinweis, warum andere Menschen so reagieren. Dem Kind kann diese Offenheit im Umgang mit der Epilepsie aber nur vermittelt werden, wenn Elternhaus und Schule gemeinsam die Grundlage hierfür legen. Kinder, die dazu angehalten werden, ihre Erkrankung zu verheimlichen, leben in ständiger Angst vor einer Entdeckung. Dieser emotionale Spannungszustand kann wiederum nicht zuletzt Anfälle mit auslösen.
Die Situation stellt sich anders dar, wenn im schulischen Bereich mit großer Wahrscheinlichkeit keine Anfälle auftreten. In solchen Fällen ist sorgfältig abzuwägen, ob der Erklärungsbedarf für den Betroffenen subjektiv entlastend wirken kann oder ob er sich angesichts zu erwartender sozialer Reaktionen belastend gestaltet. Grundsätzlich sollten Lehrerinnen und Lehrer über das Erkrankungsgeschehen und mögliche Risiken aufgeklärt werden. Erst auf der Grundlage die-

ser Informationen können sie dazu beitragen, die Entwicklung des Selbstbildes der betroffenen Kinder besonders in bezug auf folgende Aspekte zu beeinflussen:

- Ist das durch Anfälle ausgelöste Erlebnis des Kontrollverlustes kompensierbar durch Möglichkeiten im schulischen Bereich? Eine Umgebung, in der das Selbst-Bewirken-Können mit Erfolgserlebnissen verbunden ist, trägt zur Entwicklung eines gesunden Selbstwertgefühles bei.
- Die Schule leistet einen wesentlichen Beitrag, wenn Kinder lernen sollen, ihre Erfolge oder Misserfolge selbst zu verantworten. In diesem Prozess gilt es, Stärken und Schwächen zu erkennen und offen anzusprechen. Dazu gehört auch, die Krankheit als Bestandteil der Persönlichkeit zu akzeptieren. Erst dann kann unbefangen mit ihr umgegangen werden.
- Die schulischen Beiträge erstrecken sich dabei sowohl auf die Persönlichkeit der Lehrenden (dazu gehören: Informiertheit über die Erkrankung, die aus ihr resultierenden möglichen Leistungsschwankungen, die Folgen einer medikamentösen Behandlung, eine Reflexion eigener Befürchtungen und Ängste, ein Überprüfen der Einstellung zum Begriff Epilepsien) als auch auf die Gestaltung des sozialen Miteinanders im Klassenverbund (dazu gehören: das Akzeptieren der Besonderheiten im Verhalten anderer und die gegenseitige Hilfeleistung).
- Zum Kenntnisstand der Lehrkräfte gehört auch, über ganz spezielle Probleme, die sich aus den Epilepsien ergeben können, Bescheid zu wissen, wie im folgenden beispielhaft erwähnt:
  Über den Zusammenhang mit der Anfallsform: Absencen, die im frühen Schulkindalter gehäuft auftreten, können bei den Lehrenden den Eindruck von Unkonzentriertheit erwecken und als Desinteresse gedeutet werden (vgl. zur Weihen, 2000).
  Über den Zusammenhang mit dem Lebensalter: Die Pubertät kann als entscheidende Zäsur im Lebenslauf gesehen werden. Während Kinder vor der Pubertät weitgehend ohne größere Komplikationen mit dem Anfallsgeschehen und seinen Folgen umgehen können, können diese mit dem Eintritt in die Pubertät auftreten: Neben der Belastungssituation, die die Epilepsie unmittelbar mit sich bringt (z.B. regelmäßige Medikamenteneinnahme, gesunde Lebensführung), treten Fragen auf wie z.B.: Warum bin ich betroffen? Welche Chancen habe ich im Leben, beruflich oder privat? Sind bestimmte Einschränkungen (z.B. kein Alkohol, ausreichend Schlaf) wirklich notwendig (vgl. zur Weihen, 2000)?
- Jeder Lehrer sollte, sofern er von den Eltern eines betroffenen Kindes oder Jugendlichen informiert wurde, mögliche Risiken, die anfallauslösend wirken könnten, im Auge behalten. Eine besondere Bedeutung kommt in diesem Zusammenhang dem Thema Sport zu. Grundsätzlich gilt, dass eine Epilepsie-

erkrankung eine sportliche Betätigung nicht ausschließt. Im Gegensatz zu extremen Belastungen, die durch das Stresserleben das Auftreten von Anfällen fördern können, lösen normale sportliche Betätigungen allein keine Anfälle aus. Besteht eine Anfallsfreiheit von ca. 1-2 Jahren, dann sollten Kinder in ihrer sportlichen Betätigung nicht eingeschränkt werden (Ausnahme: Sportarten mit Absturzgefahr wie z.B. Geräteturnen). Ähnliches gilt auch, wenn die Anfälle nur zu bekannten Zeiten (z.B. nachts, morgens) auftreten oder wenn sie sich regelmäßig durch eine Aura ankündigen, die Zeit zum Handeln lässt. Kommt es allerdings unvermittelt und häufig zu Anfällen, dann ist Vorsicht geboten. Mögliche Gefahrenquellen sind dann von vornherein auszuschließen. Das bedeutet speziell für den Schwimmunterricht besondere Aufsichts- und Sicherheitsmaßnahmen; diese sind ebenso im Werk- und im Hauswirtschaftsunterricht (z.B. Arbeit an Maschinen) gefordert.

- Einer besonderen Anforderung an ihre Aufsichtspflicht sehen sich Lehrer ausgesetzt, wenn das Thema Klassenfahrten thematisiert wird. Häufig trifft die Unsicherheit der Eltern mit dem Gefühl der Lehrer, in dieser Situation überfordert zu werden, zusammen. Der Ausschluss der betroffenen Kinder und Jugendlichen ist dann die Regel. Diese sollte allerdings eher darin bestehen, jeden Einzelfall mit allen Beteiligten zu besprechen, um bei Einhaltung aller Vorsichtsmaßnahmen dieses gemeinschaftliche Erlebnis den epilepsiekranken Kindern und Jugendlichen nicht vorzuenthalten (vgl. z.B. zur Weihen, 2000).

Die dargelegten Informationen und Zusammenhänge werden anschaulich, wenn Betroffene Wünsche an und Anregungen für Lehrkräfte (Aussagen von Mitgliedern von Selbsthilfegruppen) formulieren:

„Wenn Sie von mir oder meinen Eltern über meine Erkrankung informiert werden, sehen Sie mich bitte weiter als Person; reduzieren Sie mich nicht auf meine Erkrankung: ‚der Epileptiker'."
„Behandeln Sie mich weiter wie bisher; nehmen Sie nur dann Rücksicht, wenn ich durch meine Medikamente beeinträchtigt werde!"
„Sollte es zu einem Anfall in der Schule kommen, reagieren Sie ruhig und besonnen; bitte übergehen Sie das Geschehen nicht, dramatisieren es aber auch nicht."
„Auch nach einem Anfall habe ich mich nicht verändert! Das, was Sie sehen, darf Sie nicht erschrecken. Bitte informieren Sie auch meine Mitschüler. Ich habe Angst, dass sie sich von mir abwenden und ausgrenzen."
„Helfen Sie mit, Vorurteile (z.B. er/sie ist geisteskrank) und Ängste (z.B. der Anfall ist ansteckend) mir gegenüber abzubauen."
„Lassen Sie mich an allen Aktivitäten der Klasse (z.B. Klassenfahrten, Sport, Schwimmen) in Absprache mit meinen Eltern teilnehmen. Meine Eltern werden Sie informieren, welche Einschränkungen für mich bestehen!"

„Meine größte Bitte: Lassen Sie mich ein ganz normaler Schüler/eine Schülerin sein. Erleichtern Sie mir meine Erkrankung, indem Sie es nicht zulassen, dass ich nach einem Anfall gehänselt oder gemieden werde."
„Denken Sie bitte auch daran: Da Anfälle häufig nicht vorhersehbar sind, mich also auch plötzlich überraschen können, belastet mich diese Unsicherheit sehr. Es liegt mir viel daran, dass Sie dies wissen, denn es kann sein, dass diese Furcht vor einem Anfall manchmal meine Stimmung beeinträchtigt."
„Anfälle, deren Begleitumstände und Folgen können sehr unterschiedlich ausfallen. Deuten Sie z.B. eine bei mir auftretende Sprunghaftigkeit im Verhalten oder Gereiztheit nicht als Launenhaftigkeit oder mangelnde Anstrengungsbereitschaft. Meine Eltern werden Sie aufklären! Reagieren Sie mit Verständnis und Ermutigung!"

Diese Anregungen von Betroffenen geben einen Einblick in das Umfeld „Leben mit einem Anfallsgeschehen"; sie deuten zugleich aber auch an, dass es aus Sicht eines Lehrers oder einer Lehrerin stets der Zusammenarbeit mit dem betroffenen Kind, den Eltern und anderen, für den Erkrankungsfall relevanten Ansprechpartner bedarf, um der Individualität des Einzelfalles gerecht zu werden.

9. Arbeitsteil

Zusammenfassung:

Die Vielfalt an Anfallsformen (generalisierte und fokale) erschwert eine genaue Beschreibung des Begriffes Epilepsien. Charakteristisch sind fehlerhafte bioelektrische Entladungen der Nervenzellen. Sind die Ursachen der Anfallsgeschehen bekannt, wird von symptomatischen Epilepsien gesprochen. Die Bezeichnung idiopathische Epilepsien erfasst einen Bereich, für den keine organischen Ursachen benannt werden können. Um die Auswirkungen und Konsequenzen von Anfallsgeschehen zu beschränken, sind medikamentöse und psychologische Behandlung in individuell abgestimmter Weise zu verbinden.

Anwendungsorientiertes Wissen

(a) Lesen Sie den Fallbericht (Kapitel 8.1)! Ordnen Sie das Anfallsgeschehen ein! Beschreiben Sie diese Art eines Anfalles ausführlich! Wie hätten Sie anstelle des Lehrers gehandelt?

(b) Welchen Vorurteilen begegnen Epilepsiekranke? Setzen Sie sich mit einigen argumentativ auseinander!

Zur Wissensüberprüfung

(a) Grenzen Sie Gelegenheitskrämpfe vom epileptischen Krankheitsbild ab!

(b) Wieviel Prozent aller Menschen erleiden in ihrem Leben einmal ein Anfallsgeschehen?

(c) Was bedeutet ein „Status epilepticus"?

(d) Beschreiben Sie Absencen!

(e) Welche Möglichkeiten haben Lehrkräfte, das Selbstbild epilepsiekranker Kinder und Jugendlicher in positiver Weise zu stärken?

10. Literatur

Empfohlene Literatur:

Materialien der Stiftung Michael (zur Bekämpfung von Anfallkrankheiten), der Deutschen Epilepsievereinigung e. V., des Epilepsiezentrums Kork.

Schaudwet, A. (1999). Epilepsie bei Kindern und Jugendlichen in der Schule. Ein Handbuch für Pädagoginnen, Pädagogen und Eltern. Neuwied: Luchterhand.

Verwendete Literatur

Birbaumer, N., Rockstroh, B., Elbert, T., Canavan, A., Daum, I. & Wolf, P. (1991). Verhaltensmedizin bei Epilepsie. In D. H. Hellhammer & U. Ehlert (Hrsg.), Verhaltensmedizin: Ergebnisse und Anwendung (S.47–58). Bern: Huber.

Blank, R. & Remschmidt, H. (1992). Kinder- und jugendpsychiatrische Aspekte zur Epilepsie. In A. A. Möller & W. Fröscher (Hrsg.), Psychische Störungen bei Epilepsie (S. 89–106). Stuttgart: Georg Thieme.

Groh, C. (1986). Anfallskrankheiten im Kindesalter. In W. Spiel (Hrsg.), Kindlers „Psychologie des 20. Jahrhunderts". Psychologie und Erziehung. Hilfe bei Entwicklungsstörungen. Band 1 (S. 71–92). Weinheim: Beltz.

Köhler, G.-K. (1992). Psychotherapeutische Verfahren. In A. A. Möller & W. Fröscher (Hrsg.), Psychische Störungen bei Epilepsie (S. 182–187). Stuttgart: Georg Thieme.

Matthes, A. & Schneble, H. (1996). „Unser Kind hat Anfälle!" Epilepsie bei Kindern. Epilepsiezentrum Kork & Deutsche Sektion der Internationalen Liga gegen Epilepsie.

Mingers, M. (2000). Vorurteile und Fehlhandlungen. „einfälle". Die Zeitschrift der Epilepsie-Selbsthilfe, 76, 4.

Myschker, N. (2002). Verhaltensstörungen bei Kindern und Jugendlichen. Stuttgart: Kohlhammer.

Puckhaber, H. (1994). Epilepsie im Kindesalter. Eine interdisziplinäre Aufgabe. Eschborn bei Frankfurt/M.: Dietmar Klotz.

Schaudwet, A. (1999). Epilepsie bei Kindern und Jugendlichen in der Schule. Ein Handbuch für Pädagoginnen, Pädagogen und Eltern. Neuwied: Luchterhand.

Schwager, H.-J. (2000). Das Kind/der Jugendliche mit einer Epilepsie – Das erzieherische Verhalten. In H.-J. Schwager, A. Hartwig & F. Kassebrock, A. zur Weihen & R. Smattosch (Hrsg.), Pädagogische Probleme und berufliche Chancen bei Epilepsie (S. 5–20). Hamburg: Stiftung Michael.

Steinmeyer, H.-D. & Werner, Ch. (2000). Rechtsfragen bei Epilepsie. Hamburg: Stiftung Michael.

zur Weihen, A. (2000). Das epilepsiekranke Kind in der Schule. In H.-J. Schwager, A. Hartwig & F. Kassebrock, A. zur Weihen & R. Smattosch (Hrsg.), Pädagogische Probleme und berufliche Chancen bei Epilepsie (S. 21–32). Hamburg: Stiftung Michael.

9 Suizidalität

1. Zur Einführung: Selbsttötung – ein gegenwärtiges und häufig (noch) verdrängtes Thema

Fallberichte

Rückblende einer 19jährigen Frau:
„Denke ich an meine Kindheit, dann erinnere ich mich auch an Zeiten, in denen ich mir ausgedacht habe, wie ich die anderen strafen könnte, weil sie mir Unrecht getan hatten. Auf eine mir jetzt nicht mehr nachvollziehbare, diffuse Weise malte ich mir aus, ich hätte mir das Leben genommen. Meine Familie stand in Tränen aufgelöst vor meinem Grab. Ich sagte mir: ‚Das ist jetzt die Strafe, weil ihr so ungerecht zu mir seid'. Lustvoll betrachtete ich alle in ihrer Trauer. Vergeben wollte ich ihnen nicht, sie mussten bestraft werden".

Notiz eines 17jährigen Jugendlichen an seine Eltern:
„Ich kann nicht mehr. Verzeiht mir bitte, Euch trifft keine Schuld. Ich muss es tun." Familie und Freunde reagierten fassungslos auf den Tod des Jugendlichen. Sie suchten nach Anzeichen von Verzweiflung und Hoffnungslosigkeit und fanden keine. Für sie war alles in Ordnung gewesen. Obwohl – so diskutierten sie – die Trennung von der Freundin vor einem halben Jahr nicht leicht für Erwin war. Sie hatte die Beziehung plötzlich beendet, weil sie sich in einen anderen Jungen verliebt hatte. Erwin war zuerst sehr enttäuscht und gekränkt. Wochenlang zog er sich zurück. Dann suchte er bei jeder Gelegenheit das Gespräch mit anderen über sie. Die Frage, warum sie sich so entschieden hatte, wurde von ihm immer wieder gestellt. Einige Freunde gaben ihm schon zu verstehen, dass eine gescheiterte Beziehung auch einmal „abgehakt" sein müsste. Gerade in der letzten Zeit hatten alle den Eindruck, dass Erwin wieder ganz der alte war; er wirkte ausgeglichen und fröhlich wie vor der Trennung. Sollte diese doch der Grund gewesen sein. Hatte Erwin seine Fröhlichkeit nur vorgespielt?

Einordnung
Die beiden Kurzberichte führen in eine Problematik ein, die besonderer Sensibilität bedarf:
Die von der jungen Frau geäußerten Erinnerungen entsprechen – darüber kann wohl jedermann aus eigener Erfahrung berichten – einem kindlichen Entwicklungsstadium. In diesem Lebensabschnitt können Suizidgedanken und –impulse als reaktives Geschehen aufkommen. Geplante Suizidhandlungen, die zu Suizidversuchen oder zu vollzogenen Suiziden führen, kommen in dieser Altersstufe selten vor (siehe Kapitel 9.4).
Der zweite Fall bezieht sich auf einen vollzogenen Suizid. Mit ihm verbinden sich für das soziale Umfeld des Jugendlichen folgende Probleme: die Verarbeitung des Verlustes, die sich immer wieder stellenden Fragen nach dem Warum und nach der Schuldsuche, die Auseinandersetzung mit dem Sinn des Lebens und die eigene Position dazu. In diesem Klärungsversuch kann Betroffenen bewusst werden, dass das Geschehen (als Suizid, Selbsttötung, Selbstmord oder Freitod bezeichnet) auch Rückschlüsse auf das eigene Anschauungssystem zulässt.

2. Begriffsklärung

Mit einem Begriff verbinden sich – bewusst oder unbewusst – bestimmte inhaltliche Konnotationen. Dies gilt besonders bei der folgenden Wortwahl:

Selbstmord: Obwohl im Alltagsgebrauch am häufigsten benutzt, findet dieser Begriff in der modernen – im Gegensatz zu der älteren – wissenschaftlichen Literatur kaum Niederschlag. In wissenschaftlichen Diskussionen wird ein wertneutraler Begriff – Suizid – bevorzugt. Im Begriff Selbst-Mord ist eine Beurteilung der Tat enthalten, die dieser Situation nicht angemessen ist. Selbstmord ist „kein ‚Mord' im eigentlichen Sinne und kein Verbrechen" (Dubitscher, 1971, S.5). Mord als eine moralisch verwerfliche, strafbare Tat ist nicht gleichzusetzen mit der eigenen Tötung. Holderegger (1979) unterstreicht diese Auffassung – stellvertretend für andere Autoren –, indem er formuliert: „Dieses Residuum eines religiösen Vorurteils und einer veralteten Rechtsauffassung hat in einem modernen Beurteilungsschema keinen Platz mehr" (S.33).
Freitod: Dieser Begriff impliziert, dass jemand frei in der Urteils- und Entscheidungskraft sein Leben beendet. Es handelt sich dabei um eine bewusste, mit vollem Willen herbeigeführte Handlung.
Diesem Plädoyer für die Selbstverantwortlichkeit des eigenen Sterbens wird entgegengesetzt, dass es zumeist eine Summe von Faktoren ist, die zu dem

Entschluss führt, das eigene Leben zu beenden. Das heißt, äußere und innere Faktoren können die Freiwilligkeit dieses letzten Schrittes einschränken, so dass sich die Frage stellt, über wie viele Freiheitsgrade der Mensch in dieser Situation tatsächlich verfügt.
Suizid: Der Begriff „Suizid“ stammt vom Lateinischen „sui caedere“ und entspricht somit in etwa dem deutschen Begriff „Selbsttötung“.

Die wissenschaftliche Arbeit mit dem Suizidbegriff schließt die folgenden Überlegungen ein:
Suizidale Handlungen drücken sich in verschiedenen Formen aus. Sie erfassen eine Bandbreite an Verhaltensweisen, die von Suizidankündigungen (direkte oder indirekte Suizidhinweise, Suiziddrohungen) über Suizidversuche bis zu den vollzogenen Suiziden reicht. Mitunter werden von einigen Autoren auch Handlungen, die freiwillig und in Kenntnis der möglichen tödlichen Gefährdung auf sich genommen bzw. direkt gesucht werden (z.B. Extremsportarten), dem suizidalen Verhalten zugeordnet (vgl. z.B. Sonneck, 1995). Suizidversuche oder Parasuizide (dieser Begriff findet sich fast ausschließlich in der theoretischen Diskussion) sind alle selbstverursachten, selbstschädigenden Handlungen, die das Ziel, die Vernichtung des eigenen Lebens – aus welchen Gründen auch immer – verfehlen. Der Begriff Versuch sagt dabei nichts über die Ernsthaftigkeit suizidalen Verhaltens aus.

3. Zur Phänomenologie

Suizidale Handlungen können unterschiedlich klassifiziert werden. Haenel (1989) führt hierzu z. B. folgende Kriterien an:

a) Grad der Bewusstheit:
- unbewusste Suizidhandlungen (Verhaltensweisen, die z.B. ein hohes Unfallrisiko beinhalten, durch die hohe Risikobereitschaft wird der Tod billigend in Kauf genommen)
- Bilanzsuizide (Vor- und Nachteile des vergangenen, gegenwärtigen und zukünftigen Lebens werden abgewogen, mit dem Fazit, dass die Negativbilanz in letzter Konsequenz nur zur Selbsttötung führen kann: „das Leben bietet nichts mehr“, „die Verliererseite ist mir ewig sicher“; diese Art des Suizids wird wegen der Charakteristika – freie Willensentscheidung, psychisch gesunde Persönlichkeit – in der Literatur teilweise kontrovers diskutiert)

b) Umfang:
  - chronischer Suizid (eine andauernde Selbstschädigung über Jahre, die in der Folge nicht unmittelbar den Tod einschließt; Krankheiten, die mit einer verkürzten Lebenserwartung einhergehen und/oder zu einem erhöhten Suizidrisiko führen wie z.B. Anorexia nervosa, Drogenabhängigkeit)
  - fokaler Suizid (Bezeichnung von Menninger, 1978, für selbstzerstörerische Handlungen, die u.a. auf ein bestimmtes Körperteil gerichtet sind, z.B. Selbstverstümmelungen, extreme Operationsabhängigkeit im Sinne des Münchhausen-Syndroms, schwere Selbstbeschädigungen der Haut-Patient gibt an, sie seien spontan entstanden)

c) Motivation:
ein politischer Suizid, ein altruistischer Suizid, ein Märtyrertod, die Verweigerung einer medizinischen Behandlung

d) Bezugspunkt:
individueller Suizid, erweiterter Suizid (z.B. Gruppen- oder Kollektivsuizid)

Während das Erscheinungsbild suizidgefährdeter Erwachsener in der Literatur ausführlich beschrieben wird, liegen im Vergleich dazu weniger Aussagen über suizidgefährdete Kinder und Jugendliche vor. Dies beruht zum einen auf der noch weitreichenden Tabuisierung von Suiziden im Kindesalter und zum anderen auf dem bei Jugendlichen äußerst vielschichtigen Ausdrucksverhalten. Folgende Veränderungen lassen sich dennoch als Konsens über ein auffälliges Verhalten, das multifaktoriell bedingt ist, nennen:

- eine grundsätzliche Änderung des Verhaltens wie z.B. Isolierung
- Verlust von bisherigen Interessen
- plötzlicher schulischer Leistungsabfall
- resignatives Ausdrucksverhalten und resignative Äußerungen
- Zuflucht zu körperlichen Symptomen (verschlüsselte Botschaften): psychosomatische Störungen, z.B. Schlaflosigkeit, Änderung des Essverhaltens
- dysphorische Verstimmungen (häufig bei Kindern)
- Verschenken von bislang sehr geschätzten Gegenständen

4. Epidemiologie

Statistische Erhebungen stoßen dann an Grenzen, wenn z.B. nicht beurteilbar ist, ob es sich bei einem bestimmten Fall um einen Suizid, einen Unfall, ein spielerisches Geschehen oder um den eingelösten Wunsch, einfach weit weg zu verreisen, handelt. Gerade bei jüngeren Kindern ist dies schwierig einzuordnen, weil verschiedene Aspekte berücksichtigt werden müssen: Kinder sind in eine Phantasie- und Spielwelt eingebunden. Die dem Suizid von Erwachsenen häufig vorangehende differenzierte Planungs- und Vorbereitungsphase ist nicht erkennbar. Das Verständnis von der Endgültigkeit des Todes wird erst allmählich aufgebaut. Friedrich und Amminger (1995) führen Untersuchungsergebnisse über Todesvorstellungen von Kindern an. Nach diesen sehen Kinder unter 5 Jahren den Tod als reversibel an, Fünf- bis Neunjährige besitzen eine personifizierte Vorstellung vom Tod (Sensenmann), ab 10 Jahren „wird der Tod als biologischer Prozess bewertet und nach und nach in seiner Irreversibilität wahrgenommen" (S.30). Die beiden Autoren betonen, dass Kinder der gleichen Altersstufe aber auch verschiedene Todeskonzepte in Abhängigkeit vom kognitiven Entwicklungsstand und dem persönlichen Erfahrungshintergrund entwickeln können (vgl. auch Braune & Pohlmeier, 1993). Auch das Nicht-wahr-haben-Wollen von suizidalen Handlungen in jungen Lebensjahren durch die Erwachsenenwelt bewirkt, dass statistische Angaben nur eine ungefähre Tendenz aufzeigen können. Deshalb dienen die folgenden Angaben lediglich zur Orientierung:
Nach Colla-Müller (1984) beträgt das Verhältnis Suizid zu Suizidversuch bei Jugendlichen 1: 50 bzw. 1: 100; andere Schätzungen kommen zu einer deutlich geringeren Anzahl an Suizidversuchen. Vollzogene Suizide sind bei Jungen häufiger als bei Mädchen. Viele Autoren gehen von einem Verhältnis von 3:1 bis 4:1 aus. Dieser Unterschied wird häufig auf die von Jungen verwendeten harten Methoden zur Lebensbeendigung zurückgeführt (z.B. Erhängen, Erschießen), die mit größerer Wahrscheinlichkeit zur Letalität führen als die sogenannten weichen Methoden wie z.B. eine Intoxikation mit Medikamenten, die von Mädchen bevorzugt wird (allerdings hebt sich diese Differenzierung zunehmend auf).

Einen Einblick in die offiziellen Zahlen der Selbsttötungen in verschiedenen Altersgruppen in Deutschland (Tab. 1) gibt das Statistische Bundesamt (Stand 20.2.2002, Auszug):

Altersgruppen	1998	1999 männlich	1998	1999 weiblich	1998	1999 insgesamt
5 Jahre bis unter 10 Jahre		-		-		-
10 Jahre bis unter 15 Jahre	34	26	16	9	50	35
15 Jahre bis unter 20 Jahre	223	230	71	56	294	286
20 Jahre bis unter 25 Jahre	365	364	84	77	449	441

Tab. 1: Selbsttötungen

Diese Angaben erfassen Suizide erstmals im Lebensabschnitt der 10- bis 15-jährigen. Bedeutet dies, dass bis zum Alter von ca. 10 Jahren keine Suizide vorkommen? In zahlreichen Veröffentlichungen finden sich unverbindliche Aussagen der Art: „Über Suizidhandlungen vor dem 8. Lebensjahr wird ... so gut wie gar nicht berichtet" (Klosinski, 1999, S.62), „... selbst im Kindesalter (kommen) Suizide vor" (Bronisch, 1995, S.104), „... Suizidversuche von Kindern (sind) sehr seltene Ereignisse, ... Suizidversuche bei Kindern (können) offensichtlich entgegen früheren Meinungen durchaus schon vorkommen" (Schmidtke, 1989, S.274 f.), „Unter Kindern kommen relativ selten Suizide vor, auch wenn die Anzahl in den letzten Jahrzehnten rasch gestiegen ist" (Comer, 1995, S.392). Diese und ähnliche Aussagen legen nahe einzuräumen, dass im Kindesalter suizidales Verhalten vorkommt (so führt die wissenschaftliche Literatur exemplarisch Fallberichte an). Auskunft über die tatsächlich erfassten Fälle gibt die Todesursachenstatistik des Statistischen Bundesamtes. Sie enthält für den Erfassungszeitraum von 1980 bis 1994 in der Altersgruppe „5 Jahre bis unter 10 Jahren" jeweils jährliche Eintragungen im Rahmen von 1 bis 7 Fällen; nach einem „freien" Jahr wurden für 1996 und 1997 erneut 3 bzw. 2 Fälle registriert; ab 1998 kein Fall.

5. Diagnostische Anzeichen einer Suizidgefährdung

Alle auffälligen Veränderungen im Erleben und Verhalten von Kindern und Jugendlichen sind mit der gebotenen Sorgfalt zu beachten. Sie können eine Entwicklung einleiten, die möglicherweise zu einer Suizidgefährdung führt. Müller (1982, S.353 f.) fasst solche Anzeichen als präsuizidales Syndrom bei Jugendlichen zusammen:

Hintergrund: familiäre Häufung von Suiziden und Suizidversuchen, auch Häufung in unmittelbarer Umgebung, bereits unternommene eigene Suizidversuche, abgebrochene Schul- und Berufsausbildung, Drogenabhängigkeit/Delinquenz

Symptomatik: depressive Einengung (Gefühlswelt, Kognitionen, Freundeskreis), Suiziddrohungen (bewusst oder versteckt), Informationen/Gespräche über Möglichkeiten zum Suizid, Besorgung von Suizidmitteln, „Ruhe vor dem Sturm" in Form negativistisch-mutistischer Perioden (vgl. auch Friedrich & Amminger, 1995, zur Untersuchung der präsuizidalen Symptomatik bei Kindern und Jugendlichen).

6. Theoretische Erklärungsansätze

Allgemeiner Bezugsrahmen

Da grundsätzlich vielfältige Faktoren zu suizidalen Handlungen führen (vgl. z.B. Bründel, 1993), ist von einer multifaktoriellen Verursachung auszugehen, bei der – je nach individueller Entwicklungsgeschichte – der eine oder andere Faktor Dominanz erlangen kann. Eine dezidierte Unterscheidung, die z.B. nach bestimmten Persönlichkeitsdimensionen oder Entwicklungsstörungen als *Ursachen*, nach länger andauernden Konfliktsituationen in unterschiedlichen Bereichen als *Motive*, nach z.B. plötzlich erlittenen Kränkungen als *auslösenden Faktoren* (vgl. z.B. Myschker, 2002) sucht, kann für den Versuch einer Klassifikation von Interesse sein; im Einzelfall wird diese Bestimmung häufig zweifelhaft bleiben. Zu dem Fundament an möglichen verursachenden/motivierenden/auslösenden Faktoren gehören:

Entwicklungsstörungen, -krisen, die familiäre Situation (Kommunikationsstörungen, Koalitionsbildungen, Erziehungsstile, psychische Probleme von Familienmitgliedern), die schulische, die berufliche Situation, der Grad der Akzeptanz in außerschulischen bzw. außerfamiliären Beziehungen, die konstitutionelle Situation (allgemeines Erregungs- und Ängstlichkeitsniveau, Trennungs-, Schul- und Prüfungsangst, psychische Erkrankungen), die Abhängigkeit von Suchtmitteln.

Darüber hinaus findet sich in der Literatur eine Vielzahl an konstatierten Zusammenhängen und an ermittelten Fakten, die in einen umfassenden Erklärungsrahmen einbezogen werden können. Hierzu folgender Einblick:

- Resch (1996) führt u.a. an, dass von Kindern vollzogene suizidale Handlungen vor allem eine impulsartige Reaktion auf disziplinäre Strafen seien. Remschmidt (1992, S.386) ergänzt dies durch die Aspekte: Flucht vor unangenehmen Situationen, Selbstbestrafung, Umkehr aggressiver Impulse, die ursprünglich auf andere Personen gerichtet sind. Dem Suizid von Jugendlichen gehen nach Resch (1996) häufig eine öffentliche Herabsetzung/Kränkung bzw. eine Trennung von Freund/Freundin voraus. Depressive Verstimmungen und Medienberichte über Suizide (besonders bei Identifikationspersonen/Idolen von Jugendlichen) können ebenfalls suizidauslösend wirken. Remschmidt (1992, S.386) nennt zusätzlich: „Selbstwertkonflikte, Isolation, Kontaktstörungen, Unzufriedenheit mit der körperlichen Gestalt, ... schwerwiegendere psychiatrische Erkrankungen".

- Aus der Fülle an ermittelten Informationen ist der von Resch (1996) aufgenommene Hinweis (entnommen Schaffer & Piacentini, 1994) erwähnenswert, dass mehr als ein Viertel der Kinder und Jugendlichen, die sich das Leben nahmen, dies innerhalb von 2 Wochen um den eigenen Geburtstag taten. Dies – so die Interpretation – kann für einen Bilanzselbstmord sprechen. Gerade diese Form der Selbsttötung wird wegen ihres reflexiven Charakters von anderen Autoren bei der Gruppe der Kinder und Jugendlichen nicht in Erwägung gezogen. Sie verweisen statt dessen auf den vorwiegend appellativen Charakter dieses Ereignisses.
- Zu den bislang wenig beachteten Aspekten der Suizidforschung gehört nach Petri (1994) die Frage, wieweit die ökologische Situation (Umweltzerstörung) Bestandteil des psychischen Erlebens von Kindern und Jugendlichen geworden ist und somit „zu Deformationen des Selbst- und Welterlebens (führt), die eine Suizidalität ursächlich bedingen oder auch nur maßgeblich fördern können" (S.109).
- Mögliche Zusammenhänge zwischen Sucht und Suizid sind unbestritten. Eine Suchtabhängigkeit erhöht das Risiko für suizidale Handlungen oder kann – wie Abram, Berklmeier und Kluge (1980) formulieren – „Wegbereiter" für diese sein.
- Ein Zusammenhang von psychischen Erkrankungen und suizidalen Handlungen liegt vor, weil „bei allen Formen der Depression der Sinn des Lebens angezweifelt wird und somit eine potentielle Neigung zum Suizid besteht" (Reiner & Kulessa, 1981, S.204).

Welche Aspekte im Erklärungsfokus von relevanten Ansätzen stehen, wird deutlich, wenn im folgenden einzelne Sichtweisen skizziert werden. Kein theoretischer Erklärungsansatz erhebt dabei den Anspruch, das suizidale Geschehen vollständig zu erfassen. Es werden vielmehr aus unterschiedlichen Blickfeldern einzelne Beiträge erstellt. Auf diese Weise bildet sich ein „Patchwork", das zum Teil aus sehr differenzierten Teilen besteht.

Erinnerungshilfe:

multifaktorielle Erklärungsversuche, Ursachen, Motive, Auslöser

Medizinische Betrachtungsweise

„Suizidales Verhalten wird als Krankheit bzw. als Symptom einer Krankheit verstanden. Entsprechend dieser Auffassung gilt die suizidale Person als krank.“ *Diese in vergangenen Zeiten verbreitete Auffassung erhielt neuen Aufschwung durch die von Ringel 1953 veröffentlichten Ausführungen „Der Selbstmord – Abschluss einer krankhaften psychischen Entwicklung“. Ringel (1981) skizziert die psychische Verfassung von erwachsenen Patienten nach überlebter Suizidhandlung folgendermaßen:* „Einengung, verstärkte und gleichzeitig gehemmte Aggression, sowie Flucht in die Irrealität (Phantasie) standen in der dem Selbstmord vorausgehenden Phase bei der Mehrzahl unserer Patienten derart im Vordergrund, dass wir uns wohl berechtigt fühlen, hier von einem präsuizidalen Syndrom zu sprechen“ (S.104). Diese Hauptsymptome des präsuizidalen Syndroms, die unter Einschluss der psychosomatischen Störungen und der dysphorischen Stimmungszustände auch für Kinder und Jugendliche gelten (Kapitel 9.5.), lassen sich wie folgt charakterisieren:

- Einengung (situative Einengung, dynamische Einengung, Einengung zwischenmenschlicher Beziehungen, Einengung der Wertwelt).
- Aggressionshemmung nach außen, Umkehr gegen die eigene Person.
- Flucht in die Irrealität: Selbstmordphantasien – Ringel formuliert, dass „die Phantasie des Selbstmordgefährdeten immer im Dienste der Wirklichkeitsverleugnung steht“ (1981, S.146).

Kennzeichnend für die beschriebenen Symptome ist, dass sie erst als komplexes Phänomen eine „suizidale Dynamik“ entfachen (vgl. Gappmayer, 1987). Dabei übernehmen die einzelnen Aspekte nach Ringel (1981, S.153) folgende Funktion: Die Einengung hilft zu verstehen, warum es zum Selbstmord kommen kann, die Aggression ist seine „inhaltliche Aussage“ und die Phantasie „die bahnende Kraft“, die Einengung und Aggression in ihre Dienste nimmt.

Erinnerungshilfe:

präsuizidales Syndrom (Ringel), bei Kindern und Jugendlichen psychosomatische und dysphorische Zustände

Biochemische Betrachtungsweise

Erst in den letzten Jahrzehnten wurde auf Ergebnisse aus biochemischen Untersuchungen Bezug genommen, die im Zusammenhang mit dem Phänomen Suizidalität ermittelt wurden. Es ist grundsätzlich zu beachten, dass diese Ergebnisse erst im Kontext mit anderen Faktoren diskussionsfähig werden. Diese Einschränkung muss vorgenommen werden, weil biochemische Ergebnisse keinen

Aufschluss über die Ursache bzw. die Folge eines suizidalen Verhaltens geben können. Sie stellen lediglich Zusammenhänge heraus, die möglicherweise einen Beitrag für eine Approximation an das Zustandekommen suizidalen Verhaltens leisten können. Haenel (1989) listet wesentliche Ergebnisse der biochemischen Forschung der letzten Jahre auf (z.B. den Diskussionsstand über ein Ungleichgewicht der Transmittersubstanzen und/oder eine reduzierte Sensibilität der Rezeptoren bei depressiven Zuständen; eine hohe Ausscheidung von Kortisolmetaboliten im Urin bei Patienten, die später suizidale Handlungen unternommen haben) (vgl. z.B. auch Comer, 1995).
Für den aktuellen Forschungsstand gilt nach wie vor: „Die neuen biochemischen Erkenntnisse können für das Abschätzen des Suizidrisikos im klinischen Alltag noch nicht verwendet werden. ... das Wissen (ist) noch lückenhaft und die Forschung verfügt erst über einige Bausteine – wenn auch sehr wesentliche und interessante – eines noch unüberschaubaren riesigen Mosaiks“ (Haenel, 1989, S.129).

Genetische Betrachtungsweise

Der Aspekt der Vererbung einer Suizidtendenz bzw. eines einem suizidalen Ereignis zugrunde liegenden Krankheitsgeschehens wie z.B. Depressivität wird in der Literatur kontrovers diskutiert. Um eine gehäufte familiäre Suizidalität zu erklären, können sowohl der psychodynamische Faktor als auch das Modellverhalten einbezogen werden. Trotz aller Widersprüchlichkeit einer Vielzahl von Einzelbefunden sollte – so resümiert Haenel (1989) – folgender Sachverhalt berücksichtigt werden: „Neuere Untersuchungen auf dem Gebiet der Biochemie, der Zwillingsforschung sowie anhand von Adoptionsstudien vermögen Indizien zu erbringen, welche für eine Erblichkeit bzw. für eine erbliche Neigung zu Suizidhandlungen sprechen“ (S.130). Demgegenüber bilanziert Remschmidt (1992) ohne Wenn und Aber, dass bislang eine genetisch bedingte Suizidneigung nicht nachgewiesen ist. Diese unterschiedlichen Einschätzungen – auf der einen Seite ein vorsichtiges Einräumen von Anhaltspunkten und auf der anderen Seite die Beurteilung der wissenschaftlichen Beweiskraft – stehen exemplarisch für diese fachgebundene Diskussion.

Erinnerungshilfe:

kontroverse Diskussion von biochemischen und genetischen Forschungsergebnissen

Psychologische Betrachtungsweise

Lerntheoretischer Beitrag

Die zentrale Aussage, dass Verhalten gelernt wird und dementsprechend auch wieder verlernt werden kann, wird auch auf suizidales Verhalten bezogen. Folgende Überlegungen werden diskutiert:

Klassische Konditionierung: Das Modell des klassischen Konditionierens, das auf dem Lernen einer neuen Reizverbindung beruht, ist der Komplexität der Suizidalität nicht angemessen. In der Literatur finden sich dennoch Versuche, ihm einen Mit-Erklärungswert zuzusprechen. So kritisiert Schmidtke (1981) einen Ansatz (Reichl), der suizidale Verhaltensweisen zum Teil als „konditionierten Reflex" begreift, seine Entwicklung aber dem Modellernen (Suggestionseinfluss) zuschreibt.

Operante Konditionierung: Da das Verhalten eines Individuums auch von den nachfolgenden Konsequenzen bestimmt wird, können suizidale Handlungen eingesetzt werden, um bestimmte Reaktionen der Umwelt auszulösen. Werden Suizidandrohungen beachtet, dann erlangt der Betreffende auf diese Weise die Aufmerksamkeit, die ihm sonst verweigert wird. Er lernt also am Erfolg seiner Verhaltensweise. Dadurch kann ein Teufelskreis eintreten, der die Gefahr in sich birgt, dass nach einiger Zeit sehr ernste Suizidsignale von der Umgebung „überhört" werden. Das Risiko, das jede Suizidankündigung in sich trägt, wird auf diese Weise verharmlost.

Kognitive Therapien: Die Art und Weise, wie Menschen in ihrem Leben Situationen kognitiv verarbeiten, also interpretieren bzw. bewerten, beeinflusst ihr Erleben und Verhalten. Dysfunktionale (unangemessene) Kognitionen hinterlassen deshalb entsprechende Wirkungen. Die unter dem Begriff „Kognitive Therapien" erfassten Richtungen unterscheiden sich in der Spezifizierung der dysfunktionalen Kognitionen. In der rational-emotiven Therapie nach Ellis wird der Einfluss thematisiert, den Bewertungen bzw. Bewertungsmuster für die Ausbildung und Aufrechterhaltung von Emotionen und Verhaltensweisen haben. Werden vom Individuum irrationale Überzeugungen (z.B.: „Ich muss von allen Menschen geliebt werden!") vertreten, führt dies zu unangemessenen Reaktionen. Die fortdauernde „'Selbstindoktrination' des Individuums mit diesen irrationalen Überzeugungen in Form innerer Selbstgespräche" (Wilken, 1998, S.18f.) wird für die Aufrechterhaltung der sich bildenden psychischen Störungen als verantwortlich angesehen. In der kognitiven Theorie von Beck steht eine verzerrte Realitätssicht im Mittelpunkt. Fehlerhafte Wahrnehmungen und Interpretationen verursachen bzw. beeinflussen besonders das Denken depressiver Menschen. Die eigene Person („Ich bin ein Verlierer!"), die Umwelt („Alle lehnen mich ab!") und die Zukunft („Es geht nicht mehr aufwärts!") werden negativ verzerrt gesehen. Im Zuge dieser Interpretation werden logische Fehler (Denkfehler) begangen wie z.B. willkürliches Schlussfolgern (ohne Belege und trotz gegenteiliger Erfahrungen in bestimmten Bereichen wird beim plötzlichen Versagen in einer Einzelleistung der Schluss gezogen: „Ich bin ein totaler Versager!") oder Übergeneralisieren (ein vergessener Termin für eine Verabredung ist der letzte Beweis dafür, dass man sich nichts mehr merken kann). Auf der Grundlage nicht realitätsgerechter, selbstschädigender Kognitionen bauen sich depressive Erlebens- und Verhaltensmuster auf.

Lernen am Modell: Während das operante Konditionieren die Ausformung von Verhaltensweisen erklären kann, trägt das Lernen am Modell dazu bei, die Weitergabe und Ausbreitung von Verhaltensformen zu erklären (Nolting, 1999). So können in der unmittelbaren oder mittelbaren Umgebung Modelle vorhanden sein, die die Übernahme eines bestimmten Verhaltens, also auch suizidaler Verhaltensweisen, nahe legen. Auf diese Weise ist es möglich, dass suizidale Verhaltensmuster, die im Familien- oder Bekanntenkreis z.B. als Konfliktlösungsstrategien eingesetzt werden, von Heranwachsenden übernommen werden. Untersuchungen belegen, dass im Umfeld von Suizidalen häufiger als in der Normalpopulation suizidale Handlungen zu finden sind (vgl. z.B. Schmidtke, 1981). Nachahmetendenzen wurden/werden aber auch speziell im Zusammenhang mit Medienwirkungen (Pressemitteilungen bzw. Filmberichten) diskutiert. Die entscheidende Frage dabei ist, ob Darstellungen/Berichte über suizidale Handlungen als Anstoß zu werten sind. Je nach eingenommenem Standpunkt schwanken die Auffassungen zwischen einem Verbot jeder detailgetreuen Darstellung und dem einzuhaltenden Gebot einer Informationspflicht und einer Enttabuisierung des Phänomens Suizid.

weitere lerntheoretische Auffassungen: Da depressives Verhalten die Basis für suizidale Gedanken bietet, werden der Vollständigkeit halber andere Ansätze erwähnt:

Lewinsohn (1974) z.B. vertritt die Auffassung, dass depressives Verhalten aus einer Aktivitätsreduktion nach Ausbleiben einer Verstärkung entsteht. Es kommt zu einem Teufelskreis: Ein unzulänglich positives Verstärkungsniveau (z.B. plötzlicher Verlust des Arbeitsplatzes und der damit verbundenen beruflichen Anerkennung) führt zu verminderter Aktivität und dadurch zu einem weiteren Rückgang an Verstärkung.

Seligman (1975) betrachtet die Depression als gelernte Hilflosigkeit. Ausgangspunkt dieser Feststellung ist die Erfahrung, dass eine belastende Situation vom Individuum mit Angst beantwortet wird. Gelangt das Individuum zu der Überzeugung, dass alle Bemühungen zur Beherrschung solcher Situationen ergebnislos verlaufen, dass es hilflos ist, weil eine Kontrollierbarkeit nicht gegeben ist, dann tritt an die Stelle der Angst die Depression. Sie ist Ausdruck einer erworbenen Hilflosigkeit.

Stresstheoretischer Beitrag

Der Begriff Stress umfasst im weiten Sinne Anforderungen, die hohe Ansprüche an die Verarbeitungs- und Bewältigungsstrategien einer Person stellen. Stress entsteht aus der Wahrnehmung einer Bedrohung, also aus der subjektiven Interpretation von belastenden Ereignissen (z.B. Verlust von Bezugspersonen, Schulschwierigkeiten bei Kindern und Jugendlichen). Anhaltender Stress kann in Kombination mit anderen Faktoren (die einem Individuum zur Verfügung stehenden persönlichen und sozialen Ressourcen, bestimmte Persönlichkeitsmerkmale, z.B. erhöhtes Erregungsniveau, bestimmte Einstellungen, Wertvorstellungen) eine mögliche suizidale Entwicklung einleiten (vgl. dazu die unterschiedlichen Argumente bei Erlemeier, 1992, Seyfried, 1995).

Psychoanalytischer Beitrag

Im Mittelpunkt des psychoanalytischen Denkens steht der Zusammenhang zwischen suizidalem Verhalten und Aggressionsumkehr.

> Exkurs: Als Folge ansteigender Suizidraten in Wien zu Beginn des 20. Jahrhunderts wurde aus psychoanalytischer Sicht u.a. auch das Problem der Schülersuizide intensiv diskutiert. Grundlage für diese Diskussion bildete die Annahme, dass suizidale Handlungen vor allem auf „libidinösen Versagenszuständen, frühkindlichen Frustrationen und Liebesentzug" (Gappmayer, 1987, S.44) beruhen.
> Freud thematisierte in seiner Arbeit „Trauer und Melancholie", 1917, die suizidale Thematik. Im Zuge der Differenzierung zwischen den Begriffen Trauer (bewusst erlebter Verlust eines Liebesobjektes) und Melancholie (unbewusster Verlust) ordnet Freud die suizidalen Handlungen der Melancholie zu. Während nach Abschluss der Trauerarbeit das Ich frei für neue Objektbeziehungen wird, introjiziert der Melancholiker das verlorene Liebesobjekt (realer oder symbolischer Verlust). Da diesem gegenüber sowohl Hass als auch Liebe empfunden werden, wenden sich nach erfolgter Identifikation die Hassimpulse gegen den Betroffenen. Indem er die Feindseligkeit gegen sich selbst richtet, der andere aber bereits ein eigener Bestandteil ist, sind die selbstzerstörerischen Impulse und Handlungen zum einen ein Bestrafungsakt des Liebesobjektes und zum anderen aber auch (wegen der Schuldgefühle über den empfundenen Hass) eine gerechte eigene Bestrafung.

Die Theorie der Aggressionsumkehr wird ungeachtet von Einwänden als ein wesentliches Erklärungsmodell diskutiert. (Diese beziehen sich z.B. darauf, dass Aggressionsumkehr sich in vielfältiger Gestalt äußern kann. Suizidale Handlungen stellen dabei die extremste Form dar.) Im Gegensatz dazu fand die von Freud in seinem späteren Werk vertretene Auffassung von einem Todestrieb, dem Thanatos, den ein Mensch im Selbsthass gegen sich richten kann, in der wissenschaftlichen Literatur keinen nachhaltigen Niederschlag. Freud selbst äußerte am Ende seines Lebens sein Unbehagen über die Erklärungsmöglichkeit seiner Suizidtheorie (vgl. Comer, 1995).

Die von anderen psychodynamisch orientierten Theoretikern vorgeschlagenen Modifikationen zur Erklärung suizidalen Verhaltens basieren nach wie vor auf den zentralen Elementen „Verlusterlebnisse“ und „Selbstaggression“. Für diese werden Pro- und Kontra-Argumente gesammelt. Ein Beispiel für die Gegenposition:

Das Ergebnis von analysierten Abschiedsbriefen entspricht nicht der psychoanalytischen Auffassung: So äußern die Suizidanten z.B. nur selten Gefühle der Feindschaft. Viel häufiger finden sich in den Briefen dagegen Liebe und Dank. Auch das aus psychoanalytischer Sicht vorgetragene Argument, dass es sich beim Schreiben der Briefe um einen bewussten Akt handele, der verdrängte Aggressionen einschließe, ist nach Davison und Neale (1979) unbefriedigend.

Beitrag der Narzissmustheorie

Narzisstische Krisen als Ausdruck einer Störung des Gleichgewichtes zwischen einer Idealvorstellung von sich selbst und der erlebten Realität können zu Kränkungen des Selbstwertgefühles führen, die ein Weiterleben als unmöglich erscheinen lassen. Suizidale Handlungen in solchen Situationen sind der einzig mögliche Ausweg, nachdem alle anderen Möglichkeiten wie z.B. Verleugnung oder Idealisierung, um die erlittenen Kränkungen zu kompensieren, gescheitert sind. Nach Henseler (1984) handelt es sich bei Suizidalen um selbstunsichere Personen, die Störungen im narzisstischen Regulationssystem (z.B. nach Verlassenwerden bei Partnerschaftskonflikten, beruflichen Machteinbußen) auf diese Weise beantworten.

Kommunikationstheoretischer Beitrag

Mitterauer (1986), der diesen Aspekt vertritt, postuliert, dass ein Mensch bewusst oder unbewusst mit einem Suizidversuch ein Zuwendungsverhalten der Umgebung anstrebt, mit einem Suizid jedoch ein Abwendungsverhalten einleitet. Zahlreiche Einzelfallstudien belegen, dass derjenige, der einen Suizidversuch unternimmt, bis zuletzt einen Appell an seine Umgebung richtet, der auf Zuwendung ausgerichtet ist. Dagegen wird ein typischer Suizidand sein Verhalten so einrichten, dass er vor der suizidalen Handlung alles versucht, um seine Umgebung in Sicherheit zu wiegen. Er fordert keine Hilfe mehr an und gibt sich anscheinend ruhig und gelassen. Andererseits kann er aber auch vor der Tat seine

Umgebung auf vielfältige Art und Weise (ständige Suizidandrohungen, Druck und Erpressung) derart belastet haben, dass diese sich zurückzieht bzw. resignativ reagiert. Das Auftreten von Zu- bzw. Abwendungsverhalten unterstreicht, dass kommunikationstheoretische Aspekte einen Beitrag zu einer möglichen Erklärung von suizidalen Handlungen leisten können.

Erinnerungshilfe:

vielfältige Erklärungsansätze im lerntheoretischen, stresstheoretischen, psychoanalytischen, kommunikationstheoretischen Bereich

Soziologische Betrachtungsweise

Durkheim setzte einer Verurteilung des Suizids als moralisches Vergehen mit der Veröffentlichung des Buches „Der Selbstmord" im Jahre 1897 die Auffassung entgegen, dass der Suizid ein Ausdruck gesellschaftlicher Verhältnisse ist. Dadurch wird der Suizid „als ein soziales Problem, das eine soziale Ursache hat, das erkennbaren Gesetzen unterliegt und rational erörtert werden kann ..." (Gappmayer, 1987, S.18), gesehen. Das Ausmaß der sozialen Integration eines Individuums, also die Art und Weise der Verbindung des einzelnen mit der Gesellschaft, wird zum ausschlaggebenden Faktor.

Die Ausdifferenzierung dieser grundlegenden Aussage führt nach Durkheim (1973) zu folgenden Formen des Suizids:

- egoistischer Suizid (die Gesellschaft übt wenig oder keine Kontrolle aus, es besteht eine zu geringe soziale Bindung des einzelnen an das Umfeld, das Leben erscheint folglich sinnlos - Beispiele: chronisch kranke Menschen, alte Menschen, persönliche Lebenskrisen). Von verschiedenen Autoren (z.B. Freeman & Reinecke, 1995) wird dieser Typ als charakteristisch für Jugendliche eingeschätzt.
- altruistischer Suizid (es besteht eine sehr starke soziale Bindung, der Gemeinschaftssinn ist extrem hoch, die individuellen Bedürfnisse ordnen sich unter – Beispiel: Selbstopferungen aus verschiedenen Gründen)
- anomischer Suizid (die Gesellschaft bietet keine stabilen Strukturen mehr, es besteht ein geringer Grad an sozialer Reglementierung, verbindliche Normen verlieren ihre Gültigkeit, besonders in politischen und wirtschaftlichen Umbruchsituationen, aber auch in der unmittelbaren Umgebung der Person – Beispiele: „gesetzlose" Zeiten, wirtschaftliche Krisen, Familienkrisen)
- fatalistischer Suizid (es existiert ein Übermaß an Reglementierungen und damit Disziplin und Unterordnung, das Leben erscheint nicht mehr lebenswert – Beispiel: Inhaftierte)

Durkheims Beitrag besteht in dem Erklärungspotential, das gesellschaftliche Faktoren übernehmen können. Intraindividuelle Faktoren lässt er weitgehend unberücksichtigt. Die Aussagen können nicht erklären, warum die Mehrheit der Menschen einen anomischen Zustand relativ unbeschadet durchlebt, während ein kleiner Teil suizidale Handlungen durchführt. Solche und ähnliche Einwände bewirkten, dass Durkheim selbst u.a. die Schlussfolgerung zog, für eine umfassendere Erklärung von einer Wechselwirkung zwischen individuellen und gesellschaftlichen Faktoren auszugehen (vgl. z.B. Comer, 1995).

Erinnerungshilfe:
Ausmaß der Verbindung des einzelnen mit der Gesellschaft (Durkheim)

7. Prävention

Allgemein: Als Diskussionsgrundlage

Welche Möglichkeiten gibt es, einer Suizidalität vorzubeugen? In der Literatur findet sich der Vorschlag, von einer primären, sekundären und tertiären Suizidprophylaxe zu sprechen (vgl. z.B. Haenel, 1989):

Primäre Suizidprophylaxe: Sie erfasst sowohl eine Kindererziehung, die frühzeitig familiäre Risikofaktoren ausschließt, als auch eine zielgerichtete Öffentlichkeitsarbeit im Dienste der Aufklärung.

Sekundäre Suizidprophylaxe: Sie erfolgt in einer aktiven und in einer passiven Form. Alle Maßnahmen, die in einer akuten Krise den Menschen helfen, werden als aktive Interventionen bezeichnet. Als passiv gelten alle Maßnahmen, die verhindern sollen, dass Suizidalität durch ein Vorliegen geeigneter Bedingungen erleichtert wird (z. B. Zugänglichkeit zu markanten Ausflugsstellen, Medikamentenbeschaffung).

Tertiäre Suizidprophylaxe: Sie setzt nach einem bereits unternommenen Suizidversuch ein und betrifft alle Maßnahmen, die der Betreuung der betreffenden Suizidalen dienen, um einen erneuten Suizidversuch zu verhindern Es gilt, eine hochgefährdete Gruppe vor erneuten suizidalen Handlungen zu bewahren (vgl. z.B. Dorrmann, 1991).

Möglichkeiten der schulischen Einflussnahme

Den Lehrerinnen und Lehrern bieten sich viele Möglichkeiten, plötzliche oder schleichende Veränderungen in der Entwicklung ihrer Schüler wahrzunehmen. In dem speziellen Bereich der Suizidalität bedarf es einer besonderen Sensibilität und Behutsamkeit, um Signale von Schülerinnen und Schülern aufzunehmen und bereits im Vorfeld präventiv wirksam zu werden. Im einzelnen sind Lehrkräfte besonders dann gefordert, wenn

- Kontaktschwierigkeiten auftreten: Schülerinnen und Schüler sich plötzlich zurückziehen, ein introvertiertes Verhalten zeigen, in ihren Leistungen abfallen oder aggressiv reagieren nach dem Motto: „Mir ist sowieso alles egal!"
- bisher breitgefächerte Interessen sich plötzlich einengen
- wiederholt Angstzustände angesprochen und Grübelzwänge offenbart werden
- Weglaufversuche sich häufen
- wiederholt Diskussionen über den Sinn des Lebens gesucht werden
- depressive Formulierungen benutzt werden: „Es ist alles sinnlos!", „Zensuren interessieren mich nicht mehr!"
- wiederholt Aussagen formuliert werden, die von einem sinkenden Selbstwertgefühl zeugen: „Ich bin äußerst hässlich!", „Ich bin für nichts gut!"
- Suiziddrohungen geäußert werden: „Jetzt reicht es. Ich kann nicht mehr!", „Es wäre am besten, man ist nicht mehr da!", „Ich glaube, wir sehen uns nicht mehr!"
- suizidale Gesten sichtbar werden: z.B. zerkratzte Handgelenke werden scheinbar „unbeabsichtigt" gezeigt
- Sinn und Durchführbarkeit eines Suizids thematisiert werden
- Schüler grundlos - ihnen besonders – wertvolle Dinge verschenken: „Die brauche ich nicht mehr!"
- schwere Belastungssituationen bekannt werden: z.B. Tod von Bezugspersonen, Freunden, Suizid bzw. Suizidversuch im Familien- bzw. Bekanntenkreis
- schriftliche Botschaften wie z.B. Hefteinträge, in denen wiederholt Anmerkungen zu den Themen Leben und Tod zu finden sind, aufgefunden werden, oder Zeichnungen, die eine intensive Auseinandersetzung mit Sterben, Tod, Einengung, Zurückweisung widerspiegeln
- sich psychosomatische Beschwerden zeigen und häufen

Obwohl die Rolle der Prävention im Bereich der Suizidalität unterschiedlich bewertet wird (Forderung: Enttabuisierung, Befürchtung: Wegfall von hemmenden Barrieren), sprechen sich Befürworter dafür aus, das Thema Suizid nicht aus dem schulischen Bereich auszuklammern. So schlägt z.B. Rattner (1984) vor, Psychologen/Psychotherapeuten zu Fragen der Suizidprävention in die Schulen einzuladen oder das Thema in geeigneten Unterrichtseinheiten anzusprechen (vgl. hierzu Knapp, 1991). Einen Beitrag zur Enttabuisierung können aus ethisch-moralischer Sicht Fächer wie Ethik und Religion übernehmen, aus naturwissenschaftlicher Sicht z.B. die Biologie; Einzelschicksale lassen sich in Fächern wie Deutsch, Musik und Kunst erfassen. Für einen offenen Umgang mit dem Thema sprechen die Ergebnisse einer Untersuchung von Sonneck (1986): Drei Viertel der Jugend-

lichen stimmen dafür, dass in der Schule über suizidale Handlungen und prophylaktische Maßnahmen gesprochen werden sollte.
Aus Suizidpräventionsprogrammen – wie sie z.B. seit über 20 Jahren in den USA und in Kanada mit Erfolg in den Schulen eingesetzt werden – können Anregungen entnommen werden. Bründel (1993) fasst diesbezügliche Erfahrungen zusammen:
Anfangs bestanden große Vorbehalte bei der Lehrerschaft. Viele Schulkollegien gaben ihre Zurückhaltung gegenüber dem sensiblen Thema Suizid erst auf, wenn sie in irgendeiner Form damit einmal konfrontiert wurden. Erst dann war der eigene Handlungsbedarf gefordert, der häufig von großer Unsicherheit zeugte. Auf dieser Grundlage entwickelten sich das Verständnis und die Bereitschaft für den Einsatz von Suizidpräventionsprogrammen mit folgenden Schwerpunkten:

- *Prävention:* Die Schüler sind zu befähigen, Belastungssituationen mit Hilfe von Problemlösestrategien zu bewältigen. Entsprechende Handlungsmöglichkeiten werden aufgezeigt und erprobt. Da Schüler bezüglich der Suizidalität Betroffene, aber auch Helfer sein können, benötigen sie gerade in der zuletzt genannten Funktion besondere Unterstützung. Die Helferrolle drängt sich Schülern dann auf, wenn sie als bester Freund/beste Freundin von suizidgefährdeten Mitschülern Hinweise über eine mögliche suizidale Handlung erhalten. Die ihnen dann häufig abverlangte Verschwiegenheit bedeutet einen Gewissenskonflikt; das abgegebene Versprechen kann zur unerträglichen Last mit den verbundenen Schuldgefühlen werden, wenn der einen Suizid Ankündigende dann tatsächlich seine Absicht wahr macht. Aus diesem Grunde sind z.B. Empfehlungen, in welcher Weise Schüler mit solchen Situationen umgehen können, Bestandteil von präventiven Maßnahmen.
- *Intervention:* Im Mittelpunkt steht das Erkennen des Gefährdungspotentials und die entsprechende Betreuung der Kinder und Jugendlichen. Dazu sollte an jeder Schule „ein schriftlicher Maßnahmenkatalog vorliegen, der genau festlegt, was bei einer Krisenintervention zu tun ist, wer zu benachrichtigen und wer zur Unterstützung mit heranzuziehen ist“ (Bründel, 1993, S.239).
- *Postvention:* Alle Maßnahmen, die nach einem Suizid oder einem Suizidversuch zu beachten sind; es werden Empfehlungen gegeben, wie mit denjenigen umzugehen ist, die einen Suizidversuch überlebt haben, und in welcher Weise die Bezugspersonen eines Suizidanten, die häufig von Schuldgefühlen gequält werden („hätte ich etwas bemerken müssen/können“, „warum habe ich nicht aufgepasst“), unterstützt werden können.

Bei dieser Auswahl an Schwerpunkten zur Suizidprävention handelt es sich um Anregungen. Aspekte wie z.B. „ein schriftlicher Maßnahmenkatalog“ oder „eine Unterstützung des Bezugsumfeldes“ sind auch außerhalb der erwähnten Programme unabdingbar. Ein Katalog mit entscheidenden Hinweisen kann eine erste Orientierung sein, der an Schulen häufig herrschenden Hilflosigkeit bei Bekanntwerden suizidaler Handlungen zu begegnen. Eine aktualisierte Version sollte jeder Schule zur Verfügung stehen. Die Frage, wie das soziale Umfeld von Suizidanten (Familie, Freunde, Mitschüler, Lehrer) unterstützt werden kann, stellt sich zwangsläufig unvermittelt; ein akuter Handlungsbedarf ist dann gegeben. Gerade dieser Aspekt gehörte bis vor kurzer Zeit noch zu den am wenigsten in der Suizidforschung und in der therapeutischen Arbeit beachteten Schwerpunkten. So wurden die Angehörigen und die Bezugspersonen des sozialen Umfeldes von Suizidanten weitgehend allein gelassen. Deren Zustand kann als äußerst ambivalent beschrieben werden: Schmerz- und Schockreaktionen verbinden sich mit Unverständnis, Zorn und Wut; Gefühle der Ohnmacht, der Hilflosigkeit äußern sich in depressiven Verstimmungen, Angst vor eigenen selbst zerstörerischen Impulsen breitet sich aus. Die besondere Qualität der zu verarbeitenden Gefühle beruht auf dem Unverständnis, wie der andere einem dies antun konnte. Selbstmitleid kann dabei eine tragende Rolle übernehmen. Hinzu kommt das Gefühl des Abgelehntwerdens, denn wenn der andere sich so entscheidet, dann kann seine Verbundenheit nicht so eng gewesen sein. Diese Gefühle können nur dann geäußert und verarbeitet werden, wenn ein offenes Gesprächsklima erzeugt wird. Die Neigung, über das Ereignis zu schweigen, verhindert die Verarbeitung eines Verlustes und auch die – z.B. bei vermeintlichen Schuldgefühlen – eigene positive Lebensbejahung. Für eine offene Atmosphäre ist von Bedeutung, dass jede Lehrerin und jeder Lehrer selbst Klarheit über Fragen wie die folgenden haben: Welchen Standpunkt zur Suizidalität vertrete ich? Welche Moral- und Wertvorstellungen liegen ihm zugrunde? Bin ich in der Lage, andere Vorstellungen zu akzeptieren? Spielen eigene Ängste bei der Beurteilung eine Rolle?

8. Pädagogisch-psychologische Hilfestellungen

Für amerikanische Verhältnisse betont Comer (1995), dass Schulpsychologen angesichts der steigenden Zahl von Suizidhandlungen bei Jugendlichen erkannt haben, „dass der Suizid von Jugendlichen an ihrer Schule ein gravierendes Problem darstellt“(S.382). Deshalb fordern sie Richtlinien für den Umgang mit suizidalgefährdeten Schülern. Diese Forderung erscheint im Hinblick auf die Komplexität suizidaler Handlungen unrealistisch, weil sie der spezifischen Situation des Einzelfalles nicht gerecht werden kann. Notwendig und sinnvoll sind

Empfehlungen, die Anhaltspunkte liefern, in welcher Weise suizidgefährdeten Kindern und Jugendlichen Hilfe und Unterstützung gegeben werden kann: Die Schüler und ihre Bezugspersonen sollten – in Abhängigkeit von dem vorliegenden Gefährdungsgrad – auf Möglichkeiten der professionellen Hilfe wie z.B. beraterische Angebote (Beratungsstellen, Telefonseelsorge, Sorgentelefon, Kinderschutzzentren) und psychotherapeutische Einrichtungen hingewiesen werden. Da jedes Anzeichen einer Suizidgefährdung ernst genommen werden muss, ist es wichtig, entweder bestehende Netzwerke von Bezugspersonen des Suizidgefährdeten zu nutzen oder solche aufzubauen (z.B. die vom Lehrer an den Schüler signalisierte Gesprächsbereitschaft, bei Problemen jederzeit zur Verfügung zu stehen), um als ein erstes Sicherungssystem Gesprächskontakte zu garantieren. Diese Grundlage erhöht die Chance, dass Suizidgefährdete Informationen über Hilfsangebote leichter annehmen. Sucht ein Suizidgefährdeter das Gespräch oder bietet man ihm dies an (bei deutlichen Alarmsignalen den Verdacht auch direkt ansprechen), dann steht das Zuhörenkönnen an zentraler Stelle. Ausdruck dieser inneren Zugewandtheit kann auch sein, „die eigene gefühlsmäßige Betroffenheit so authentisch wie möglich in das Gespräch einfließen zu lassen, wie z.B. Ängste, Gefühle der Überforderung oder der Ohnmacht" (Döring, 1996). Im einzelnen ist zu beachten:

- Alle moralisierenden Wertungen wie z.B. „Das tut man nicht!" oder „Lass das keinen hören!" sind zu unterlassen. Sie stellen für den Suizidgefährdeten keine Hilfe dar, sondern geben ihm das Gefühl, nicht verstanden zu werden.
- Äußerungen wie z.B. „Reiß dich zusammen!" vermitteln ihm das Gefühl, dass seine Problematik mit Willensanstrengung leicht in den Griff zu bekommen ist.
- Aussagen wie z.B. „Mir ist es schon ähnlich/schlechter ergangen!" bagatellisieren die aktuelle Problemlage. Sie signalisieren dem anderen, dass sein Zustand nicht so schlimm ist.
- Alle Signale, die von Kindern und Jugendlichen kommen, sind sensibel aufzunehmen. Sie sind im Gesamtkontext zu sehen. Sie sollten allerdings hinsichtlich eines (vermeintlichen) Aspektes nicht zur Überreaktion verleiten. Diese Empfehlungen können im Einzelfall einer „Gratwanderung" gleichen. Grundsätzlich sollte man sich von dem Erfahrungswert leiten lassen, dass der in der Bevölkerung auch heute noch verbreitete Alltagsausspruch „Wer häufig davon spricht, unternimmt nichts!" nicht der Realität entspricht. Jede Äußerung suizidaler Anzeichen bzw. jede Ankündigung suizidaler Handlungen kann ein Appell sein, der gehört werden sollte.
- Sucht ein Suizidgefährdeter das Gespräch, offenbart er mehr oder weniger direkt suizidale Absichten, dann ist ihm das Gefühl zu vermitteln, dass die The-

matik offen angesprochen werden kann. Sachliche und fachkundige Informationen über mögliche Anlaufstellen, die Hilfe anbieten, sind auf diesem Wege zu übermitteln.

- Sollte sich ein Hinweis auf eine akut hohe Suizidgefährdung ergeben, dann ist schnelles Reagieren erforderlich. Da dennoch eine gewisse Zeitspanne vergehen wird, bis fachliche Kompetenz direkt hinzugezogen werden kann, ist es bei einem bestehenden guten Vertrauensverhältnis möglich, dem Gefährdeten das Versprechen abzunehmen, innerhalb einer bestimmten Zeit keine suizidale Handlung zu unternehmen. In diesem Fall ist das ganze Gewicht der eigenen Persönlichkeit einzubringen, um einen bestimmten Zeitraum zu überbrücken. Für diese Zeit sollte jedoch die mögliche Präsens bzw. Gesprächsbereitschaft bei Bedarf dem Suizidgefährdeten zugesichert werden.
- Besondere Vorsicht ist immer dann geboten, wenn nach anfänglichen wiederholten Suiziddrohungen plötzlich eine Phase der Ruhe und Gelassenheit eintritt (es kann hier die Ruhe vor dem Sturm sein).
- Eine besondere Problematik kommt auf die Lehrkraft zu, wenn ein Schüler/eine Schülerin der Klasse Suizid begangen bzw. einen Suizidversuch unternommen hat. Jedes Übergehen dieser Situation ist unangebracht. Da sowohl ein vollzogener Suizid als auch eine längere Abwesenheit nach einem Suizidversuch von den Mitschülern und deren Eltern diskutiert und diese Ergebnisse in die Klasse eingebracht werden, ist es sinnvoller, ein offenes Gespräch zu führen. In diesem sollten das Gefühl der Betroffenheit, aber auch der eigenen Hilflosigkeit thematisiert werden. Ein besonderes Problem könnte die Schuldfrage sein. Das Umfeld von Suizidalen wird zwangsläufig von Fragen gequält wie z.B. „Haben wir Alarmsignale nicht gehört!“, „Hätte ich etwas bemerken müssen!“
- Im Falle eines bekannt gewordenen Suizidversuches sollte es selbstverständlich im Ermessen des Betroffenen liegen, in welcher Weise er wünscht, dass damit im Klassenverbund umgegangen werden soll.

Alle Anzeichen einer Suizidgefährdung sollten sensibel erfasst werden. Da sie fast immer ein Schrei nach Hilfe sind, ist den Betroffenen in angemessener Weise Hilfestellung zu geben.

9. Arbeitsteil

Zusammenfassung:

Suizide von Kindern und Jugendlichen lösen in der Öffentlichkeit starke Emotionen aus. Hilflosigkeit angesichts des Ereignisses verbindet sich mit den Gedanken: Wie konnte es dazu kommen? Wurden Anzeichen einer Suizidgefährdung bewusst oder unbewusst übersehen? In welcher Weise kann man den Betroffenen bei Erkennen einer Suizidgefährdung Hilfe geben? Diese und weitere Fragen, die mit dem Thema Suizidalität im Zusammenhang stehen, erfordern auch immer eine Klärung der eigenen Position gegenüber dem oftmals noch tabuisierten Akt der Selbsttötung.

Anwendungsorientiertes Wissen

(a) Nehmen Sie die Notiz des 17jährigen Jungen und die Informationen über ihn (Kapitel 9.1) als Grundlage. Notieren Sie Gründe/Ursachenfelder, die zu seinem Entschluss geführt haben könnten. Versuchen Sie plausible Erklärungsmodelle zuzuordnen; schließen Sie andere Erklärungsansätze begründet aus!

(b) Suizidalität ist stets multifaktoriell bedingt. Stellen Sie die möglichen Problembereiche zusammen, die zu dem Entschluss des 17jährigen Jungen geführt haben könnten (auch wenn die Umgebung keine Anzeichen bemerkt hat)!

(c) Wie reagieren Sie auf die Aussage eines Kindes oder Jugendlichen: „Jetzt reicht's endgültig. Ich kann nicht mehr!" Wie sollten Sie nicht reagieren?

(d) Sprechen Sie weitere Möglichkeiten an, wie mit suizidgefährdeten Kindern und Jugendlichen umgegangen werden sollte!

Zur Wissensüberprüfung

(a) Setzen Sie sich mit den verschiedenen Begriffen zur Selbsttötung auseinander! Begründen Sie Ihre eigene Begriffswahl!

(b) Zeigen Sie die Spannbreite eines „suizidalen Verhaltens" auf!

(c) Wie viele Suizide wurden z. B. im Jahre 1999 amtlich erfasst (Altersgruppe 10–15 Jahre, 15–20 Jahre)?

(d) Welche Anzeichen können für eine Suizidgefährdung sprechen?

10. Literatur

Empfohlene Literatur:

Haenel, T. (1989). Suizidhandlungen. Neue Aspekte der Suizidologie. Berlin: Springer.
Materialien der „Deutschen Gesellschaft für Suizidprävention" (DGS).
Kontaktaufnahme mit speziellen Einrichtungen (Adressenliste von Hilfseinrichtungen. In: T. Giernalczyk, (1995). Lebensmüde. München: Kösel).

Verwendete Literatur

Abram, A., Berkemeier, B. & Kluge, K.-J. (1980). Suicid im Jugendalter. Teil II. Wir könnten weiterhin zusammenleben. München: Minerva.

Braune, G. & Pohlmeier, H. (1993). Lebens- und Todesphantasien bei Suizidpatienten. In H. Leuner, H. Hennig & E. Fikentscher (Hrsg.), Katathymes Bilderleben in der therapeutischen Praxis (S.78–83). Stuttgart: Schattauer.

Bronisch, T. (1995). Die Vielschichtigkeit der Entstehungsbedingungen suizidalen Handelns. Suizidprophylaxe, 3, 104–107.

Bründel, H. (1993). Suizidgefährdete Jugendliche. Theoretische und empirische Grundlagen für Früherkennung, Diagnostik und Prävention. Weinheim: Juventa.

Colla-Müller, H. E. (1984). Suizidales Verhalten bei Schülern und Jugendlichen. In V. Faust (Hrsg.), Suizidgefahr (S.14–24). Stuttgart: Hippokrates.

Comer, R. J. (1995). Klinische Psychologie. Heidelberg: Spektrum.

Davison, G. & Neale, J. M. (1979). Klinische Psychologie. Ein Lehrbuch. München: Psychologie Verlags Union.

Döring, G. H. (1996). Perspektiven der Krisenbewältigung bei jungen Menschen. Informationen über Suizidalität in jungen Jahren für Multiplikatoren, Eltern und andere Interessierte. AKL e.V. Nürtingen/Kirchheim.

Dorrmann, W. (1991). Suizid. Therapeutische Interventionen bei Selbsttötungsabsichten. München: Pfeiffer.

Dubitscher, F. (1971). Lebensschwierigkeiten und Selbsttötung. Beratung und Vorbeugung. Stuttgart: Thieme.

Durkheim, E. (1973). Der Selbstmord. Neuwied: Luchterhard.

Erlemeier, N. (1992). Suizidalität im Alter. Bericht über den aktuellen Forschungsstand. Stuttgart: Kohlhammer.

Freemann, A. & Reinecke, M. (1995). Selbstmordgefahr? Erkennen und Behandeln: Kognitive Therapie bei suizidalem Verhalten. Bern: Huber.

Freud, S. (1917). Trauer und Melancholie. Studienausgabe, Gesammelte Werke, Bd. X, Frankfurt a. M.: Fischer.

Friedrich, M. H. & Amminger, G. P. (1995). Zur Suizidproblematik bei Kindern und Jugendlichen. Psychomed, 7 (1), 27–31.

Gappmayer, A. (1987). Adoleszenz und Selbsttötung. Schüler zeichnen aktuelle Suizidgedanken. Regensburg: Roderer.

Haenel, T. (1989). Suizidhandlungen. Neue Aspekte der Suizidologie. Berlin: Springer.

Henseler, H. (1984). Narzisstische Krisen. Zur Psychodynamik des Selbstmords. Opladen: Westdeutscher.

Holderegger, A. (1979). Suizid und Suizidgefährdung. Humanwissenschaftliche Ergebnisse. Anthropologische Grundlagen. Freiburg: Universitätsverlag.

Knapp, A. (1991). Der Suizid – Selbstmord und Selbstmordversuch. Frankfurt a. M.: Fischer.

Klosinski, G. (1999). Wenn Kinder Hand an sich legen. München: Beck.

Lewinsohn, P. H. (1974). A behavioral approach to depression. In R. J. Friedman & M. M. Katz (Eds.), The psychology of depression: Contemporay theory and research. Washington: Winston-Wiley.

Menninger, K. (1978). Selbstzerstörung. Frankfurt a. M.: Suhrkamp.

Mitterauer, B. (1986). Das Abwendungsverhalten. Eine Analyse der Kommunikationspathologie des Selbstmörders. Suizidprophylaxe, 13, 100-112.

Müller, H. (1982). Suizid und Suizidprophylaxe. In H. Asperger & F. Wurst (Hrsg.), Psychotherapie und Heilpädagogik bei Kindern (S.347–357). München: Urban & Schwarzenberg.

Myschker, N. (2002). Verhaltensstörungen bei Kindern und Jugendlichen. Stuttgart: Kohlhammer.

Nolting, H.-P. (1999). Lernfall Aggression. Reinbek bei Hamburg: Rowohlt.

Petri, H. (1994). Umweltzerstörung und Suizidalität bei Kindern und Jugendlichen. Suizidprophylaxe, 21 (3), 109–112.

Rattner, J. (1984). Suizidalität. In J. Rattner (Hrsg.), Der neurotische Mensch und seine Lebensschwierigkeiten (S. 341–364). Hamburg: Hoffmann und Campe.

Reiner, A. & Kulessa, Ch. (1981). Ich sehe keinen Ausweg mehr. Suizid und Suizidverhütung. Konsequenzen für die Seelsorge. München: Kaiser.

Resch, F. (1996). Entwicklungspsychopathologie des Kindes- und Jugendalters. Weinheim: Psychologie Verlags Union.

Ringel, E. (1981). Der Selbstmord. Abschluß einer krankhaften psychischen Entwicklung. Frankfurt a. M.: Fachbuchhandlung für Psychologie.

Remschmidt, H. (1992). Psychiatrie der Adoleszenz. Stuttgart: Thieme.

Schmidtke, A. (1981). Verhaltenstheoretische Erklärungsmodelle suizidalen Verhaltens. In R. Welz & H. Pohlmeier (Hrsg.), Selbstmordhandlungen. Suizid und Suizidversuch aus interdisziplinärer Sicht (S. 125–167). Weinheim: Beltz.

Schmidtke, A. (1989). Entwicklung der Suizid- und Suizidversuchshäufigkeit in der Bundesrepublik Deutschland 1970–1988. Suizidprophylaxe, 16, 271–280.

Seligman, M. E. P. (1975). Helplessness. San Francisco: W. H. Freemann.

Seyfried, M. (1995). Suizidalität, Suizidprophylaxe und Sozialarbeit. Regensburg: Roderer.

Sonneck, G. (1986). Suizid- und Krisenprobleme bei Kindern und Jugendlichen. In W. Spill (Hrsg.), Psychologie und Erziehung (S. 605–618). Weinheim: Beltz.

Sonneck, G. (1995). Krisenintervention und Suizidverhütung. Ein Leitfaden für den Umgang mit Menschen in Krisen. Wien: Facultas.

Statistisches Bundesamt (Stand: 20.2.02, Mitteilung vom 19.8.02). Todesursachenstatistik. Zweigstelle Bonn.

Wilken, B. (1998). Methoden der kognitiven Umstrukturierung. Stuttgart: Kohlhammer.

10 Suchtverhalten

1. Zur Einführung: Abhängig, süchtig – Begriffe aus dem alltäglichen Sprachgebrauch

Fallberichte

Uwe, Schüler einer 7. Klasse, hat sich für die Eltern „vom Goldkind zum Sorgenkind" entwickelt. Eine Falldarstellung enthält u.a. folgende Informationen: Neben einem plötzlichen Absinken der schulischen Leistungen ist auffallend, „dass Uwe bzw. seine Kleidung stark nach Rauch riecht. Von Mitschülern ist zu erfahren, dass er sich oft im ‚Ständle' nahe der Bushaltestelle aufhält: zum Rauchen, Biertrinken und Betätigen von Spielautomaten. Zusammenfassend kann gesagt werden: Neben einem Leistungsversagen sind gravierende Symptome feststellbar, die Suchtcharakter annehmen können (Dickleibigkeit, Alkohol- und Zigarettenkonsum, Spielleidenschaft)" ... Uwe hat nicht gelernt, „situationsangemessen auf unmittelbare Bedürfnisbefriedigung zu verzichten und Einschränkungen zu ertragen" (Klein, 1994, S.43).

Ein weiteres Beispiel:
„Die Mutter äußerte auf die Frage, wie sie sich das Interesse ihres Sohnes an den Glücksspielautomaten erklären könne, dass er schon als Kind kaum Kontakte zu anderen Kindern gehabt und sich schon immer mit seinen Unterhaltungsgeräten wie Kassettenrekorder, Hifi-Anlage, Computerspielen etc. beschäftigt habe" (Meyer & Bachmann, 1993, S.227).

Einschlägige Aussagen

„Auch Kinder und Jugendliche nehmen Genuss- und Arzneimittel zunehmend als (legitime) Mittel zur Manipulation von Befindlichkeiten wahr" (Nordlohne, 1993, S.35).
„Das Jugendalter ist die Lebensphase, in der erste Erfahrungen mit legalen – und manchmal auch illegalen – Drogen gesammelt und in der Stile des Umgangs mit dem eigenen Körper geprägt werden" (Kolip, 1999, S.7).

„Auch der Konsum und Genuss illegaler Drogen wirkt in die Schule hinein ... und wird dort auch von Schülern gepflegt“ (Bäuerle, 1996, S.17).

Einblick in aktuelle Hochschulseminare zur Suchtprävention: *Studierende berichten von ehemaligen Mitschülern, deren „Drogenkarriere“ während der Schulzeit begann; sie weisen auf die Gefahren durch eine leichte Verfügbarkeit von Drogen aller Art hin; sie schildern ihre Erfahrungen mit der gegenwärtigen Situation; sie betonen, dass sie sich ihrer Verantwortung als zukünftige Lehrerinnen und Lehrer bewusst sind, weil dies ein Thema ist, dem sie sich nicht entziehen können.*

Einordnung in ein Verhaltensspektrum

Die verschiedenen Aussagen, die sich im Kern auf den Gedanken eines abhängigen, süchtigen Verhaltens konzentrieren, deuten im Detail an, dass ein breites Verhaltensspektrum angesprochen wird. Die jeweils formulierten Akzentuierungen sind jedem einzelnen entweder aus dem eigenen Erleben oder aus dem Freundes-, Bekannten- und Verwandtenkreis bekannt. Eine nähere Beschäftigung mit diesem Thema wirft allgemeine Fragen auf wie z. B.: Wann ist jemand abhängig? Wovon kann man abhängig werden? Spezielle Fragen erwachsen aus interessengeleiteten Überlegungen wie z. B.: Sind ein übermäßiges Essverhalten oder Zwangshandlungen als abhängiges Verhalten zu bezeichnen? Handelt es sich hier um einen lässigen umgangssprachlichen Gebrauch oder werden aus wissenschaftlicher Sicht Pro- bzw. Kontra-Argumente diskutiert?

Dieser angedeutete Fragenkatalog regt zu immer neuen Fragestellungen an. Ihre Reichhaltigkeit erklärt das öffentliche Interesse an diesem Thema. Besonders aufschlussreich sind in diesem Zusammenhang die Wünsche von Lehramtsstudierenden, denen in meinen Hochschulveranstaltungen die Suchtform, mit der sie sich im Rahmen der Seminarvorbereitung intensiv auseinander setzen wollen, freigestellt wird: Auffallend häufig werden „legale“ Drogen wie Alkohol- und Nikotinkonsum genannt. Sie begründen ihr Interesse mit dem frühen Einstiegsalter von Kindern in diese Abhängigkeit; sie weisen allerdings auch – häufig dezent, aber nachhaltig – auf die Abhängigkeit von Lehrkräften hin. Persönliche Erfahrungen aus ihrer Schulzeit scheinen hier leitend zu sein. Ebenso rege wird von den Studierenden aber immer wieder auch das Interesse am Medikamentenmissbrauch und der Internet-Sucht bekundet.

Dieser praxisorientierte Ausschnitt steht exemplarisch für die Vielfalt dieses Themas. Gerade diese motiviert dazu, einen konzentrierten Leitfaden im folgenden zu erstellen.

2. Begriffsklärung

Abhängigkeit (physische und/oder psychische) und Sucht sind Begriffe, die ein fester Bestandteil im alltäglichen Sprachgebrauch sind. Der wissenschaftliche Umgang mit diesen Bezeichnungen wird von den jeweiligen disziplinären Orientierungen geprägt und von entwicklungsgeschichtlichen Tendenzen reguliert. Als Beispiel steht der medizinische Bereich: Aufgrund der frühen Konzentration auf physiologische Komponenten dominierte in der wissenschaftlichen Diskussion die physische Abhängigkeit; erst mit der Ausweitung auf psychosomatische Faktoren erhält die psychische Abhängigkeit Bedeutung. Physische und psychische Abhängigkeiten verbinden sich bei stoffgebundenen Süchten, während bei stoffungebundenen Süchten (vor allem) eine psychische Abhängigkeit eingegangen wird.
Neben medizinischen Festlegungen wird die Auseinandersetzung mit den Begriffen Abhängigkeit und Sucht aus philosophischer, soziologischer, theologischer, pädagogischer und psychologischer Sicht geführt (Abhängigkeit: in eingegrenzter, in umfassender, in wertneutraler Form; Sucht: stoffgebunden, „negativer Wertakzent"; stoffungebunden, schädliche Folgen, Gefährdung, bei nicht-exzessiver Weise noch relativierbar). Dementsprechend vielfältig sind die Argumentationsebenen zur Abgrenzung unterschiedlicher Standpunkte. Besonderes Augenmerk ist in diesem Zusammenhang auf die Arbeit der im Jahre 2000 neu gegründeten Gesellschaft für Suchtpsychologie e. V. zu richten, die u.a. auch das Ziel vertritt, das neue Fach Suchtpsychologie wissenschaftlich zu fundieren und für die Praxis nutzbar zu machen. Tretter und Müller (2001 a) begründen eindringlich, warum es notwendig ist, die psychologische Vielschichtigkeit des Phänomens Sucht in einer eigenständigen Fachdisziplin zu erfassen. So fehlt nach Auffassung der Autoren „ein Forum zur systematischen Bündelung und Weiterentwicklung der psychologischen Forschungs- und Behandlungsexpertise (z.B. Entwicklung von Diagnostikleitlinien)" (a.a.O., S.10). Gerade der Aspekt der vage formulierten Diagnosekriterien (hier: stoffungebundene Süchte), der ausdrücklich angesprochen wird, begründet im vorliegenden die ausführlichere Darstellung „Zur Phänomenologie" (siehe Kapitel 10.3). Mit ihr werden einzelne Anzeichen von speziellen Suchtformen vorgestellt.

Im folgenden wird eine Möglichkeit aufgenommen, die die Kluft zwischen stoffgebundenen und stoffungebundenen Süchten zu überbrücken versucht. Die von Wanke (1985) vorgeschlagene Suchtdefinition erfüllt diesen Anspruch, der in der Fachliteratur als weitgehend konsensfähig gilt:

„Sucht ist ein unabweisbares Verlangen nach einem bestimmten Erlebniszustand. Diesem Verlangen werden die Kräfte des Verstandes untergeordnet. Es beeinträchtigt die freie Entfaltung der Persönlichkeit und zerstört die sozialen Bindungen und Chancen des Individuums" (S.20).

In Ergänzung zu diesem Vorschlag führen Tretter und Müller (2001 a) an:

- Gewohnheitsmäßiger Konsum kann von einem Missbrauch über einen gesicherten schädlichen Gebrauch bis zu einer Abhängigkeit führen.
- Bei einer Sucht handelt es sich im Hinblick auf die Menge, die Dauer und die Häufigkeit um ein übermäßiges Verhalten. Minderungen der Abstinenzfähigkeit und der Verhaltenskontrolle sind die Folgen.
- Süchtiges Verhalten steigert die emotionale Befindlichkeit (Erzeugung von Lustzuständen/zeitweiliges Unterbinden von Unlustzuständen). Hinweis zur Abgrenzung: Bei einem zwanghaften Verhalten fehlen die Lustzustände; Zwang wird als Ich-fremd und unsinnig erlebt (siehe Kapitel 4.).
- Sucht wird als Missbrauch oder Abhängigkeit bezeichnet. Hinweis: Der Begriff Missbrauch bewirkt nach therapeutischen Erfahrungen Abwehrreaktionen beim Abhängigen; kommunikationsfördernder ist die Sprache von einem schädlichen oder riskanten Gebrauch.

3. Zur Phänomenologie

Folgender Konsens liegt einer Einteilung des Suchtverhaltens zugrunde (Tab. 1):

Stoffgebundene Süchte	Nichtstoffgebundene Süchte
Drogensucht Alkoholsucht Nikotinsucht Medikamentensucht Schnüffelstoffe	Esssucht Kaufsucht Spielsucht Arbeitssucht Mediensucht: z. B. Internetsucht Sexsucht Sport- und Suchtextrem-Sportarten Sekten/Esoterik

Tab. 1: Einteilung von Süchten (Zusammenstellung erfolgt nach Plant & Plant, 1992, Poppelreuter & Gross, 2000, Tretter & Müller, 2001 a)

Diese Übereinstimmung erstreckt sich auf die grundsätzliche Differenzierung. Ein wissenschaftlicher Diskurs setzt dann ein, wenn die nichtstoffgebundenen Süchte benannt werden. Im folgenden werden Essstörungen, Spielsucht, Kaufsucht, Arbeitssucht und Internetsucht exemplarisch angesprochen (Ausführungen zur Sexsucht, zu Extremsportarten und Sucht und zu Sekten/Esoterik und Sucht finden sich in Poppelreuter & Gross, 2000):

Stoffungebundene Süchte

Essstörungen: Die Bezeichnungen Mager-Sucht, Ess-Sucht weisen bereits auf eine naheliegende Zuordnung hin. Diese wird u.a. mit der ähnlichen Symptomatik von Essstörung und Suchtverhalten begründet: Toleranzentwicklung, fortgesetzter Drang; außerdem werden Esssüchtige häufig mit einer Abhängigkeit von Suchtmitteln wie Alkohol, Antidepressiva, Abführmittel und Appetitzügler in Verbindung gebracht (vgl. Stahr, 1999). So erfüllen nach Kinzl und Trefalt (2000, S. 54) Essgestörte alle Kriterien von Suchtkranken (z. B. Denken kreist um „Droge ‚Essen‘ oder ‚Nichtessen‘“, Entzugssymptomatik, seelische Folgen wie Depression, Zwangssymptome). Diese Zuordnung wird allerdings dann problematisch, wenn – wie von Shaw (2001) angesprochen – nach der Spezifität des Suchtmittels gefragt wird (ist es das Essen, das Hungern, das Erbrechen?). Weitere Aspekte: Während bei der Therapie süchtigen Verhaltens auf das auslösende Suchtmittel verzichtet werden muss, ist dies beim Essen nicht möglich. Auch „die rauschhafte Qualität der Einnahme des ‚Suchtmittels‘ (fehlt)“ (Shaw, 2001, S.488). (Hinweis: Der Vollständigkeit halber muss erwähnt werden, dass das Hungern bei der Anorexia nervosa und die extreme körperliche Betätigung in Verbindung mit den körpereigenen Opioiden gebracht werden; ein weiteres Diskussionsfeld eröffnet sich, wenn – wie in der Fachliteratur vermerkt – Essstörungen als zwanghaftes Verhalten charakterisiert werden. Diese Beispiele sind Ausdruck für die lebendige Diskussion, in die Argumente für und gegen hypothetische Zusammenhänge eingebracht werden.)

> Exkurs: Bei den stoffungebundenen Süchten stehen „etablierte Süchte“ (solche, die in offizielle Diagnoseschemata aufgenommen werden) neben Süchten, die diesen Status (noch) nicht haben. Ob diese die „Randständigkeit“ im Suchtverhalten überschreiten und als eigenständige Kategorien diagnostiziert werden (wie z. B. die Spielsucht), wird die weitere wissenschaftliche Diskussion erbringen. Die gesellschaftliche Entwicklung wirkt dabei als Motor, dass sich neue Suchtformen etablieren (z. B. Internetsucht).

Pathologisches Spielen: Während Formen wie „Arbeitssucht“ und „Sexsucht“ (vgl. Mäulen & Irons, 1998) noch weitgehend in der Diskussion stehen, ist die Störung „pathologisches Spielen“ als eine zu diagnostizierende Kategorie unter dem Oberbegriff „abnorme Gewohnheiten und Störungen der Impulskontrolle“ in der ICD-10 (WHO) bereits ausdrücklich erfasst. Die Diagnose wird aufgrund folgender Kriterien gestellt: „beharrliches, wiederholtes Glücksspiel, das anhält und sich oft noch trotz negativer sozialer Konsequenzen, wie Verarmung, gestörte Familienbeziehungen und Zerrüttung der persönlichen Verhältnisse steigert“ (Dilling et al., 2005, S.238).

Die Aufnahme dieser Sucht als eigenständiges Störungsbild hat die grundsätzlichen Überlegungen, was unter Sucht zu verstehen ist, neu aufleben lassen. Den Weg einer diesbezüglichen Argumentation zeichnen Meyer und Bachmann (1993) nach; sie geben einen Einblick in Befürworter und Gegner eines erweiterten/eingegrenzten Suchtbegriffes (siehe Kapitel 10.2). Das von den beiden Autoren gezogene Fazit lautet: „Vor dem Hintergrund des Erscheinungsbildes pathologischen Glücksspiels sowie der Folgen für das Individuum und die Gesellschaft ... erscheint eine Beschränkung auf stoffgebundene Abhängigkeiten allerdings nicht sachgerecht“ (1993, S.38). Meyer (2000) führt dazu dezidiert aus, dass die gestiegene Behandlungsnachfrage die politische und wissenschaftliche Auseinandersetzung mit der Spielsucht forciert hat. Als Folge wurde deren Akzeptanz als psychische Störung gefordert. Intensives Glücksspiel erzeugt unmittelbare Lustgefühle, einen erregenden euphorischen Zustand und beeinträchtigte Befindlichkeiten; Wirkungen, wie sie auch bei stoffgebundenen Suchtformen bekannt sind.

Da Glücksspiele in der Regel gesellschaftlich als allgemein akzeptiertes Freizeitvergnügen gelten, relativ leicht verfügbar sind (Automaten, Lotterien, Rubbellotterien; vgl. Moran, 1979) und durch eine Reihe psychosozialer Faktoren (Modellpersonen, Bewältigungsstrategien) „aufgewertet“ werden, sind gerade ältere Kinder und Jugendliche potentiell gefährdet (siehe Kapitel 10.1 Fall Uwe). Eine besondere Anfälligkeit für spielsüchtiges Verhalten wird auch in individuellen Risikofaktoren gesehen. Meyer (2000, S.12 f.) führt u.a. das Ergebnis einer Längsschnittstudie (von Vitaro, Arseneault & Tremblay, 1997) an, dass die höchsten Impulsivitätswerte von Spielern mit den deutlichsten Hinweisen auf Glücksspielprobleme erzielt werden. Nichtspieler weisen die niedrigsten Impulsivitätsmaße auf. (Anmerkung: Es handelt sich um eine Studie mit 754 Jungen im Alter von 13 Jahren, deren Impulsivität erfasst wurde, auch von Lehrern eingeschätzt, und mit dem Spielverhalten im Alter von 17 Jahren in Bezug gesetzt wurde.) Fazit: Sehr hohe Impulsivität bei Kindern und Jugendlichen kann ein Anzeichen für eine spätere Anfälligkeit sein.

Kaufsucht: Während nach Aussagen von Therapeuten und nach Informationen von Selbsthilfegruppen besonders männliche Personen der Spielsucht verfallen, überwiegt bei den als Kaufsucht bezeichneten Verhaltensweisen das weibliche Geschlecht. Umfragen bei Jugendlichen (10-15 Jahre) zeigen (vgl. Rausch 2004), dass eindeutig mehr Mädchen als Jungen sich dazu bekennen, bei Einkäufen in einen regelrechten euphorischen Zustand zu geraten. Sie nehmen dafür auch Nachteile in Kauf (Geldbeschaffung, Verstecken der Kaufartikel vor den Eltern etc.). Häufigkeit und schwer beherrschbarer Drang, diesem Bedürfnis nachzukommen, lassen vermuten, dass in diesem Alter der Boden für ein exzessives Verhalten bereitet wird. Nach Raab (2000, S.147) stimmen viele Forscher darin überein, dass das Kaufen „der Kompensation einer inneren Leere bzw. einem niedrigen Selbstwert" dient. Kaufsucht wird seit Ende der 80-er Jahre als Forschungsgegenstand international anerkannt und untersucht. Aufschlussreich ist, dass Raab (a.a.O.) betont, dass „bereits Kraepelin (1915) und Bleuler (1924) auf das Phänomen des unkontrollierten und suchthaften Kaufverhaltens hingewiesen haben".

Arbeitssucht: Die Bildung einer Kategorie „Arbeitssucht" schließt sozial hoch akzeptierte und integrierte Verhaltensweisen ein. Allerdings bewirken diese erhebliche Einschränkungen im physischen, psychischen und sozialen Bereich. Schochow (1999) fasst einige Charakteristika eines arbeitssüchtigen Verhaltens zusammen: z. B. gelegentliche Arbeitsexzesse, dauerhaftes Verbundensein mit dem Arbeitsgedanken und –anliegen, heimliches Arbeiten, Freizeit ohne Arbeit wird als sinnlos erlebt (Anmerkung: Wird „Arbeit" bei Kindern und Jugendlichen durch den Begriff „PC"-Nutzung ersetzt, zeigt dieses Beispiel die Problematik einer begrifflichen Differenzierung des Suchtverhaltens.). Während die Arbeitssucht beim Übergang vom Jugend- ins Erwachsenenalter (mit dem Gefühl und Willen des Sich-beweisen-Wollens in der Ausbildungs- und Berufswelt) auftreten kann, stellt sich konsequenterweise die Frage, ob in Zukunft nicht auch eine besonders extreme Form der Wissbegierde ins Blickfeld des wissenschaftlichen Forschungsinteresses gerät. Ein lernsüchtiges Verhalten im Kindes- und Jugendalter (von Mitschülern häufig mit dem Begriff Streber erfasst), erfüllt analog zur den Kriterien der Arbeitssucht die Voraussetzung für eine entsprechende Kategorisierung. Während sich also aus inhaltlicher Sicht keine Schwierigkeiten ergeben würden (zumindest auf der deskriptiven Ebene einer Abhängigkeitserfassung), treten diese auf, wenn eingewendet wird, dass es sich hier um einen inflationären Gebrauch des Suchtbegriffs handelt. Meyer und Bachmann (1993) sehen in solchen Ausweitungen eine Situation, die „zur Bedeutungslosigkeit führe sowie zu der Gefahr, dass klassische Abhängigkeiten verharmlost und ‚neue' stigmatisiert werden" (S.38).

> Exkurs: Trotz der berechtigten Überlegungen aus wissenschaftlicher Sicht, eine Grenze zwischen Alltagssprachgebrauch und wissenschaftlichem Gebrauch (und damit verbunden Krankheitswert und zugeordnetem therapeutischen Vorgehen) zu ziehen, ist eine Entwicklung zu verzeichnen, die für entwicklungsgeschichtlich bedeutsame Veränderungen auch entsprechend geänderte Gewohnheiten, die exzessiv ausgelebt werden, zu eigenständigen Komplexen bestimmter Abhängigkeiten zusammenfasst.

Internetsucht: Eine Abhängigkeit, von der besonders auch Kinder und Jugendliche betroffen sein können, ist die gegenwärtig vielfach zitierte Internetsucht.
Es handelt sich um ein Phänomen, das – bei allen Bedenken gegenüber einer Ausweitung des Suchtbegriffes – bereits einen in der Öffentlichkeit beachteten Status erlangt hat. Rogge (2000) versucht angesichts dieser Situation eine Bestandsaufnahme zum Thema „Medien und Süchte" vorzunehmen, in der er die Mediennutzung nicht mit Extrempositionen verbindet. Er formuliert ausdrücklich, dass der Suchtfaktor nicht in der Mediennutzung selbst liegt, sondern „vielmehr von der Bedeutung der Sozialisationsinstanzen oder von Persönlichkeitsmerkmalen ab(hängt)" (S.253).
Allerdings mehren sich die Stimmen, die analog zur Etablierung der Spielsucht Argumente vorbringen, die auf die Aufnahme eines eigenen Störungsbildes hindeuten: Eine exzessive Beschäftigung mit dem Internet steuert die eigene Befindlichkeit (Lust-, Unlustzustände) und wirkt nachhaltig auf die Kontakte zum sozialen Umfeld ein. Die virtuelle Kommunikation erhält gegenüber der persönlichen Alltagskommunikation einen zunehmend höheren Stellenwert. Sie erfüllt die Bedürfnisse nach Information, nach (anonymer) Offenlegung privater Mitteilungen, erlaubt das unverbindliche Schließen und Beenden von Bekanntschaften und erzeugt auf diese Weise Abhängigkeiten. Obwohl das Internet-Abhängigkeitssyndrom (IAS) noch in kein offizielles Diagnoseschema eingebunden ist, ist gegenwärtig zu konstatieren, dass sich die Forschungsarbeit diesem Komplex intensiv zuwendet (vgl. z. B. Young, 1998).

Stoffgebunde Süchte

In Fachkreisen hat sich eingebürgert, zwischen legalen und illegalen Drogen zu unterscheiden. Ebenso wird von harten und weichen Drogen gesprochen; allerdings gibt es hier keine allgemein anerkannten Abgrenzungskriterien (vgl. Tretter & Müller, 2001). Als Drogen werden u.a. bezeichnet: Alkohol, Nikotin, Cannabis, „Schnüffelstoffe", bestimmte Medikamente, Ecstasy, LSD, Heroin, Kokain (Hinweis: zur Information vgl. Schmidbauer & Scheidt, 1997).

Wie die Angaben zum Drogengebrauch andeuten (siehe Kapitel 10.4), sind gegenwärtig bei den Heranwachsenden besonders Alkohol- und Nikotinprobleme aktuell. Aufmerksam sollte man den Cannabiskonsum verfolgen: Befragungen von Jugendlichen, Berichte von Beratungsstellen und Suchtkliniken und internationale Vergleiche stimmen überein, dass eine auffällige Zunahme zu verzeichnen ist.

Besonderes Augenmerk erfordert eine nach Hurrelmann (2005) sich bei Jugendlichen anbahnende Trendwende zu leistungssteigernden Substanzen: z. B. Ecstasy (anregend, Kontakt zur Gefühlswelt). Während sich der Alkoholkonsum stark in den Freizeitbereich verlagert, wird der Medikamenteneinsatz als effektives Mittel verstanden, um das Wohlbefinden zu steigern. Hurrelmann sieht einen Zusammenhang zwischen dem Konsum von Arzneimitteln und dem der illegalen synthetischen Drogen. „Der regelmäßige Gebrauch von legalen und gesellschaftlich positiv bewerteten Arzneimitteln führt ganz offensichtlich zu toleranten Einstellungen gegenüber solchen Verhaltensmustern, zur Beeinflussung von physischen und psychischen Befindlichkeiten chemische Substanzen einzunehmen. Das ‚Medikament' ... kann insofern als eine ‚Einstiegsdroge' für die synthetischen illegalen Substanzen verstanden werden" a.a.O., S.3).

4. Epidemiologie

Die Bundeszentrale für gesundheitliche Aufklärung und die Deutsche Hauptstelle gegen die Suchtgefahren untersuchen regelmäßig das Drogenkonsumverhalten. Die Angaben – es handelt sich meist um Hochrechnungen aus verschiedenen Statistiken – schließen ein: z. B. mangelnde Repräsentativität, eingeschränkte Gültigkeit des Antwortverhaltens (vor allem bei illegalen Drogen, aber auch bei der Medikamenteneinnahme von jüngeren Kindern zur Beruhigung, Entspannung, häufig wird hier der Konsum untertrieben), das veränderte Drogenkonsumverhalten innerhalb weniger Jahre, z. B. Zunahme der Designerdrogen.

Ohne auf die einzelnen Schätzwerte einzugehen (siehe dazu die jeweils aktuellen Angaben der oben genannten Organisationen), kann nach Hille (1994) allgemein bilanziert werden, dass der Gebrauch von weichen Drogen weit verbreitet ist. Das Alter, in dem vereinzelt Drogen ausprobiert werden, sinkt (Anhaltspunkt: ca. 10. Lebensjahr). Ob es häufig nur beim Probierstadium und Gelegenheitskonsum bleibt, ist ungewiss (vgl. Hille, 1994, Müller & Tretter, 2001 b).

Hinweis: Angaben zum Thema „Jugendliche und ihr Suchtmittelkonsum" finden sich u.a. bei Ravens-Sieberer (2003). Einige Beispiele zum Rauchen: Einstiegsalter bei Jungen 11,8 Jahre, bei Mädchen 12,3 Jahre; bei 15jährigen rauchen 32,2 % der Jungen und 33,7 % der Mädchen. Einige Beispiele zum Alkohol: ca. 37 % der 15jährigen Jungen und knapp 25 % der Mädchen trinken regelmäßig (bevorzugte Getränke: Bier und alkoholische Mixgetränke). Einige Beispiele zum Drogengebrauch: 22 % der 15jährigen Jungen und 15 % der Mädchen haben im Zeitraum von 12 Monaten mindestens einmal Cannabis geraucht (bei Cannabis ist im Vergleich zu früheren Erfassungszeiträumen ein starker Anstieg zu verzeichnen). Designerdrogen mit aufputschender Wirkung werden von ca. 4 % der 15jährigen regelmäßig eingenommen. (An dieser Stelle muss auf die von Hurrelmann (2005) angesprochene Trendwende zur Einnahme von leistungssteigernden Substanzen verwiesen werden; siehe Kapitel 10.3).
Das Statistische Bundesamt (2000, S.126) bezieht sich hinsichtlich der Erfahrungen von Jugendlichen mit illegalen Drogen auf eine Studie der Bundeszentrale für gesundheitliche Aufklärung. Nach dieser haben 21 % der 12- bis 25jährigen bereits Erfahrungen mit illegalen Drogen gemacht.

5. Kriterien zur Diagnostik

Die im Rahmen einer neu etablierten Suchtpsychologie angemahnte Entwicklung von Diagnosekriterien (siehe dazu Kapitel 10.2) bezieht sich vor allem auf die stoffungebundenen Süchte. Diesem Mangel wird im vorliegenden mit der ausführlicheren Darstellung einiger Suchtformen im Kapitel „Zur Phänomenologie" begegnet. Anders verhält es sich mit der klinischen Klassifikation von stoffgebundenen Süchten. Für diese wird in der ICD-10 (WHO) der Begriff „Abhängigkeitssyndrom" verwendet (Ausnahme: auf die Aufnahme der pathologischen Spielsucht als nichtstoffgebundene Sucht in die ICD-10 wurde bereits hingewiesen):

Von einem Abhängigkeitssyndrom (auf physischer, psychischer und Verhaltens-Ebene) wird gesprochen, wenn eine Person dem Konsum einer Substanz oder einer Substanzgruppe gegenüber anderen Verhaltensweisen, die von ihr früher ausgeführt wurden, Vorrang einräumt. Das entscheidende Kriterium der Abhängigkeit ist der häufig übermächtige Wunsch, psychotrope Substanzen oder Medikamente, Alkohol oder Tabak zu konsumieren.

Als diagnostische Leitlinien werden benannt (davon sollen drei oder mehr während des letzten Jahres gleichzeitig vorhanden gewesen sein):
1. Wunsch oder Zwang zum Konsum psychotroper Substanzen
2. verminderte Kontrollfähigkeit
3. körperliches Entzugssyndrom
4. Nachweis einer Toleranz
5. Vernachlässigung anderer Interessen oder Aktivitäten
6. anhaltender Substanzkonsum trotz eintretender schädlicher Folgen (Dilling et al., 2005, S.92 f.).

6. Theoretische Erklärungsansätze

Zur Einführung

Tretter und Müller (2001 b) fassen die jahrzehntelange Ursachenforschung für Suchtverhalten zusammen, indem sie die integrative Verbundenheit der äußerst heterogenen Einzelfaktoren ansprechen. Daher erscheint eine „‚monodisziplinäre' reduktionistische Betrachtungsweise ... kontraproduktiv. Es ist vielmehr erforderlich, im Rahmen eines ‚biopsychosozialen' Ursachenmodells therapeutische, präventive und rehabilitative Maßnahmen zu gestalten" (S.68). Diese Auffassung relativiert die Grundstimmung, die aktuell von der Tendenz getragen wird, dass „genetische Faktoren eine Hauptrolle spielen, insofern bestimmte (genetisch bedingte) Persönlichkeitsmerkmale Suchtentwicklungen begünstigen. ... Schließlich zeigen auch die Drogen ein unterschiedliches Potential, Sucht auszulösen. ... Heute haben wir bereits so vielfältige Erkenntnisse über die Suchtentstehung, dass wir beinahe einen ‚Park' von Erklärungsmodellen zur Verfügung haben, wobei je nach Anwenderinteresse (z. B. Beschreibung oder Erklärung) das eine oder andere Modell bevorzugt wird" (S.36).

Im einzelnen wirken folgende Einflussfaktoren (siehe Tab. 2):

Gesellschaftliche Faktoren:	Einstellung zu bestimmten Suchtmitteln
Allgemeine Einflüsse:	Medieneinflüsse zur Prägung eines bestimmten Lebensstils und Konsumverhaltens (z.B. Alkoholdarstellung, sichtbar an der Vermarktung von Alcopops - „Geschmacksverherrlichung"), aber auch Überdruss an einer Leistungs- bzw. Konsumgesellschaft, technische Entwicklungen nehmen Einfluss auf ein verändertes Kommunikations- und Lernverhalten
Familiäre Einflüsse:	Verharmlosung, Desinteresse am anderen, Vereinsamung im familiären Bereich, Modellverhalten der Erziehungsberechtigten, Beziehungsnetze unterliegen gegenüber früheren Strukturen einem schnelleren Wandel
Individuelle Einflüsse:	als Bewältigungsstrategie bei Problemen, neue Gewohnheiten werden ausgebildet, intensiviert und in Abhängigkeiten überführt, Unkenntnis über andere Bewältigungsmöglichkeiten, Protest gegen die Erwachsenenwelt, Reflexion über Sinn des Lebens, Pubertätsaufgaben (z. B. Rollenunsicherheit, Statusungewissheit, Ablösung vom Elternhaus), Neugierde, Experimentierfreude und Gruppendruck führen zur „Erprobung" von Suchtmitteln
Schulischer Bereich:	Über- bzw. Unterforderung, kein Anreiz durch Lernstoff, Randstellung in Klassengemeinschaft, Etikettierung, Ablehnung der Klassennormen und -regeln

Tab. 2: Einflussfaktoren

Konzentriert man diese Einflussfaktoren aus jugendpsychiatrischer Sicht nach Remscheidt (1980, S.48) auf typische Auffälligkeiten in der Entwicklung von Heranwachsenden, dann werden vor allem folgende Bereiche und Aspekte erfasst:

- Störungen in der Sexualentwicklung (Askese bis zur Exzessivität)
- Identitätskrisen (Unzulänglichkeitsgefühle, depressive Verstimmungen)
- Autoritätskrisen (Protestverhalten, Ablehnung von gesellschaftlichen und familiären Normen und Wertvorstellungen)
- Depersonalitätssyndrome (körperliche Entfremdungserlebnisse)
- Narzisstische Krisen und Suizidversuche (dramatische Auswirkungen kränkender Ereignisse).

Gelingt es Jugendlichen nicht, auf sozial akzeptierte Weise (mit Hilfe von Bewältigungsstrategien, Netzwerksystemen, Stabilisierungsfaktoren in den verschiedenen Lebensbereichen) mit Entwicklungsaufgaben und Problemlagen umzugehen, ist die Gefahr vorhanden, Befindlichkeitsstörungen auf dem Wege über

ein Handlungspotential zu begegnen, das Drogengebrauch und –missbrauch beinhaltet. Die von Remscheidt erwähnten Problemlagen schließen ein, dass Abhängigkeiten wie z.B. Sexsucht, Alkohol- und Nikotinmissbrauch, Drogenerlebnisse aufgebaut werden können. Die Gründe, warum Jugendliche Drogen konsumieren, sind vielfältig. Auch die relativ leichte Beschaffung von Drogen sollte nicht unterschätzt werden. Während erfahrungsgemäß viele Jugendliche eine Experimentierphase als Entwicklungsabschnitt relativ schnell hinter sich lassen, sind vor allem beziehungsschwache Jugendliche, denen die Geborgenheit eines sozialen Umfeldes fehlt, stärker suchtgefährdet.
Eine individuelle Abhängigkeit entwickelt sich auf der Grundlage von Risikofaktoren und Schutzfaktoren. Das Suchtrisiko einer Person steigt in dem Maße, in dem die Risikofaktoren überwiegen. Die in Betracht zu ziehenden Aspekte regen zu unterschiedlichen disziplinären Forschungszugängen an und führen letztlich zu einer Vielzahl an möglichen Erklärungsmodellen. Diese werden im folgenden erwähnt; wenngleich die realistischerweise zu beachtende Vernetzung als Leitgedanke stets präsent sein sollte.
Für die Darstellung der Vielzahl an Erklärungsmodellen wird die von Tretter und Müller (2001 b, S.46 ff.) gewählte Einteilung übernommen (Abb. 1.):

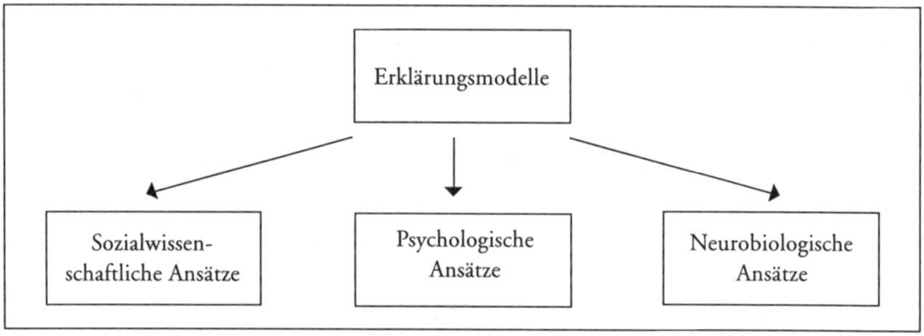

Abb.1: Einteilung der Erklärungsansätze

Sozialwissenschaftliche Modelle

Die in diesem Bereich möglichen Schwerpunkte werden auf den sozialen Aspekt, die Makro-, die Meso- und die Mikroebene gesetzt

(a) Makroebene: Kulturvergleichende Studien zeigen unterschiedliche Einstellungen gegenüber verschiedenen Rauschmitteln (permissiv versus repressiv). Für Menschen in Industrienationen (mit den Zusätzen: „Konsumgesellschaft", „Freizeitgesellschaft", „Leistungsgesellschaft", „Generation der Benachteiligten: Zukunftslosigkeit, Arbeitslosigkeit, Orientierungslosigkeit") ergeben sich besondere Risiken: z.B. Arbeitssucht, Kaufsucht, Drogen zur Bewusstseinsveränderung, Betäubung: Drogen, Alkohol.

(b) Mesoebene: Regionale Besonderheiten im Wohnbereich (Stadtbezirk, Gemeinde) spielen als Hintergrundfaktoren eine Rolle wie z.B. wirtschaftliche Lage, Arbeitslosigkeit, Nähe zur Drogenszene.

(c) Mikroebene: Familiäre Faktoren prägen das Erziehungsklima (Erziehungsstil, Umgangsregeln innerhalb der Familie, Modellverhalten der Eltern); auch die Schulkultur im allgemeinen und die Leistungssituation im besonderen nehmen Einfluss auf die Entwicklung der Heranwachsenden. Tretter und Müller (2001 b, S.50) betonen ausdrücklich, dass ein „empirischer Wirkungsnachweis der Bedeutung des Schulmilieus für die Suchtentwicklung fehlt ...".

Psychologische Modelle

Dieser Bereich erfasst lerntheoretische, kognitive, psychoanalytische und persönlichkeitspsychologische Grundlagen.

(a) Lerntheoretischer Bereich: Da Drogenabhängigkeit als gelerntes Verhalten betrachtet wird, werden für die Suchtentwicklung folgende Modelle diskutiert:
   - klassische Konditionierung (Reizsubstitution bewirkt Wiederholung)
   - operante Konditionierung (Verstärkungslernen)
   - Lernen am Modell

(b) Kognitive Modelle: Wahrnehmungsprozesse, Erwartungen und Einstellungen, Bewertungsprozesse und automatisierte Handlungspläne bestimmen und steuern das Handeln und damit auch die Drogensucht. Die Beeinflussung einer Drogensucht wird im therapeutischen Bereich erreicht, indem die entsprechenden Kognitionen verändert werden (z. B. „Spannungen sind nicht auszuhalten", „Alkohol erzeugt bei mir ein selbstsicheres Auftreten", „ein selbstbewusstes Handeln verschafft mir Anerkennung").

(c) Psychoanalytische Modelle: Die im Rahmen des psychoanalytischen Gedankengutes (der Grundannahme des Wirkens von Es, Ich und Über-Ich und der zahlreichen Weiterentwicklungen und Modifikationen) formulierten Annahmen zur psychischen Entwicklung, also auch zur Entwicklung eines süchtigen Verhaltens, lassen sich nach Tretter und Müller (2001, S.58, angelehnt an Lürssen, 1976) auf folgende Kurzaussagen bringen: „Sucht ist eine Form der Onanie (Freud), das Über-Ich des Süchtigen ist alkohollöslich (Fenichel), das Es verbindet sich im Rausch mit dem Ich im Kampf gegen das Über-Ich (Solms), der Süchtige ist narzisstisch gestört (Kohut) etc.".

(d) Persönlichkeitstheorie: Empirische Untersuchungen haben bei einzelnen Subgruppen (auf der Basis unterschiedlicher Persönlichkeitsskalen) die Annahme erhärtet, dass bestimmte Persönlichkeitsmerkmale das Risiko erhöhen, eine Suchtabhängigkeit zu entwickeln. Tretter und Müller (2001, S. 59) übernehmen in ihre Ausführungen einige Ergebnisse von verschiedenen Studien. Folgende Grundtendenzen werden u.a. angesprochen: Aufgrund von Längsschnittstudien scheinen hyperaktive Jugendliche eher alkoholgefährdet zu sein; bei Kindern werden eine ausgeprägte Neugierde, eine Belohnungsabhängigkeit und eine Schadensvermeidung als Risikofaktoren für einen späteren Alkoholismus diskutiert.

Neurobiologische Modelle

Trotz aller Bekenntnisse aus Wissenschaftlerkreisen (siehe oben) zu integrativen Modellen, ist nach Tretter und Müller (2001) aktuell ein „biologisch-medizinischer Reduktionismus" (S.34) festzustellen. Dieser stützt sich auf die Ergebnisse von neurobiologischen Analysen zur Wirkungsweise von Drogen. Die Pharmaindustrie verweist in diesem Zusammenhang auf die neuen Möglichkeiten der medikamentösen Suchttherapie (z.B. Naltrexon, Acamprosat).

Erinnerungshilfe:

Sozialwissenschaftliche, psychologische und medizinische Annahmen bilden den Rahmen, in dem Suchtentstehung und –verstärkung diskutiert werden sollen. Aus der Vernetzung der unterschiedlichen Ebenen und ihrer variablen Anteile am Einzelfall erklärt sich süchtiges Verhalten.

7. Prävention

Das biopsychosoziale Ursachenmodell weist auf die Bereiche hin, in denen präventiv gearbeitet werden kann:

- Aus sozialwissenschaftlicher Sicht: Alternativen zu einer Konsum- und Erlebnisgesellschaft, das Aufzeigen von Zukunftsperspektiven, die Rückhalt in sozial geprägte Norm- und Wertvorstellungen vermitteln (können); Bedeutung der soziokulturellen Risikofaktoren; Einflussnahme auf familiäre Milieuaspekte: Dieser schwerpunktmäßig erfasste Bereich enthält zahlreiche Initiativen, in denen präventiv gearbeitet wird (aus institutioneller Sicht, Arbeit von Organisationen, gesellschaftlich organisiert oder auf privater Initiative beruhend, Entwicklung von Modellprojekten, von Trainingsprogrammen etc.).

- Aus psychologischer Sicht: Alle Möglichkeiten, die das Erziehungsumfeld von Kindern und Jugendlichen betreffen – Elternhaus - Schule – Freizeitstätten –, sollen unterstützend, begleitend und aufklärend wirken. So sollte Lernprozessen, die zum Aufbau einer Abhängigkeit führen, entgegengewirkt werden; negative Eigenbewertungen nicht unterstützt und Etikettierungen vermieden werden –, um nur einige Beispiele zu nennen.
  Allgemeine, persönliche und soziale Schutzfaktoren sind auszubilden und zu stärken: z.B. realistische Selbsteinschätzung, ein Repertoire an Bewältigungsstrategien, Beziehungsfähigkeit, Sinnfindung, Aufklärung über alternatives Verhalten zum Drogenkonsum.
- Aus medizinischer Sicht: Information und Aufklärung sind die entscheidenden Säulen der präventiven Arbeit.

8. Interventionsmöglichkeiten

Die zahlreichen Initiativen zur Behandlung von Abhängigen und deren Angehörigen sind dank einer offensiven Öffentlichkeitsarbeit bekannt. Die Palette reicht von stationären Entzugsbehandlungen über ambulante Betreuungen bis zu einer Vielzahl an möglichen beraterischen bzw. therapeutischen Hilfestellungen. Besondere Erwähnung muss in diesem Zusammenhang die Arbeit der zahlreichen Selbsthilfegruppen finden, ohne deren Hilfe Süchtige den Kreislauf ihres Abhängigkeitsprozesses häufig nicht hätten durchbrechen können.
Anstelle der bisher geleisteten interventiven Arbeit werden im folgenden Ziele der Deutschen Gesellschaft für Suchtpsychologie e. V. ausgewählt, die richtungsweisend für den interventiven Bereich sind:

„In den bisherigen universitären und außeruniversitären Aus-, Fort- und Weiterbildungen, Sonderforschungsbereichen und Einzelprojekten ist der suchtpsychologische Bereich unterrepräsentiert, von einer seiner gesundheitspolitischen Bedeutung entsprechenden curricularen Verankerung kann nicht die Rede sein.
Bislang existieren keine suchtbezogenen Weiterbildungsangebote für approbierte Psychologische Psychotherapeuten, geschweige denn ausgearbeitete Curricula für suchtspezifische Basiskompetenzen.
Neuere diskussionswürdige Entwicklungen im Suchtbereich (z.B. Therapiezeitverkürzungen, ‚Anit-Craving-Behandlungen') werden nicht in dem Ausmaß und Kreis erörtert, wie es angesichts des großen wissenschaftlichen und praktischen

Know-hows, das eine Vielzahl von Psychologinnen und Psychologen in den Suchtbereich einbringt, zu erwarten und wünschenswert wäre“ (Tretter & Müller, 2001 c, S.10).

Diese Feststellungen und Forderungen sind für die Behandlungsmöglichkeiten und das -angebot entscheidend. Sie sind es vor allem auch für die Zielgruppe der Kinder und Jugendlichen mit Suchtproblemen. Ihnen muss in besonderem Maße eine effektive professionelle Hilfe zuteil werden.
Die im Anschluss formulierten pädagogisch-psychologischen Hilfestellungen reihen sich in den „Gesamtbereich der Suchtbekämpfung“ ein.

9. Pädagogisch-psychologische Hilfestellungen

Für alle im pädagogisch-psychologischen Bereich Tätigen ist es unabdingbar, Informationen zu geben und Aufklärung zur Suchtproblematik (legale und illegale Drogen) zu leisten. Im besonderen ist es notwendig, dass dem sozialen Umfeld Anlaufstellen und Beratungsstellen bekannt sind.

Mögliche Anzeichen für Drogenkonsum bei Kindern und Jugendlichen

Es ist unbestritten, dass ein Teil der Kinder und Jugendlichen ein höheres Risiko als andere hat, Drogenprobleme zu entwickeln. Dazu gehören sicherlich Heranwachsende, in deren Familien Drogen toleriert bzw. konsumiert werden (z. B. Alkohol, Nikotin, Medikamente, Substanzen, die inhaliert werden, Cannabis, LSD, Designer-Drogen, Heroin). Empirischen Angaben zufolge werden besonders Alkohol, Nikotin, Cannabis und Designer-Drogen von Jugendlichen bevorzugt.
Es ist problematisch, nach *den* Anzeichen für eine mögliche Drogengefährdung bzw. einen -konsum zu fragen. Dennoch lassen sich bestimmte Einstellungen und Verhaltensweisen erfassen, die als mögliche „Warnzeichen“ gewertet werden können:

Körperliche Anzeichen: z.B. Müdigkeit, Übelkeit, Appetitlosigkeit, Schlaflosigkeit, rote und trübe Augen
Kognitive Anzeichen: Verschlechterung der Schulleistungen, Konzentrationsmängel, kognitive Grundeinstellungen: alles ist sinnlos, Anstrengung lohnt sich nicht
Emotionale Anzeichen: Erregbarkeit, Unbeherrschtheit, Depression, Stimmungsschwankungen, Gleichgültigkeit, Argwohn

Schulische Anzeichen: Desinteresse, plötzliche Aufgabe von bewährten Freundschaften, neue Cliquenbildung, Lernstoff verliert jegliche Anziehungskraft, keine Hausaufgabenerledigung, Fehltage
Soziale Anzeichen: Änderung im Aussehen und Auftreten, Aufsuchen bestimmter Freundschaften oder Rückzug
Familiäre Anzeichen: Änderung des gesamten Verhaltens: aus Vertrautheit und Offenheit wird Aufsässigkeit, Verschlossenheit, Heimlichtuerei (evtl. Auffinden von Alkoholflaschen oder anderen Gegenständen)

Diese Anzeichen können andere Ursachen haben. Dennoch gilt es, sie in der Summe ernst zu nehmen. Da es kein Rezept für den Umgang mit suchtgefährdeten Kindern und Jugendlichen gibt/geben kann (jeder Einzelfall muss in seiner Individualität betrachtet werden), sind es vor allem Erfahrungen von Betroffenen und ihrem Umfeld, die Anhaltspunkte für einen sinnvollen Umgang geben.

Empfehlungen für den Umgang mit Kindern und Jugendlichen

Pädagogisch-psychologische Hilfestellungen beinhalten als obersten Grundsatz: Jeder von den Eltern und Lehrern begründet gehegte Verdacht sollte in einem offenen Gespräch mit den Kindern und Jugendlichen angesprochen werden, eine entsprechende Vertrauensbasis wird vorausgesetzt. Heimliche „Komplizenschaft" („es ist vorübergehend", „er/sie will uns nur auf die Probe stellen", „akzeptiere ich es nicht, wird er/sie es dennoch tun", „Rauchutensilien werden um des Friedens willen übersehen") ist ein erster Schritt, um in den Teufelskreis der Drogenabhängigkeit eingebunden zu werden.

Auf jeden Fall sollten Erziehungsberechtigte und Lehrkräfte professionelle Hilfe einholen, die in vielfältiger Form und Weise angeboten wird:

- Informationsmaterial (Bücher, die speziell für diese Zielgruppe geschrieben wurden. Hinweis: Wertvolle Hilfe leisten die von verschiedenen Organisationen herausgegebenen Broschüren, die neben sachlichen Informationen zahlreiche Anregungen für den Umgang mit drogengefährdeten Kindern und Jugendlichen enthalten. An dieser Stelle wird auf die Angaben zur empfohlenen Literatur verwiesen. Sie erweisen sich als reichhaltige „Fundstellen" für den Praktiker. Stellvertretend für andere Beispiele wird im folgenden die Bundeszentrale für gesundheitliche Aufklärung erwähnt, die auf Anfrage in kooperativer Weise Materialien zur Verfügung stellt (z. B. für die Unterrichtsgestaltung „Sucht und Drogenprävention" – 5.–10. Schuljahr; „Drogen" – Rauchen, Alkohol, Opiate – 11.–13. Klasse).

- Information über und Einbeziehen von Beratungsstellen/ Suchtkliniken
- Hinweise auf Selbsthilfegruppen.

Geradezu unerschöpflich ist das Reservoir an erprobten Handlungsmöglichkeiten, das als Ergebnis von Forschungsinitiativen und vor allem als Erfahrungsschatz von Betroffenen anzusehen ist. Daraus folgender Ausschnitt:

- Kompetenzförderung: Training von sozialen und persönlichen Verhaltensweisen in Problemlagen (Rollenspiele zu gesundheitsschädigendem Verhalten, Möglichkeiten eines selbstbestimmten Verhaltens stärken: „Nein-Sagen" lernen bei Gruppendruck etc.)
- Ein Wissensstand über die Konsequenzen eines Drogenverhaltens sollte rechtzeitig aufgebaut werden. Grundlage bildet der frühe Einstieg der Kinder in den Erstgebrauch. Bei der Aufklärung sollte im Hintergrund beachtet werden, dass häufig nicht nur eine Droge genommen wird, sondern Drogenkonsum in vielfältiger Art erfolgt. Außerdem ist die Gefahr vorhanden, dass sich Suchtmittel in der Menge und Qualität steigern. (Aufklärung: sachlich, keine Bagatellisierungen oder Dramatisierungen, Ziel: selbstgefundene Klärungen und Erklärungen anstoßen und deren Argumentationsweg begleiten.)
- Jugendliche sind sich der Gefahren durch ihr Handeln durchaus bewusst. Sie können einen Bestand an Wissen über die Drogen und die Konsequenzen vorweisen. Dennoch sehen sie die Drogeneinnahme als Mittel, um Anerkennung zu finden und ihr Selbstwertgefühl zu steigern. Gespräche sollten deshalb realistische Lebensplanungen zum Inhalt haben. Gesellschaftlich sinnvolle und nützliche Alternativen, die auch den persönlichen Bedürfnisstand bedienen, sind gemeinsam zu erarbeiten (z.B. Engagement für ökologische Gegebenheiten, für altruistische Verhaltensweisen – Kinder- und Altenheime, Patenschaften, Abenteuerurlaube etc.).
- Eine Anti-Drogen-Werbung ist in eine Pro-Gesundheits-Werbung zu überführen. Hurrelmann (2005), der sich ausführlich mit dieser Zielsetzung auseinandersetzt, verdeutlicht dies u.a. an einem Beispiel: „Pro-Gesundheit-Kampagnen können schon Kindern im Grundschulalter zeigen, was sie tun müssen, um Lebensfreude und Erfolg zu erfahren. Solche Aktivitäten können sie resistent machen gegen die Botschaft, Abenteuer und Erfahrung erlebe man nur, wenn man eine bestimmte Zigarette rauche" (S.6). Solche Programme werden für die schulische und außerschulische Arbeit u.a. von Wohlfahrtsverbänden, vom Gesundheitsministerium und von der Bundeszentrale für gesundheitliche Aufklärung entwickelt.
- Da Lehrkräfte in die dargelegten präventiven und interventiven Aspekte eingebunden sind, ist es naheliegend, ihnen nicht nur die Führung von Gesprächen mit Schülern anzutragen, sondern sie gerade in dieser Gesprächsführung

zu unterstützen. Bereits während des Studiums sollten sie die Gelegenheit erhalten, sich die Grundregeln einer effektiven Gesprächsführung allgemein und speziell für das Thema Drogen anzueignen.

- Gespräche sollen mit den Schülern auch über die Mediennutzung geführt werden. Lehrkräfte können im Rahmen von Projekten den Schülern Gelegenheit geben, in Richtung einer Pro-Gesundheits-Werbung Gestaltungsmöglichkeiten zu finden.
- Die vorangestellten Aspekte sind Konkretisierungen, die im Zusammenhang mit einer umfassenden Rahmengebung gesehen werden können. Diese wird in dem Jugendgesundheitssurvey (WHO) erfasst, der „primär auf gesundheitsrelevante Verhaltens- und Lebensmuster von Jugendlichen im Altersspektrum von 10 bis 16 Jahren ausgerichtet (ist)" (Hurrelmann, Klocke, Melzer & Ravens-Sieberer, 2003, S.5). Für den Themenschwerpunkt „Die Lebenswelt Schule und ihre Auswirkungen auf die Gesundheit von Jugendlichen" ergeben sich für deutsche Verhältnisse bei den „psychosomatischen und mentalen Krankheitsbildern, bei dem Zusammenhang von Übergewicht – Ernährung – Sport sowie bei der Drogen- und Gewaltprävention" (Bilz, Hähne & Melzer, 2003, S.294) Ansatzpunkte. Die Autoren sehen diese in einer curricularen Präventionsarbeit, im (Fach-)Unterricht, im Einsatz gezielter Präventionsprogramme in Arbeitsgemeinschaften, in Kursen oder im Projektunterricht bzw. in Projektwochen. Wie diese allgemeinen Anregungen in eine konkrete Form übertragen werden können, darüber geben im vorliegenden vor allem die im Bereich „empfohlene Literatur" enthaltenen Angaben Aufschluss.
- „Drogenprävention" ist somit ein wesentlicher Bestandteil schulischer Bildungs- und Erziehungsarbeit. Schließt man diese mögliche Gefährdung ein, dann ergibt sich nach den Selbstangaben der Jugendlichen in Deutschland für kinder- und jugendpsychiatrisch relevante Auffälligkeiten eine Prävalenz von 16 bis 20 % (siehe die oben erwähnte Studie der WHO). Obwohl somit ca. ein Fünftel der Jugendlichen hinsichtlich der psychischen Gesundheit (dies betrifft psychische und soziale Aspekte, körperliche spielen kaum eine Rolle) beeinträchtigt ist, schätzen immerhin ca. 80 % der befragten Jugendlichen ihre psychische Gesundheit als gut ein. „Psychische Auffälligkeit stellt damit etwas von subjektiver körperlicher Gesundheit weitgehend Unabhängiges dar" (Ravens-Sieberer, Thomas, Erhart, 2003, S.91).

10. Arbeitsteil

Zusammenfassung:

Abhängigkeits- und Suchtprozesse stehen im Zentrum zahlreicher disziplinärer Erörterungen und Untersuchungen. Seit kurzer Zeit etabliert sich das Fach Suchtpsychologie, um die psychologische Vielschichtigkeit des Phänomens Sucht „gebündelt“ zu erfassen. Es geht dabei nicht um eine Abgrenzung zu den anderen Fachbereichen. Wie die Vielfalt der theoretischen Erklärungsansätze zeigt, wird erst eine integrative Verbundenheit der heterogenen Einflussfaktoren dem individuellen Geschehen – stoffgebundene bzw. stoffungebundene Süchte – gerecht. Pädagogisch-psychologische Hilfestellungen sind auf den jeweiligen Einzelfall abzustimmen. Hinweis: Eine Vielzahl an Anregungen findet sich in der empfohlenen Literatur.

Anwendungsorientiertes Wissen

(a) Lesen Sie den Fallbericht Uwe (Kapitel 10.1)! Welche Auffälligkeiten/sich entwickelnde Abhängigkeiten entnehmen Sie? Charakterisieren Sie diese!
(b) Die „einschlägigen Aussagen“ (Kapitel 10.1) führen Sie in die besonderen Anfälligkeiten des Jugendalters ein. Nennen Sie mögliche auslösende Faktoren!
(c) Mit Sorgfalt zu beachten: Auf welche Weise kann sich ein Drogenkonsum ankündigen (mögliche Anzeichen)?

Zur Wissensüberprüfung

(a) Wie würden Sie „Sucht“ definieren?
(b) Hurrelmann (2005) spricht von einer Trendwende beim Drogenkonsum von Jugendlichen. Setzen Sie sich mit dieser Auffassung auseinander!
(c) Nennen Sie diagnostische Kriterien, die für eine Abhängigkeit sprechen!

11. Literatur

Empfohlene Literatur:

Wertvolle Informationen geben z. B. die:

Materialien der Bundeszentrale für gesundheitliche Aufklärung, Köln: Die auf Anfrage kostenlos übermittelten Broschüren vermitteln Lehrkräften, Eltern, Studierenden und Jugendlichen relevante Anregungen (z.B. „Ja – ich werde Nichtraucher", „Die Freiheit des Abenteuers", „Rauchfrei", „Leo geht durch alles durch", „Ecstasy").

Materialien der Deutschen Hauptstelle gegen die Suchtgefahren e. V. (z. B. „Drogen und Sucht", „frei ab 18 J." – Was tun, wenn Dich die Glücksspielsucht gepackt hat?).

Materialien der Krisenhilfe e. V. Bochum – Fachstelle für Suchtvorbeugung (z. B. „Schnüffelstoffe – Informationen für Bezugspersonen von Kindern und Jugendlichen", „Rauschmittel an Schulen – was tun?", „Rauschmittel in Jugendfreizeiteinrichtungen – was tun?").

Landeskriminalamt Baden-Württemberg – Rauschgiftaufklärungsgruppe – (2004): Rauschgift – ohne mich. Informationen zur Rauschgiftproblematik.

Burmester, J. (Hrsg.) (1994). Schlucken und ducken: Medikamentenmissbrauch bei Frauen und Kindern. Geesthacht: Neuland.

Freitag, M. & Hurrelmann, K. (Hrsg.) (1999). Illegale Alltagsdrogen. Cannabis, Ecstasy, Speed und LSD im Jugendalter. Weinheim: Juventa Verlag.

Greenfield, D. N. (2000). Suchtfalle Internet. Hilfe für Cyberfreaks, Netheads und ihre Partner. Düsseldorf: Walter.

Hurrelmann, K. & Bründel, H. (1997). Drogengebrauch – Drogenmissbrauch. Darmstadt: Wissenschaftliche Buchgesellschaft.

Poppelreuter, S. & Gross, W. (Hrsg.) (2000). Nicht nur Drogen machen süchtig. Entstehung und Behandlung von stoffungebundenen Süchten. Weinheim: Psychologie Verlags Union.

Prunnlechner, R. & Hinterhuber, H. (Hrsg.) (1999). Wenn Spielen zur Sucht wird. Innsbruck: Verlag Integrative Psychiatrie.

Verwendete Literatur

Bäuerle, D. (1996). Sucht- und Drogenprävention in der Schule. München: Kösel.

Bilz, L., Hähne, C. & Melzer, W. (2003). Die Lebenswelt Schule und ihre Auswirkungen auf die Gesundheit von Jugendlichen. In K. Hurrelmann, W. Melzer & U. Ravens-Sieberer (Hrsg.), Jugendgesundheitssurvey. Internationale Vergleichsstudie im Auftrag der WHO (S.243-299). Weinheim: Juventa Verlag.

Dilling, H., Mombour, W. & Schmidt, M. H. (Hrsg) (2005), Internationale Klassifikation psychischer Störungen. ICD-10 (WHO). Bern: Huber

Hille, L. (1994). Jugend und Drogen. In M. Nowak, R. Schifman & R. Brinkmann (Hrsg.), Drogensucht (S. 43–54). Stuttgart: Schattauer.

Hurrelmann, K. (2005). Trendwende beim Konsum psychoaktiver Substanzen? Zum Zusammenhang von Sozialisation und Drogen im Jugendalter. www.archido.de/eldok/docs_de/hurrelmann_trendwende.htm. 28.08.2005.

Hurrelmann, K., Klocke, A., Melzer, W. & Ravens-Sieberer, U. (2003). Vorwort der Herausgeber. In K. Hurrelmann, W. Melzer, U. Ravens-Sieberer (Hrsg.), Jugendgesundheitssurvey. Internationale Vergleichsstudie im Auftrag der WHO (S.5–6). Weinheim: Juventa Verlag.

Kinzl, J. F. & Trefalt, E. (2000). Esssucht - Theorie und Empirie. In S. Poppelreuter & W. Gross (Hrsg.), Nicht nur Drogen machen süchtig. Entstehung und Behandlung von stoffungebundenen Süchten (S.43–56). Weinheim: Psychologie Verlags Union.

Klein, U. (1994). Uwe, der verwöhnte, suchtgefährdete und leistungsversagende Schüler – Eine Fallstudie. Sonderpädagogik, 24 (1), 42–47.

Kolip, P. (1999). Gesundheitliches Risikoverhalten im Jugendalter: Epidemiologische Befunde und Ansätze zur Prävention. In P. Kolip (Hrsg.), Programme gegen Sucht. Internationale Ansätze zur Suchtprävention im Jugendalter (S.7–26). München: Juventa.

Mäulen, B. & Irons, R. R. (1998). Süchtige Verhaltensweisen im Bereich der Sexualität. In J. Götz (Hrsg.), Moderne Suchtmedizin (S. B6.4–1–B 6.4–15). Stuttgart: Thieme.

Meyer, G. (2000). Spielsucht – Theorie und Empirie. In S. Poppelreuter & W. Gross (Hrsg.), Nicht nur Drogen machen süchtig. Entstehung und Behandlung von stoffungebundenen Süchten (S.1–16). Weinheim: Psychologie Verlags Union.

Meyer, G. & Bachmann, M. (1993). Glücksspiel. Berlin: Springer.

Moran, E. (1979). An assessment of the report of the Royal Commission on Gambling 1976–1978. British Journal of Addiction, 74, 3–9.

Nordlohne, E. (1993). Drogengebrauch und Prävention: Von Problemen, die Kinder und Jugendliche im Umgang mit Drogen haben. In G. Graeßner, C. Mauntel & E. Püttbach (Hrsg.), Gefährdungen von Kindern. Problemfelder und präventive Ansätze im Kinderschutz (S.33–43). Opladen: Leske + Budrich.

Plant, M. & Plant, M. (1992). Risk-takers: Alcohol, drugs, sex, and jouth. London: Routledge.

Poppelreuter, S. & Gross, W. (Hrsg.) (2000). Nicht nur Drogen machen süchtig. Entstehung und Behandlung von stoffungebundenen Süchten. Weinheim: Psychologie Verlags Union.

Raab, G. (2000). Kaufsucht: Kompensatorisches und suchthaftes Kaufverhalten – Theorie und Empirie. In S. Poppelreuter & W. Gross (Hrsg.), Nicht nur Drogen machen süchtig. Entstehung und Behandlung von stoffungebundenen Süchten (S.147–164). Weinheim: Psychologie Verlags Union.

Rausch, A. (2004). Zum Kaufverhalten von Jugendlichen. Seminarpapier. Pädagogische Hochschule Ludwigsburg.

Ravens-Sieberer U. (2003). Jugendliche und ihr Suchtmittelkonsum. www.landesstelle-berlin.de/e269/e3665/e3680/index_ger.html - 28.08.2005.

Ravens-Sieberer, U., Thomas, C. & Erhart, M. (2003). Körperliche, psychische und soziale Gesundheit von Jugendlichen. In K. Hurrelmann, W. Melzer & U. Ravens-Sieberer (Hrsg.), Jugendgesundheitssurvey. Internationale Vergleichsstudie der WHO (S.19–98). Weinheim: Juventa Verlag.

Remscheidt, H. (1980). Adoleszentenkrisen und ihre Behandlung. In F. Specht, K. Gerlicher & K. Schütt (Hrsg.), Beratungsarbeit mit Jugendlichen (S.44–62). Göttingen: Verlag für Medizinische Psychologie.

Rogge, J.-U. (2000). Medien und Süchte – eine exemplarische Bestandsaufnahme. In S. Poppelreuter & W. Gross (Hrsg.), Nicht nur Drogen machen süchtig. Entstehung und Behandlung von stoffungebundenen Süchten (S.233–256). Weinheim: Psychologie Verlags Union.

Schmidbauer, W. & Scheidt, J. vom (1997). Handbuch der Rauschdrogen. München: nymphenburger.

Schochow, R. (1999). Wenn Arbeit zur Sucht wird. Frankfurt: Fischer Taschenbuch.

Shaw, R. (2001). Essstörungen. In F. Tretter & A. Müller (Hrsg.), Psychologische Therapie der Sucht (S.487–502). Göttingen: Hogrefe.

Stahr, I. (1999). Essstörungen in der Adoleszenz: Neuere epidemiologische Daten und theoretische Entwicklungen. In P. Kolip (Hrsg.), Programme gegen Sucht. Internationale Ansätze zur Suchtprävention im Jugendalter (S.89–108). München: Juventa.

Statistisches Bundesamt, Wiesbaden (2000). Im Blickpunkt: Jugend in Deutschland. Stuttgart: Metzler-Poeschel.

Tretter, F. & Müller, A. (2001 a). Grundaspekte der Sucht. In F. Tretter & A. Müller (Hrsg.), Psychologische Therapie der Sucht (S.17–32). Göttingen: Hogrefe.
Tretter, F. & Müller A. (2001 b). Ursachenmodelle der Suchtforschung. In F. Tretter & A. Müller (Hrsg.), Psychologische Therapie der Sucht (S.33–72). Göttingen: Hogrefe.
Tretter, F. & Müller, A. (2001 c). Vorwort. In F. Tretter & A. Müller (Hrsg.), Psychologische Therapie der Sucht (S. 9–13). Göttingen: Hogrefe.
Wanke, K. (1985). Normal – abhängig – süchtig: Zur Klärung des Suchtbegriffs. In Deutsche Hauptstelle gegen die Suchtgefahren (Hrsg.), Süchtiges Verhalten – Grenzen und Grauzonen im Alltag (S.11–22). Hamm: Hoheneck.
Young, K. S. (1998). Caught in The net. New York: Wiley.

11 Beratungsschwerpunkte: Lehrkräfte und Eltern

1. Zur Skizzierung einer vielfach thematisierten Zeiterscheinung

„Will man den Publikationen einiger Massenmedien glauben, stellt sich der ‚Kindertyp von heute' so dar: sorgenvoll, blaß, bedrückt und ängstlich ... . Die Kinder seien ‚nervös und aggressiv, verzweifelt bis zum Selbstmord'. Die ‚Klassenzimmer ähneln einem Krankensaal: Grimassieren, Nägelkauen, motorische Unruhe, hirnorganische Schädigungen, Konzentrationsschwäche, Seh-, Hör- oder Sprechfehler'. Sie leiden unter ‚Schulerbrechen, Schulbauchweh ... . Lauter Nervenbündel und Zappelphilipps'". (Nissen)

Ein weiteres Beispiel:
„Wenn Diskussionen über die unübersehbar wachsende Zahl kindlicher Störungen geführt werden, dann werden sie meist als Diskussionen über die Ursachen geführt. Massenmedien, und darin auch die Beiträge von Angehörigen wissenschaftlicher Berufe, pflegen diese in Zeiterscheinungen oder angeblichen Zeiterscheinungen zu suchen. Es ist ein ganzer Bogen zeitgenössischer Übel, der da argumentativ aufgespannt wird ... .(Bühler-Niederberger)

Das Vorgehen, diese Aussagen an den Beginn eines Kapitels zu positionieren, das einen realistischen Ausblick auf mögliche Formen der Zusammenarbeit zwischen Schule und Elternhaus geben soll, ist zu offensichtlich, um es ernsthaft zu diskutieren. Deshalb in medias res: Der von Nissen vor über 20 Jahren formulierte Eindruck (1984, S.97) findet sich in ähnlicher Form als Resümee über vergangene, gegenwärtige und – so darf mit Recht prognostiziert werden – auch zukünftige Zeiten (vgl. z.B. Bühler-Niederberger, 1991, S.1). Sieht man von solchen populären, mit einer gewissen Regelmäßigkeit immer wieder vorgenommenen

Einschätzungen einmal ab, dann stehen im Mittelpunkt des Interesses jene Aspekte, die wissenschaftlich diskutiert werden. Zu diesen zählen:

- Jede Zeit stellt Heranwachsende vor Herausforderungen, denen mit speziellen Bewältigungsformen begegnet werden muss (z.B. zunehmende Technisierung der Umwelt, Veränderung der gesellschaftlichen und familiären Strukturen). Beispiele: Gesellschaftliche und ökologische Veränderungen können zu ganz speziellen Befürchtungen, Angstzuständen führen; eine Änderung der Gewohnheiten in der Mediennutzung erzeugt unterschiedliche Abhängigkeiten wie Internetsucht etc. Diese Formen sind als „Zeiterscheinung“ an die auslösenden Bedingungen gekoppelt. Auf diese Weise modifiziert bzw. erweitert sich das Spektrum problembelasteter Verhaltensweisen.
- Bestimmte Problembelastungen verschärfen sich sowohl in qualitativer als auch in quantitativer Hinsicht (z. B. Zunahme der Essstörungen; aggressives Verhalten wird in zunehmend „härterer Form“ gezeigt).
- Auffälliges Verhalten wird heute nicht mehr pauschal beschrieben und etikettiert. Differenzierte Diagnoseschemata erleichtern eine intersubjektive Verständigung. Alle Kinder und Jugendlichen sollen optimal gefördert werden. Dazu gehört, auffälligem Verhalten in angemessener Weise zu begegnen. Das hierfür erforderliche wissenschaftliche Grundwissen muss vor allem im familiären und schulischen Bereich genutzt werden.
- Die interdisziplinäre wissenschaftliche Auseinandersetzung mit auffälligem Verhalten stellt eine Vielzahl an differenzierten Erkenntnissen zur Verfügung. Diese sind u.a. auch im Hinblick auf einen praxisrelevanten Einsatz zu reflektieren. In diesem Zusammenhang gilt es zu erkennen, dass trotz aller wissenschaftlichen Fortschritte keine „Gebrauchsanweisung“ für die Beseitigung auffälligen Verhaltens erwartet werden kann. Es werden Anregungen vermittelt, die dem jeweiligen Einzelfall angepasst werden müssen.
- Da auch wissenschaftliche Positionen einem Entwicklungsprozess unterworfen sind und sich von Zeit zu Zeit einzelne Forschungstrends abzeichnen, die ein bestimmtes präventives und interventives Vorgehen nahe legen, müssen gerade der schulische und der familiäre Bereich fundiert über grundsätzliche und aktuelle Erkenntnisse informiert sein. Hierzu ist eine enge Zusammenarbeit von Schule und Elternhaus erforderlich. Diese ist kein bloßes „Lippenbekenntnis“ mehr, wenn sie sich im Einzelfall bewähren muss; das heißt konkret, wenn in der Familie und/oder in der Schule bei Kindern und Jugendlichen auffällige Verhaltensweisen festgestellt werden.

Wie könnte/müsste eine Zusammenarbeit zwischen Schule und Elternhaus gestaltet werden? In bezug auf die in diesem Buch vorgestellten Auffälligkeiten wurden (direkt/indirekt) spezifische Möglichkeiten angesprochen. Diese werden nunmehr in komprimierter Form am Beispiel der Beratungsinhalte, also der Gespräche, die zwischen Erziehungsberechtigten und Lehrkräften geführt werden sollten, ansatzweise erfasst. Diese Übersicht lässt ein Vorgehen transparent werden, das in Abhängigkeit von der hier nur pauschal skizzierten Ausgangslage notwendigerweise auf den Einzelfall abzustimmen ist.

Exkurs:

Für Lehrkräfte sollten u.a. folgende Grundsätze in Erinnerung gerufen werden:

1. Lehrkräfte sind keine Fach-Diagnostiker und Therapeuten für auffälliges Verhalten.
2. Sie müssen ihre Möglichkeiten präventiven und interventives Handelns kennen, aber auch ihre Grenzen akzeptieren.
3. Ein Grundlagenwissen über auffälliges Verhalten erleichtert die Einschätzung von bestimmten Situationen. Das eigene Handeln besitzt häufig eine unterstützende/begleitende Funktion. Dazu gehört auch die Sensibilität und das Wissen, um zu erkennen, wann professionelle Hilfe eingeschaltet werden muss (Beratungslehrer, Schulpsychologen, Beratungsstellen).

Für Eltern sollten u.a. folgende Grundsätze in Erinnerung gerufen werden:

1. Auffälliges Verhalten ist häufig bereits im Kleinkindalter erkennbar. Lehrkräfte sind auf Informationen aus dem Elternhaus angewiesen. Tabuisierungen („über bestimmte Themen spricht man nicht“) sind fehl am Platz, wenn das schulische Verhalten mit betroffen sein kann (z.B. Anfallsgeschehen).
2. Der Leidensdruck kann Kindern und Jugendlichen nur genommen werden, wenn Elternhaus und Schule zusammenarbeiten.
3. Eingeleitete therapeutische Maßnahmen und Fördermöglichkeiten sind der Schule mitzuteilen, um die Erziehungsinitiativen in angemessener Weise zu koordinieren und eine Kontinuität im Vorgehen zu erzielen.

2. Überblick über Erwartungen und Beratungsinhalte

(1) Essstörungen

Ausgangslage: gestörtes Essverhalten wird von Eltern nicht wahrgenommen, verdrängt (eventuell Modellverhalten), besonders rigide kontrolliert (Vorbild: Schlanksein), Aussehen wird mit Bemerkungen kommentiert

Erwartungen der Eltern an die Schule: Bestätigung des Ernährungsverhaltens, Normalität, keine „Einmischung" von außen; bei Einsicht in gestörtes Essverhalten: Bitte um Unterstützung, Hilfe, Aufklärung; Unterbinden von Hänseleien in der Schule (Adipositas); Betonen der Stärken des Kindes, des Jugendlichen, Unterstützung des Selbstbewusstseins

Erwartungen der Schule an die Eltern: offenes Gespräch über die Ernährungseinstellung und –gewohnheiten, über die Wertigkeit des äußeres Aussehens, Aufklärung über Auffälligkeiten innerhalb der Familie

Hilfestellungen der Lehrkräfte/mögliche Beratungsinhalte: Information, Aufklärung über Essstörungen, Hinweise auf professionelle Dienste, Angebot, unterstützend zu wirken (z.B. bei Inanspruchnahme therapeutischer Angebote), bei erkennbarem Leidensdruck Gesprächsbereitschaft anbieten, auf keine Diskussion über die „Schuldfrage" einlassen, Hinweise auf Selbsthilfegruppen (bei Jugendlichen)

(2) Hyperkinetische Störungen

Ausgangslage: Eltern kennen die Symptomatik aus der Entwicklungsgeschichte ihres Kindes, fürchten häufig den Schuleintritt, haben oft schon therapeutische Hilfe gesucht, die familiäre Situation ist belastet

Erwartungen der Eltern an die Schule: Unterstützung bereits eingeleiteter therapeutischer Maßnahmen und ihrer Erziehungsbemühungen, Integration des Kindes in die Klassengemeinschaft, Erfolgserlebnisse für das Kind; eventuell erhofft man sich eine Wende („in der Schule renkt sich das ein", „es ist Aufgabe der Schule, ihn/sie zur Konzentration zu bringen")

Erwartungen der Schule an die Eltern: Aufklärung über die bisherige Entwicklung und die Wirksamkeit der eingesetzten Möglichkeiten, Einblick in eingeleitete therapeutische Maßnahmen, die aus schulischer Sicht übermittelten sachkundigen Hinweise zum Aufbau des Sozial- und Lernverhaltens übernehmen

Hilfestellungen der Lehrkräfte/mögliche Beratungsinhalte: Absprechen einer durchgängig konsequenten Erziehungshaltung mit Eingehen auf die Stärken und Schwächen, Hinweise auf Beratungsstellen, Unterstützung bei therapeutischen Maßnahmen (z.B. medikamentöse Wirkungen beobachten und mitteilen, Körperkontakt zur Beruhigung herstellen)

(3) Störungen des Sozialverhaltens

Ausgangslage: familiäre Situation ist belastet
Erwartungen der Eltern an die Schule: Eltern äußern häufig Ratlosigkeit, fühlen sich durch aggressives Verhalten überfordert, wollen der Schule die Erziehung „übereignen", diese soll reglementierend eingreifen, resignieren, gegenseitige Schuldzuweisungen
Erwartungen der Schule an die Eltern: familiärer Bereich soll ein Sozialverhalten vermitteln, das auf gesellschaftlich akzeptierten Wertvorstellungen beruht, Kinder und Jugendliche sollen gemeinschaftswillig und –fähig sein, Übermittlung von Formen eines geregelten Zusammenlebens, auf denen die Schule aufbauen kann
Hilfestellungen der Lehrkräfte/mögliche Beratungsinhalte: Offenlegung unterschiedlicher Erziehungsvorstellungen („er soll sich durchsetzen lernen" gegenüber „Konflikte werden ohne Gewalt gelöst"), einen Konsens herstellen über einheitliche Verhaltensregeln, diese gemeinsam erarbeiten und kontrollieren, Einschaltung von Beratungslehrern, Schulpsychologen, Beratungsstellen, Aufklärung über schulische Aktivitäten: Projekte gegen Gewalt, Streitschlichterprogramme etc., das Interesse der Eltern für diese Aktivitäten wecken, um Kinder zu motivieren

(4) Zwangsstörungen

Ausgangslage: fallen im familiären Bereich früher auf, Eltern lassen sich häufig in Rituale einbinden, „merkwürdiges" Verhalten wird oft tabuisiert oder als Marotte abgetan
Erwartungen der Eltern an die Schule: selten Hinweise an die Schule, selbst eingeleitete therapeutische Maßnahmen verlassen nicht „den familiären Kreis"
Erwartungen der Schule an die Eltern: Lehrkräfte sollten informiert werden, um das Verhalten der Kinder richtig einschätzen zu können, um angemessen darauf zu reagieren (Umgang mit Erregungszuständen bei Unterbrechen von Arbeiten etc.)
Hilfestellungen der Lehrkräfte/mögliche Beratungsinhalte: Initiative zum Ansprechen der „Merkwürdigkeiten" im Verhalten geht häufig von Lehrkräften aus, Information, Aufklärung, Hinweise auf Beratungsstellen, ein Auflösen der „Geheimhaltung" verhindert ein Einbinden in Rituale

(5) Lese- und Rechtschreibstörung

Ausgangslage: Schwierigkeiten im Leistungsbereich beeinträchtigen das Selbstbewusstsein und führen zu familiären Spannungen; unterschiedliche Einschätzungen sind die Folge: „er/sie soll sich anstrengen", „will uns ärgern", „kann es ja zu Hause", „hat es von uns geerbt" etc., Eltern sind entweder ratlos **oder** aufgeklärt über die Diagnose L-R-S (mitunter mit festgefügten Standpunkten)

Erwartungen der Eltern an die Schule: nicht informierte Eltern: begeben sich auf Schuldsuche, wollen Hinweise, was sie unternehmen können, erbitten zusätzliche Hilfe, Förderung; informierte Eltern: übermitteln Schule die von professioneller Seite gestellte Diagnose und fordern Nachteilsausgleich entsprechend der jeweiligen bundeslandspezifischen Regelung
Erwartungen der Schule an die Eltern: Aufklärung über die außerschulischen Aktivitäten zur Förderung
Hilfestellungen der Lehrkräfte/mögliche Beratungsinhalte: Grundlage sind die bundeslandspezifischen Regelungen, spezifische Hilfsmöglichkeiten gemeinsam erörtern und abstimmen, Empfehlungen für den individuellen Förderungsbedarf, Eltern sollten nicht die Rolle des Förderlehrers übernehmen (Aufschaukeln der Situation), keine Überforderung, Kinder vielmehr ermutigen, Fortschritte sofort anerkennen, zu Hause spielerische Elemente einbinden

(6) Stottern

Ausgangslage: Familienverband reagiert in unterschiedlicher Weise auf das stotternde Kind: Bemühungen um eine „richtige" Sprechweise, Korrekturversuche, vielfältige Gefühle: Enttäuschung, Trauer, Scham, Resignation, Akzeptanz
Erwartungen der Eltern an die Schule: unterschiedlich: von Forderung nach Schonung bis zur besonderen Förderung, besonderes Augenmerk auf die soziale Integration in die Klasse, Unterbinden von Hänseleien etc.
Erwartungen der Schule an die Eltern: Information über eingeleitete therapeutische Interventionen, spezielle Hinweise für die Schule, offenes Gespräch über die Einstellung des Elternhauses zum Stottern
Hilfestellungen der Lehrkräfte/mögliche Beratungsinhalte: Austausch über Empfehlungen zum Umgang, Abstimmen im Vorgehen, Möglichkeiten der Schule, den Schülern zu helfen (Lern- und Sozialverhalten), Mitschüler für diese Erschwernis sensibilisieren, Jugendliche auf Selbsthilfegruppen aufmerksam machen, sie ermuntern, aktiv mit der Redestörung umzugehen

(7) Emotionale Störungen ... Angst

Ausgangslage: in Abhängigkeit von der jeweiligen Angstform, Verständnis bis Bagatellisieren, Erklärung: Disposition, Modellpersonen, bestimmte Ereignisse
Erwartungen der Eltern an die Schule: Hilfe, Verständnis, Rücksichtnahme
Erwartungen der Schule an die Eltern: Aufschluss, wie das Kind/der Jugendliche sich zu Hause verhält (Auslöser, Verstärker von Angst), Umgang mit dem Betroffenen in der Familie
Hilfestellungen der Lehrkräfte/mögliche Beratungsinhalte: genaue Abklärung der angstauslösenden Situation, mögliche Bewältigungsstrategien, Basis: gemein-

samer Kontakt und Absprachen, alle Möglichkeiten zur Selbstwertstärkung nutzen, besondere Angstformen bedürfen der professionellen Behandlung/begleitende Unterstützung

(8) Epilepsien

Ausgangslage: Familie tabuisiert Erkrankung häufig, begegnet in der Öffentlichkeit Unaufgeklärtheit und Vorurteilen, familiärer Prozess durchläuft selbst verschiedene Stadien: Nicht-wahr-haben-Wollen, Erschrecken, Schuldsuche, Auseinandersetzen, Überbehütung, Akzeptanz (Bemühen um normale Lebensführung)
Erwartungen der Eltern an die Schule: bei Anfallsfreiheit im schulischen Bereich keine Notwendigkeit zur Offenlegung,
normale Einbindung in die Klassengemeinschaft, bei Anfällen Aufklärung der Klasse, Unterbinden jeglicher Etikettierung, evtl. Rücksichtnahme
Erwartungen der Schule an die Eltern: unbedingte Aufklärung, wenn Anfälle im schulischen Bereich zu erwarten sind, Absprechen der dann einzuleitenden Maßnahmen
Hilfestellungen der Lehrkräfte/mögliche Beratungsinhalte: aufklärendes Gespräch über medizinische Maßnahmen und psychische Belastungen (Medikamenteneinnahme), Absicherung der sportlichen Aktivitäten, Erörterung aller Möglichkeiten, die psychische Situation der Betroffenen zu erleichtern („Maßnahmenkatalog")

(9) Suizidalität

Ausgangslage: Umgang mit Suizidversuchen: Betroffenheit, Unverständnis, Schuldsuche, Überdenken von Anzeichen, Vorbeugen einer Wiederholungsgefahr, vollzogene Suizide: extreme Gefühlslage, Ausnahmezustand für die Betroffenen durch den plötzlichen, absichtlich herbeigeführten Tod
Erwartungen der Eltern an die Schule: evtl. gemeinsame Ursachensuche (Erwartungsdruck, Appellfunktion, Übersehen von Anzeichen), Unterstützung bei der Verarbeitung, Gesprächsbereitschaft, um Trauerprozess zu begleiten
Erwartungen der Schule an die Eltern: Einblick in maßgebliche Faktoren außerhalb des schulischen Bereiches, die besonderes Augenmerk erfordern (Vereinsamung, Rückzug, Depressivität von Bezugspersonen)
Hilfestellungen der Lehrkräfte/mögliche Beratungsinhalte: Sensibilisierung für mögliche Anzeichen einer Suizidalität, gemeinsame Erörterung von Bewältigungsstrategien bei bestimmten Problemlagen, offene Gespräche führen (Vertrauensbasis nutzen, um z.B. Rückzugstendenzen anzusprechen), Beratungsstellen hinzuziehen

(10) Suchtverhalten

Ausgangslage: in Abhängigkeit von der Familiensituation Gleichgültigkeit, Nicht-wahr-haben-Wollen, Bagatellisieren oder Erschrecken, „Zusammenbruch einer heilen Welt", Ratlosigkeit, Suche nach Hilfe
Erwartungen der Eltern an die Schule: Aufklärung, häufige Einstellung: Schule soll alle Möglichkeiten der Einflussnahme nutzen
Erwartungen der Schule an die Eltern: genaue Information, keine Beschönigung und kein Verschweigen, Bereitschaft zur gemeinsamen Lösungssuche
Hilfestellungen der Lehrkräfte/mögliche Beratungsinhalte: sachkundige Aufklärung , Vermittler zwischen kompetenten Ansprechpartnern und Erziehungsberechtigten, eindringliche Hinweise, dass professionelle Hilfe unbedingt eingeholt werden sollte, das Umfeld der/des Abhängigen im Auge behalten, Gesprächsangebote unterbreiten, Wege aus der Sucht erörtern (Geldzuwendungen für den Kauf von Suchtstoffen sind keine Hilfe, Jugendlicher kann nicht aus der Eigenverantwortung entlassen werden, Erfahrungsaustausch mit anderen betroffenen Eltern)

3. Zusammenfassung

Es wird deutlich, dass die in diesem Buch erfassten Problemlagen eine besondere Zusammenarbeit von Schule und Elternhaus erfordern. Jede Lehrerin, jeder Lehrer wird in der alltäglichen Unterrichts- und Bildungsarbeit mit Schülerinnen/Schülern und ihren speziellen Problemlagen konfrontiert (über das Vorkommen geben die entsprechenden Ausführungen zu den einzelnen Kapiteln Auskunft). Kein Lehrer wird und kann sich der Verantwortung entziehen, wenn er auffälliges Schülerverhalten bemerkt. Allerdings müssen jeder Lehrkraft die realistischen Möglichkeiten und ebenso die Grenzen ihrer präventiven bzw. interventiven Arbeit wohl bewusst sein.
Möglichkeiten und Grenzen der pädagogisch-psychologischen Arbeit bestimmen auch die Zusammenarbeit mit den Eltern. Die vorgelegte Übersicht über die Themen dieses Buches deutet einige der Aspekte an, die der praktischen Arbeit zu entnehmen sind. Nach einer Schilderung der familiären Ausgangslage (hier erfolgt – wie bei den anderen angesprochenen Schwerpunkten – jeweils eine Konzentration auf einige Anhaltspunkte) werden die wechselseitigen Erwartungen des Elternhauses und der Schule angedeutet. Dieser Schritt der Erwartungsabklärung ist im Hinblick auf die von den Lehrkräften einzubringenden Unterstützungsmöglichkeiten, die auch Inhalt von zu führenden Beratungsgesprächen

sind, unabdingbar. Erst wenn jedem Gesprächspartner bewusst ist, was er selbst zu einer Problemlösung beitragen kann und was er realistischerweise vom anderen erwarten kann, ist eine sinnvolle Zusammenarbeit zwischen Schule und Elternhaus möglich.

Literatur

Buehler-Niederberger, D. (1991). Legasthenie. Geschichte und Folgen einer Pathologisierung. Opladen: Leske + Budrich.

Nissen, G. (1984). Emotionale und kognitive Störungen bei Schulkindern. In G. Nissen (Hrsg.), Psychiatrie des Schulalters (S.97–100). Bern: Huber.

12 Lösungsschlüssel

Kapitel 1: Essstörungen

Anwendungsorientiertes Wissen

(a) Zelebrieren der Mahlzeiten, Stimmungsveränderung, soziale Isolierung, „zwiebelförmige" Kleidung, motorische Überaktivität + Einsatz von Kontrolltechniken, kognitive Störungen, Veränderungen im Persönlichkeitsbild, affektive Störungen, medizinische Folgen

(b) Entstehung im familiären Bereich, gesellschaftliche Norm: Schlanksein

(c) z.B. eigene Einstellung und mögliches Modellverhalten überprüfen, eventuell in Absprache mit dem Schüler die Klasse aufklären, äußeres Erscheinungsbild nicht thematisieren, Stärken hervorheben, Gesprächsangebot unterbreiten

Zur Wissensüberprüfung

(a) Angst, Depression, Sucht, Familie, psychodynamischer Beitrag

(b) Nahrungseinnahme bzw. –verweigerung als Problembewältigungsstrategien einsetzen, plötzliche Ernährungsumstellung, Nahrungsmittel „horten", Denken auf Aussehen und Körpergewicht richten, eigenes Aussehen ständig kritisieren, Hungergefühle übergehen, Müdigkeit, übertriebene körperliche Betätigungen, somatische Beschwerden, verändern von sozialen Kontakten, Stimmungsschwankungen

(c) soziale Konsequenzen (Etikettierungen, Ausgrenzung), Teufelskreis aus niedrigem Selbstwertgefühl, Ängstlichkeit, sozialen Hemmungen und Isolation, medizinische Konsequenzen

Kapitel 2: Hyperkinetische Störungen

Anwendungsorientiertes Wissen

(a)

Verhaltensreaktionen	
konsequent (Regeleinhaltung)	inkonsequent (Ausnahmen zulassen, aushandeln)
Hinweis auf Signalreize (mit vorheriger Vereinbarung)	Ermahnungen, Schimpfen
beruhigende Art (z.B. Körperkontakt)	Einlassen auf Streitereien
Ansprechen der positiven Seiten, Anerkennung	negative Etikettierung der gesamten Person

(b) genaue Beschreibung des auffälligen Verhaltens (Intensität, Häufigkeit, Situationen), gegenseitige Information über die getroffenen Vereinbarungen, regelmäßiger Austausch über die Effektivität der angewandten pädagogisch-psychologischen, medizinischen, gegebenenfalls diätetischen Maßnahmen

(c) Beziehungen
Lehrer – Schüler
betroffener Schüler – Mitschüler
Lehrer – betroffenes Kind – Mitschüler

Zur Wissensüberprüfung

(a) Aufmerksamkeits-, Aktivitäts-, Antriebsstörung, motorische Störungen, organisch-funktionelle Beeinträchtigungen, Sprachstörungen, emotionale Störungen, Störungen in den sozialen Beziehungen, Lern- und Leistungsstörungen
(b) beeinträchtigte Aufmerksamkeit, Überaktivität, situationsunabhängig, zeitstabil, vor dem 6. Lebensjahr einsetzend
(c) medikamentöse Therapie (Vor- und Nachteile, Verabreichung), Psychotherapie (Formen, Ansatzpunkte), Diätpläne (Möglichkeiten, Einschätzung), gesellschafts- und umfeldbezogene Aktivitäten (Realisierungsmöglichkeiten)

Kapitel 3: Störungen des Sozialverhaltens

Anwendungsorientiertes Wissen

(a) gesellschaftliche Ebene: W. lebt nach dem Spaß-Prinzip, sieht keine Zukunftsperspektive
familiäre Ebene: tyrannisiert Familie, Eltern geben die Erziehungsarbeit an Schule ab, inkonsequenter Erziehungsstil: Mutter hat mittlerweile resigniert (vorher also aufbegehrt), Vater ist „nicht anwesend"
schulische Ebene: Schulorganisation: „Schülerkarrieren" werden innerhalb der Schule tradiert (Etikettierung: Problemfall)
Lehrkräfte: sie arrangieren sich mit der Situation: übernehmen einen Problemfall; Frau F. beginnt, bei aggressivem Verhalten wegzusehen, verspürt Hilflosigkeit, Angst, Handlungsunsicherheit, Klassengemeinschaft: Cliquenbildung in der Klasse, bei Mitschülern z. T. Anerkennung (Clique), sonst Ablehnung (z. T. Opfer)
persönliche Ebene: mangelndes/unsicheres Selbstwertgefühl, Kompensationshandlungen (Anerkennung durch auffälliges Verhalten, nicht durch Leistungen); dysfunktionale Kognitionen: „Ich bin stark (kein Weichei), wenn ich mir nichts gefallen lasse!"; Probleme, Konflikte werden aggressiv gelöst; Ärger wird sofort aggressiv abreagiert
(b) Konfliktlösung nach Sieg oder Niederlage, Frustration, Modellverhalten (aggressives Verhalten wie z. B. Streit, Schreien) wird gezeigt, in Abhängigkeit von dem Ausgang gerät die Lehrerin in Zweifel, Unsicherheit, möglicherweise Angst vor ähnlichen zukünftigen Situationen, die die psychische und physische Befindlichkeit belasten, Wirkung auf Mitschüler: Entsetzen, Zweifel an der Handlungskompetenz und Leitungsfunktion der Lehrkraft; aggressives Verhalten kann von Mitschülern als Vorbildverhalten aufgefasst oder als Außenseiterrolle missbilligt werden
(c) zurückweisen der Verantwortungsabgabe; unterstreichen, dass alle am Erziehungsprozess Beteiligten einen Beitrag zu leisten haben; die jeweiligen Erwartungen klar ansprechen; den Eltern Beratungsmöglichkeiten aufzeigen; sie ermutigen, sich entsprechende Hilfe zu suchen

Zur Wissensüberprüfung

(a) Täter werden immer jünger, Jungen haben gegenüber Mädchen größeren Anteil am Anstieg der Jugendgewalt (85 % Jungen, 15 % Mädchen), in allen Schularten haben in den letzten 5 Jahren die Gewalthandlungen zugenommen, jeder 10. Schüler ist gewaltbereit, 5-7 % gehören zum harten Täterkern, mehr als 10 % sind Opfer von Gewalt
(b) z. B. Intention, Schaden, Unangemessenheit der Mittel, Normabweichung (nach Knopf, 1996); z. B. nach Nolting (1999): ein eng gefasster Begriff, feststellende, nicht wertende Beschreibung, verhaltensbezogene Charakterisierung
(c) Vor- und Grundschulalter: Jungen bevorzugen körperliche Aggression, Mädchen indirekte und verbale; Jugend- und frühes Erwachsenenalter: aggressiv-antisoziale Verhaltensweisen, kollektive

Gewalt; Tendenz: aggressives Verhalten geht mit zunehmendem Alter zurück, dissoziales Verhalten nimmt zu (geht erst ab ca. dem 21. Lebensjahr zurück)

(d) 1. personbezogene bzw. -einbindende Bezugnahme; 2. disziplinäre Ausrichtung; 3. psychologische Betrachtungsweise

Kapitel 4: Zwangsstörungen

Anwendungsorientiertes Wissen

(a) übergenaue Anordnung, Ermahnungen und dergleichen helfen nichts, „fühlt sich wie ertappt" (schließt Verheimlichung der Symptome ein), Unterbrechung des Rituals löst Angst aus, Familienmitglieder sind ebenfalls übergenau, Familie wird in das Ritual eingebunden

(b) genetische Komponente – Papa, alle Familienmitglieder – Lernen am Modell/Lernen durch Verstärkung

(c) Aufklärung der Lehrkräfte, Fortbildungsveranstaltungen, Beobachtungsmöglichkeiten, Auf- und Ausbau von Ritualen, Unruhe, Erregung beim Unterbrechen von Ritualen, Zusammenarbeit mit Eltern

Zur Wissensüberprüfung

1-3 % Prozent, um das 10. Lebensjahr, Kleinkindalter/Vorschulalter: Einschlafzeremonielle, Kontrolle Märchendetails, Ablehnung und/oder Festlegung auf bestimmte Speisen; ältere Schulkinder und Jugendliche: Türen, Wasserhähne, Briefe, genitale Handlungen, tyrannisches Verhalten, Anwesenheit der Eltern fordern, Waschen, Duschen, Toilette;

Symptomintervention: die Konfrontation und die Verhinderung von Vermeidungsreaktionen (Reaktionsverhinderung)

(a) Konfrontationstechniken, (b) Unterdrücken oder Beenden von Gedanken, (c) Bezug auf einzelne kognitive Therapieelemente (Bewertung)

Kapitel 5: Lese- und Rechtschreibstörung

Anwendungsorientiertes Wissen

(a) Die schulische Entwicklung von Thomas berücksichtigte nicht die sich anbahnenden Leistungsdefizite, eine frühzeitige Förderung unterblieb. Wechsel an das Gymnasium wurde nicht vorbereitet (auch im Hinblick auf die Sekundärproblematik: soziale Isolation, enttäuschte Erwartungen, resignativer Umgang mit Misserfolgen)

(b) „pädagogisches Verhalten", bundeslandspezifische Regelung zur Förderung von Kindern mit Lese- und Rechtschreibschwierigkeiten in bezug auf Diagnose und Förderung beachten, Kooperation mit Beratungslehrer und Schulpsychologen

(c) 1930: Thomas ist Legastheniker, verminderte geistige Fähigkeiten werden angenommen, nicht vereinbar mit normalem Schulbesuch

1960: Defizit liegt lediglich in Lese- und Rechtschreibleistungen vor, nicht in reduzierten kognitiven Fähigkeiten, Förderung

1970: Thomas ist Legastheniker – eine intensive Ursachenforschung erfolgt (z.B. familiäre Situation, zu hohe Erwartungen)

1980: Thomas gerät in die Diskussion, ob es Legasthenie überhaupt gibt

2000: Diagnose und Förderung entsprechend der bundeslandspezifischen Regelung, verstärkte Betrachtung des individuellen normalen Lese- und Schreiblernprozesses

Zur Wissensüberprüfung

(a) rund 4 % Legastheniker, ca. 7-10 % aller Kinder im Einschulungsalter haben Schwierigkeiten beim Erlernen des Lesens

(b) Fazit: keine organische, psychische, soziale Bedingung, die in jedem Falle zu einer Lese-Rechtschreibschwierigkeit führt, keine isolierte Bedingung, mehr Jungen als Mädchen, in allen Kulturen vorhanden

(c) Förderinhalte und Formen: Förderung basaler Wahrnehmungsfunktionen, Entwicklung der phonologischen Bewusstheit, Förderprogramme: Kieler Lese- und Rechtschreibaufbau, Therapieprogramm nach Kossow, Marburger Rechtschreibtraining, Würzburger Trainingsprogramm zur phonologischen Bewusstheit etc., Computerprogramme, psychotherapeutische Maßnahmen, Entspannungstechniken

Kapitel 6: Stottern

Anwendungsorientiertes Wissen

(a) Absprachen treffen, akzeptieren als Person, verstärkt einbeziehen, wenn das Sprechen in bestimmten Situationen leichter fällt etc.

(b) im sprachlichen, sozial-kommunikativen, senso-motorischen, emotionalen, kognitiven Bereich; z. B. Atmungsübungen, Reduzierung der Erwartungsangst, Selbstsicherheitstraining

(c) Gesprächsbeiträge nicht unter Zeitdruck stellen, Blickkontakt halten, keine Verbesserung der Redepassagen

Zur Wissensüberprüfung

(a) tonisch, klonisch

(b) Konsistenzeffekt, Adaptationseffekt

(c) 2-4 %

Kapitel 7: Emotionale Störungen ... Angst

Anwendungsorientiertes Wissen

(a) soziale Angst – Dunkelangst – Leistungsangst/Versagensangst/Angst vor Strafe – Realangst – Prüfungsangst/Sozialangst (Angst vor Blamage) – Pubertätsängste (Lösung vom Elternhaus, Trennungsängste, Angst vor Liebesentzug)

(b) Trennungsangst, psychoanalytische Betrachtungsweise, überbehütendes Elternhaus, Kind erhielt keine Gelegenheit, ein starkes Ich zu entwickeln, Mutter verstärkt das trennungsängstliche Verhalten der Tochter

(c) Kathrin hat nach einem Leistungseinbruch (z. B. schlechte Note) ein äußerst einschneidendes Erlebnis gehabt (Elternhaus, eigener Anspruch), das zu einem massiven Angstausbruch geführt hat – Generalisierung auf alle Prüfungssituationen; Kathrin hat die irrationale Überzeugung als Leitkognition, dass sie in jeder Situation perfekt sein müsse, sonst wäre sie eine Versagerin

Zur Wissensüberprüfung

(a) Grundschulalter: Schulangst, Schulphobie, Sozialangst, Todesangst, Entwicklung von Realangst, hypochondrische Ängste; anschließend: Pubertätsängste, körperschemabezogene Ängste, Phobien, Panikattacken

(b) Allgemein: etwa 15 %, Grundschulalter: 10-15 %, Adoleszenten: 5-10 % , Schulangst, Schulphobie häufiger in Pubertät, Adoleszenz, 2,4 bis 4,6 % der Kinder überängstlich, 3,5 bis 4 % Trennungsängste, Mädchen im Vergleich zu Jungen ab ca. 15 Jahren häufiger ängstlich
(c) Begreifen der eigenen Ängste ermöglicht Sensibilität für die Ängste der anderen, Angstbezüge der Schülerinnen und Schüler wahrnehmen, einschätzen und begegnen: Vermittlung von Angstverarbeitungsstrategien, bekannte Angstquellen nach Möglichkeit minimieren, Erkenntnisse aus der Forschung berücksichtigen, Hilfestellung bei professionellen Angstbehandlungsstrategien leisten, Zusammenarbeit mit Betroffenen und Eltern, Information und Aufklärung, Hinweise auf Beratungsstellen und Selbsthilfeprogramme geben

Kapitel 8: Epilepsien

Anwendungsorientiertes Wissen

(a) Grand-mal Anfall, Beschreibung (tonische Anspannung der Muskulatur, Hinstürzen, klonische Phase, Anfallsdauer ca. 2-3 Minuten), Lehrerverhalten: für Ruhe sorgen, einen Schüler beauftragen, Hilfe zu holen, sich in der angegebenen Weise – siehe Kapitel 8.8 – um den Schüler kümmern, dem betroffenen Schüler eine Ruhephase einräumen, im weiteren Ablauf der Stunde das Geschehen, das alle miterlebt haben, so aufgreifen, dass ein Verstehen angebahnt wird, später mit dem Schüler reden, in welcher Weise er mit dem Ereignis in der Klasse umgehen möchte
(b) Erkrankung ist „ansteckend", Betroffene sind wenig belastbar etc. (siehe Kapitel 8.1) – Zur Argumentation: Hinweise auf die Verursachungsfaktoren, die Möglichkeit, dass jeder Mensch in seinem Leben von einem Anfallsgeschehen betroffen sein könnte, Information, dass ein nicht unerheblicher Prozentsatz tatsächlich einen Anfall erlebt, normale Intelligenz- und Persönlichkeitsentwicklung, Nebenwirkungen von Medikamenten, tradierte Vorurteile

Zur Wissensüberprüfung

(a) Gelegenheitskrämpfe: Fieberkrämpfe, Affektkrämpfe, synkopale Anfälle versus wiederholten Krampfanfällen (chronische Erkrankung)
(b) 5-10 %
(c) eine Anfallsserie, ein Notfall, lebensbedrohlich
(d) plötzliche Bewusstseinspause, Tätigkeit oder Rede wird plötzlich unterbrochen oder mechanisch fortgesetzt, Augen werden häufig verdreht, Veränderung des Blickes etc.
(e) Kontrollverlust durch Kontrollmöglichkeiten (das eigene Bewirkenkönnen) ausgleichen, Schüler/Schülerinnen sollen ihre Stärken und Schwächen erkennen (Krankheit ist - lediglich ein - Bestandteil der Persönlichkeit), Einfluss auf das soziale Miteinander der Klasse nehmen etc.

Kapitel 9: Suizidalität

Anwendungsorientiertes Wissen

(a) Beispiele für Zuordnung:
   - schleichende depressive Entwicklung (medizinische, biochemische, genetische Betrachtung)
   - Bilanz: „Ich bin ein Versager!" (kognitive Betrachtung)
   - Diskrepanz zwischen einer Idealvorstellung und der erlebten Realität (narzisstische Betrachtung)
   - stresstheoretische Betrachtung (Verlust der geliebten Person)
   - psychoanalytische Position: Aggressionsumkehr

- kommunikationstheoretischer Beitrag: Zu- und Abwendungsverhalten („Ruhe vor dem Sturm“)

Beispiele für Ausschluss:

- es sind keine Suizide in der Umgebung/Medieneinfluss durch Idole etc. bekannt (Lernen am Modell)
- keine deutlichen Appelle an die Umgebung, um Aufmerksamkeit zu erhalten (operante Konditionierung)

(b) Diskussion der Bereiche: Persönlichkeit, familiäre und außerfamiliäre Beziehungen, Partnerschaft, gesellschaftliche Einflüsse

(c) Äußerung aufgreifen, ansprechen, Gesprächsbereitschaft zeigen, zu unterlassen sind: Beschwichtigungen: „Es wird schon wieder!“, Vergleiche ziehen, relativieren: „Mir geht es häufig ähnlich!“

(d) siehe Kapitel 9.8

Zur Wissensüberprüfung

(a) Selbstmord, Suizid, Freitod, Selbsttötung

(b) suizidale Gedanken, Impulse, Phantasien, Suizidankündigungen, Suizidversuche, Suizide

(c) 1999 ca. 35 Suizide (10-15 Jahre), 286 Suizide (15-20 Jahre)

(d) z.B. familiäre Häufung, bereits unternommene Suizidversuche, abgebrochene Schulausbildung, Suchtproblematik, depressive Einengung, Suiziddrohungen, Gespräche über Suizid, “Ruhe vor dem Sturm”

Kapitel 10: Suchtverhalten

Anwendungsorientiertes Wissen

(a) Essstörungen – stoffungebundene Sucht (Pro- und Kontra-Argumente, siehe Kapitel 10.3, Essstörungen), Spielsucht (Charakterisierung, Hinweis auf starke Impulsivität von Uwe = „unmittelbare Bedürfnisbefriedigung“), Nikotin- und Alkoholsucht = stoffgebundene Süchte (niedriges Einstiegsalter)

(b) Gesellschaftliche, allgemeine, familiäre, individuelle, schulische Einflüsse; nach Remscheidt (1980): Störungen in der Sexualentwicklung, Identitätskrisen, Autoritätskrisen etc.

(c) Körperliche, kognitive, emotionale, schulische, soziale, familiäre Anzeichen

Zur Wissensüberprüfung

(a) Wanke (1985): ein unabweisbares Verlangen nach einem bestimmten Erlebniszustand, es beeinträchtigt die freie Entfaltung und zerstört soziale Bindungen

(b) Alkohol-, Nikotineinstieg sehr früh; Wende zu „leistungssteigernden Substanzen“ ein Trend in der Gesellschaft!?

(c) Wunsch, Zwang zum Konsum, verminderte Kontrollfähigkeit, Entzugssyndrom, Toleranz, Vernachlässigung anderer Interessen, Eintritt von schädlichen Folgen